MICHAEL COLLINS PIPER

L'ENNEMI INTÉRIEUR - LES BOUCS DE JUDA

L'histoire choquante et inédite de l'infiltration et de la subversion du mouvement nationaliste américain

MICHAEL COLLINS PIPER

Michael Collins Piper était un écrivain politique américain et animateur de radio. Il est né en 1960 en Pennsylvanie, aux États-Unis. Il était un collaborateur régulier de The Spotlight et de son successeur, American Free Press, des journaux soutenus par Willis Carto. Il est décédé en 2015 à Cœur d'Alène, Idaho, aux États-Unis.

L'ennemi intérieur – Les boucs de Juda

L'histoire choquante et inédite de l'infiltration et de la subversion du mouvement nationaliste américain

The Judas Goat – The enemy within

The shocking never-before-told story of the infiltration and subversion of the American nationalist movement

Première impression aux États-Unis : Juin 2006 American Free Press

Traduit et publié par
Omnia Veritas Limited

OMNIA VERITAS®
www.omnia-veritas.com

© Omnia Veritas Ltd – 2025

Tous droits réservés. Aucune partie de cette publication ne peut être reproduite, distribuée ou transmise sous quelque forme ou par quelque moyen que ce soit, y compris la photocopie, l'enregistrement ou d'autres moyens électroniques ou mécaniques, sans l'autorisation écrite préalable de l'éditeur, sauf dans le cas de brèves citations dans des revues critiques et d'autres utilisations non commerciales autorisées par la loi sur les droits d'auteur.

DÉDICACEUR 19
   A Leonard Joseph Snyder, Jr. 19
   À l'honorable Cynthia McKinney Membre démocrate du Congrès de Géorgie 19
   A l'honorable Jim Traficant Ancien député démocrate de l'Ohio 19
   Les maîtres ont besoin de serfs 23

L'OBJECTIF DE CE LIVRE… 25

UNE NOTE TRÈS PERSONNELLE DE L'AUTEUR 26

UNE PRÉFACE… 30
   LE QUI, LE QUOI, LE QUAND, LE OÙ, LE POURQUOI ET LE COMMENT DES FORCES SUBVERSIVES QUI ONT AMENÉ L'AMÉRIQUE LÀ OÙ ELLE EST AUJOURD'HUI… ... 30

AVANT-PROPOS… 33
   LE MONDE ÉTRANGE DES JUDA GOATS - L'ENNEMI INTÉRIEUR 33

EN GUISE D'INTRODUCTION : 38
   LE NATIONALISME : LA VAGUE DE L'AVENIR - LA CIBLE PRIVILÉGIÉE DES FORCES MONDIALES DU SIONISME ET DE L'INTERNATIONALISME 38

INTRODUCTION À LA PREMIÈRE PARTIE 51
   UN PEU D'HISTOIRE… UNE HISTOIRE PEU GLORIEUSE ET SORDIDE 51

CHAPITRE I 52
   LE RETOUR DE COINTELPRO : RAPPEL D'UNE HISTOIRE PEU GLORIEUSE D'INFILTRATION ET DE SUBVERSION QUI RÈGNE À NOUVEAU SUR LE SOL AMÉRICAIN 52

     L'assassinat de l'institutrice Kathy Ainsworth par l'ADL et le FBI : Le COINTELPRO dans toute sa splendeur 65

     GARY THOMAS ROWE : un autre "homme du Klan" de COINTELPRO .. 67

     JAMES MITCHELL ROSENBERG : Le "nazi" juif préféré de l'ADL 69

     MORDECHAI LEVY : un autre des "nazis" juifs de l'ADL 70

     Le mouchard travailliste devenu informateur de la CIA : Un rouage dans le plan visant à "obtenir" Lyndon LaRouche 70

     L'homme du FBI au sein du mouvement skinhead 71

     DELMAR DENNIS Le bouc Juda bien-aimé de la John Birch Society au sein du KKK 72

BILL WILKINSON Le chef du Klan démasqué comme informateur du FBI 73

CHAPITRE II **76**

"Opposition contrôlée" - Le modèle soviétique de "confiance" pour l'infiltration et la manipulation - voire la création - des forces d'opposition : Utilisé aujourd'hui en Amérique par l'Ennemi intérieur 76

CHAPITRE III **80**

J. Edgar Hoover, le FBI et l'ennemi intérieur 80

CHAPITRE IV **86**

John Roy Carlson - Le grand vieillard des ennemis intérieurs : Le premier bouc de Juda notoire du XXe siècle 86

CHAPITRE V **92**

Le grand procès pour sédition de 1944 : Les débuts de la collaboration entre l'ADL et le FBI - Comment l'ennemi intérieur accuse les patriotes d'être des "traîtres". 92

CHAPITRE VI **117**

Walter Winchell et l'ennemi intérieur : Comment un puissant radiodiffuseur et chroniqueur de presse a servi de façade aux intérêts sionistes et britanniques 117

CHAPITRE VII **124**

Le bouc Juda du Capitole : un espion sioniste au **service** des services secrets soviétiques au sein du Congrès américain 124

CHAPITRE VIII **127**

Le rôle secret de l'ADL dans la détermination des personnes embauchées par les agences fédérales américaines 127

CHAPITRE IX **131**

La Ligue anti-diffamation : Un lobby étranger pour Israël et une agence d'espionnage privée pour l'ennemi intérieur 131

CHAPITRE X **138**

"Charmant, habile et astucieux" - Des rencontres directes avec l'espion numéro un de l'ADL : Roy Bullock 138

CHAPITRE XI **148**

Le tremblement de terre de San Francisco : Le scandale de l'espionnage de l'ADL démasque l'ennemi intérieur 148

EN GUISE DE RETOUR EN ARRIÈRE... 165
   INTRODUCTION À LA DEUXIÈME PARTIE 165
   Intrigue de la guerre froide 165
   Comment le conflit entre Staline et les trotskistes a conduit à l'émergence des Boucs de Juda - L'ennemi intérieur sur le sol américain 165
CHAPITRE XII 166
   LA LUTTE ENTRE LE COMMUNISME SOVIÉTIQUE DE L'ÈRE STALINIENNE ET LE SIONISME : UN PHÉNOMÈNE POLITIQUE PEU COMPRIS QUI CONTRIBUE À NOTRE COMPRÉHENSION DES ENNEMIS INTÉRIEURS TELS QU'ILS EXISTENT AUJOURD'HUI 166
CHAPITRE XIII 177
   L'INFILTRATION SIONISTE DU KGB SOVIÉTIQUE ET SON IMPACT SUR LES SERVICES DE RENSEIGNEMENT AMÉRICAINS : LE FONDEMENT MÉCONNU DE LA NAISSANCE DU NÉOCONSERVATISME EN AMÉRIQUE 177
CHAPITRE XIV 181
   LE COMMUNISME TROTSKISTE - AUJOURD'HUI APPELÉ "NÉOCONSERVATISME" - ET L'HISTOIRE DU SÉNATEUR JOSEPH R. MCCARTHY 181
CHAPITRE XV 195
   LE FBI ET LE PARTI COMMUNISTE DES ÉTATS-UNIS : LA VÉRITÉ SUR LA "MENACE COMMUNISTE 195
CHAPITRE XVI 200
   LA GUERRE FROIDE ET LES PREMIÈRES ORIGINES DES "NÉOCONSERVATEURS" TROTSKISTES EN TANT QU'AVANT-GARDE SIONISTE DE L'ENNEMI INTÉRIEUR .. 200
UN INTERMÈDE... 204
   INTRODUCTION À LA PARTIE III 204
   La montée en puissance des "conservateurs responsables" 204
   La subversion du mouvement nationaliste américain à l'époque de la guerre froide 204
CHAPITRE XVII 207
   LA CORRUPTION PRÉCOCE DE LA CAUSE NATIONALISTE ET ANTICOMMUNISTE AMÉRICAINE PAR LES SIONISTES 207
CHAPITRE XVIII 212
   WILLIAM F. BUCKLEY, JR. AUTOPROCLAMÉ "CONSERVATEUR RESPONSABLE" ET PORTE-PAROLE DE LONGUE DATE DE L'ENNEMI INTÉRIEUR 212

CHAPITRE XIX **216**

L'ENNEMI INTÉRIEUR DU VATICAN : LE RÔLE SECRET DE MALACHI MARTIN, ASSOCIÉ DE BUCKLEY, EN TANT QUE SUBVERSIF AGISSANT AU NOM DES INTÉRÊTS SIONISTES 216

CHAPITRE XX **221**

LE RACKET DE LA COLLECTE DE FONDS DES "CONSERVATEURS" : LE PILLAGE DES PATRIOTES AMÉRICAINS AU NOM DE L'ENNEMI INTÉRIEUR 221

CHAPITRE XXI **224**

COMMENT L'ENNEMI INTÉRIEUR MANIPULE LA CAUSE "ANTICOMMUNISTE" POUR FAIRE AVANCER L'AGENDA SIONISTE 224

CHAPITRE XXII **228**

LA SOCIÉTÉ JOHN BIRCH : UNE PREMIÈRE ÉTUDE DE CAS DE LA CHÈVRE DE JUDA 228

CHAPITRE XXIII **236**

L'ESSOR ET LE DÉCLIN DE *HUMAN EVENTS* : LES "CONSERVATEURS RESPONSABLES" AUTOPROCLAMÉS QUI ONT CONTRIBUÉ À DÉTRUIRE LE CONSERVATISME TRADITIONNEL DE L'AMÉRIQUE 236

EN GUISE DE PARENTHÈSE **242**

INTRODUCTION À LA QUATRIÈME PARTIE 242

Le rôle de la CIA en tant que mécanisme destructeur au service de l'ennemi intérieur 242

CHAPITRE XXIV **243**

MANIPULATION PAR LES SERVICES DE RENSEIGNEMENT DE LA SCIENCE DU CONTRÔLE MENTAL ET EXPLOITATION DU PHÉNOMÈNE SECTAIRE : UNE TACTIQUE BIEN RÉELLE DE L'ENNEMI INTÉRIEUR 243

CHAPITRE XXV **251**

LE CHEF DE LA SECTE CORÉENNE SUN MYUNG MOON : LE LEADER DU CULTE CORÉEN SUN MYUNG MOON : HOMME DE PAILLE DE L'EMPIRE ROCKEFELLER ET SAC À FRIC DU RÉSEAU SIONISTE À L'INTÉRIEUR DU MOUVEMENT "CONSERVATEUR" AMÉRICAIN 251

CHAPITRE XXVI **256**

UN GRAND MÉDIA AMÉRICAIN : UN OUTIL DE PROPAGANDE POUR L'ENNEMI INTÉRIEUR 256

CHAPITRE XXVII **260**

Drew Pearson et Jack Anderson - Des médiateurs pour la Ligue anti-diffamation : Les propagandistes de l'ennemi intérieur 260

CHAPITRE XXVIII **264**

Un témoignage de première main effrayant : Comment l'ennemi intérieur recrute des "droitiers" pour des assassinats politiques 264

CHAPITRE XXIX **267**

L'infiltration du mouvement anti-guerre par la CIA pendant la guerre du Vietnam : Bill et Hillary Clinton et John Kerry comme boucs émissaires de l'Ennemi intérieur 267

CHAPITRE XXX **276**

The Fix Was In : Comment les boucs de Juda sionistes ont mené le GOP à la défaite en 1940 et les Démocrates à la défaite en 2004 276

S'AGISSAIT-IL D'AGNEAUX OU DE BOUCS DE JUDA ? **282**

Introduction à la partie V Deux grands noms, deux mauvais disques : Les morceaux tombent où ils veulent 282

CHAPITRE XXXI **283**

La triste histoire de Jesse Helms : comment un patriote américain est devenu une chèvre de Juda pour l'ennemi intérieur 283

CHAPITRE XXXII **290**

Un bouc de Juda depuis le début : Newt Gingrich : La voix d'un conservatisme corrompu - Le favori républicain de L'Ennemi intérieur 290

L'HISTOIRE PLUS RÉCENTE SE DÉROULE... .... **296**

Introduction à la partie VI 296

ÉVÉNEMENTS EXPLOSIFS... 296

CHAPITRE XXXIII **297**

Le lien entre le FBI, l'ADL et le Mossad lors du premier attentat contre le World Trade Center : L'histoire méconnue (et effrayante) 297

CHAPITRE XXXIV **303**

Le lien entre le FBI et l'ADL qui a provoqué l'holocauste à Waco .. 303

CHAPITRE XXXV **308**

LES BOUCS DE JUDA À LA PARADE : ANDREAS STRASSMEIR, KIRK LYONS ET UNE SÉRIE SORDIDE D'ENNEMIS INTERNES LIÉS À L'ATTENTAT D'OKLAHOMA CITY 308

CHAPITRE XXXVI 317

TIMOTHY MCVEIGH ET L'ADL : UNE HISTOIRE INÉDITE 317

CHAPITRE XXXVII 322

CENTRALE DE DÉSINFORMATION : PROPAGANDE SIONISTE NÉOCONSERVATRICE CONCERNANT L'ATTENTAT À LA BOMBE D'OKLAHOMA CITY 322

CHAPITRE XXXVIII 328

QUE S'EST-IL RÉELLEMENT PASSÉ À OKLAHOMA CITY ? UN SCÉNARIO QUI A DU SENS 328

CHAPITRE XXXIX 338

LA JUSTICE TALMUDIQUE... LES MÉFAITS CRIMINELS DE MICHAEL CHERTOFF : TACTICIEN EN CHEF DE LA CAMPAGNE SIONISTE VISANT À CRUCIFIER JIM TRAFICANT ET DAVID DUKE..338

ET AINSI DE SUITE... 348

INTRODUCTION À LA PARTIE VII 348

Ce qui pourrait nous attendre... ....*348*

CHAPITRE XL 349

LE PHÉNOMÈNE FOX NEWS : COMMENT LES PLOUTOCRATES SIONISTES ONT CRÉÉ UN "MÉDIA ALTERNATIF". 349

CHAPITRE XLI 354

L'AGENDA PASSÉ, PRÉSENT ET FUTUR DE L'ENNEMI INTÉRIEUR : DÉCLARER QUE LES PATRIOTES AMÉRICAINS SONT LE "VÉRITABLE" ENNEMI INTÉRIEUR 354

CHAPITRE XLII 360

LA "POLICE DE LA PENSÉE" DES TEMPS MODERNES A CONSPIRÉ POUR CENSURER LA CRITIQUE D'ISRAËL ET DU SIONISME SUR LES CAMPUS : DEUX "CONSERVATEURS" AU SERVICE DE LA CAUSE SIONISTE 360

CHAPITRE XLIII 366

LA PRISE DE CONTRÔLE ET LA MANIPULATION PAR LES SIONISTES DES FORCES DE L'ORDRE LOCALES EN AMÉRIQUE : L'UTILISATION DU POUVOIR DE LA POLICE POUR ABATTRE LES PATRIOTES AMÉRICAINS..366

CHAPITRE XLIV 371

"SI ÇA RESSEMBLE À UN CANARD ET QUE ÇA JACASSE COMME UN CANARD... "JARED TAYLOR ET LE NOUVEAU "NATIONALISME FAVORABLE AUX SIONISTES" 371

CONCLUSION..376

L'"ISRAÉLISATION" DE L'AMÉRIQUE 376

L'INITIATIVE DE KUALA LUMPUR POUR CRIMINALISER LA GUERRE *391*

UN DERNIER MOT...394

"LE NATIONALISME EST LA VAGUE DE L'AVENIR ET IL N'Y A AUCUN MOYEN DE L'ARRÊTER. 394

A PROPOS DES SOURCES..400

UNE BIBLIOGRAPHIE PAS TOUT À FAIT COMME LES AUTRES 400

Beaucoup de remerciements - si vous voulez bien me suivre... 401

SECTION PHOTO... 404

AUTRES TITRES...423

Par UNA WOODRUFF

"L'ennemi déclaré [des États-Unis d'Amérique] doit être considéré comme une Pandore dont la boîte est ouverte, et l'ennemi déguisé comme un serpent qui se faufile avec ses ruses dans le Paradis.

-Président James Madison, "Advice to My Country" (Conseils à mon pays)

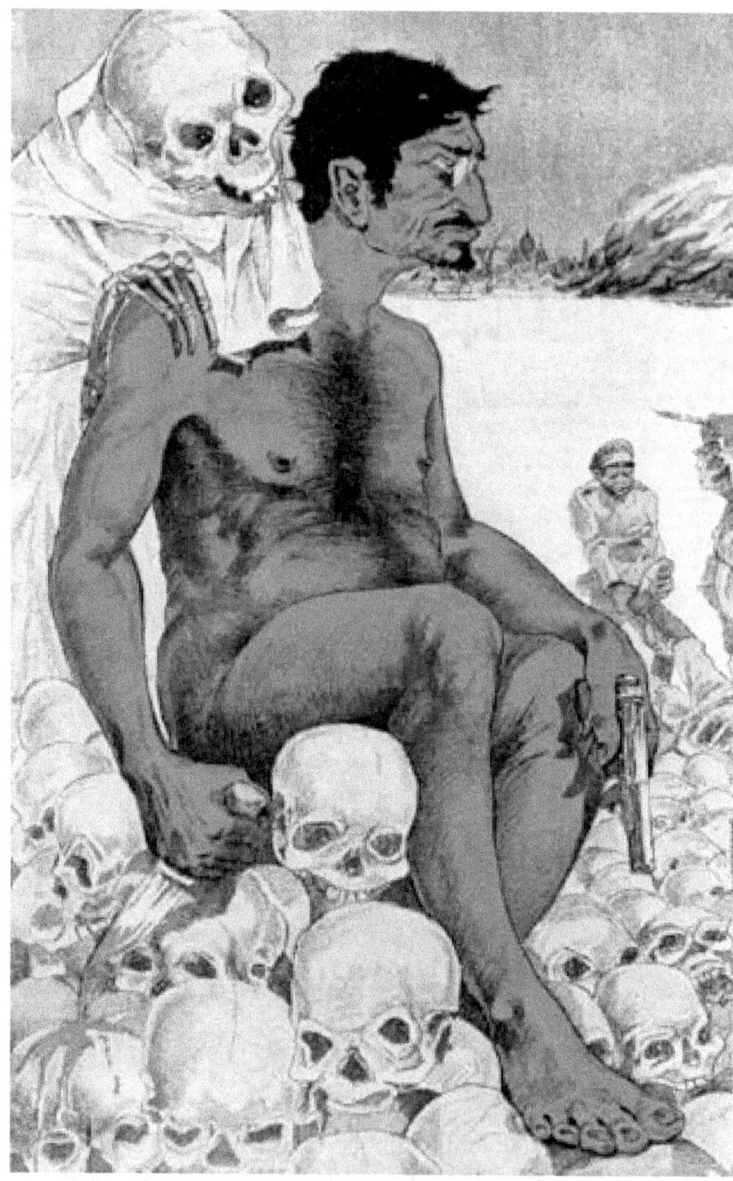

Il s'agit d'une représentation grotesque mais exacte du vil, laid et brutal révolutionnaire bolchevique, Léon Trotsky, dont les disciples intellectuels sont devenus l'élite dirigeante des cercles sionistes "néo-conservateurs" de l'Amérique d'aujourd'hui. La façon dont des éléments trotskistes "de gauche" ont accédé au pouvoir aux États-Unis en infiltrant "l'aile droite" - tout en travaillant à l'éviscération du nationalisme américain traditionnel - fait partie de l'étonnant panorama décrit dans *Les Boucs de Juda*.

Rencontrez les boucs de Juda... *

Les deux-pattes sont bien pires que les quatre-pattes...

"Une chèvre de Juda est un terme utilisé pour décrire une chèvre dressée utilisée dans un abattoir et dans la garde d'animaux en général. La chèvre de Juda est dressée pour s'associer à des moutons ou des bovins et les conduire vers une destination spécifique.

"Dans les parcs à bestiaux, une chèvre de Juda conduit les moutons à l'abattoir, tandis que sa propre vie est épargnée. Les boucs Juda sont également utilisées pour conduire d'autres animaux vers des enclos spécifiques et dans des camions. Le terme "chèvre de Juda" est dérivé d'une référence biblique à Juda Iscariote [qui a trahi Jésus-Christ devant les Pharisiens].

"L'expression a également été utilisée pour décrire une chèvre qui est utilisée pour trouver les boucs sauvages qui sont ciblées pour l'éradication. La chèvre de Juda est équipée d'un émetteur, peinte en rouge et relâchée. La chèvre trouve alors les derniers troupeaux de boucs sauvages, ce qui permet aux chasseurs de les exterminer.

-Extrait de Wikipédia, l'encyclopédie Internet.

"... Les agneaux étaient conduits par une chèvre de Juda dans la goulotte. Deux ouvriers se tenaient à l'extrémité, secouant les animaux avec suffisamment d'électricité pour les mettre en état de mort cérébrale. En un instant, des pointes situées au niveau du cerveau des moutons et dans la toison près de leur cœur leur donnaient une décharge électrique qui les faisait s'effondrer, après quoi on les faisait passer... à l'étage de la mise à mort. Les boucs de Juda... sont ensuite retournées dans les enclos, où elles ont ramassé un autre lot de moutons".

-Extrait : "A Slaughter House Tour" sur karlschatz.com

* L'auteur, qui aime tous les animaux à quatre pattes, y compris les boucs, présente ses excuses aux boucs à quatre pattes pour avoir utilisé ce terme approprié dans le titre de ce livre, qui porte sur les boucs de Juda à deux pattes.

DÉDICACE

À Leonard Joseph Snyder, Jr.

L'un des 3000 Américains morts le 11 septembre 2001, tous victimes en fin de compte d'intrigues sionistes qui n'avaient rien à voir avec les intérêts de l'Amérique. La version "officielle" de "ce qui s'est passé" ce jour-là est un gros mensonge. Jusqu'à la fin de ma vie (si Dieu le veut), je me battrai pour venger sa mort et faire comparaître les *vrais* responsables devant la justice.

À l'honorable Cynthia McKinney Membre démocrate du Congrès de Géorgie

Pour avoir osé s'exprimer et soulever des questions sur ce qui s'est réellement passé le 11 septembre et sur la dangereuse politique américaine à l'égard d'Israël et du monde arabe - une politique qui a valu à l'Amérique de nombreux ennemis dans le monde entier -ynthia McKinney a été chassée du Congrès américain en 2002.

Un bouc de Juda - un ancien républicain, rien de moins - a été recruté pour se présenter contre Mlle McKinney lors des primaires du parti démocrate. Les organisateurs du GOP se sont installés au sein du Parti démocrate pour aider la chèvre de Juda. Des tonnes d'argent sioniste ont afflué en Géorgie pour aider le challenger de Mlle McKinney. En fin de compte, Mlle McKinney a été battue.

Mais deux ans plus tard, Cynthia McKinney a fait son retour et elle siège aujourd'hui au Congrès des États-Unis - une voix qui défend des politiques saines et qui n'hésite pas à dire la vérité. À l'heure où j'écris ces lignes, ils s'acharnent à nouveau sur elle. Sa voix est celle de toutes les bonnes personnes. Cher Dieu : Qu'il y ait plus de gens comme Cynthia McKinney !

À l'honorable Jim Traficant Ancien membre démocrate du Congrès de l'Ohio

Au moment où ces lignes sont écrites, Jim est assis dans une cellule de prison, mis en prison par des procureurs fédéraux corrompus pour des crimes qu'il n'a pas commis. Le seul crime de Jim était de dire la vérité. Attaché à l'honnêteté, à l'intégrité et à la justice, Jim a payé un lourd tribut et n'a vu ni honnêteté, ni intégrité, ni justice de la part des criminels qui l'ont placé là où il se trouve aujourd'hui. Véritable populiste, homme du peuple dans tous les sens du terme, Jim Traficant est une autre victime des boucs de Juda - l'ennemi intérieur.

Et à ma défunte mère, Gloria J. Piper

-MICHAEL COLLINS PIPER

MICHAEL MOORE

RUSH LIMBAUGH

Voici quelques-unes des boucs de Juda les plus évidentes qui opèrent aujourd'hui sur le sol américain... Et il y en a beaucoup, beaucoup plus...

À l'instar des boucs de Juda à quatre pattes qu'ils imitent (en échange d'un grand profit et d'une grande notoriété), la version ostensiblement "humaine" des boucs de Juda se présente sous toutes les formes et dans toutes les tailles.

Certains sont grands et bruyants, comme le roi de la bombance de "droite", Rush Limbaugh, et son homologue de "gauche", Michael Moore.

Rush mène les conservateurs américains traditionnels - les pauvres petits agneaux - à l'abattoir depuis qu'il a surgi de nulle part pour devenir la plus grande, la plus bruyante et la plus grosse voix de la radio "conservatrice" de tous les temps, puis RUSH LIMBAUGH s'est lancé dans la télévision.

Ceux qui appellent l'émission de Rush pour tenter d'aborder des sujets aussi tabous que le sionisme, le monopole monétaire de la Réserve fédérale ou des groupes de pouvoir mondiaux tels que la Commission trilatérale, le Conseil des relations étrangères ou les réunions de Bilderberg sont sûrs d'être moqués, calomniés ou chassés de l'antenne - si tant est qu'ils puissent passer à l'antenne.

Et bien qu'il considérerait sans aucun doute Rush Limbaugh comme étant "de l'autre côté", la vérité est que Michael Moore est tout autant une chèvre de Juda que Rush. Moore a sorti son désormais célèbre film *Fahrenheit 9-11* qui a ignoré toutes les questions très sérieuses concernant la ligne officielle du gouvernement sur ce qui s'est réellement passé en ce jour tragique du 11 septembre 2001 et a présenté au public une "histoire de couverture" bidon qui impliquait que la famille royale saoudienne était en fin de compte derrière le 11 septembre, tordant et déformant des faits très réels et détournant l'attention de l'endroit où se trouve la culpabilité ultime pour ce crime. Moore n'est pas seulement détestable, sa propagande et sa désinformation le sont tout autant.

D'autres boucs de Juda sont diaboliquement beaux, bien qu'un peu prétentieux, comme Sean Hannity, Laura Ingraham et Anne Coulter, dont les points de vue sur les questions reflètent tous ceux du gros Rush. Ce sont tous des promoteurs éprouvés du sionisme international et de son programme mondial.

Pour sa part, Hannity s'est mis en quatre pour appeler personnellement le bureau national du journal *The Spotlight* afin de dire au rédacteur en chef, un compatriote irlandais, Vince Ryan, qu'il détestait absolument l'hebdomadaire nationaliste. Hannity a dit à Ryan : "Je suis un grand partisan d'Israël et je n'aime pas votre journal. Retirez-moi immédiatement de votre liste d'abonnés".

SEAN HANNITY LAURA INGRAHAM ANNE COULTER BILL O'REILLY

Hannity a un talk-show quotidien sur 500 stations affiliées au réseau de radio ABC et une émission télévisée d'une heure sur Fox News, touchant des millions de personnes quatre heures par jour avec son message pro-sioniste. Il a été récompensé par deux best-sellers du *New York Times*.

Laura Ingraham fait couler beaucoup d'encre, ce qui n'est peut-être pas étranger à la belle blonde qu'elle est. Et son accession à la célébrité n'est peut-être pas une coïncidence, si l'on considère qu'elle a débuté comme avocate dans le puissant cabinet de Wall Street, Skadden, Arps, dont l'un des associés principaux était Kenneth Bialkin, longtemps président de l'Anti-Defamation League of B'nai B'rith, l'une des principales forces du lobby israélien en Amérique.

Anne Coulter, qui s'est vu accorder l'honneur d'être une chroniqueuse syndiquée au niveau national, a quatre best-sellers du *New York Times* à son nom, ce qui prouve une fois de plus que les écrivains dits "conservateurs" qui servent la cause sioniste n'ont aucun mal à faire publier leurs livres et à en assurer la promotion dans les principaux centres de distribution de livres.

Et puis il y a Bill O'Reilly - une autre "tête parlante" promue par Fox News du milliardaire sioniste Rupert Murdoch - dont l'émission "O'Reilly Factor" est une émission de base pour beaucoup de bons patriotes américains qui ne savent pas qu'ils sont menés à l'abattoir par une chèvre de Juda.

O'Reilly a deux best-sellers du *New York Times à* son nom, ce qui prouve une fois de plus, comme nous l'avons déjà dit, que l'industrie de l'édition de l'establishment promouvra certainement des livres "conservateurs" s'ils suivent la ligne sioniste sur les questions qui comptent vraiment pour ceux qui règnent en maître en Amérique.

Il ne s'agit là que d'une poignée de boucs Juda des temps modernes, du type le plus évident. Dans *The Juda Goats - The Enemy Within*, nous en rencontrerons beaucoup d'autres, y compris des types plus insidieux qui n'affichent pas de manière aussi flagrante leur loyauté envers le pouvoir en place.

Et il y en a beaucoup, beaucoup d'autres...

"L'éléphant républicain et l'âne démocrate se demandent l'un à l'autre ce qu'ils font ici, alors qu'ils arrivent à Wall Street pour collecter les contributions qui affluent des coffres des "Trusts" pour alimenter les fonds de campagne des deux grands partis politiques. Cette caricature classique de 1904 montre qu'au tournant du siècle, les intérêts financiers internationaux - en particulier les agents de la dynastie bancaire Rothschild basée en Europe - avaient déjà clairement pris le contrôle du processus politique et économique américain.

Les maîtres ont besoin de serfs

Les maîtres de la plantation mondiale ont besoin de serfs prêts à donner leurs premiers-nés pour participer à diverses aventures militaires à l'étranger.

Sinon, le nationalisme - qui est souvent une réponse à l'oppression, qu'elle soit perçue ou réelle - ne peut pas être supprimé. Et cela signifie que les marchés ne peuvent pas être exploités. Depuis la guerre du Viêt Nam, tout ne va pas pour le mieux dans la République.

Les gens ordinaires assistent à la baisse des bénéfices réels, alors que Wall Street se réjouit de la réduction des effectifs des entreprises qui fait monter en flèche les cours des actions.

Ils disent en substance : "Perdre votre emploi, c'est bon pour nous".

Même les miliciens saluent aujourd'hui les manifestants anti-guerre des années soixante et regrettent de ne pas avoir écouté à l'époque.

En l'absence de "communistes", certains de ceux qui ont autrefois soutenu les intérêts mondiaux de Wall Street en faisant don de leur premier-né se décrivent désormais comme des patriotes et des populistes.

Nombre d'entre eux ont jeté un regard neuf sur la classe dirigeante internationale et ont ressuscité une longue mais difficile tradition de nationalisme isolationniste et anti-establishment. Une grande partie de la pensée politique de ces nouveaux patriotes est immature et manque de recherche et d'érudition.

Malgré cela, elle décrit le monde mieux que ce qui reste de la gauche, avec son insistance intéressée sur le multiculturalisme et le politiquement correct.

Les théories du complot colportées par les patriotes ont plus de sens objectif aujourd'hui que les raisons invoquées pour justifier notre engagement au Viêt Nam dans les années soixante. C'est une sorte de progrès.

-Daniel Brandt
NameBase Newsline
Juillet-Septembre 1995

L'OBJECTIF DE CE LIVRE...

Il y aura ceux qui liront ce livre et qui diront encore...

Eh bien, M. Piper, vous avez écrit un très bon livre, et je pense que vous avez tout à fait raison au sujet de ces boucs de Juda qui induisent en erreur de bons Américains patriotes.

Cependant, à la page Untel, vous avez accusé Untel d'être un bouc de Juda et je pense que vous avez tout à fait tort. C'est l'un de nos meilleurs patriotes. J'ai lu son essai dans le magazine This-and-That et il a dit de très bonnes choses.

J'ai du mal à croire que si Untel était un bouc de Juda, il aurait écrit des mots aussi merveilleux. Je veux dire, vraiment, je pense que vous vous trompez.

Ceux qui disent de telles choses sont des agneaux mûrs pour l'abattage.

Il ne s'agit pas d'un livre pour les âmes sensibles.

Si ce que vous êtes sur le point de lire vous perturbe et que vous n'êtes pas en mesure de reconnaître que beaucoup de ceux que vous considérez comme vos amis et vos alliés sont en réalité des boucs de Juda - l'ennemi intérieur - *ne lisez pas plus loin.*

Ce livre s'adresse à ceux qui ont l'esprit ouvert, à ceux qui peuvent assimiler des concepts difficiles, à ceux qui sont capables de reconnaître que tout n'est pas ce qu'il semble être, à ceux qui sont prêts pour la grande bataille qui les attend.

Et, avec un peu de chance, quelques personnes qui auraient été enclines à se laisser abuser par The Juda Goats finiront par se rendre compte de leur erreur... avant qu'il ne soit trop tard.

Une note très personnelle de l'auteur...

Il est difficile de l'admettre, mais j'ai échoué dans deux de mes projets les plus importants. Depuis mes années d'école, j'ai prédit à maintes reprises qu'en raison de la politique biaisée des États-Unis au Moyen-Orient, favorisant l'Israël impérial au détriment des États arabes et des Palestiniens assiégés, notre nation serait finalement victime d'une attaque terroriste. Le 11 septembre 2001, cela s'est finalement produit. J'avais travaillé sans relâche pour réformer la politique au Moyen-Orient, mais personne n'a tenu compte de mes avertissements et 3000 Américains sont morts.

Pendant des années, je me suis également efforcé d'empêcher l'Amérique de s'engager dans une guerre insensée au Moyen-Orient au nom d'Israël. Je ne voyais aucun intérêt national à ce que nos enfants soient massacrés pour défendre Israël. Pourtant, l'Amérique est aujourd'hui engagée en Irak et il est probable que nous enverrons nos garçons et nos filles se battre et mourir contre d'autres États arabes et contre la République islamique d'Iran. Donc, une fois de plus, j'ai échoué.

Aujourd'hui, en raison du dégoût suscité par la politique américaine (reconnue comme étant dirigée par le puissant lobby sioniste), de plus en plus de personnes dans le monde se retournent contre l'Amérique. Pendant ce temps, nombre de mes compatriotes américains - en particulier les proches de nos soldats - se rendent compte que c'est l'influence sioniste qui a conduit à l'engagement des États-Unis en Irak.

Depuis des années, on craint qu'un soulèvement mondial contre le peuple juif ne se produise. Nombreux sont ceux qui ont mis en garde contre la montée du "nouvel antisémitisme". Les Américains et les peuples du monde entier sont en colère contre le pouvoir de la riche élite sioniste et sa volonté d'établir un imperium international en utilisant les ressources (et les vies) des États-Unis pour atteindre son objectif. Il est donc possible que l'on assiste à une rébellion anti-juive à l'échelle mondiale.

Et si cela se produit, je veux que l'on se souvienne de moi comme du "Schindler américain" qui a sauvé les bons Juifs qui s'opposaient aux méfaits d'Israël et à toutes les intrigues sionistes. Et ces politiciens, journalistes, éducateurs et autres non-Juifs corrompus et vénaux qui ont soutenu Israël parce qu'ils ont été payés pour le faire, parce qu'on les a fait chanter ou parce que c'était un "bon plan de carrière", pendront leur tête dans la honte.

Plutôt que de permettre aux Juifs de poursuivre leur dangereuse démarche raciste et suprémaciste en se qualifiant de "peuple élu de Dieu", les

Américains devraient se joindre à ceux d'entre nous qui travaillent à l'intégration du peuple juif dans la communauté des nations.

Brisons les reins du lobby sioniste. Changeons la politique américaine. J'espère avoir un seul succès, même si j'ai échoué par ailleurs ! Ce livre est une tentative de prévention de la tragédie et j'espère que toutes les bonnes personnes pourront apprendre quelque chose sur les dangers très réels présentés par Les boucs de Juda - L'ennemi intérieur.

LES BOUCS DE JUDA - L'ENNEMI INTÉRIEUR

Le symbole occulte du Baphomet - une figure trop familière à tête de bouc souvent utilisée dans les rites sataniques - est également connu sous le nom de Bouc de Juda. Ici, le bouc de Juda est représenté comme une icône régnant sur une cérémonie d'initiation franc-maçonne du rite écossais du XIXe siècle qui semble déifier cette force maléfique.

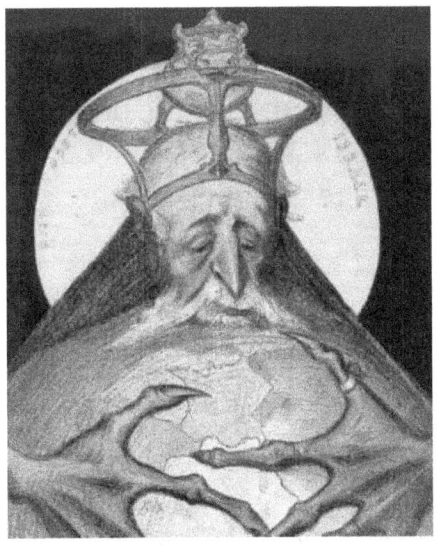

Cette caricature française de 1898, qui représente Alphonse de Rothschild couronné en prédateur avide saisissant le globe dans ses griffes, illustre parfaitement la manière dont la dynastie bancaire Rothschild d'Europe a étendu son hégémonie impériale. En Amérique aujourd'hui, l'influence des Rothschild - bien que primordiale - est largement cachée, certaines familles et institutions financières "respectées" - qui ne sont pas toutes juives - jouant le rôle de "façades" des Rothschild. Les Américains (et les autres) qui osent défier l'empire Rothschild (et la cause sioniste) sont victimes de coups bas, de boycott économique, de harcèlement, de persécution et même de poursuites pénales.

Lorsque les Rothschild ont reconnu les avantages d'un État juif stratégiquement placé (en Palestine) comme base pour les machinations mondiales, ils sont devenus les plus grands mécènes du sionisme. Aujourd'hui considéré comme le "père d'Israël", Edmond Rothschild est honoré sur la monnaie israélienne.

Une préface...

Le qui, le quoi, le quand, le où, le pourquoi et le comment des forces subversives qui ont amené l'Amérique là où elle est aujourd'hui...

On a dit que la défaite de Napoléon avait conduit à l'essor de la dynastie bancaire internationale de la maison Rothschild. On peut également dire à juste titre que la défaite d'Hitler a conduit non seulement à la consolidation du pouvoir mondial de la maison Rothschild, mais aussi à la diminution correspondante du nationalisme, à l'exception notable du nationalisme juif - connu sous le nom de "sionisme" - qui a reçu sa plus forte impulsion dans les jours qui ont suivi la fin de la Seconde Guerre mondiale.

En fait, depuis la Seconde Guerre mondiale, le mouvement sioniste s'efforce avec ferveur d'éviscérer le mouvement nationaliste américain et les autres forces nationalistes du monde entier. La vérité est que, en Amérique au moins, depuis la moitié du XXe siècle, ceux qui se sont appelés "conservateurs" ont vu le mouvement conservateur (la base traditionnelle du nationalisme américain) infiltré et détruit de l'intérieur. Le processus a été long à se mettre en place, mais il a fini par aboutir, comme le montrent l'histoire récente et les événements actuels.

Si de nombreux auteurs ont exploré en profondeur les tentacules de l'empire Rothschild qui encerclait la planète, provoquant guerres, ravages économiques et révolutions (et en tirant profit), il n'y a jamais eu - jusqu'à présent - d'examen complet de la manière dont cette dynastie (et le mouvement sioniste qu'elle a nourri) s'est employée à détruire les nationalistes américains qui s'opposaient à leur objectif ultime, à savoir la réalisation d'un imperium mondial - ce que l'on appelle le "Nouvel ordre mondial".

Aujourd'hui, les "néo-conservateurs" autoproclamés - dont les dirigeants sont d'anciens communistes trotskistes qui ont adapté leur philosophie aux exigences de la propagande moderne - sont l'avant-garde du mouvement sioniste international qui domine les plus hauts niveaux de décision politique aux États-Unis, la nation la plus puissante de la planète.

Ces forces sionistes maintiennent une mainmise sur le parti républicain, grâce à leur influence au sein de l'administration de George W. Bush, qui les a amenées à des postes de direction, et grâce à leur domination des fondations, des groupes de réflexion et d'autres institutions orientées vers le parti républicain qui ont un impact sur la politique publique et les affaires du parti républicain.

Bien entendu, pendant de nombreuses années avant la montée des "néoconservateurs" de l'ère Bush, le sionisme (et l'influence des Rothschild) était déjà bien ancré au sein du parti démocrate, depuis le milieu du XIXe siècle, époque à laquelle August Belmont, agent des Rothschild, a occupé le poste de président national du parti démocrate.

Quoi qu'il en soit, aujourd'hui, conséquence directe de ce monopole impie, le sionisme international règne en maître au sein (ou plutôt au-dessus) des deux principaux partis politiques américains, sans parler de son emprise sur de très nombreuses autres entités politiques, journaux d'opinion, groupes de réflexion et autres forces dans l'arène publique.

Seule une petite poignée de personnes ose soulever des questions sur la domination du système américain par une force étrangère qui n'a que faire des intérêts américains.

Cependant, le processus d'infiltration et de destruction du mouvement "conservateur" - qui, historiquement, au moins jusqu'au milieu du XXe siècle, a été le fondement de l'opposition américaine aux intrigues de l'élite ploutocratique internationale - a impliqué bien plus que la corruption de la philosophie conservatrice.

En fait, ce scénario peu glorieux comprenait également l'utilisation d'*agents provocateurs* payés par le gouvernement américain, agissant de concert avec des infiltrés professionnels et des subversifs travaillant pour des agences de renseignement "indépendantes" (c'est-à-dire étrangères) opérant sur le sol américain.

Ce qui s'est effectivement produit, c'est un scénario classique de "mouvement en tenaille" qui a laissé le nationalisme américain traditionnel vidé de sa substance et éviscéré, à peine plus qu'un vestige d'une philosophie qui a d'abord été énoncée par des géants américains tels que George Washington, Thomas Jefferson, Andrew Jackson et toute une série d'autres qui ont suivi leurs traces.

Ce livre est la toute première étude de ce type, qui fournit un cadre permettant de comprendre les tactiques des boucs de Juda, ces ennemis de l'intérieur, et de comprendre comment et pourquoi ils ont pu faire avancer le rêve sioniste, à savoir revendiquer la domination du système américain et en faire leur outil militaire et économique pour la conquête du monde.

Ainsi, alors que le mouvement "conservateur" traditionnel a été subverti et transformé en une force internationaliste (par opposition au nationalisme), il existe toujours des nationalistes convaincus - y compris des "progressistes" et des "libéraux" qui se décrivent eux-mêmes comme tels - qui continuent à mener le bon combat. Ce volume est un manuel pour tous les vrais nationalistes qui veulent connaître la voie de la démocratie.

En fin de compte, s'il y a une chose que ce livre devrait rendre absolument claire, c'est précisément ceci : les anciennes étiquettes de "gauche" et de "droite", de "libéral" et de "conservateur" doivent être abandonnées à jamais.

Ces étiquettes archaïques ne sont pas seulement source de division et de problèmes, mais elles font partie intégrante d'un grand dessein visant à diviser le peuple américain - et les peuples du monde - et à garantir que le contrôle de notre Amérique - et des nations de cette planète - reste entre les mains d'une ploutocratie sioniste mondiale avide, cupide et intéressée.

Avant-propos...

Le monde étrange des boucs de Juda - L'ennemi intérieur

Même de nombreux Américains politiquement avisés ne comprennent pas comment les agences de renseignement du gouvernement américain et les organisations d'espionnage privées qui leur sont alliées non seulement infiltrent des agents sous couverture dans des organisations "dissidentes" de "gauche" et de "droite", mais *créent* même *des* groupes "dissidents" afin de surveiller les dissidents. L'infiltration, la manipulation et la création pure et simple de mouvements politiques par le gouvernement américain ont une longue et sordide histoire, qui n'a pas commencé en Amérique.

En outre, dans un domaine quelque peu différent, bien que très proche, l'infiltration, la manipulation et la création pure et simple de mouvements politiques en Amérique par des forces politico-religieuses établies telles que le sionisme et ses alliés du bolchevisme trotskiste ont joué un rôle important dans le façonnement des réalités mondiales modernes, en particulier dans le domaine de l'impact sur le système politique américain.

En fait, il n'est pas exagéré de dire que les éléments sionistes et trotskistes ont, à toutes fins utiles, sur une période de quelque 50 ans, pris le contrôle de ce qui était autrefois l'élément populiste et nationaliste traditionnel, historiquement connu sous le nom de mouvement "conservateur" en Amérique.

Le plus souvent, comme nous le verrons, les éléments sionistes et trotskistes ont travaillé main dans la main avec les services fédéraux de renseignement et les forces de l'ordre dans le cadre d'un mouvement de "pince" visant à contenir les voix dissidentes en Amérique. Tout au long du XXe siècle, ces éléments subversifs ont infiltré les décideurs politiques, les services de renseignement et les forces de l'ordre américains et ont utilisé ces agences à leurs propres fins.

Ce volume est un vaste aperçu historique de ces efforts insidieux visant à contrôler et/ou à détruire les initiatives politiques légitimes de la base américaine - en particulier au sein de ce que l'on pourrait vaguement décrire comme le "mouvement nationaliste" - par l'utilisation de JUDA GOATS : faux dirigeants, faux prophètes, racketteurs avides et *agents provocateurs* ennemis, qui servent tous les intérêts de leurs manipulateurs en coulisses au plus haut niveau de l'élite ploutocratique internationale.

En fin de compte, le rôle longtemps secret de forces de haut niveau manipulant les voix "dissidentes" est une histoire explosive que les coupables préféreraient ne pas raconter. Et c'est une histoire qui, franchement, est plutôt effrayante pour de nombreux Américains, en particulier à "droite", qui s'inquiètent depuis longtemps, à juste titre, de la possibilité d'infiltrations en leur sein. Nombreux sont les Américains qui ont passé plus d'une nuit blanche à se demander si l'homme sympathique qui assiste toujours aux réunions du groupe "patriote" local n'est pas en fait un informateur de l'ADL, du FBI ou même de la CIA.

À la suite de l'attentat d'Oklahoma City, de plus en plus de gens ont pris conscience de l'existence d'agents gouvernementaux au sein de la "droite". Par exemple, ceux qui ont enquêté sont pleinement convaincus que l'immigrant allemand Andreas Strassmeir était un agent infiltré opérant autour de Timothy McVeigh, le poseur de bombe condamné. Cela a également soulevé des questions quant à la raison pour laquelle l'avocat autoproclamé "nationaliste" Kirk Lyons a continué à défendre Strassmeir, ce qui a conduit de nombreuses personnes à conclure que Lyons était également une chèvre de Juda. (Nous examinerons les intrigues Strassmeir-Lyons dans ces pages).

L'idée est la suivante : Les boucs de Juda, en tant que "couverture", disent et font souvent "ce qu'il faut" pour se faire des amis et influencer les gens. Les infiltrés et les informateurs ne sont pas nécessairement sur place dans le but de perturber une organisation. Parfois, et le plus souvent, leur objectif est de découvrir ce que fait l'organisation, avec qui ses dirigeants sont en contact, de surveiller sa liste d'adresses et ses opérations internes. Parfois, les infiltrés parviennent à user de leur influence au sein de l'organisation A, par exemple, pour utiliser ses ressources afin de cibler ou de perturber l'organisation B.

Certains des meilleurs agents contribuent en fait grandement au travail de l'organisation infiltrée, en lui apportant des idées, des contributions et d'autres services. Après tout, quel meilleur moyen de s'insinuer dans une organisation ciblée que de l'aider réellement ?

Les infiltrés font et disent les "bonnes" choses : ils ne seraient pas de bons infiltrés s'ils ne le faisaient pas. Ils doivent se fondre dans la masse. Ils doivent donner l'impression d'être "sur la même longueur d'onde" que les personnes qu'ils côtoient. Ils doivent donner l'impression de partager les mêmes croyances. La dernière chose qu'un infiltré veut faire est de donner l'impression d'aller à contre-courant ou de s'opposer au point de vue du groupe qu'il cible.

Parfois, les infiltrés vont même jusqu'à faire des efforts pour paraître "extrêmes" afin de convaincre leurs cibles de leur sincérité - et parfois, les infiltrés vont trop loin, laissant entendre par inadvertance à leurs cibles que les choses ne sont peut-être pas ce qu'elles semblent être. Les infiltrés sont souvent de très bons et généreux contributeurs financiers réguliers aux organisations qu'ils ciblent, se rendant ainsi précieux (dans un sens très basique) pour l'organisation.

En fait, à l'époque des premières infiltrations du FBI dans le cadre de COINTELPRO, la vieille plaisanterie voulait que les seuls membres du KKK qui payaient leurs cotisations à temps étaient les informateurs du FBI et de l'ADL à l'intérieur du Klan.

D'autre part, comme l'a révélé Edward R. Fields, un vétéran du nationalisme américain, dans son journal populaire *The Thunderbolt*, lorsque le FBI disposait d'agents infiltrés au sein du KKK, il donnait pour instruction à ses informateurs ( ) que s'il leur était permis de faire des déclarations publiques anti-noires, ils devaient éviter de faire des remarques antijuives, ce qui constitue une révélation intéressante.

Mais ne vous méprenez pas sur ce point important : bien que nous nous concentrions longuement sur les activités du FBI, de la CIA et de l'ADL en particulier (précisément parce que ces entités ont joué un rôle majeur dans le travail de L'Ennemi intérieur), le problème de l'infiltration, de la manipulation et de la destruction des mouvements nationalistes et dissidents américains a des antécédents historiques et philosophiques profondément ancrés.

Enracinées dans les conflits byzantins entre les divers éléments qui ont promulgué les forces jumelles (bien que souvent contradictoires) du sionisme et du bolchevisme, en particulier sa marque trotskiste qui reste si influente aujourd'hui, certains diraient que ces forces maléfiques sont de nature satanique, à la racine même du mal dans notre monde d'aujourd'hui. En bref, des batailles anciennes (et pas si anciennes que cela) menées à l'origine sur un sol étranger ont débouché sur le continent américain et se rejouent aujourd'hui au sein (et autour) du mouvement nationaliste américain traditionnel.

Cela dit, il convient de noter qu'aux fins de l'étude panoramique que nous nous apprêtons à entreprendre, les "Juda Goats - The Enemy Within" ne sont pas simplement les infiltrés et les informateurs d'un assortiment d'agences de renseignement privées et publiques.

L'ennemi intérieur infeste également les médias (journaux et organismes de radiodiffusion). Certains prétendus "journalistes" font le sale boulot de propagande pour l'ADL et d'autres blocs de pouvoir de haut niveau dans le monde d'aujourd'hui. Dans ces pages, nous ferons la connaissance de quelques auteurs achetés et payés qui ont fait une carrière lucrative en cherchant à perturber et à détruire les dissidents politiques en Amérique. Certains d'entre eux se sont fait passer pour des "conservateurs" - d'autres non - mais tous ont une chose en commun : ils sont les hommes de paille des médias pour leurs commanditaires sionistes.

En outre, nous définissons également l'ennemi intérieur comme ces forces idéologiques subversives qui ont corrompu, tordu et remodelé, à leurs propres fins insidieuses, le mouvement "conservateur" traditionnel aux États-Unis. Plus particulièrement, bien sûr, nous faisons référence aux soi-disant "néo-conservateurs" d'aujourd'hui qui ne sont rien d'autre que des communistes trotskistes de l'ancienne école qui ont réoutillé et reconfiguré leur propre philosophie afin de l'adapter aux besoins de l'époque moderne.

En résumé, le communisme trotskiste - le "néo-conservatisme" - est aujourd'hui le principal courant philosophique de la pensée sioniste mondiale, du moins certainement le plus influent, en raison de son pouvoir aux États-Unis aujourd'hui.

En gardant tout cela à l'esprit, entrons dans le monde étrange des Juda Goats - The Enemy Within (L'ennemi intérieur).

Le nationaliste juif intransigeant Vladimir "Ze'ev" Jabotinsky (1880-1940), né en Russie, souvent appelé "le fasciste juif", est vénéré par les "néoconservateurs" trotskistes qui constituent aujourd'hui les forces les plus importantes du sionisme mondial, exploitant la puissance militaire des États-Unis dans la quête d'un imperium planétaire : le nouvel ordre mondial. Dans les années 1920, Jabotinsky s'est imposé comme l'un des dirigeants sionistes les plus populaires et les plus influents ; il est aujourd'hui commémoré sur la monnaie israélienne (encadré). De nombreux jeunes diplômés des brigades militaristes Betar de Jabotinsky (ci-dessus) sont devenus membres du tristement célèbre Irgoun, qui a été le pionnier du terrorisme moderne en menant des attaques brutales contre les forces britanniques et les civils arabes en Palestine. Plus tard, l'Irgoun et ses alliés sont devenus le fondement de l'actuelle faction "de droite" du Likoud en Israël. Bien que les médias américains glorifient le nationalisme juif, *toutes les autres formes de nationalisme sont vilipendées comme cause de guerre et d'oppression.*

En guise d'introduction

Le nationalisme : La vague de l'avenir - La cible privilégiée des forces mondiales du sionisme et de l'internationalisme

THE JUDA GOATS-THE ENEMY WITHIN examine la manière dont les forces internationalistes se sont employées à prendre le contrôle et/ou à détruire les mouvements nationalistes légitimes, authentiques et traditionnels aux États-Unis au cours du 20e siècle. À ce titre, il semble approprié de commencer notre voyage dans ce monde souterrain d'espions et de subversion en définissant d'abord précisément ce qui constitue le "nationalisme" au sens américain du terme.

Le nationalisme - dans ses diverses incarnations au cours de l'histoire et à travers le monde - a toujours été et sera certainement toujours un facteur prépondérant pour dicter le cours de l'orientation de l'humanité.

Le nationalisme et le contre-pouvoir de l'internationalisme forment ensemble l'axe autour duquel tournent les événements de notre monde d'aujourd'hui. Il n'y a guère de conflit, où que ce soit sur la planète, qui ne soit pas lié à la lutte entre le nationalisme et l'internationalisme. Qu'est-ce donc que le nationalisme ?

Rien qu'en Amérique, le mot "nationalisme" a des significations très différentes pour de nombreuses personnes, y compris celles qui se considèrent comme des nationalistes ou se classent elles-mêmes dans le "mouvement nationaliste".

Le "mouvement nationaliste" en Amérique a toujours été très querelleur sur le plan interne, parfois tellement décousu sur le plan philosophique qu'il semble presque erroné d'oser décrire le phénomène comme "nationaliste" ou comme un "mouvement" tout court.

Il y a beaucoup de "républicains rock-ribe" classiques (bien que naïfs) qui se qualifieraient de nationalistes - même si c'est de manière inappropriée - en revenant à la philosophie du "Big Stick" de Theodore Roosevelt, se délectant de l'idée que l'Oncle Sam devrait faire sentir sa présence et sa puissance militaire considérable dans le monde entier - que l'Amérique ait raison ou non. Pour ces gens, c'est cela le "nationalisme" - mais, bien sûr, ce n'en est pas un, bien que les "néo-conservateurs" modernes qui se délectent à l'idée d'utiliser l'Amérique pour faire avancer l'agenda sioniste mondial aient été tout à fait prêts à exploiter "TR" comme s'il s'agissait presque de l'un des leurs.

À l'opposé de ces "néo-conservateurs", de nombreux autres Américains - qui sont véritablement des nationalistes au sens classique du terme - remettent en question l'idée même que les États-Unis devraient jouer le rôle de gendarme du monde, en menant des guerres de broussailles et en faisant progresser un rêve indéfini de "démocratie", qui est aujourd'hui devenu le cri de ralliement des intrigants néo-conservateurs (c'est-à-dire sionistes-trotskistes).

En fait, les véritables nationalistes américains, par opposition aux "néocons" (qui sont véritablement des "cons" dans tous les sens du terme), sont les héritiers modernes d'une philosophie américaine traditionnelle (et, ironiquement, largement basée sur le parti républicain) annoncée par feu le sénateur Arthur Vandenberg (R-Mich.) lorsqu'il affirmait : "Le nationalisme - et non l'internationalisme - est le rempart indispensable de l'indépendance américaine.

Dans son ouvrage, aujourd'hui oublié, mais toujours d'actualité, *The Trail of a Tradition* (G. P. Putnam's Sons, New York, 1926), Vandenberg a cherché à définir la tradition nationaliste américaine dans le contexte de l'engagement des États-Unis dans le monde entier, depuis l'époque de nos Pères fondateurs jusqu'à l'ère de Woodrow Wilson et la tentative d'imposer un régime mondial par le biais de la Société des Nations, qui n'a pas fonctionné.

En fin de compte, bien sûr, Vandenberg lui-même a subi une transformation remarquable - en grande partie, semble-t-il, parce qu'il a été victime de chantage et autrement "influencé" par des agents de renseignement britanniques - et a basculé dans le camp internationaliste, se faisant l'avocat déclaré d'une participation sans entrave des États-Unis aux affaires mondiales. Cependant, dans ses premières années, Vandenberg faisait partie de ce que l'on pourrait appeler à juste titre le véritable camp "nationaliste", qui occupait une grande partie du territoire dans le domaine de la pensée politique américaine.

Un autre domaine dans lequel les "nationalistes" qui se décrivent comme tels semblent se séparer est celui de la question toujours importante du commerce. Le conflit entre le vrai nationalisme et la perversion internationaliste et impériale du "nationalisme" est un élément essentiel du débat. Le libre-échange contre le protectionnisme (tel que défendu par les nationalistes traditionnels) présente un dilemme très réel pour les "conservateurs" autoproclamés dans les rangs du Parti républicain, par exemple, qui, d'une part, se considèrent comme des "nationalistes" et se disent pour l'Amérique d'abord, mais qui, sur l'autel du libre-échange, travaillent en fait à sacrifier la souveraineté américaine aux organisations commerciales multinationales et aux conglomérats financiers mondiaux. Il existe donc une divergence fondamentale entre le libre-échange et la souveraineté nationale.

Le fait est que le libre-échange a des liens historiques non seulement avec l'impérialisme britannique et le super-capitalisme mondial, mais aussi avec la grande bête noire des conservateurs américains : le communisme lui-même. En 1848, Karl Marx, le père du communisme, prônait le libre-échange parce que, disait-il, "il brise les anciennes nationalités et porte les antagonismes du prolétariat [travailleurs] et de la bourgeoisie [petits entrepreneurs] à leur paroxysme".

Selon Marx, "le système de libre-échange accélère la révolution sociale". En bref, les conservateurs modernes qui soutiennent le libre-échange soutiennent en fait un principe central du marxisme. Alors, ces "conservateurs" sont-ils vraiment "nationalistes" au sens classique du terme ? Il semble que non.

Ce qui nous amène à la définition du nationalisme...

Le mot "nationalisme" - et la connaissance générale de l'histoire qui entoure le concept de nationalisme - suscite des images négatives dans l'esprit des personnes - en grande partie des personnes instruites, en grande partie des personnes politisées - qui se donnent la peine de réfléchir au sujet.

Pour l'étudiant moyen (au niveau du lycée ou de l'université) qui consacre peu de son énergie académique aux domaines de l'histoire ou des sciences politiques - l'aspirant tout à fait sensé au métier de fusilier, d'architecte ou de comptable qui n'a aucun désir de se lancer dans des activités politiques - le mot "nationalisme" peut même évoquer la définition absolue et globale du mal telle qu'elle est perçue par la société et la culture d'aujourd'hui et répétée à l'infini dans les médias de masse :

> *NATIONALISME : Adolf Hitler, le Troisième Reich, le militarisme allemand, les camps de concentration, six millions de Juifs innocents - peut-être sept ou huit millions, voire onze millions - conduits vers les chambres à gaz, puis incinérés dans des fours à gaz. N'oublions pas non plus les pilotes de chasse japonais kamikazes et Tojo.*

Tiré d'une bande dessinée ou d'un drame hollywoodien, cela résume en substance la perception courante - en fait, la définition plus ou moins "officielle" - de ce qui constitue le "nationalisme".

Et ce n'est pas un hasard. L'écriture de l'histoire populaire et académique, ainsi que l'autorité et le pouvoir de définir ce qu'est le "nationalisme" ont été cooptés et ont depuis été dominés - au moins tout au long de la seconde moitié du XXe siècle, et dans le monde anglo-américain en particulier - par des personnes et des institutions nettement hostiles au nationalisme dans toutes ses variétés et sous toutes ses formes.

Il s'agit d'une conséquence directe de la concentration croissante de la propriété des médias entre les mains d'une élite, de familles et de groupes financiers étroitement liés, qui tirent profit des politiques internationalistes. Il ne s'agit en aucun cas d'une "théorie du complot". Le professeur Ben Bagdikian, éminent critique des médias, résume bien la situation dans son livre *The Media Monopoly (Le monopole des médias)* :

> Les seigneurs [des médias] du village planétaire ont leur propre agenda politique. Tous résistent aux changements économiques qui ne soutiennent pas leurs propres intérêts financiers. Ensemble, ils exercent un pouvoir d'homogénéisation sur les idées, la culture et le commerce qui touche des populations plus nombreuses que jamais dans l'histoire. Ni César, ni Hitler, ni Franklin Roosevelt, ni aucun pape n'a eu autant de pouvoir pour façonner l'information dont dépendent tant de gens pour prendre des décisions sur tous les sujets, de qui voter à quoi manger...

> Le pouvoir monopolistique domine de nombreuses autres industries et la plupart d'entre elles bénéficient d'un traitement spécial de la part du gouvernement. Mais les géants des médias ont deux avantages énormes : Ils contrôlent l'image publique des dirigeants nationaux qui, en conséquence, craignent et favorisent les programmes politiques des magnats des médias ; et ils contrôlent les informations et les divertissements qui contribuent à établir les attitudes sociales, politiques et culturelles de populations de plus en plus nombreuses...

Aujourd'hui, dans le sillage de ce phénomène très regrettable - cette monopolisation du pouvoir d'éduquer et d'informer - la nature et la substance réelles de ce qui constitue véritablement le "nationalisme" ont été déformées. Ainsi, les efforts modernes pour comprendre, définir et faire avancer la cause du nationalisme ont été relégués à ce que les maîtres des médias appellent vaguement "la frange".

Au milieu du XXe siècle, le seul effort indépendant notable pour définir le nationalisme - du moins dans le contexte historique américain - a été réalisé par un certain Willis A. Carto, fondateur, né dans l'Indiana, d'une institution basée à Washington connue sous le nom de Liberty Lobby et éditrice d'un hebdomadaire national à grand tirage, *The Spotlight*.

Bien qu'il ait été acculé à la faillite et détruit en 2001 par un procès à motivation politique qui a été confirmé par un juge fédéral, *The Spotlight* s'est révélé, pendant son apogée, comme étant peut-être la voix la plus importante et la plus efficace du nationalisme américain traditionnel - la raison même pour laquelle le journal franc-tireur a été ciblé pour être éviscéré.

Survivant des blessures que lui avaient infligées les Japonais au cours de combats brutaux dans le Pacifique pendant la Seconde Guerre mondiale, le futur fondateur de Liberty Lobby, Carto, est rentré chez lui et, contrairement à de nombreux vétérans qui ont cru à la propagande officielle, a entamé son propre voyage d'investigation, cherchant les réponses au "comment" et au "pourquoi" de l'implication des États-Unis dans cette conflagration génocidaire mondiale.

En fin de compte, Carto en est venu à remettre en question la nécessité de l'engagement des États-Unis non seulement dans la Seconde Guerre mondiale, mais aussi dans pratiquement toutes les guerres du XXe siècle. En fait, bien avant que cela ne devienne politiquement populaire - et certainement à la différence de nombreux membres de la "droite" traditionnelle - Carto a soulevé des questions sur l'intervention des États-Unis en Asie du Sud-Est, alors que les "libéraux de la guerre froide" conventionnels continuaient à faire pression pour que les États-Unis s'impliquent davantage dans la région, ce qui a finalement conduit à la débâcle du Viêt Nam.

Ne se considérant jamais autrement que comme un nationaliste, Carto s'est efforcé de tracer les lignes et les distinctions entre le "conservatisme" américain de la tendance républicaine et le nationalisme traditionnel.

Rejetant ce qu'il considérait comme les concepts fatigués, usés et totalement inadéquats de "droite" et de "gauche", Carto s'est employé avec énergie, par l'intermédiaire de Liberty Lobby, à développer un mouvement nationaliste florissant, en se concentrant plus particulièrement sur les dangers de l'internationalisme et en plaçant le nationalisme au cœur du cadre général d'une philosophie populiste américaine illustrée par Thomas Jefferson et d'une approche des relations extérieures (en particulier) telle que définie par George Washington dans son discours d'adieu.

Le livre de Carto, *Populism vs. Plutocracy : The Universal Struggle*, capture l'essence du point de vue nationaliste de Carto, en réfléchissant aux figures monumentales du populisme américain et à leurs contributions particulières à la pensée nationaliste : des hommes d'État tels que Jefferson et Jackson, aux brûlots progressistes tels que Robert LaFollette et Burton Wheeler, en passant par le célèbre prêtre de la radio, le père Charles Coughlin, le porte-parole du comité America First, Charles Lindbergh, le sénateur nationaliste Robert Taft, et des géants intellectuels tels que Lawrence Dennis, sans aucun doute le premier théoricien nationaliste américain du 20e siècle.

Les points de vue de ces hommes - et de bien d'autres géants - ont constitué la base de la philosophie nationaliste que Carto a mise en avant de toutes les manières possibles par le biais d'une grande variété de médias à sa disposition au cours de ses quelque 50 années d'engagement actif dans l'arène publique américaine.

M. Carto a insisté sur le fait que l'adhésion aux paroles de sagesse de Washington fournissait non seulement les moyens d'assurer les relations tranquilles de l'Amérique avec ses voisins, proches et lointains, mais aussi une base pour construire une nation forte capable d'assurer sa propre stabilité intérieure.

Peut-être plus que tout autre Américain, y compris Washington lui-même, Barto a utilisé les moyens de communication considérables dont il disposait pour répéter, encore et encore, les avertissements de Washington :

> De même, l'attachement passionné d'une nation pour une autre produit une variété de maux. La sympathie pour la nation favorite, en facilitant l'illusion d'un intérêt commun imaginaire dans des cas où il n'existe pas d'intérêt commun réel, et en insufflant à l'une les inimitiés de l'autre, trahit la première dans une participation aux querelles et aux guerres de la seconde, sans incitations ou justifications adéquates. Elle conduit aussi à concéder à la nation favorite des privilèges refusés à d'autres, ce qui est susceptible de nuire doublement à la nation qui fait les concessions, en se séparant inutilement de ce qui aurait dû être conservé et en excitant la jalousie, la mauvaise volonté et une disposition à la rétorsion chez les parties auxquelles des privilèges égaux sont refusés ; et elle donne aux citoyens ambitieux, corrompus ou trompés qui se dévouent à la nation favorite, la facilité de trahir ou de sacrifier les intérêts de leur propre pays, sans odieux, parfois même avec popularité ; en dorant avec les apparences d'un sens vertueux de l'obligation, d'une déférence louable pour l'opinion publique, ou d'un zèle louable pour le bien public, la conformité basse ou stupide de l'ambition, de la corruption ou de l'infatuation.

> Contre les ruses insidieuses de l'influence étrangère (je vous conjure de me croire, chers concitoyens), la jalousie d'un peuple libre devrait être constamment en éveil, car l'histoire et l'expérience prouvent que l'influence étrangère est l'un des ennemis les plus redoutables du gouvernement républicain. Mais cette jalousie, pour

être utile, doit être impartiale, sinon elle devient l'instrument de l'influence même qu'il faut éviter, au lieu d'être une défense contre elle.

Une partialité excessive pour une nation étrangère, une aversion excessive pour une autre, font que ceux qu'elles éduquent ne voient le danger que d'un côté, et servent à voiler et même à seconder les arts de l'influence de l'autre côté.

Les vrais patriotes, qui peuvent résister aux intrigues de la favorite, risquent de devenir suspects et odieux, tandis que ses outils et ses dupes usurpent les applaudissements et la confiance du peuple, pour céder leurs intérêts.

La grande règle de conduite que nous devons suivre à l'égard des nations étrangères, c'est, en étendant nos relations commerciales, d'avoir avec elles le moins de rapports politiques possible. Dans la mesure où nous avons déjà pris des engagements, qu'ils soient remplis avec une parfaite bonne foi.

Notre véritable politique consiste à éviter toute alliance permanente avec une quelconque partie du monde étranger.

Dans l'esprit de Washington, Carto a soutenu que les vrais nationalistes - de toutes les nations - croyaient au développement et au renforcement de leur nation de l'intérieur, au maintien de l'intégrité de son patrimoine culturel et de ses frontières souveraines historiques et à la priorité des intérêts de leur propre nation. Les nationalistes ne déclenchent pas de guerres d'impérialisme, mais respectent les instincts nationalistes des autres.

Les ploutocrates internationalistes et profiteurs, selon Carto, condamnent le nationalisme parce qu'il interfère avec leur objectif de profit et leur but de submerger toutes les nations dans une "plantation mondiale" sous leur domination.

Selon Carto, l'internationalisme est un rêve d'idéal naïf istes selon lequel l'éradication de toutes les frontières nationales et raciales ouvrirait la voie à une paix mondiale dans laquelle tout le monde vivrait heureux pour toujours - un rêve chimérique des poètes et des chefs religieux depuis des millénaires.

Dans son application concrète, l'internationalisme ne peut produire que de la confusion, des tensions, de l'anarchie et de la violence. Les ploutocrates utilisent l'internationalisme pour abolir les frontières nationales et promouvoir le multiculturalisme, une étape essentielle pour achever leur conquête du monde et l'érection formelle de leur super-État mondial, la Plantation mondiale, souvent appelé "Nouvel ordre mondial" - tant par les nationalistes que par les internationalistes.

Carto le dit simplement : le concept de Nouvel Ordre Mondial n'est rien d'autre que la volonté d'un gouvernement mondial dirigé par les ploutocrates qui y voient un moyen de s'emparer de toutes les ressources naturelles du globe et d'asservir effectivement tous les peuples à une bureaucratie internationale choisie et contrôlée par l'élite financière.

Quoi qu'il en soit, l'influence de Carto sur les fondements philosophiques du mouvement nationaliste américain était (et reste) incontestable. En fait, lorsque Pat Buchanan, figure de longue date du parti républicain et chroniqueur syndiqué, a commencé à s'affirmer comme un critique sérieux et de premier plan - d'un point de vue nationaliste - de la tendance internationaliste croissante dans les rangs républicains, les principaux médias du pays ont reconnu - bien qu'à contrecœur - que c'était Carto et Liberty Lobby qui avaient contribué à ouvrir la voie à l'ascension de Buchanan.

C'est Pat Buchanan - anciennement une figure "grand public" - qui a commencé à faire écho à la rhétorique et aux fondements historiques qui avaient été préservés par les travaux antérieurs de Carto, et qui a ainsi introduit au moins une version Buchanan du "nationalisme" dans l'arène politique américaine lors de ses candidatures successives à l'investiture du Parti républicain pour l'élection présidentielle. Dès le 26 juin 1995, l'hebdomadaire progressiste *The Nation* a commencé à prendre note du nouveau populisme et nationalisme qui animait la campagne de Buchanan. Décrivant un rassemblement de Buchanan dans le New Hampshire, *The Nation* soulignait que :

> Lorsqu'on leur a demandé de citer le sujet qui les touchait le plus chez Buchanan, un certain nombre d'entre eux ont évoqué le nationalisme économique de ses croisades contre l'ALENA et le GATT. Buchanan a dénoncé les pactes commerciaux qui profitent aux sociétés transnationales aux dépens des travailleurs américains et qui abandonnent la souveraineté des États-Unis à un establishment international auquel il ne faut pas faire confiance, fusionnant ainsi les populismes de gauche et de droite.

The Nation a approfondi la nouvelle orientation de Buchanan :

> C'est dans le New Hampshire que le populisme économique de Buchanan s'est manifesté pour la première fois. Lorsqu'il a fait campagne dans cet État en 1992, il a rencontré des gens frappés par la récession.
>
> Buchanan avait été propulsé dans cette course par son dégoût d'extrême droite face à la décision du président Bush de signer une

mesure en faveur des droits civiques et de revenir sur la déclaration "read-my-lips" [contre de nouveaux impôts]. Mais en parcourant l'État du Granite, Buchanan a découvert la dislocation économique - des Américains qui travaillent dur et qui sont chassés de leurs emplois bien rémunérés. Il en a conclu que la faute en incombait à la mondialisation et aux politiques commerciales des États-Unis.

Depuis lors, il a attaqué les grandes banques et les grandes entreprises qui recherchent ces accords commerciaux exportateurs d'emplois et qui financent une foule de lobbyistes qui garantissent que les accords commerciaux sont adoptés par le Congrès. Il est le seul candidat républicain à reconnaître et à s'attaquer à la baisse des salaires réels qui a frappé l'Amérique des revenus moyens.

Ce faisant, Buchanan ajoute de nouvelles troupes aux conservateurs sociaux de ses "Brigades Buchanan". En colère contre les Japonais ? Votre enfant ne peut pas prier à l'école ? Buchanan est en train de souder des circonscriptions.

Seul au sein du GOP, il attaque Washington comme étant à la fois l'Establishment qui promeut un ordre séculaire libéral et l'Establishment qui pousse le Nouvel Ordre Mondial corporatiste. Bien qu'il soit également un fervent catholique au service d'un establishment social et religieux conservateur, Buchanan est ce qui se rapproche le plus d'un véritable populiste dans la course de 1996 jusqu'à présent.

La "droite" politique s'est également levée et a pris note du changement apparent de Buchanan. Le 27 novembre 1995, le "conservateur" *Weekly Standard, financé par* le milliardaire Rupert Murdoch et édité par William Kristol, chef de file de la clique autoproclamée des "néo-conservateurs" qui ne veulent rien de moins que faire progresser l'impérialisme américain dominé par les sionistes, a exprimé ses propres préoccupations au sujet des attaques nationalistes de Buchanan contre l'élite au pouvoir. *Le Standard* a affirmé :

> Dans une Amérique de plus en plus conservatrice, une personnalité politique résiste à la vague de l'histoire. Cet homme dénonce toujours les grandes banques et les multinationales. Il fait toujours passer les intérêts de l'ouvrier américain avant ceux du soi-disant système commercial international . Il refuse même d'envisager toute réduction de la générosité des grands programmes de dépenses de la classe moyenne. Il refuse même d'envisager toute réduction de la générosité des grands programmes de dépenses de la classe moyenne, tels que Medicare et la sécurité sociale. Cet homme est Patrick J. Buchanan, le dernier gauchiste américain...

Notant que M. Buchanan a conservé sa position traditionnelle sur les questions sociales, *The Standard* a ensuite souligné que :

> Ses discours de campagne mettent l'accent sur de nouveaux thèmes saisissants : la menace imminente d'un gouvernement mondial, la cupidité des banques internationales, le pouvoir des droits de douane pour stopper la détérioration des salaires des ouvriers, l'urgence de préserver l'assurance-maladie dans une forme proche de celle qu'elle a aujourd'hui.
>
> Cela n'a rien à voir avec le républicanisme conservateur de l'ère Reagan. Cela ressemble plutôt à la rhétorique militante et rancunière des démocrates populistes depuis William Jennings Bryan. La répulsion que les démocrates contemporains éprouvent à l'égard de Buchanan ne fait que révéler à quel point ce parti s'est éloigné de son propre passé.

Le Standard accusait Buchanan d'avoir abandonné les positions "traditionnelles" des républicains conservateurs et d'avoir commencé à faire évoluer (ou du moins *à tenter de* faire évoluer) le parti républicain dans une direction nationaliste :

> La question importante pour les républicains conservateurs traditionnels est de savoir jusqu'où M. Buchanan doit être autorisé à emmener le parti. Le succès de la campagne de Buchanan en 1992 a déjà commencé à réorienter le parti républicain vers une position plus restrictive sur l'immigration et une ligne beaucoup plus dure sur la discrimination positive...
>
> Faut-il l'accueillir ou non ? En 1992, de nombreux conservateurs ont éprouvé d'atroces difficultés à se décider... Cette fois-ci, cependant, le choix devrait être plus facile. Les conservateurs doivent reconnaître que la politique de Buchanan est... quelque chose de nouveau : un populisme formé pour saisir les opportunités politiques offertes par un multiculturalisme strident et la stagnation des salaires des travailleurs moins qualifiés...
>
> Au train où vont les choses, ce n'est probablement qu'une question de temps avant que Buchanan lui-même ne reconnaisse la distance qui se creuse rapidement entre sa politique et celle du courant conservateur dominant. Son ami et collègue chroniqueur Sam Francis, dont les idées sont de plus en plus reprises par M. Buchanan, a déjà abandonné le mot "conservateur" sur le site . Le danger n'est pas tant que Buchanan s'empare du conservatisme, mais plutôt que, même après l'avoir quitté pour se diriger vers une destination idéologique **inconnue**, ses idées étatistes et populistes s'y infiltrent à reculons...

À ce stade, la voix de l'internationalisme financée par Murdoch a officiellement déclaré la guerre à Buchanan et l'a rayé des rangs des républicains "conservateurs" :

> Buchanan n'a jamais hésité à se battre, et les républicains qui s'opposent à lui ne devraient pas non plus hésiter à le faire. Les républicains qui s'accrochent aux traditions du conservatisme d'après-guerre que Buchanan rejette - un gouvernement restreint et le leadership mondial des États-Unis - doivent montrer clairement qu'ils comprennent aussi bien que Buchanan l'immense différence entre sa politique et la leur. Il a tourné le dos aux convictions fondamentales qui ont défini le conservatisme américain depuis 40 ans, et les conservateurs ne devraient pas avoir peur de le dire. Après tout, pour paraphraser Ronald Reagan, ce n'est pas nous qui avons quitté Pat Buchanan, c'est Pat Buchanan qui nous quitte.

En d'autres termes, Pat Buchanan, s'il était élu président, ferait passer le parti républicain dans le camp internationaliste et c'est la dernière chose que cette voix "conservatrice" souhaite voir se produire.

En fin de compte, Buchanan a quitté le Parti républicain et a choisi de se présenter en 2000 en tant que candidat du Parti réformateur. Cependant, en fin de compte, le mouvement Buchanan a échoué et a échoué gravement. Le mouvement nationaliste américain a reçu un coup dur sur le plan électoral avec les résultats catastrophiques de Buchanan lors de cette élection. Les nationalistes ont été laissés pour compte tandis que Buchanan retournait dans le monde des grands médias. Entre-temps, le mouvement nationaliste - le vrai mouvement nationaliste - cherche non seulement à se rajeunir, mais aussi à prendre la tête du mouvement.

Ironiquement, la plus grande force qui s'oppose au nationalisme américain traditionnel est le sionisme. Bien que le sionisme se définisse en soi comme un nationalisme juif visant à l'établissement d'un État juif, qui a finalement vu le jour en 1948 avec la fondation d'Israël, la vérité est que le sionisme est essentiellement un mouvement international d'une grande portée et d'une grande puissance, dont Israël n'est guère plus que la capitale spirituelle (bien que géographiquement spécifique).

À cet égard, dans le précédent ouvrage de l'auteur, *La nouvelle Jérusalem*, nous avons exploré la réalité frappante selon laquelle, à toutes fins utiles, le mouvement sioniste a essentiellement adopté les États-Unis - par la simple force du pouvoir financier et politique - comme sa principale base d'opérations, utilisant l'armée américaine (généralement contre les souhaits des dirigeants militaires) pour imposer un imperium mondial conçu pour promouvoir la puissance d'Israël (et l'ordre du jour sioniste) sur la scène mondiale.

C'est ainsi qu'un groupe relativement restreint d'intrigants - les "néo-conservateurs" (étudiés en détail dans l'autre volume précédent de l'auteur, *Les grands prêtres de la guerre*) - est arrivé au pouvoir en Amérique et a fait tout ce qui était en son pouvoir pour faire avancer la cause sioniste.

En l'état actuel des choses, même les critiques les plus sévères du sionisme et des méfaits israéliens ne parviennent pas à le comprendre, mais la vérité est que le conflit au Moyen-Orient entre Israël et le monde arabe n'est qu'une partie de l'agenda sioniste global, dont la portée est illimitée : ce n'est pas un hasard si la philosophie sioniste enseigne qu'Israël - au sens du peuple juif - n'a pas de frontières.

Ce n'est pas non plus une coïncidence si les néo-conservateurs américains sont des disciples intellectuels de l'idéologue sioniste pur et dur, Vladimir Jabotinsky - souvent appelé "le fasciste juif" - qui a déclaré candidement dans une interview en 1935 : "Nous voulons un empire juif" : "Nous voulons un empire juif". Bien que Jabotinsky soit mort en 1940, ses héritiers idéologiques reprennent son flambeau, peut-être avec plus de force que Jabotinsky ne l'aurait jamais imaginé.

Les intrigues du sionisme sur le sol américain ont été extraordinairement bien calculées, opérant à de multiples niveaux et par le biais de multiples mécanismes. Dans les pages de *The Juda Goats - The Enemy Within*, nous examinerons l'histoire peu glorieuse de la volonté sioniste d'infiltrer, de saper, de subvertir et/ou de prendre le contrôle du mouvement nationaliste américain afin de le supprimer et, par conséquent, de le détruire.

Mais soyez assurés que les Américains ne sont pas seuls face à cette menace. D'autres mouvements nationalistes s'opposent au pouvoir sioniste sur toute la planète, de Moscou à Caracas, de Kiev à Kuala Lumpur : partout où des personnes informées osent penser librement et continuer à s'exprimer.

Par conséquent, notons ceci : les ennemis du nationalisme pourraient tout aussi bien faire face à un fait fondamental : qu'on le veuille ou non, ici en Amérique et dans le monde entier, le nationalisme est la vague de l'avenir.

Il n'y a aucun moyen de l'arrêter.

Allons maintenant de l'avant et examinons précisément qui sont - et ont été - les Boucs de Juda, et en quoi ils sont véritablement l'ennemi intérieur de l'Amérique. Préparez-vous à une histoire très laide, mais fascinante.

En 1981, l'auteur américain de renom Eustace Mullins (à gauche) a obtenu 500 pages de dossiers précédemment classifiés que le FBI avait conservés sur Mullins, un Américain patriote, et qui remontaient jusqu'en 1951. Bien que de nombreuses pages aient été expurgées - noircies - soi-disant pour des raisons de "sécurité nationale", ces dossiers étonnants

 montrent clairement que le FBI a ciblé Mullins pour le détruire précisément parce qu'il avait critiqué le pouvoir sioniste en Amérique, en particulier son exposé essentiel sur le contrôle du système de la Réserve fédérale américaine par la dynastie bancaire Rothschild. Les dossiers révèlent que le FBI avait même envisagé de faire taire Mullins en le faisant interner dans un asile d'aliénés. Cette note de 1959 (ci-dessus) adressée au chef du FBI, J. Edgar Hoover, par son adjoint juif, Alex Rosen, montre une note griffonnée par Hoover, affirmant que l'affaire Mullins était "une priorité absolue" et que les agents du FBI devaient "veiller à ce que des mesures soient prises". Dans les pages de *The Juda Goats*, nous en apprendrons beaucoup plus sur ces opérations secrètes de police et d'espionnage et sur les autres efforts déployés pour écraser la dissidence politique en Amérique.

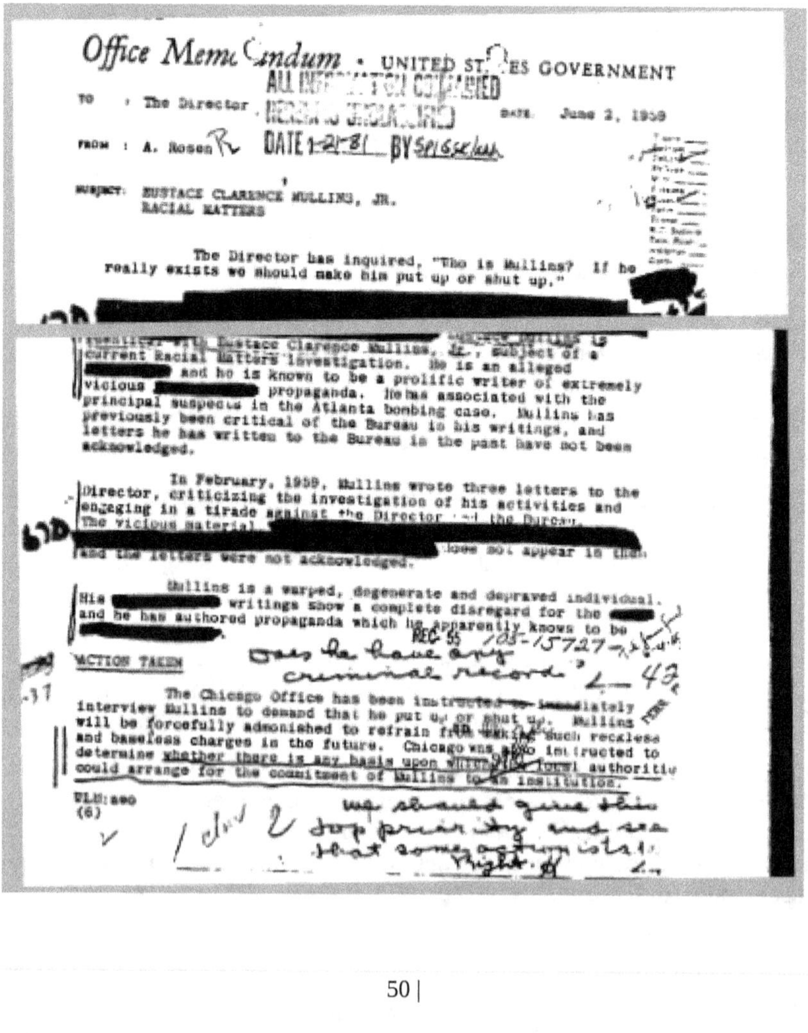

Introduction à la première partie

Un peu d'histoire... Une histoire peu glorieuse et sordide

L'ampleur et la portée des intrigues de *The Juda Goats - The Enemy Within (Les Boucs de Juda - L'ennemi intérieur)* sont en fin de compte tout à fait stupéfiantes. Toutefois, les premiers chapitres qui suivent dans cette section sont conçus pour fournir un aperçu de la nature des efforts déployés par ces ennemis du nationalisme américain pour infiltrer et détruire (ou autrement manipuler et contrôler) leur opposition politique en Amérique. Cette vue d'ensemble historique jette les bases nécessaires à la compréhension d'une grande partie de ce qui suit.

Ainsi, bien que les célèbres opérations d'infiltration COINTELPRO du FBI aient été officiellement instituées au début des années 1960, l'histoire montre que, dès les années précédant la Seconde Guerre mondiale, des groupes tels que l'Anti-Defamation League (ADL) du B'nai B'rith manipulaient déjà le FBI dans le cadre d'une campagne de terreur à l'encontre des nationalistes américains.

C'est pourquoi nous verrons le nom de l'ADL réapparaître à maintes reprises, non seulement dans cette section, mais tout au long des pages de ce livre.

Et bien que le FBI (et d'autres agences fédérales, telles que la CIA) apparaisse souvent comme ce que l'on pourrait qualifier de "méchants" dans ces pages, il y a beaucoup de bonnes personnes au sein de ces agences qui rejettent les machinations de l'Ennemi intérieur et qui ont en fait cherché à déloger certains fauteurs de troubles sionistes lorsque l'occasion leur en a été donnée.

Cela dit, examinons les faits...

CHAPITRE I

Le retour de COINTELPRO : rappel d'une histoire peu glorieuse d'infiltration et de subversion qui règne à nouveau sur le sol américain

Le 31 mai 2002, au nom de la "lutte contre le terrorisme", le procureur général de l'époque, John Ashcroft, a supprimé des restrictions vieilles de trente ans sur la capacité du FBI à espionner les organisations religieuses et politiques aux États-Unis. L'action d'Ashcroft a permis de relancer le tristement célèbre COINTELPRO (c'est-à-dire le "programme de contre-espionnage") du FBI dans les années 1960. Dans le cadre de ce programme, le FBI, en collaboration active avec l'Anti-Defamation League (ADL) de B'nai B'rith, a infiltré et espionné (et perturbé, le cas échéant) un large éventail d'organisations politiques américaines dissidentes.

Bien que l'ADL, comme nous le verrons, ait été fondée à l'origine comme une organisation dédiée à la lutte contre le sectarisme à l'égard du peuple juif, elle est rapidement devenue une puissance en soi, puis, après la fondation de l'État d'Israël en 1948, elle s'est imposée comme un lobby intransigeant pour Israël, agissant comme un canal de renseignement et de propagande pour l'agence des services clandestins d'Israël, le Mossad.

Ainsi, lorsque l'initiative COINTELPRO est devenue opérationnelle, l'ADL (et ses collaborateurs au sein du Mossad) s'est trouvée imbriquée dans le FBI. Et pendant les années COINTELPRO, les noms et les données personnelles de quelque 62 000 Américains se sont retrouvés dans les dossiers du FBI.

Bien que les médias admettent souvent que les groupes de défense des "droits civiques" ont été la cible de COINTELPRO, le fait est que le FBI a consacré l'essentiel de ses efforts à des organisations et des individus de "droite".

Les lignes directrices rendues caduques par Ashcroft ont été instituées au milieu des années 70 après l'indignation générale suscitée par la découverte de COINTELPRO, à la suite du décès du directeur du FBI, J. Edgar Hoover.

La vérité est que, dès les années 1930, le FBI de Hoover a travaillé en étroite collaboration avec l'ADL pour "surveiller" les dissidents politiques américains, bien avant que COINTELPRO ne soit officiellement institué.

Et comme nous le verrons - bien que cela reste largement oublié - l'ADL a été la source principale d'une grande partie des informations fallacieuses que le FBI a utilisées pour monter un dossier de "sédition", discrédité par la suite, contre une trentaine d'Américains dont le seul crime était de prendre position en faveur du nationalisme américain et de s'opposer à l'intervention dans la guerre en Europe pendant l'administration du président Franklin D. Roosevelt.

En vertu des anciennes lignes directrices instituées pour mettre un terme aux abus du FBI dans le cadre de COINTELPRO, le FBI n'était autorisé à déployer des agents infiltrés dans les églises et les mosquées ou dans les organisations politiques *que* si les enquêteurs avaient d'abord trouvé une "cause probable" ou d'autres éléments de preuve suggérant que les membres de ces groupes pouvaient avoir commis un délit. Toutefois, pour contourner les directives, le FBI s'est appuyé sur l'ADL (en tant qu'organisation privée non soumise aux règles officielles) pour combler le vide, en procédant à l'espionnage interdit au FBI

En conséquence, les fruits illicites des activités de renseignement de l'ADL se sont retrouvés entre les mains du FBI, du BATF, de la CIA, de l'IRS et d'autres agences fédérales avec lesquelles l'ADL a entretenu (et entretient toujours) des contacts étroits.

Le Southern Poverty Law Center (SPLC) de Morris Dees - une autre organisation opérant de manière sordide comme l'ADL - a également servi d'intermédiaire au FBI. Et, à vrai dire, il existe probablement de nombreuses organisations similaires, même si elles sont moins connues que l'ADL et le SPLC.

Aujourd'hui, cependant, le procureur général Ashcroft a officiellement redonné vie à l'ancien COINTELPRO, suscitant l'inquiétude des Américains qui attachent de l'importance aux libertés civiles traditionnelles.

Dans le numéro de juillet-septembre 1995 de *Name Base News Line*, Daniel Brandt a fourni des informations intéressantes sur COINTELPRO :

> L'existence de COINTELPRO a été révélée pour la première fois lorsque tous les documents du bureau du FBI à Media, en Pennsylvanie, ont été volés par des inconnus le 8 mars 1971. Une soixantaine de documents ont ensuite été envoyés par courrier à des publications sélectionnées, et d'autres ont été envoyés directement aux personnes et groupes cités.
>
> Ces documents se répartissent comme suit : 30 % étaient des

manuels, des formulaires de routine et des documents de procédure similaires. Parmi les autres documents, 40 % concernaient la surveillance politique et d'autres enquêtes sur l'activité politique (2 concernaient la droite, 10 les immigrants et plus de 200 des groupes de gauche ou libéraux), 25 % concernaient des braquages de banques, 20 % des meurtres, des viols et des vols entre États, 7 % la résistance à l'appel sous les drapeaux, 7 % des désertions militaires et 1 % le crime organisé, principalement des jeux d'argent.

Toutefois, le FBI n'était pas le seul à mener des opérations nationales de ce type. La CIA peut également être accusée des mêmes méfaits. Selon le récit de Verne Lyon, un ancien agent secret de la CIA, publié dans le numéro de l'été 1990 du *Covert Action Information Bulletin*, les opérations d'espionnage domestique les plus répandues de la CIA ont commencé en 1959.

Dans le cadre du projet RESISTANCE, puis du projet MERRIMAC, la CIA a infiltré des agents dans des groupes nationaux de tous types et de toutes activités. Plus tard, la CIA a intégré toutes les opérations de renseignement intérieur dans l'opération CHAOS. Il n'est peut-être pas surprenant que la personne chargée de l'opération CHAOS ait été Richard Ober, un officier vétéran de la CIA, adjoint du fidèle de longue date du Mossad israélien à Langley, James Jesus Angleton.

(Un compte rendu détaillé de la carrière bizarre et sordide d'Angelton, en particulier de son rôle en tant qu'acteur clé dans l'assassinat du président John F. Kennedy, est disponible dans l'ouvrage précédent de cet auteur : *Final Judgment : The Missing Link in the JFK Assassination Conspiracy*). Selon le Center for National Security Studies, Ober et ses agents de CHAOS avaient accumulé des dossiers personnels sur plus de 13 000 personnes, dont plus de 7 000 citoyens américains, et avaient constitué des dossiers sur plus de 1 000 organisations politiques nationales.

En outre, il semble que la CIA ait également partagé des informations sur plus de 300 000 personnes avec d'autres agences, dont le FBI et la Defense Intelligence Agency.

(Pour sa part, comme nous l'avons déjà noté, la division du renseignement intérieur du FBI a enquêté sur 62 000 Américains - présumés "subversifs" - dans le cadre de sa propre opération COINTELPRO. On ne saura probablement jamais combien de noms se sont recoupés entre les diverses opérations d'espionnage domestique de la CIA et celles du FBI). Le 13 mai 1985, *The Spotlight*, l'hebdomadaire publié à l'époque par Liberty Lobby, l'institution populiste de longue date du Capitole à Washington, a révélé que le célèbre militant "libéral" Allard Lowenstein - qui a siégé au Congrès de 1969 à 1971 - avait en fait été pendant longtemps un agent infiltré de la

CIA.

L'idole des libéraux avait été abattue en 1980 (prétendument à la suite d'un différend personnel), mais les faits concernant sa carrière secrète n'ont été révélés que plus tard.

Lowenstein a commencé à travailler comme informateur rémunéré de la CIA en 1949, quelques mois avant que le jeune et envoûtant orateur de gauche du campus ne soit élu à la présidence de l'Association nationale des étudiants (NaStA).

Bien que l'association "étudiante" ait adopté une position pugnace de "gauche radicale" sur des questions importantes, personne ne savait alors qu'elle avait été créée comme une façade de la CIA par des officiers supérieurs de la division des services clandestins de la CIA, dont Cord Meyer qui, plus tard, en tant que chef de la station londonienne de la CIA, aurait recruté le jeune universitaire d'Oxford Bill Clinton dans l'opposition contrôlée du "mouvement anti-guerre" de la CIA.

En tant que l'un des leaders étudiants les plus connus du pays, Lowenstein évoluait confortablement dans des cercles critiques à l'égard de la CIA, tout en étant sur le "pad" de la CIA, en train de fricoter avec ses amis pour le compte de la CIA. Ainsi, à l'époque de la guerre du Viêt Nam, les contribuables américains ont payé non seulement le coût de la guerre -- mais aussi le financement du "mouvement anti-guerre" dans lequel les successeurs de Lowenstein à la tête de la NaStA ont joué un rôle majeur.

Pendant ce temps, Lowenstein lui-même a progressé vers un statut plus "senior" en tant que l'une des principales voix anti-guerre de la nation (et, secrètement, de la CIA).

Plus tard, Allard Lowenstein s'est doublé d'un agent de l'agence de renseignement israélienne, le Mossad. En 1979, alors qu'il était délégué aux Nations unies, Lowenstein a participé à l'élaboration de l'opération de surveillance du Mossad qui a permis de piéger son patron, l'ambassadeur de l'époque Andrew Young, surpris en train de tenir des conversations secrètes avec des diplomates arabes. Le président Carter de l'époque a été contraint de renvoyer Young et Lowenstein a en fait quitté l'ONU avec Young, mais l'objectif du Mossad (surprendre Young en train de collaborer avec les Arabes détestés) avait été atteint.

Ainsi, alors que le FBI dépensait quelque 10 millions de dollars sur une période de plusieurs années pour enquêter sur le mouvement anti-guerre, un grand nombre des personnes sur lesquelles le FBI enquêtait étaient secrètement employées par la CIA, bien que le FBI n'ait jamais été mis au courant de la vérité.

De nombreux jeunes gauchistes idéalistes recrutés dans le cadre des activités de la CIA n'ont appris qu'après avoir rejoint la NaStA qu'ils avaient été mêlés à un front de la CIA, mais ils ont rapidement réalisé qu'ils pouvaient obtenir de nombreuses faveurs et faire avancer leur carrière en coopérant après avoir été mis au courant du secret.

Des méthodes similaires ont été utilisées pour coopter des groupes de "droite", des agents de la CIA et du FBI fournissant des "tuyaux" et des financements provenant de "patriotes haut placés dans le gouvernement qui soutiennent ce que vous faites". Plus d'un groupe a été coopté de cette manière.

Récemment, une autre ancienne figure de proue du NaStA financé par la CIA, John Foster "Chip" Berlet, a contesté le fait d'être décrit comme "un informateur réputé de la CIA". M. Berlet a affirmé : "Je ne suis pas un informateur de la CIA : "Je ne suis pas un informateur de la CIA, ni un informateur ou un agent d'une quelconque agence de renseignement. Il a déclaré qu'il s'agissait d'une "fausse affirmation".

Pendant des années, des personnalités de la "nouvelle gauche" n'appartenant pas à la CIA, telles que Daniel Brandt et le regretté Ace Hayes, entre autres, ont publiquement qualifié Berlet d'agent secret du gouvernement. Ils ont également mis en évidence les relations de Berlet avec l'Anti-Defamation League (ADL), parrainée par le Mossad, qui fournit des informations au FBI, à la CIA, au BATF et à d'autres agences gouvernementales.

En 1993, les associés de Lenora Fulani, militante politique afro-américaine basée à New York, ont documenté les activités de Berlet, soulignant qu'un haut responsable de l'ADL avait déclaré publiquement que "les informations que [Berlet] a partagées avec nous ont été très utiles".

Ces dernières années, l'objectif principal de Berlet a été de lutter contre le succès de l'alliance populiste "gauche-droite" contre l'élite ploutocratique. Il n'est peut-être pas surprenant que Berlet ait un lien personnel avec l'élite ploutocratique. Il porte le nom de l'ami de son père, l'ancien secrétaire d'État John Foster Dulles (lui-même frère du directeur de la CIA Allen Dulles, limogé par le président Kennedy), ce qui pourrait expliquer pourquoi Berlet a opéré tout au long de sa vie adulte dans la sphère des institutions affiliées à la CIA.

Un autre exemple d'informateurs fédéraux à l'œuvre : Dans une série d'exclusivités publiées dans les années 1980, *The Spotlight* a révélé le rôle joué par des agents fédéraux infiltrés du BATF et du FBI dans les événements qui ont conduit à une fusillade en 1979 à Greensboro, en Caroline du Nord, entre des membres du Parti communiste des travailleurs et un groupe de membres du Ku Klux Klansmen et d'un groupe "nazi" américain. Cinq communistes sont morts et une autre personne a été blessée.

Au moins cinq informateurs gouvernementaux se présentent comme des "patriotes de droite" ont été impliqués et identifiés : Bernard Butkovich, un agent infiltré à plein temps du BATF, et Ed Dawson, un informateur rémunéré du FBI. Tous deux ont habilement prononcé la rhétorique de la "droite", tout en travaillant pour le gouvernement.

Deux autres agents infiltrés du BATF et une femme agent infiltrée du bureau d'enquête de l'État de Caroline du Nord étaient également des "habitués" des réunions de groupes de "droite" impliqués dans la tragédie de Greensboro.

Mais les exemples sont encore plus nombreux. Prenons, par exemple, le cas du groupe terroriste tristement célèbre et enclin à la violence, connu sous le nom de Ligue de défense juive (LDJ). Les faits suggèrent que la JDL est bien plus qu'il n'y paraît :

La LDJ a été fondée en 1968 par son leader de longue date, Meir Kahane, né à Brooklyn, dont on se souvient surtout comme du "rabbin militant" abattu après avoir été élu au parlement israélien. Cependant, la vérité est que pendant de nombreuses années, Kahane a été un atout pour le FBI et la CIA, y compris un séjour pour la CIA en Afrique, en se faisant passer pour un "correspondant d'information".

En 1965, sous le nom de "Michael King" (qui était apparemment son nom de naissance légitime), Kahane et un certain Joseph Churba ont formé un groupe pour mobiliser le soutien des campus à la guerre du Viêt Nam, une entreprise qui faisait partie d'une opération de la CIA "travaillant des deux côtés" de la question de la guerre du Viêt Nam, la CIA finançant des groupes anti-guerre au même moment.

En 1968, Kahane s'est débarrassé de son personnage de "Michael King" pour devenir le Meir Kahane dont nous nous souvenons aujourd'hui. Son collègue Churba (également rabbin) est monté en puissance en tant qu'agent influent des services secrets israéliens dans les cercles de décision de la politique étrangère américaine, promu par la John Birch Society et financé par l'empire du chef de secte coréen Sun Myung Moon, soutenu par la CIA. (Nous reviendrons plus loin sur le passé trouble de la John Birch Society et de l'empire éditorial "conservateur" de Sun Myung Moon, de plus en plus influent). Nous savons également aujourd'hui, grâce aux travaux de feu le journaliste juif américain Robert I. Friedman, que la LDJ était également dirigée depuis les plus hauts niveaux de l'agence de renseignement israélienne, le Mossad. Kahane travaillait donc littéralement non seulement pour différentes agences du renseignement américain, mais aussi pour le renseignement israélien.

Mais la main fine des services de renseignement israéliens a également joué un rôle bien plus important dans la création de boucs de Juda et d'autres éléments de l'ennemi intérieur de l'Amérique. En fait, les services de renseignements israéliens ont leur propre unité qui opère sur le sol américain et qui surveille illégalement des dizaines de milliers de citoyens américains, qu'ils soient de "gauche" ou de "droite".

Et, ironiquement, bien que de nombreuses personnes aient entendu dire que le FBI, par le biais de son programme COINTELPRO, et la CIA, par le biais de l'opération CHAOS, espionnaient les Américains, il est peu connu que cette unité de renseignement israélienne sur le sol américain ne se contentait pas de mener ses propres opérations, mais fonctionnait également, dans de nombreux cas, comme une branche de *facto* de COINTELPRO et de l'opération CHAOS.

Cette division du renseignement israélien est, bien entendu, la Ligue anti-diffamation (ADL) du B'nai B'rith, à laquelle nous avons fait référence plus haut dans ces pages.

Depuis 1913, date de sa création, l'ADL fonctionne essentiellement comme une "Gestapo juive" visant à réduire les critiques sur le rôle croissant des Juifs dans le syndicat du crime de la pègre américaine, et joue un rôle actif dans l'arène américaine.

Et puis, bien sûr, comme nous l'avons noté, après la création de l'État d'Israël, elle est devenue un agent étranger de *facto* pour le gouvernement d'Israël, une branche du Mossad israélien.

L'ancien agent du Mossad, Victor Ostrovsky, a indiqué dans son livre, *The Other Side of Deception*, que lorsqu'il écrivait son précédent livre, *By Way of Deception*, il avait hésité à faire état "des liens directs que le Mossad avait avec... la Ligue anti-diffamation du B'nai B'rith...", précisément parce qu'il craignait que les Américains ne se soulèvent contre l'ADL (et la communauté juive américaine que l'ADL est censée représenter) pour s'indigner des activités violentes et haineuses du Mossad.

La méthode de travail de l'ADL a été pour le moins impitoyable et, comme elle a généralement opéré dans la sphère des services de police et de renseignement américains officiellement autorisés, l'ADL a eu les coudées franches pour commettre ses méfaits.

Les noms des personnes ayant pris publiquement position sur des questions politiques, y compris en écrivant une lettre au rédacteur en chef d'un journal, ont été répertoriés et les rapports sur leurs activités ont été archivés.

Certaines personnes particulièrement virulentes ont fait l'objet d'un traitement "spécial" : leurs poubelles ont été fouillées, leurs téléphones mis sur écoute ; leurs maisons ont été cambriolées et leurs dossiers personnels photographiés ou carrément volés.

Au fil des ans, l'ADL n'a pas seulement visé ceux que les médias libéraux qualifient d'"extrémistes". Une grande variété d'organisations représentant tout le monde, des Afro-Américains aux Amérindiens en passant par les Asiatiques-Américains et les groupes de défense des homosexuels, ont également été victimes de ces attaques.

La plupart des gens ont entendu les médias décrire l'ADL comme une "organisation respectée de défense des droits civils". Cependant, il est clair que l'ADL est beaucoup plus importante que les médias ne le suggèrent.

Et alors que le FBI et la CIA ont suscité un vif émoi au fil des ans, en raison de leur espionnage national et de leurs efforts illégaux pour détruire les dissidents politiques américains, le rôle de l'ADL dans ces mêmes affaires a été soigneusement passé sous silence.

Un exemple concret : après que le procureur général Ashcroft a appelé à redynamiser les capacités d'espionnage domestique du FBI, l'Union américaine pour les libertés civiles (ACLU) s'est empressée de publier une "étude de cas" rétrospective sur "les dangers de l'espionnage domestique par les forces de l'ordre fédérales".

L'étude de l'ACLU s'est concentrée sur la surveillance, aujourd'hui largement connue (mais alors tout à fait secrète), de feu Martin Luther King Jr. par le FBI dans les années 1960, et l'a décrite comme "un chapitre ignominieux du passé de l'Amérique". Le rapport de l'ACLU conclut : "En tant que nation, nous devons veiller à contrôler les actions du FBI et du procureur général Ashcroft afin de garantir que ce qui est arrivé au Dr King ne se reproduise plus jamais.

Si le rapport de l'ACLU a démontré les dangers de l'utilisation du FBI pour la surveillance nationale des citoyens américains à des fins politiques, il a omis de mentionner un élément particulièrement intéressant : le fait qu'une grande partie de la surveillance "ignominieuse" de King et d'autres personnes de "droite" et de "gauche" par le FBI était en fait effectuée pour le compte du FBI par la Ligue anti-diffamation (ADL).

Le fait que l'ADL s'en prenne à King a surpris tant ses admirateurs que ses détracteurs, d'autant plus que King a souvent été loué publiquement par l'ADL, en particulier dans ses publications destinées à un public noir. La première révélation publique de l'espionnage de King par l'ADL a été faite dans le numéro du 28 avril 1993 du *San Francisco Weekly,* un journal libéral "alternatif", qui a rapporté ce qui suit :

> Pendant le mouvement des droits civiques, alors que de nombreux Juifs prenaient la tête de la lutte contre le racisme, l'ADL espionnait Martin Luther King et transmettait les informations à J. Edgar

Hoover, a déclaré un ancien employé de l'ADL.

"Il s'agissait d'un savoir commun et accepté avec désinvolture", a déclaré Henry Schwarzschild, qui a travaillé dans le département des publications de l'ADL entre 1962 et 1964.

"Ils pensaient que King était en quelque sorte un électron libre", a déclaré Schwarzschild. "Il s'agissait d'un prédicateur baptiste et personne ne pouvait être sûr de ce qu'il allait faire. L'ADL était très inquiète à l'idée d'avoir un missile non guidé.

Il s'avère cependant que l'ADL s'est également livrée à un espionnage intensif d'autres leaders noirs des droits civiques, et pas seulement de King. La publication, en 1995, de documents précédemment classifiés du FBI concernant l'assassinat du président John F. Kennedy et l'enquête de la commission Warren qui a suivi a dévoilé d'autres intrigues de l'ADL contre le célèbre comique noir et militant politique Dick Gregory qui, en marge de l'affaire, s'était impliqué en tant qu'enquêteur indépendant dans l'assassinat de JFK.

Il existe au moins deux documents citant des actions de l'ADL visant Gregory. Le document n° 124-10027-10233 est daté du 2 février 1965. Il émane de l'agent spécial en charge du bureau d'Atlanta du FBI et est adressé au directeur du FBI, Hoover. Il se lit comme suit :

> Vous trouverez ci-joint un document de 5 pages reçu le 2/1/65 de SHERMAN HARRIS, enquêteur, Anti-Defamation League, 41 Exchange Place, Atlanta, Georgia. HARRIS a déclaré que le document ci-joint reflète les résultats d'un entretien mené par un employé de l'ADL à Miami, en Floride, avec le comédien noir DICK GREGORY.
>
> HARRIS n'a pas révélé le nom de l'employé de l'ADL à Miami qui a interrogé GREGORY. Il a déclaré que les accusations portées par GREGORY dans le document ci-joint sont tellement ridicules qu'il est gêné qu'un employé de l'ADL ait transmis ce document au bureau régional d'Atlanta.
>
> Il a déclaré qu'il fournissait ce matériel au Bureau afin que celui-ci soit au courant des activités de GREGORY à cet égard. Il a demandé que personne en dehors du Bureau ne soit informé qu'il avait fourni ce matériel au Bureau.

Ainsi, d'une part, alors que le responsable de l'ADL, Harris, a déclaré au FBI qu'il était "embarrassé" qu'un de ses associés ait même transmis ces informations "ridicules" au bureau régional de l'ADL, il les transmettait néanmoins au FBI afin que ce dernier soit au courant des activités de Gregory. Il convient également de noter que l'ADL a demandé au FBI de garder le silence sur le fait que l'ADL lui fournissait des données d'espionnage. Cela, bien sûr, aurait été très embarrassant pour l'ADL, qui était à l'époque - comme aujourd'hui - occupé à se faire passer pour un allié des activistes noirs dans le mouvement des droits civiques.

Pourquoi l'ADL surveillait-elle Gregory ? Il ne s'agissait pas seulement du fait qu'il s'agissait d'une personnalité noire qui s'exprimait ouvertement. Les preuves montrent que l'ADL était également préoccupée par les efforts déployés par Gregory pour découvrir la vérité sur l'identité du véritable meurtrier du président Kennedy et sur les raisons de cet assassinat.

Le fait que les enquêtes de Gregory sur l'assassinat de JFK intéressaient l'ADL est tout à fait révélateur. *La raison pour laquelle l'ADL surveillait une enquête indépendante sur l'assassinat de JFK est une question que l'ADL préférerait ne jamais voir posée ou résolue.*

Le second document déclassifié du FBI fait la lumière sur la manière dont l'ADL rendait compte au FBI des enquêtes menées par Gregory sur l'assassinat de JFK.

Le document n° 124-10027-10232 est daté du 5 février 1965 et fait manifestement référence à la même surveillance de Gregory par l'ADL que celle mentionnée dans le document du 2 février 1965 précédemment cité. Il s'agit d'un mémorandum de "A. Rosen" à "M. Belmont" (deux hauts fonctionnaires du FBI à Washington).

Le mémo décrit comment, le 1er février 1965, l'enquêteur susmentionné de l'ADL à Atlanta, Sherman Harris, a fourni au FBI des informations que Harris avait reçues d'un employé non identifié de l'ADL à Miami qui, à son tour, avait glané des informations auprès de Gregory (décrit comme "le comédien nègre turbulent") lorsque l'employé de l'ADL s'était entretenu avec Gregory le 18 janvier 1965 :

> Dans la lettre adressée à Harris, Gregory aurait déclaré que l'assassinat du président Kennedy avait été planifié par J. Edgar Hoover et [l'homme du pétrole texan] H. L. Hunt. Gregory aurait tenté d'étayer ces accusations en montrant des copies photographiques d'affidavits et des communiqués de presse et déclarations publiques fallacieux et trompeurs. L'employé de l'ADL a noté que Gregory n'avait pas présenté de faits concrets pour étayer ses accusations.
>
> Gregory a affirmé que la commission Warren disposait de deux rapports sur l'assassinat et qu'elle était au courant de la participation de [Hoover] et de Hunt, mais qu'elle n'avait pas divulgué les faits réels, car cela aurait provoqué le "chaos". Gregory prétend que [Hoover] était l'un des comploteurs en raison d'une brouille avec

les Kennedy et que l'ancien procureur général avait été nommé pour le "surveiller" et le "retirer" progressivement du FBI.

Gregory affirme avoir la preuve formelle que H. L. Hunt a financé les Black Muslims, mais cette preuve est "confidentielle tial". Gregory affirme également que le FBI le surveille en permanence et qu'il mettra un jour, dans un avenir proche, un terme à sa vie. En outre, avant l'assassinat, le président Johnson était au courant du complot, mais il était impuissant à l'arrêter, car cela reviendrait à admettre que le FBI et la "hiérarchie du renseignement" contrôlaient le pays.

Mais le Dr King et Dick Gregory n'étaient que deux des nombreuses cibles de l'ADL. Même le leader nationaliste noir Malcolm X s'est plaint à son mentor, le leader de la Nation de l'Islam Elijah Muhammed, des opérations d'espionnage malveillantes de l'ADL.

L'une des descriptions les plus précises des méthodes de l'ADL a été publiée dans *American Jewish Organizations and Israel*. L'auteur, Lee O'Brien, a fourni une étude succincte du *modus operandi* de l'ADL :

> Au cours des premières décennies, l'ADL approchait les personnes ou les institutions considérées comme antisémites et tentait en privé de les persuader ou de les raisonner pour qu'elles reviennent sur leurs déclarations abusives et corrigent leur comportement offensant. Plus tard, l'ADL s'est tournée vers des mesures plus publiques et plus agressives, qu'elle classe dans les catégories "éducation", "travail de vigilance" et "législation".
>
> En fait, le "travail de vigilance" s'est transformé en une surveillance pure et simple d'individus et de groupes, dont les résultats sont transmis à la fois à l'appareil de collecte de renseignements israélien, par l'intermédiaire des consulats et des ambassades, et aux services de renseignements américains, par l'intermédiaire du FBI. De hauts responsables de l'ADL ont admis l'utilisation de techniques de surveillance clandestines.
>
> Aujourd'hui, l'ADL est beaucoup plus active que d'autres organisations de relations communautaires dans l'utilisation de ses bureaux régionaux et de ses membres pour la collecte et la diffusion d'informations. Le siège central de New York fournit aux bureaux régionaux des fiches d'analyse, des modèles de lettres à la rédaction à placer dans les médias locaux, des biographies de dirigeants israéliens et d'orateurs antisionistes, ainsi que des directives sur la manière de traiter les questions d'actualité.
>
> Les bureaux régionaux contrôlent à leur tour toutes les activités liées

à Israël ou au Moyen-Orient dans leur région, telles que les médias, les conférenciers sur les campus et les films.

En portant les événements locaux à l'attention du siège central, ils jouent un rôle essentiel dans la supervision globale de la scène nationale par l'ADL.

O'Brien a décrit un exemple typique des activités de l'ADL pour attaquer ses opposants :

> Un activiste juif critique de la politique israélienne [il s'agirait du célèbre linguiste Noam Chomsky] a découvert en 1983 que l'ADL conservait un dossier sur lui remontant à 1970 ; ce dossier comprenait des informations sur le sujet recueillies dans les journaux locaux, des conférences sur les campus, des notes de service (de l'établissement où le sujet enseigne), des réunions d'affaires, des interventions à la radio et à la télévision, ainsi que des documents de presse et d'autres documents divers. Comme le révèle le dossier, des personnes spécifiques ont été chargées de suivre les conférences de cette personne, soit par des enregistrements et des transcriptions mot à mot, soit par des résumés détaillés des sujets abordés, du contexte de la conférence, des autres participants, de la taille de l'auditoire, des questions de l'auditoire, de l'humeur de l'auditoire, etc.
>
> Dans certains cas, ces observateurs ont réussi à pénétrer dans des réunions à huis clos auxquelles le sujet participait. Par la suite, l'ADL a préparé et diffusé un court document d'information sur cette personne, en suivant le format "mythe" et "fait", et l'a distribué à ses agents pour qu'ils l'utilisent lors de leurs futures interventions.

Il convient de souligner un autre fait peu connu : l'ADL finance depuis longtemps des groupes haineux "antisémites" et "néo-nazis". La première preuve documentée d'une telle activité a été présentée en 1955 par l'écrivain populiste vétéran Joseph P. Kamp.

Dans sa lettre d'information *Headlines*, Kamp a dénoncé les activités du principal espion de l'ADL de l'époque, Sanford Griffith, principal instigateur du parrainage par l'ADL d'une organisation "néo-nazie" qui a fait l'objet d'une large publicité dans les médias de l'époque.

Dans les années qui ont précédé et pendant la Seconde Guerre mondiale, Griffith a été l'un des principaux atouts américains des services de renseignement britanniques, s'employant à détruire l'opposition populaire américaine à l'engagement des États-Unis dans la guerre en Europe, puis, après le début de la guerre, à saper les bons Américains qui s'opposaient encore à la politique du président Franklin Delano Roosevelt.

Les intrigues de Griffith ont été documentées par le professeur Thomas Maul dans son étude sur les intrigues des services de renseignement britanniques sur le sol américain, *Desperate Deception*. Mais ce que Mahl ne mentionne pas - sans doute pour son propre bien - c'est qu'une grande partie des activités perturbatrices de Griffith pour le compte des services secrets britanniques ont également été menées en collaboration avec l'ADL.

Après la Seconde Guerre mondiale et jusque dans les années 1950 et au début des années 1960, Griffith a opéré à partir de New York, en tant qu'informateur et fauteur de troubles de l'ADL, surveillant de près les groupes considérés comme "subversifs" par ce puissant réseau d'espionnage sioniste.

Ou, comme nous l'avons dit, en aidant ces groupes pour les besoins de l'ADL. Dans un cas notable, agissant sous le pseudonyme "Al Scheffer", l'omniprésent Griffith est venu en aide à un parti politique unipersonnel à New York et l'a transformé en "menace nazie".

L'ADL a fourni au parti non seulement un siège, mais aussi un soutien financier, des uniformes nazis, des épingles à cravate ornées de croix gammées et d'autres accessoires. Qui plus est, l'ADL a également veillé à ce que la nouvelle "menace nazie" reçoive l'attention des médias, à un moment bien sûr choisi pour coïncider avec les collectes de fonds de l'ADL dans tout le pays.

En fait, l'ADL a si bien réussi sa campagne de tromperie qu'elle a convaincu un membre du Congrès, le député Harold Velde (R-Ill.), de publier un "rapport préliminaire sur les groupes néofascistes et haineux" qui citait spécifiquement la "menace nazie" créée par l'ADL comme l'un des groupes haineux qui représentaient un danger pour la démocratie américaine.

(Velde, bien sûr, ne s'est pas rendu compte qu'il avait été pris à la gorge par l'ADL jusqu'à ce que Joe Kamp révèle les machinations de l'ADL).

Il va sans dire que lorsque les membres du Congrès ont envisagé d'examiner plus avant les activités des groupes haineux, l'ADL s'est rapidement distanciée de l'affaire, annonçant que l'opération financée par l'ADL était "une organisation insignifiante de peu d'importance ou d'efficacité".

Il est évident qu'une enquête approfondie sur le parti aurait révélé les activités de l'ADL dans les coulisses et c'est la dernière chose que l'ADL souhaitait. Face à cette exposition, l'ADL a donc retiré son soutien au "parti", qui est rapidement tombé dans l'oubli.

Les faits concernant le racket des groupes haineux de l'ADL ont été rendus publics par un journaliste juif en croisade, Lyle Stuart, dans son magazine aujourd'hui disparu, *Expose*.

En conséquence, l'ADL a cherché à évincer Stuart de ses affaires, mais ce dernier a contre-attaqué en intentant un procès à l'ADL. L'ADL n'a pas réussi à détruire Stuart, qui est devenu par la suite un éditeur de livres franc-tireur très prospère, dont l'entreprise est toujours en activité aujourd'hui.

Parmi les nationalistes américains d'aujourd'hui, l'auteur et conférencier très apprécié Eustace Mullins est l'un des derniers à se souvenir de Griffith, notant que Griffith a passé beaucoup de temps à travailler pour infiltrer le mouvement nationaliste - mais à ce moment-là, Mullins et d'autres avaient compris le jeu de Griffith.

Ainsi, bien que Griffith ait disparu depuis longtemps, il y a beaucoup d'autres boucs de Juda - ennemis intérieurs - qui continuent à réaliser le même type de sales actions au nom de l'ADL et d'autres agences d'espionnage.

Ce qui suit est une poignée de descriptions succinctes de quelques exemples plus notables des tactiques de type COINTELPRO du FBI et de son allié de longue date, l'Anti-Defamation League (Ligue anti-diffamation). Nous avons également ajouté le cas intriguant d'un mouchard du FBI qui a également travaillé pour la CIA - et il y a plus d'un personnage de ce type en activité aujourd'hui. Cette liste est loin d'être exhaustive, mais ce sont là de bons exemples qui montrent à quel point les Boucs de Juda - L'ennemi intérieur sont insidieux.

L'assassinat de l'institutrice Kathy Ainsworth par l'ADL et le FBI : Le COINTELPRO dans toute sa splendeur

L'affaire Kathy Ainsworth est peut-être l'exemple le plus tristement célèbre de collaboration entre le FBI et l'ADL dans le cadre d'une opération COINTELPRO, qui s'est soldée par le meurtre d'une jeune femme innocente. Au cas où un lecteur penserait qu'il s'agit d'une sorte de "théorie de la conspiration" élaborée par "un semeur de haine antisémite", nous allons permettre que l'histoire soit racontée par l'éminent journal *Washington Star*, bien qu'aujourd'hui disparu, dans un article daté du 13 février 1970, reproduisant un rapport de l'Associated Press décrivant un rapport du *Los Angeles Times*, encore plus éminent.

> Le papier réclame une récompense du FBI
>
> Un piège fatal pour le Klan
>
> LOS ANGELES (AP) - Le FBI et la police de Meridian (Missouri) ont versé 36 500 dollars à deux informateurs du Ku Klux Klan pour

tendre un piège à des terroristes du Klan, piège qui a fait un mort et trois blessés, a rapporté aujourd'hui le *Los Angeles Times* [13 février 1970].

La communauté juive de Meridian a financé le piège de la tentative d'attentat à la bombe contre la maison d'un homme d'affaires juif, a rapporté le *Times*. Cette action fait suite à une série de 17 attentats à la bombe et incendies non résolus dans des communautés juives et noires des régions de Jackson et de Meridian, dans le Mississippi, précise le journal. Le FBI et la police se sont refusés à tout commentaire officiel.

Le journal a publié un nouveau récit des circonstances de l'incident, au cours duquel la Klanswoman Kathy Ainsworth, une institutrice de 26 ans, a été tuée le 30 juin 1968 lors d'un échange de coups de feu avec les forces de l'ordre. "Les preuves indiquent clairement que les hommes du Klans qui ont tenté de commettre l'attentat, Thomas Albert Tarrants III, âgé de 21 ans à l'époque, et sa compagne, Mme Kathy Ainsworth, institutrice de 26 ans, ont été attirés dans cette tentative d'attentat par deux autres hommes du Klans qui ont reçu un total de 36 500 dollars", a déclaré le *Times*. "Un ancien agent du FBI qui a servi d'intermédiaire a reçu 2 000 dollars.

"Les policiers qui ont déclenché le piège disent qu'ils s'attendaient à une fusillade et qu'ils n'ont jamais pensé que l'un des membres du Klan serait capturé vivant", a déclaré le *Times*. "Ils s'attendaient à ce que deux hommes tentent de commettre l'attentat et ne savaient pas qu'une femme y participerait jusqu'à 45 minutes avant qu'il ne soit perpétré.

Les coups de feu tirés au domicile de l'homme d'affaires, Meyer Davidson, ont tué Mme Ainsworth et blessé un policier, un passant et Tarrants, qui a été condamné plus tard à 30 ans de prison.

Selon le Times, A. I. Botnick, directeur du bureau régional de la Ligue anti-diffamation à la Nouvelle-Orléans, a reconnu avoir participé à l'exécution du piège. Mais lors d'une seconde interview, Botnik a qualifié d'"incorrectes" ses déclarations enregistrées lors de la première interview.

Le *Times* a déclaré qu'il "a documenté les arrangements pour le piège grâce aux dossiers de la police et aux déclarations de certains des officiers de police impliqués". Le journal rapporte que l'inspecteur L. L. Scarbrough de Meridian l'a aidé à découvrir ces informations, mais qu'il a ensuite déclaré que seuls le FBI ou son chef de police devraient les divulguer.

Le *Times* a cité ses sources d'information en disant qu'elles nieraient avoir révélé les noms des deux informateurs du Klan [les frères Roberts] si ces derniers portaient plainte pour diffamation parce que leurs noms avaient été rendus publics.

Les deux informateurs ont reçu 36 500 dollars et "ont demandé et obtenu l'assurance écrite qu'ils bénéficieraient de l'immunité dans plusieurs affaires d'attentats à la bombe dans des églises", selon le *Times*.

Mais il y avait bien plus que cela dans cette histoire peu glorieuse. Jack Nelson du *Los Angeles Times* a rapporté dans son exposé choquant que l'inspecteur Scarbrough lui avait dit que l'homme de l'ADL, Botnick, avait également dit aux informateurs, les frères Roberts, qu'il (Botnick) pourrait collecter 150 000 dollars supplémentaires auprès de la communauté juive pour ce qu'il décrivait comme une "assistance" supplémentaire si les frères Roberts fournissaient un témoignage liant un autre dirigeant du KKK, Sam Bowers de Tupelo, Mississippi, aux soi-disant attaques terroristes. En d'autres termes, Botnick demandait essentiellement aux frères Roberts de mentir sous serment pour fournir toute forme de preuve susceptible d'être utilisée pour envoyer Bowers en prison.

Dans un autre cas, Nelson a rapporté que Kenneth Dean, un militant des droits civiques basé dans le Mississippi, avait déclaré que Botnick avait également parlé de passer un contrat pour faire "liquider" deux membres du Klansmen dans un État du Nord, et avait promis qu'il pourrait s'en charger et être assuré qu'il n'y aurait pas d'enquête.

On ne peut qu'imaginer les hurlements d'indignation internationale s'il était révélé que quelqu'un s'était arrangé pour faire "liquider" un dirigeant juif tel que Botnick. Pourtant, Botnick n'a jamais été inculpé pour son comportement criminel, alors qu'il aurait certainement dû être emmené pour être gazé, fusillé ou pendu, ce qui était le traitement conventionnel accordé aux meurtriers aux États-Unis.

GARY THOMAS ROWE :
Un autre COINTELPRO
"L'homme du Klan"

Bien que l'on entende souvent parler de la "violence du KKK", ce que l'on sait moins, c'est qu'au cours des années houleuses de la lutte pour les droits civiques dans les années 1960, certains des pires auteurs de violence au nom du Ku Klux Klan étaient des informateurs du FBI à l'intérieur du Klan. Pour un bref aperçu de l'un des informateurs les plus célèbres du FBI au sein du Klan - Gary Thomas Rowe - tournons-nous vers Howell Raines, célèbre journaliste du *New York Times*, qui a rapporté dans le *Times*, le 17 juillet 1978 :

> Inquiries Link Informer pour le FBI
>
> Vers un terrorisme majeur du Klan dans les années 1960
>
> De nouvelles enquêtes sur les activités de Gary Thomas Rowe, Jr, le principal informateur rémunéré du Bureau fédéral d'enquête sur le Ku Klux Klan, ont permis de dresser le portrait de M. Rowe comme un homme qui "aimait la violence" et qui pourrait être lié à la plupart des incidents majeurs de terrorisme du Klan survenus en Alabama alors qu'il était rémunéré par le Bureau fédéral d'enquête.
>
> Tout en recevant de l'argent du FBI, M. Rowe, selon ses propres dires, a été directement impliqué dans des actes de violence raciale, à commencer par l'agression des Freedom Riders à Birmingham (Alabama) en 1961, jusqu'à l'assassinat de Viola G. Liuzzo, une participante à la marche de Selma à Montgomery en 1965.
>
> Les relevés de salaire fédéraux présentés lors d'un procès au cours duquel M. Rowe a témoigné il y a 13 ans ont montré que le bureau lui a versé plus de 12 000 dollars de 1960 à 1965 pour des activités d'infiltration qui font maintenant l'objet d'une enquête du ministère de la justice. Il a également déclaré que le FBI lui avait donné 10 000 dollars supplémentaires pour financer sa réinstallation sous un nouveau nom.

Le rapport du *New York Times* décrivait longuement d'autres actes de violence que Rowe avait admis directement ou dans lesquels il était soupçonné d'avoir été impliqué. Mais quatre ans après le rapport du *Times*, le 30 octobre 1982, *le San Diego Tribune* a publié un rapport intéressant de l'Associated Press qui a ajouté d'autres détails à l'histoire. Le rapport indiquait ce qui suit :

> Les dossiers montrent que le FBI est "couvert"
>
> Pour l'informateur clé du Klan
>
> Le ministère de la justice a révélé que des agents du FBI avaient couvert les activités violentes de Gary Thomas Rowe Jr, son principal informateur qui avait infiltré le Ku Klux Klan en Alabama au début des années 1960. Dans un rapport rendu public hier en fin de journée, les enquêteurs du département ont déclaré que les agents ont protégé Rowe parce qu'"il était tout simplement trop précieux pour être abandonné".
>
> Les autorités de l'Alabama ont par la suite accusé Rowe de meurtre dans l'assassinat, en 1965, d'une militante des droits civiques [Viola

Liuzzo], mais une cour d'appel fédérale l'a empêché d'être jugé... Le rapport indique également que... "Lorsque les agents ont appris que Rowe avait participé à des passages à tabac du Klan, ils ne l'ont apparemment jamais signalé aux autorités locales ni mis fin à son statut d'informateur."

Rowe lui-même a écrit un livre intitulé *My Undercover Years with the Ku Klux Klan (Mes années d'infiltration au sein du Ku Klux Klan)* et, en 2005, les presses de l'université de Yale ont publié le livre du professeur Gary May sur l'affaire Rowe, intitulé *The Informant (L'informateur) : The FBI, the Ku Klux Klan, and the Murder of Viola Liuzzo*.

JAMES MITCHELL ROSENBERG :
Le "nazi" juif préféré de l'ADL

L'un des "extrémistes de droite" américains les plus francs et les plus scandaleux de la fin des années 70 et du début des années 80 était une figure omniprésente connue sous le nom de "Jimmy Anderson". Vêtu d'uniformes nazis et de costumes du Klan, "Anderson" est devenu une figure familière des points chauds raciaux de la région de New York et du New Jersey, populairement connu comme un responsable de la section new-yorkaise du Queens ( ) de la Ligue de défense chrétienne (Christian Defense League).

"Anderson" tentait continuellement de susciter la violence sous une forme ou une autre et, à une occasion, appelait à l'attentat à la bombe contre un bureau de la National Association for the Advancement of Colored People dans le New Jersey. Le 7 décembre 1981, Anderson a participé à un documentaire télévisé diffusé sur WCCO TV à Minneapolis, intitulé "Armies of the Right". Et, comme d'habitude, "Anderson" a été le plus provocateur des "extrémistes de droite" présentés, faisant des remarques violentes et racistes.

Un sacré personnage en effet.

En réalité, "Anderson" était un jeune juif new-yorkais du nom de James Mitchell Rosenberg qui avait passé un certain temps en Israël en tant que membre des forces de défense israéliennes et qui, à son retour d'Israël, s'était mis à travailler comme informateur sous couverture pour la Ligue anti-diffamation (ADL) du B'nai B'rith. En fin de compte, bien sûr, sa "couverture" a été découverte et le "nazi" de l'ADL a été démasqué.

Bien que Rosenberg semble avoir disparu de la scène, pour autant que l'on sache, il a fait bonne figure "à droite" pendant ses années en tant qu'informateur de l'ADL.

Il n'en reste pas moins qu'aujourd'hui encore, de nombreux Américains se souviennent de "Jimmy Anderson" comme d'un "néo-nazi violent cherchant à semer la zizanie raciale en Amérique". Ce qu'ils ne savent pas, c'est qu'il était un bouc de Juda - un ennemi intérieur - travaillant pour l'ADL.

MORDECHAI LEVY :
Un autre des "nazis" juifs de l'ADL

Mais il ne faut pas croire que Jimmy Rosenberg était le seul "gentil garçon juif" à se faire passer pour un "haineux" et à semer le trouble. En 1979, le jeune Mordechai Levy, un informateur de l'ADL qui était également membre de la terroriste Ligue de défense juive (JDL), a adopté le surnom de "James Guttman" et a demandé un permis pour organiser une manifestation de "pouvoir blanc" devant l'Independence Hall à Philadelphie, à laquelle participeraient des nazis américains et des membres du Ku Klux Klan. Levy a annoncé qu'il était le "coordinateur" d'une organisation néo-nazie et a déployé des efforts considérables pour inviter les sections de Philadelphie et du New Jersey du Ku Klux Klan à participer à la manifestation. (Entre-temps, l'informateur de l'ADL mentionné plus haut, Jimmy Rosenberg, se trouvait être un agent clé de l'ADL au sein de la branche du KKK du New Jersey).

Pour rendre les choses encore plus intéressantes, les copains de Mordechai Levy à la JDL prévoyaient un "contre-rassemblement" contre le rassemblement du "pouvoir blanc" organisé par leur propre homme Levy. Ainsi, alors que les grands médias de la région de Philadelphie et la Ligue anti-diffamation s'insurgeaient et criaient à la "montée du nazisme en Amérique" dans les reportages sur cette affaire, celle-ci était en fait l'œuvre de deux agents de longue date de la Ligue anti-diffamation. Et pour rendre la chose encore plus intéressante, il faut savoir que pendant des années, l'ADL a officiellement et publiquement "condamné" la JDL, alors même que la JDL fonctionnait effectivement comme la branche terroriste de l'ADL, attaquant - voire blessant et tuant - les cibles de la colère de l'ADL. Mais, bien entendu, l'ADL était officiellement "non violente" et s'est toujours donné beaucoup de mal pour dénoncer les activités violentes de ses agents secrets.

Le mouchard travailliste devenu informateur de la CIA :
Un rouage dans le plan visant à "attraper" Lyndon LaRouche

Qu'on l'aime ou qu'on le déteste, Lyndon H. LaRouche Jr. est l'une des personnalités politiques "marginales" les plus controversées et les plus médiatisées d'Amérique. Fondateur du National Caucus of Labor

Committees et d'une multitude d'autres organisations et publications largement diffusées dans les cercles dissidents américains, LaRouche est, sans surprise, devenu une cible majeure de l'ADL en raison de son opposition ouverte à de nombreuses intrigues du lobby israélien en Amérique.

Après une campagne concertée de l'ADL, en collaboration avec la CIA, le FBI et une multitude d'autres agences et individus, LaRouche a fini par passer du temps en prison pour ce que beaucoup, y compris l'ancien procureur général Ramsey Clark, considèrent comme des accusations de "corruption" forgées de toutes pièces.

Quoi qu'il en soit, dans le cadre de sa défense, LaRouche et ses avocats, sans parler de ses associés qui ont travaillé dur, ont commencé à enquêter sur la nature "secrète" de la campagne "Get LaRouche" et ont découvert qu'il y avait en effet de nombreux informateurs sous couverture qui agissaient contre LaRouche à la manière de COINTELPRO. Un exemple en particulier est très illustratif.

Pendant dix ans, semble-t-il, un certain Ronald Fino, ancien président du Buffalo Laborers Union Local 210, a espionné LaRouche tout en prétendant soutenir ses efforts. Il s'avère que Fino travaillait depuis des années en tant qu'informateur du gouvernement sur ses collègues ouvriers, censé rapporter au FBI les liens avec le crime organisé. Cependant, lorsque la CIA a eu besoin d'un homme pour se rapprocher de l'organisation LaRouche en tant qu'informateur, elle s'est tournée vers Fino.

Apparemment, Fino a commencé par être un informateur du gouvernement dans les années 1960, alors qu'il était étudiant à l'université d'État de New York à Buffalo et qu'il travaillait pour la CIA en espionnant le mouvement anti-guerre dans cette ville.

En tout état de cause, comme LaRouche et ses associés l'ont démontré à maintes reprises dans de nombreux livres et articles de magazines, les mains habiles de la CIA et du FBI - sans parler de l'ADL - ont joué un rôle majeur dans la campagne menée contre LaRouche et de nombreux autres dissidents politiques en Amérique. L'affaire Fino n'est qu'un exemple parmi d'autres révélés par LaRouche.

L'homme du FBI à l'intérieur du mouvement skinhead

À la fin des années 1980, un certain "Rev. Joe Allen a fait son apparition dans le sud de la Californie et a commencé à s'ingérer dans les groupes dits "suprémacistes blancs" et "skinheads" qui commençaient à prendre de l'importance dans cette région. Il a déclaré être pasteur de l'Église du Créateur et a rapidement commencé à distribuer de l'argent et des faveurs aux jeunes dissidents politiques racialistes blancs. Cependant, un leader racialiste blanc, Tom Metzger, de la Résistance aryenne blanche, s'est méfié d'Allen dès le début et a fait savoir à ses compatriotes qu'il fallait se méfier d'Allen. Néanmoins, Allen poursuit ses efforts pour se faire une place de choix dans le mouvement racialiste blanc. Selon un article du *Los Angeles Times* :

> Allen a loué un appartement de trois chambres à Newport Beach, à quelques pas de la plage. Il s'est également installé dans un bureau situé dans une zone industrielle légère voisine, qu'il a transformé en ce qu'il a appelé un "centre d'entraînement", en y installant un bain à remous, des appareils d'haltérophilie et des caméras vidéo. En exhibant des rouleaux d'argent et des bijoux en or, Allen a invité les skinheads locaux à s'entraîner gratuitement dans son centre d'entraînement, qu'il aurait décoré d'objets nazis et d'armes à feu. Ils affirment qu'Allen leur a offert l'hospitalité - des steaks épais et de la bière pour les barbecues - ainsi que de l'argent, dont 500 dollars utilisés pour payer la caution de deux ou trois jeunes suprémacistes blancs au Canada.

Entre-temps, bien que beaucoup aient tenu compte des avertissements de Metzger au sujet d'Allen, plus d'un jeune a été pris au piège dans la toile insidieuse d'Allen. Metzger et ses associés ont continué à enquêter sur Allen et, juste avant qu'ils ne rendent public leur dénonciation officielle, le FBI est intervenu et a déménagé Allen, admettant que, oui, en fait, Allen était un informateur.

Une poignée de jeunes gens ont été arrêtés sous de fausses accusations de complot visant à provoquer une guerre raciale en attaquant une église noire et en préparant le meurtre de Rodney King, le célèbre "automobiliste noir" dont le passage à tabac par des officiers de police avait déclenché un scandale national majeur, grâce aux efforts des "grands" médias pour enflammer la communauté noire de Los Angeles, provoquant des émeutes et toutes sortes d'agitations publiques. Bien que les jeunes hommes ( ) aient été condamnés, après avoir été piégés par les intrigues d'Allen, l'affaire était clairement un autre exemple d'un bouc de Juda de premier ordre causant des problèmes et instiguant une soi-disant "conspiration" qui n'aurait jamais eu lieu s'il n'avait pas été présent sur les lieux.

DELMAR DENNIS
Le bouc de Juda bien-aimé de la John Birch Society au sein du KKK

Delmar Dennis était un pasteur méthodiste de Meridian, dans le Mississippi, au début des années 1960, présenté comme un membre loyal du Ku Klux Klan de l'État. En réalité, il était un informateur du FBI dans le cadre du programme COINTELPRO, apparemment payé quelque 15 000 dollars sur une période donnée pour ses services. À la même époque, Dennis était très actif au sein de la John Birch Society, mais il n'y a jamais eu de preuve (ou de suggestion) que Dennis informait les Birchers comme il le faisait pour le KKK.

Après avoir été démasqué en 1967 comme un "mouchard" du FBI au sein du KKK, Dennis est néanmoins devenu un orateur populaire au nom de la John Birch Society, qui a utilisé Dennis et sa rhétorique pour populariser, auprès de certains patriotes américains naïfs, la théorie selon laquelle le Ku Klux Klan et son point de vue "antisémite" étaient en fait un "complot communiste" visant à susciter des troubles raciaux en Amérique.

Plus tard, le Dr Edward Fields du journal *The Thunderbolt*, basé à Marietta, en Géorgie, a écrit sur Dennis et ses liens avec la John Birch Society et son fondateur, Robert Welch, qui avait été un partisan enthousiaste de Dennis. Fields a écrit :

> Cela met évidemment en doute la loyauté de Robert Welch, dont l'organisation semble avoir été transformée en refuge pour d'anciens agents infiltrés du FBI. Il faut également rappeler que l'organisation porte le nom d'un agent de la CIA, John Birch, qui a été tué alors qu'il tentait d'amener les communistes chinois à travailler avec les nationalistes pour former un gouvernement de coalition. De tels gouvernements finissent toujours par devenir communistes, comme nous l'avons vu en Tchécoslovaquie et au Laos.

Quelque temps après, un écrivain "conservateur" a écrit un livre élogieux sur Dennis, intitulé *Klandestine*, répétant que le KKK était une "façade" soviétique. Il n'est peut-être pas surprenant que ce livre ait été publié par une société ayant des liens de longue date avec "l'ancien" officier de la CIA William F. Buckley Jr. qui, comme nous le verrons, a joué un rôle majeur dans la destruction des mouvements nationalistes de base en Amérique. Malgré les antécédents de Dennis en tant que bouc de Juda, il a gravi les échelons du parti "conservateur" American Party et, en 1984 et 1988, il a été son candidat à la présidence ! Il n'est donc pas surprenant que l'American Party ait disparu de la scène depuis longtemps.

BILL WILKINSON
Le chef du Klan démasqué comme informateur du FBI

Dès 1974, le jeune David Duke, alors étoile montante du mouvement racialiste blanc aux États-Unis, avait repéré l'un de ses lieutenants, Bill

Wilkinson, comme étant un "problème". En fait, exactement comme Duke le soupçonnait, pendant les huit derniers mois de son adhésion aux Chevaliers du Ku Klux Klan de Duke, Wilkinson a servi d'informateur rémunéré pour le FBI.

Bien que Duke ait averti les gens qu'il ne fallait pas faire confiance à Wilkinson, ce dernier a fondé son propre Empire invisible du Ku Klux Klan après s'être séparé de Duke. Pendant les huit années qui ont suivi, Wilkinson a réussi à duper de nombreux innocents au sein de l'"Empire", qui ne se doutaient pas que Wilkinson travaillait en réalité pour le FBI.

Young Duke tentait de "réformer" le mouvement KKK, pour ainsi dire, de "nettoyer son image" et de contrer le stéréotype médiatique selon lequel les membres du KKK étaient des haineux violents. Cependant, une fois installé à la tête de son propre groupe du Klan (parrainé par le FBI), Wilkinson a travaillé assidûment pour se faire connaître du public en tant que chef du KKK, en prononçant des paroles de colère et en faisant allusion à la violence par des slogans tels que "Guns, Guts and Bullets" (armes, tripes et balles), attisant ainsi les tensions raciales.

Les frasques de Wilkinson ont donc contribué aux efforts de collecte de fonds de l'ADL, qui a désigné Wilkinson comme une "menace" croissante, alors qu'il était en fait sous la coupe des alliés de l'ADL au sein du FBI.

Dans The Thunderbolt, Edward Fields a décrit un aspect du Klan de Wilkinson, parrainé par le FBI, qui montre précisément comment Wilkinson travaillait également pour le compte de l'ADL :

> Un autre élément intéressant est que le FBI exhorte tous ses informateurs à faire de leur mieux pour protéger les Juifs en exhortant les patriotes à ne pas les critiquer. Lorsque Bill Wilkinson a voulu engager l'écrivain professionnel de droite Bill Grimstad, il a d'abord insisté pour que ce dernier promette de ne pas s'occuper de la question juive.
>
> Grimstad a refusé et a déclaré que, dans ce cas, il ne voulait pas du poste de rédacteur en chef du journal de Wilkinson. Dans le même temps, Wilkinson a, à maintes reprises, demandé aux orateurs invités à ses rassemblements de ne pas critiquer les Juifs.

Ainsi, si le FBI tolérait la rhétorique anti-Noirs, la rhétorique anti-Juifs était "hors limites". Quoi qu'il en soit, en 1981, le rôle de Wilkinson en tant qu'informateur du FBI ( ) alors qu'il "dirigeait" son propre KKK a été révélé publiquement, ce qui a effectivement mis fin à la carrière de Wilkinson au sein de la "droite", mais les révélations ont finalement convaincu beaucoup de gens qu'il y avait effectivement des boucs de Juda dans les rangs des groupes dissidents américains, une pilule amère à avaler pour beaucoup, mais un avertissement que beaucoup ne semblent toujours pas avoir correctement pris en compte.

Ainsi, comme nous l'avons vu - en ne citant que ces quelques exemples - il existe une histoire très réelle et très sordide d'infiltration et de perturbation des groupes dissidents américains par des agents de gouvernements, tant étrangers que nationaux, sans parler de l'alliance fréquente et inconvenante entre notre propre FBI et l'Anti-Defamation League (ADL), qui est, de toute évidence, un agent d'un gouvernement étranger : Israël.

En tout état de cause, à la lumière du rôle similaire que le FBI et l'ADL (ensemble et individuellement) ont joué dans l'infiltration et la perturbation des groupes dissidents, le lien formel entre le FBI et l'ADL est particulièrement déconcertant, car l'importance croissante accordée à la "lutte contre le terrorisme" pourrait conduire à une nouvelle vague d'actes de provocation orchestrés par le FBI et l'ADL dans le but de créer une demande publique pour une réduction de la liberté d'expression et de réunion.

En fait, selon Edward S. Herman de l'Annenberg School of Communications de l'Université de Pennsylvanie, qui écrit dans son livre : *The "Terrorism" Industry : The Experts and Institutions That Shape Our View of Terror* (*L'industrie du "terrorisme" : les experts et les institutions qui façonnent notre vision de la terreur*) : "Aux États-Unis, le FBI a longtemps mené des actions d'*agents provocateurs*, incitant à la violence les organisations dissidentes infiltrées et exécutant des actes de violence directs, ensuite attribués aux individus et organisations attaqués".

Bien que cela puisse choquer l'Américain moyen, c'est un fait qui ne souffre aucun débat. Et dans les pages de ce volume, nous en apprendrons beaucoup plus sur l'activité subversive des boucs de Juda qui ont conduit de nombreux agneaux américains à l'abattoir.

En attendant, dans le chapitre qui suit, nous ferons une brève - mais critique - parenthèse et explorerons l'étrange histoire de ce que l'on appelle le "Trust", un modèle soviétique bizarre non seulement pour surveiller son opposition, mais aussi pour créer une opposition factice.

Pour comprendre comment les Boucs de Juda ont opéré sur le sol américain, il convient de voir comment un phénomène similaire s'est produit au début du 20e siècle. Et, en fin de compte, le modèle soviétique de "confiance", comme nous le verrons, est très largement utilisé par les ennemis du nationalisme américain légitime aujourd'hui.

CHAPITRE II

"Opposition contrôlée" - Le modèle soviétique de "confiance" pour l'infiltration et la manipulation - voire la création - des forces d'opposition : Utilisé aujourd'hui en Amérique par l'ennemi intérieur

Le modèle dit "de confiance" utilisé par l'Union soviétique au début du XXe siècle pour infiltrer et détruire ses ennemis est le fondement même des techniques souvent utilisées par les agences de renseignement américaines - ainsi que par le service clandestin israélien, le Mossad, et ses relais tels que la Ligue anti-diffamation du B'nai B'rith - pour infiltrer et détruire (ou contrôler d'une autre manière les activités) les mouvements dissidents nationaux jugés hostiles aux intérêts du sionisme et du mondialisme.

Ceux qui ne comprennent pas cette tactique ancestrale ne pourront jamais saisir à quel point le système politique américain a été manipulé par ces forces étrangères.

Bien qu'aujourd'hui encore, certaines personnes et organisations actives au sein des mouvements dits "nationalistes", "révisionnistes" et "patriotiques" en Amérique semblent "dire les bonnes choses", la vérité est que nombre d'entre elles sont en fait des agents de discorde, parfois involontaires, utilisés à des fins de collecte de renseignements, de propagande et de désinformation, dans le but d'exercer une plus grande influence sur le système américain afin de consolider le pouvoir de l'Ennemi intérieur.

Examinons le "Trust" soviétique et son mode de fonctionnement. Cette opération de contre-espionnage peu connue, connue sous le nom de "Trust", a été mise en place par la Tchéka, prédécesseur du KGB soviétique, pour créer et contrôler une "fausse opposition" afin de débusquer les véritables opposants au régime bolchevique qui, comme les historiens le savent, était contrôlé par des non-Russes, principalement des Juifs.

Lorsque vous lirez les documents suivants relatifs au fonctionnement du "Trust", remplacez simplement le mot "soviétique" par le mot "israélien" et le mot "Mossad" par les noms "Tchéka" et "KGB" et vous comprendrez comment la technique du "Trust" a été appliquée par le Mossad pour manipuler des groupes qui "semblent" s'opposer aux intérêts israéliens.

(De même, une formule similaire peut être utilisée en remplaçant les termes "CIA" ou "FBI" selon le cas).

Une brève description du fonctionnement du "Trust" figure dans *Chekisty : A History of the KGB* de John J. Dziak :

> Lorsqu'il n'existe pas de véritable organisation d'opposition interne, [un service de sécurité peut] en inventer une, à la fois pour infiltrer les organisations plus dangereuses... à l'étranger afin d'émousser ou de canaliser leurs actions, et pour faire apparaître des dissidents internes réels ou potentiels ( ). Si une opposition interne existe déjà, elle sera infiltrée dans le but de la contrôler, de pousser les opposants à s'exposer et de faire en sorte que le mouvement serve les intérêts de l'État.

Un compte rendu plus complet de "The Trust" figure dans *Dirty Tricks or Trump Cards : U.S. Covert Action and Counterintelligence,* par Roy Godson, professeur à l'université de Georgetown, connu pour ses liens étroits avec le lobby israélien à Washington :

> Parfois, si les circonstances le permettent et si les praticiens sont habiles, le contre-espionnage peut cibler sa tromperie non seulement sur l'opposition interne et émigrée, mais aussi sur les services de renseignement et les gouvernements des adversaires étrangers. Le Trust soviétique était une opération de ce type.
>
> Le Trust a été créé au début des années 1920 et entièrement contrôlé par les services secrets soviétiques, la Tchéka. Croyant agir de concert avec un mouvement antibolchevique actif et efficace, les opposants au régime en URSS et en exil ont été incités par le Trust à s'exposer et sont devenus des cibles de la sécurité de l'État soviétique.
>
> En utilisant ces informations et en contrôlant les communications entre les agences de renseignement occidentales, la communauté des émigrés russes et les dissidents russes à l'intérieur du pays, la Tchéka a neutralisé de manière experte l'opposition anticommuniste à l'intérieur et à l'extérieur du pays.
>
> Le Trust a également pu utiliser ses contacts avec les services de renseignement occidentaux pour transmettre des informations trompeuses et fausses sur l'état interne du régime soviétique aux ministères des affaires étrangères et aux gouvernements de ces mêmes services. En substance, l'Occident se faisait dire par ses "agents" de renseignement en Union soviétique que le soutien au régime bolchevique s'affaiblissait et que les dirigeants soviétiques

étaient au fond des nationalistes qui, si l'Occident les laissait en paix, transformeraient progressivement un État voué à la révolution à l'intérieur et à l'extérieur en un État qui se comporterait de manière plus traditionnelle et plus prévisible...

Le nom réel de l'organisation était l'Association de crédit municipal de Moscou, d'où le nom de Trust. Elle se présentait comme une institution financière opérant dans l'environnement économique libéral de la Nouvelle politique économique de Lénine. Le nom clandestin du faux groupe était l'Association monarchiste de Russie centrale. Un aspect ironique de l'opération du Trust était que les services de renseignement britanniques et français payaient les émigrés russes pour la désinformation que la Tchéka leur fournissait par l'intermédiaire du Trust. Il semblerait qu'à un moment donné, l'argent versé à ces sources par l'Occident ait été utilisé pour couvrir les dépenses de l'opération de tromperie elle-même. En bref, l'Occident payait pour être trompé...

Étant donné que plusieurs générations de jeunes officiers du KGB ont appris que les opérations fiduciaires étaient couronnées de succès, il n'est pas surprenant que de telles opérations se soient poursuivies des années 1920 aux années 1980.

Le modèle d'infiltration "Trust" a été appliqué par le Mossad et ses alliés de la CIA et du FBI dans ce pays à d'autres mouvements dissidents ciblés pour l'infiltration et la prise de contrôle. Des services de renseignement tels que l'Anti-Defamation League (ADL) et le Southern Poverty Law Center (SPLC) font souvent partie de l'opération.

Une étude attentive des bulletins récents de l'ADL et du SPLC révèle souvent (mais pas toujours) quels groupes et leaders "dissidents" sont utilisés (et encouragés) pour collecter des noms et constituer des dossiers sur des menaces perçues ou potentielles. L'ADL et le SPLC préparent minutieusement leurs propres agents contrôlés afin de leur donner de la "crédibilité". En d'autres termes, l'individu moyen supposera que le fait que l'ADL et le SPLC s'en prennent à une personne ou à une organisation est en quelque sorte la "preuve" que cette personne ou cette organisation est légitime, comme le prouvent les attaques de l'ADL ou du SPLC. Ceux qui s'associent à de telles opérations de "confiance" le font à leurs risques et périls.

Dans les pages de *The Juda Goats - The Enemy Within,* nous en apprendrons beaucoup plus sur les actions des intrigues de "confiance" de type soviétique sur le sol américain. Nous citerons les noms de ceux qui dirigent de faux groupes d'opposition.

Nous démontrerons qu'il y a eu un effort concerté pour contrôler - ou détruire - la véritable opposition politique américaine de base qui menace le pouvoir du sionisme et de ses alliés (souvent malaisés) de l'élite mondiale des entreprises. Nous rencontrerons quelques-uns des plus tristement célèbres médias qui usent de leur influence pour diffamer ceux qui s'opposent à l'ordre du jour internationaliste. Nous étudierons la manière dont les mouvements politiques américains traditionnels ont été infiltrés et pris en charge, subvertis dans leur programme par ailleurs pro-américain.

Rien de tout cela ne sera agréable, mais c'est *une histoire qui doit être racontée si les Américains veulent se réapproprier leur nation et leur héritage...*

CHAPITRE III

J. Edgar Hoover, le FBI et l'ennemi intérieur

Ruby Ridge, Waco, Oklahoma City, le raid sur le temple baptiste d'Indianapolis sous la direction du procureur général John Ashcroft dans les premiers jours de l'administration Bush, puis les événements du 11 septembre, tous ces événements ont amené de nombreux patriotes, admirateurs de longue date du Federal Bureau of Investigation (FBI), à se demander si le FBI est vraiment "de notre côté".

La vérité est que depuis plus d'un demi-siècle, le FBI, à bien des égards, travaille, dans les coulisses, contre les intérêts des patriotes américains. Ce qui est étonnant, c'est qu'il ait fallu si longtemps pour que de nombreux patriotes américains commencent à réaliser que le FBI a, le plus souvent, été dans ce que l'on pourrait vaguement appeler "le mauvais camp" et qu'il a effectivement fonctionné comme un appareil policier national à la solde du pouvoir ploutocratique en place.

Notamment, un ancien haut fonctionnaire du FBI, Ted Gunderson, a ajouté sa voix à la cacophonie des critiques qui ont soulevé de sérieuses questions sur le bien-fondé du modus operandi du FBI.

Dans ce contexte, il convient de rappeler un éditorial stimulant publié pour la première fois dans le numéro de mai 1959 d'une lettre d'information disparue depuis longtemps, *Right*, qui, même à l'époque - il y a près d'un demi-siècle - faisait état de signes inquiétants indiquant que le FBI n'était pas nécessairement ce qu'il était censé être. L'éditorial a été rédigé par Willis Carto, qui a été associé à *Right* quelques années avant de fonder Liberty Lobby, l'institution populiste basée à Washington qui a publié *The Spotlight* et qui a elle-même été crucifiée et détruite par un juge fédéral qui était un ancien haut fonctionnaire du ministère de la justice (nous y reviendrons plus loin dans ces pages). Au sujet de l'éditorial de *Right*, Carto a déclaré, lors d'une réflexion en 2006, "Je n'en changerais pas une ligne". Voici ce que Carto a écrit en 1959.

LE BUREAU FÉDÉRAL D'ENQUÊTE

De nombreux nationalistes avant-gardistes se sont demandés avec appréhension ce qu'il adviendrait du FBI si son directeur actuel, J. Edgar Hoover, prenait sa retraite.

Les personnes intelligentes reconnaissent depuis longtemps que le FBI est potentiellement très dangereux. M. Hoover lui-même en a fait preuve d'une conscience aiguë. Le fait qu'il soit totalement soumis au président et au procureur général le rend tel dans la nature des choses, car ces deux hommes sont, à leur tour, soumis aux groupes de pression impitoyables qui élisent les politiciens.

Nous devons remercier notre bonne étoile que Hoover ait fait preuve d'un degré inhabituel de responsabilité publique et qu'il ait repoussé la plupart des tentatives d'utiliser le FBI comme une arme politique. Le fait qu'il n'ait pas été en mesure de repousser toutes ces tentatives devrait inciter tout Américain consciencieux à réfléchir sobrement à ce que l'avenir lui réserve.

L'histoire de l'Europe regorge d'exemples de l'utilisation de la police secrète par les gouvernements. La Gestapo des nazis, aujourd'hui inexistante, et le KGB (autrefois appelé OGPU) de l'Union soviétique, bien vivant, sont deux exemples de la manière dont des hommes insensibles utilisent la force pour étouffer la liberté, en recourant à des méthodes si brutales et ignobles qu'il faut avoir l'estomac bien accroché pour ne serait-ce que lire à leur sujet.

Tous les hommes honnêtes doivent admettre que le FBI donne des signes de dérive vers la catégorie très redoutée d'une police secrète d'Etat, sans même le départ de M. Hoover. Les éloges gratuits qu'il a adressés à la subversive Anti-Defamation League et au front communiste NAACP dans son livre très prisé, *Masters of Deceit*, sont un signe précurseur de ce processus. Ensuite, la conduite honteuse du FBI dans l'ignoble tentative d'Atlanta de piéger et d'assassiner cinq patriotes innocents, en guise d'avertissement à tous ceux qui pourraient être trop francs au sujet des forces qui se cachent derrière le communisme à l'américaine, est une marque noire qui ne sera pas oubliée de sitôt.

Cependant, maintenant qu'un jury honnête a acquitté l'un des jeunes gens impliqués et que les autres semblent avoir été libérés, le FBI semble avoir soudainement perdu tout intérêt pour l'identité des vrais poseurs de bombes. Serait-ce parce que son propre agent rémunéré - L. E. Rogers - est le véritable criminel ?

Le but de cet éditorial n'est pas tant de déplorer la triste perte de statut du FBI que d'avertir les patriotes et les "conservateurs" que nous avons involontairement permis au FBI de devenir un dangereux Frankenstein qui, dans des mains bien pires que celles de M. Hoover, pourrait être - et sera incontestablement - utilisé pour mettre en œuvre la dictature totalitaire que la conspiration mondiale invisible est en train de préparer.

Les nationalistes doivent commencer à se défaire de leur admiration pour le FBI, autrefois respecté. Et ils devraient commencer à se demander ce qui attend le pays et la Constitution après le départ à la retraite de M. Hoover et la nomination de son successeur par le président. Car ce successeur sera très certainement bien pire.

[Fin de l'éditorial de *Right*]

En fait, comme nous l'avons vu, le lien entre l'ADL et le FBI remonte aux années précédant la Seconde Guerre mondiale. À ce stade, il semble approprié de soulever une question troublante. L'ADL a-t-elle fait chanter l'ancien directeur du FBI, J. Edgar Hoover ? La presse nationale s'est fait l'écho de l'emprise du crime organisé sur Hoover, mais le rôle central de l'ADL dans l'affaire du chantage de Hoover a été soigneusement ignoré.

Le célèbre auteur Anthony Summers a fait sensation dans les médias lorsqu'il a affirmé, dans un nouveau livre et dans la série "Frontline" diffusée sur la chaîne PBS, que le chef du crime organisé Meyer Lansky avait fait chanter le chef du FBI J. Edgar Hoover avec de prétendues photos de ce dernier en train de s'adonner à des activités homosexuelles.

Bien que de telles rumeurs concernant Hoover soient courantes depuis des années, aucun auteur connu n'avait encore apposé son nom à cette accusation.

Citant de nombreuses sources - certaines suspectes et pratiquement toutes peu recommandables - Summers a affirmé que non seulement Lansky, mais aussi plusieurs autres personnes avaient accès à des photos similaires (que Summers n'est apparemment pas en mesure de produire). Summers rapporte que l'ancien chef du contre-espionnage de la CIA, James Jesus Angleton, avait lui aussi accès aux photos de Hoover.

Le fait que Lansky et Angleton étaient tous deux en possession de telles preuves est très intéressant pour une raison particulière : Lansky était un fervent partisan de longue date d'Israël et un ange financier de l'Anti-Defamation League (ADL) du B'nai B'rith, un agent étranger illégalement non enregistré pour Israël. À la fin de sa vie, Lansky s'est même installé en Israël.

Angleton, qui, lorsqu'il était responsable des activités secrètes à la CIA, avait été directement impliqué dans le syndicat du crime Lansky par le biais des transactions de la CIA avec les alliés de Lansky dans le trafic de drogue au sein des mafias corse et sicilienne, était également le protecteur d'Israël à la CIA. Angleton, qui dirigeait le bureau israélien de la CIA, était la personne la plus proche d'Israël à la CIA, au point d'être souvent accusé par les critiques d'être un "agent coopté d'Israël".

En fait, Angleton est tellement vénéré en Israël qu'à sa mort, plusieurs monuments ont été érigés en Israël à sa mémoire - les seuls monuments publics de ce type connus en l'honneur d'un agent de renseignement américain, où que ce soit dans le monde. (Il était vraiment un ami dévoué d'Israël.) La pertinence de ces faits est assez provocante si l'on considère l'étrange relation entre J. Edgar Hoover et l'ADL - une relation qui a fait l'objet d'une controverse parmi les anti-communistes pendant de nombreuses années. L'accointance de Hoover avec l'ADL est devenue évidente lorsque le livre susmentionné, intitulé *Masters of Deceit*, une critique du communisme, écrit par un écrivain fantôme de Hoover et publié sous le nom de Hoover, a été publié.

Dans *Masters of Deceit*, le ghost-writer de Hoover écrit : "Une partie de l'opposition la plus efficace au communisme aux États-Unis est venue d'organisations juives telles que B'nai B'rith, l'American Jewish Committee, l'American Jewish League against Communism, l'Anti-Defamation League et une foule d'autres groupes juifs".

Pour des raisons évidentes, cette décision a suscité l'émoi des nombreux admirateurs anticommunistes de Hoover, qui savaient pertinemment que l'ADL, en particulier, était truffée de communistes de longue date, de socialistes et de sympathisants du parti communiste.

Hoover lui-même, quels que soient ses défauts, n'était pas stupide et certainement pas communiste, loin s'en faut.

Lorsque le livre de Hoover a été publié, faisant l'éloge de l'ADL, de nombreux patriotes se sont souvenus que le Dr Bella Dodd (aujourd'hui décédée) avait déclaré à des associés, à l'époque où elle faisait partie du parti communiste américain, que lorsque le parti manquait de fonds ou avait besoin d'une direction, on pouvait toujours compter sur l'aide des dirigeants de l'ADL, installés dans une suite luxueuse du Waldorf-Astoria. En bref, l'ADL, de concert avec le Kremlin soviétique, soutenait le mouvement communiste américain.

(Un volume, écrit par Robert Williams, un ancien officier de renseignement de l'armée, intitulé *The Anti-Defamation League and Its Use in the World Communist Offensive*, expliquait en détail les frasques communistes et gauchistes de l'ADL).

Les liens de Hoover avec le syndicat du crime Lansky et ses alliés de l'ADL ont fait l'objet de rumeurs pendant de nombreuses années, bien avant l'arrivée d'Anthony Summers, puisque c'est l'ADL qui a été en grande partie responsable de la création de la Fondation J. Edgar Hoover en 1947, dont le premier président n'était autre que le rabbin Paul Richman, directeur de l'ADL à Washington.

Louis B. Nichols, collaborateur de longue date de Hoover et directeur adjoint du FBI chargé de la division des archives et des communications, a été le principal contact du FBI avec l'ADL lorsque celle-ci a contribué à orchestrer des procès pour sédition de masse à l'encontre des principaux critiques de la politique étrangère du président Franklin D. Roosevelt.

Nichols est ensuite devenu président de la Fondation J. Edgar Hoover, mais seulement après avoir quitté le FBI. Après avoir pris sa retraite, il est devenu vice-président exécutif de Schenley Industries, une importante société de vente d'alcool dirigée par l'ancien contrebandier et associé de Lansky, Lewis R. Rosenstiel, sur lequel nous reviendrons plus loin dans ce volume.

Quoi qu'il en soit, les origines de l'ADL sont assez intéressantes. L'impulsion initiale de l'organisation n'est pas tant due à un désir de défendre les membres de la foi juive, en général, mais plutôt les mafieux juifs. Au début du XXe siècle, le commissaire de police de New York, Thomas Bingham, avait entamé une enquête approfondie sur le crime organisé dans sa ville. En 1908, Bingham était sous le feu des critiques et accusé d'être "antisémite" pour avoir souligné le rôle de certains gangsters juifs dans le crime organisé.

Finalement, Bingham est évincé et le crime organisé s'installe à New York. L'un des bénéficiaires immédiats du départ de Bingham n'est autre que le mafieux Arnold Rothstein, mentor de Lansky et chef incontesté de la pègre juive avant la montée en puissance du jeune Lansky.

La source des attaques contre Bingham était un comité de relations publiques formé par un avocat d'affaires nommé Sigmund Livingston. En 1913, le comité de Livingston s'était officiellement constitué en Ligue anti-diffamation du B'nai B'rith.

C'est ainsi que Hoover fut lui-même bénéficiaire des largesses de l'ADL, dont une grande partie provenait des coffres de Lansky et de son syndicat criminel. Hoover a également été victime des tactiques de chantage peu recommandables de l'ADL, manifestement par l'intermédiaire de son ange financier, Meyer Lansky, et de ses associés du crime organisé.

Il n'est pas surprenant que l'auteur Anthony Summers ait choisi d'ignorer tout rôle de l'ADL dans une conspiration aussi monstrueuse. Dans ses propres mémoires, Gary Wean, ancien officier de renseignement du bureau du procureur de Los Angeles, a révélé que Summers avait choisi de ne pas publier les informations que Wean lui avait fournies lorsque Summers écrivait un livre, publié par la suite, sur la vie et la mort de l'actrice Marilyn Monroe.

Ce que Wean a dit à Summers, c'est que c'est Mickey Cohen, l'homme de main de Lansky sur la côte ouest, qui a organisé la présentation de Mlle Monroe à John F. Kennedy. Cohen espérait obtenir des informations sur les intentions du président élu de l'époque concernant Israël.

Cohen était proche des Israéliens depuis de nombreuses années, ayant fourni des armes au mouvement clandestin juif en Palestine et entretenant une relation intime avec le terroriste devenu diplomate, Menachem Begin (futur premier ministre israélien).

Wean a accusé Mlle Monroe d'avoir été assassinée sur ordre de Cohen pour l'empêcher de révéler la vérité sur la façon dont les Israéliens tentaient de manipuler sa relation avec le président Kennedy. Mlle Monroe s'est apparemment rebellée contre Cohen et a refusé d'entrer dans son jeu d'espionnage. Quoi qu'il en soit, Summers a choisi de ne pas utiliser cette information et a préféré attribuer la mort de Mlle Monroe au président Kennedy et à son frère, le procureur général Robert Kennedy.

En conséquence, si Summers avait eu connaissance du chantage exercé par l'ADL sur Hoover, il est peu probable qu'il l'ait mentionné de peur de devenir lui-même une victime de l'ADL.

En définitive, la relation incestueuse entre le FBI ( ) et l'ADL est un excellent exemple de la façon dont l'Ennemi intérieur a acquis un statut spécial dans les services de renseignement et de police américains, manipulant les agences fédérales (et les organisations d'espionnage privées) pour faire avancer son propre agenda.

Bien qu'à ce jour, il y ait indubitablement de bons et solides éléments patriotiques au sein du FBI (et du ministère de la Justice dont il est l'organe d'enquête) - comme en témoignent les récentes (2005-2006) inculpations pénales de divers éléments pro-israéliens purs et durs - l'histoire montre malheureusement que le FBI, dans l'ensemble, a été manipulé et utilisé dans une large mesure par L'Ennemi de l'intérieur.

Dans le prochain chapitre, nous évoquerons la carrière sordide d'un homme - largement oublié aujourd'hui - qui illustre peut-être, d'un point de vue historique, l'un des pires boucs de Juda.

CHAPITRE IV

John Roy Carlson - Le grand vieillard des ennemis intérieurs : Le premier bouc Juda notoire du 20e siècle

Dans les années qui ont précédé la Seconde Guerre mondiale et pendant plusieurs années qui ont suivi, un homme a acquis une renommée nationale pour son rôle de premier informateur sous couverture largement médiatisé au sein du mouvement nationaliste américain. Son nom - ou du moins le pseudonyme sous lequel il était connu - était John Roy Carlson. Pratiquement toutes les bibliothèques publiques américaines possèdent aujourd'hui - ou possédaient - un exemplaire du célèbre (beaucoup diraient infâme) best-seller de l'époque de la Seconde Guerre mondiale, *Under Cover*, prétendument écrit par Carlson. On peut encore trouver ce livre dans de nombreuses librairies d'occasion.

Le sous-titre du livre donne une idée de son contenu : "Mes quatre années dans le monde souterrain nazi de l'Amérique - L'incroyable révélation de la façon dont les agents de l'Axe et nos ennemis de l'intérieur complotent actuellement pour détruire les États-Unis".

Bien qu'*Under Cover* soit franchement un ouvrage très divertissant, riche en personnages réels fascinants dépeints dans une prose colorée, le fait est que la plupart des lecteurs d'aujourd'hui (à moins qu'ils ne tombent par hasard sur le présent ouvrage) ne sauront malheureusement jamais que l'auteur et le livre ont été complètement désavoués lors d'un procès en diffamation devant le tribunal fédéral de Chicago, trois ans après la publication de l'ouvrage.

Voici quelques informations générales qui permettent de répondre à la question : Qu'est-il arrivé à John Roy Carlson ?

Tout d'abord, le vrai nom de l'auteur n'est pas "John Roy Carlson". Ce n'était que l'un des nombreux pseudonymes adoptés au fil des ans par Arthur (Avedis) Derounian. Né en Grèce en 1909, Derounian est arrivé à New York à l'âge de 12 ans et s'est lancé dans une carrière de journaliste. De nombreux critiques ont affirmé que Derounian était d'origine juive, bien qu'il l'ait nié.

Dans les années qui ont précédé l'entrée des États-Unis dans la Seconde Guerre mondiale, pendant la guerre elle-même et par la suite, Derounian est devenu actif dans une trentaine d'organisations politiques différentes, utilisant des noms allant de "George Pagnanelli" à "Robert Thompson, Jr." en passant par "Patricia O'Connell", entre autres.

Bien que basé principalement à New York, Derounian a entretenu une correspondance nationale active avec les dirigeants de ce que l'on pourrait appeler le "mouvement America First", qui luttait pour empêcher le président Franklin Roosevelt d'engager les États-Unis dans la guerre en Europe.

Derounian a également beaucoup voyagé à travers le pays, faisant personnellement connaissance avec un grand nombre de ces mêmes personnes, se présentant comme un sympathisant de leur cause, utilisant souvent des lettres d'introduction (obtenues auprès d'autres personnes avec lesquelles il s'était déjà lié) pour faire leur connaissance.

En outre, sous le nom de "George Pagnanelli", Derounian a publié une feuille de haine antijuive grossière intitulée *The Christian Defender,* qu'il a distribuée dans la ville de New York et envoyée par la poste à des personnes dans tout le pays.

À cette époque, cependant, Derounian n'était pas le courageux journaliste d'investigation solitaire qu'il dépeint dans *Under Cover*. En fait, il était non seulement à la solde de la Ligue anti-diffamation (ADL) du B'nai B'rith - un groupe en première ligne du mouvement pro-guerre qui soutenait l'administration Roosevelt - mais il bénéficiait également du soutien financier d'un groupe "miroir" de l'ADL, l'autoproclamé "Amis de la démocratie", dirigé par un certain Leon Birkhead.

En 1943, bien après l'entrée en guerre des États-Unis, l'importante maison d'édition new-yorkaise E. P. Dutton a publié le livre de Derounian, qui a fait sensation au niveau national. Le livre a été fortement promu par le chroniqueur et animateur radio Walter Winchell, qui était lui-même connu pour être un canal de propagande pour l'ADL, et il s'est rapidement vendu à plus de 600 000 exemplaires.

Des Américains patriotes et crédules, craignant de trouver des espions de l'Axe sous chaque lit, croyaient que Derounian (encore connu sous le nom de "Carlson") avait découvert un important réseau national d'agents nazis et de sympathisants américains de la cause nazie, allant d'agitateurs de rue à des femmes au foyer respectables, en passant par des membres du Congrès. Le livre de Derounian cite des noms (et beaucoup de noms) et récite, pratiquement mot pour mot, de prétendues conversations entre "Pagnanelli" et des dizaines de prétendus agents nazis et d'autres personnes.

De nombreuses personnes citées dans le livre ont été indignées, affirmant qu'elles avaient été diffamées de manière malveillante, mais la plupart d'entre elles ont refusé d'agir, estimant peut-être qu'intenter un procès à Derounian et à son éditeur ne ferait qu'attirer l'attention sur les affirmations qui étaient faites.

Cependant, le livre a largement contribué à préparer le terrain pour le tristement célèbre "Grand procès de la sédition" qui s'est tenu à Washington en 1944, ayant jeté les bases de la propagande pour les accusations de sédition portées par l'administration Roosevelt contre une trentaine d'Américains soupçonnés d'avoir collaboré avec l'ennemi en temps de guerre.

La large diffusion du livre a donné une certaine crédibilité (même si elle n'était pas méritée) au dossier du ministère de la Justice qui, en fin de compte, a subi une défaite ignominieuse. (Pour un compte rendu complet de l'affaire, voir un chapitre ultérieur de ce volume). Ainsi, quel que soit le manque de fiabilité du livre à l'origine, et compte tenu du caractère artificiel des accusations de sédition, le mal était fait.

En 1946, gonflé par le succès du premier livre, Dutton a publié une autre concoction de "Carlson", *The Plotters*, qui était, en fait, une suite de l'entreprise précédente de Derounian, mettant en scène un grand nombre de mêmes méchants et quelques nouveaux aussi.

Ce livre raconte comment Derounian s'est fait passer pour un vétéran de l'armée de retour au pays, "Robert Thompson, Jr.", qui est devenu, comme "Pagnanelli", membre de diverses organisations politiques, dont la plupart étaient hostiles aux politiques de l'administration Roosevelt et, plus tard, à celles du président Truman. Derounian a également raconté avoir prétendu, en temps de guerre, être l'épouse et/ou la mère d'un soldat américain en guerre, et avoir correspondu avec des groupes de "mères", enquêtant sur leurs activités.

Dans l'ensemble, *The Plotters* est une reprise tout aussi malveillante du même type de dénigrement et de culpabilité par association que dans *Under Cover*, bien que "Carlson" ait ressenti le besoin, cette fois, de dire quelques choses peu flatteuses sur les groupes de gauche qui agitaient les anciens combattants dans un effort boiteux pour prouver qu'il n'était pas strictement biaisé contre les causes "conservatrices" ou "de droite" et qu'il n'était pas un sympathisant communiste comme l'ont prétendu nombre de ses détracteurs.

Cependant, au moment de la publication de *The Plotters*, Derounian et ses éditeurs se sont retrouvés devant les tribunaux à cause d'*Under Cover*. Dans un premier temps, Conrad Chapman, du Massachusetts, s'est opposé aux accusations de Derounian selon lesquelles il était une sorte d'agent nazi et a intenté une action en justice. Dutton et Derounian se sont mis d'accord à l'amiable et ont publié une rétractation des accusations portées dans *Under Cover*.

Dans le second cas, où Derounian s'est retrouvé sous le feu des critiques pour ses méfaits, George Washington Robnett, secrétaire exécutif de la Church League of America, basée à Chicago, a intenté une action contre Derounian et son éditeur devant le tribunal fédéral de Chicago.

Le premier jury dans l'affaire Robnett n'est pas parvenu à un verdict. Le deuxième jury a finalement été écarté parce que ses membres avaient reçu par courrier des documents susceptibles de leur porter préjudice.

Finalement, le troisième jury a rendu un jugement en faveur de Robnett et contre Derounian et son éditeur le 25 septembre 1946. Malheureusement pour Robnett, le jury ne lui a accordé qu'une somme symbolique d'un dollar, mais il s'agit néanmoins d'une victoire morale.

Les membres du jury ont par la suite déclaré à la presse qu'il y avait eu un grand débat au sein du jury sur le montant à accorder à Robnett, 10 des 12 jurés étant enclins à condamner Derounian à de lourds dommages et intérêts. Mais comme deux jurés ont tenu bon et refusé de condamner Derounian, la majorité a accepté de faire un compromis pour résoudre l'affaire, et de n'imposer qu'un jugement d'un dollar afin d'obtenir le verdict de culpabilité qu'ils croyaient si fermement justifié.

L'un des membres du jury, Mme Beatrice Fountain, a déclaré au *Chicago Daily Tribune* le 27 septembre : "Je pensais que Robnett avait droit à au moins 50 000 dollars. La maison d'édition était incontestablement coupable d'une diffamation grossière sur le site . Je voulais que ce jury rende un verdict qui mette fin pour toujours aux campagnes de diffamation ; pour mettre fin à une telle contagion partout en Amérique. Je voulais que ce jury rende un verdict qui mette un terme définitif aux campagnes de diffamation ; qu'il mette un terme à une contagion telle que celle de ce livre partout en Amérique à partir de maintenant".

Bien que Robnett ait demandé un nouveau procès dans l'espoir d'obtenir un jugement plus important, le juge fédéral John P. Barnes a refusé d'ordonner un nouveau procès, mais a clairement indiqué que s'il l'avait voulu, il aurait accordé à Robnett "une somme très substantielle". Le juge n'a pas mâché ses mots pour résumer ce qu'il avait découvert au cours de la présentation par Robnett de son dossier contre Derounian et son éditeur :

> Ce livre accuse le plaignant d'être déloyal, antisémite et d'être un agent nazi. Pendant toute la durée du procès, je n'ai jamais entendu la moindre preuve à l'appui de ces accusations. Je pense que ce livre a été écrit par une personne totalement irresponsable, prête à écrire n'importe quoi pour un dollar. Je pense que ce livre a été publié par

un éditeur prêt à tout pour un dollar.

Je ne crois pas que les éditeurs aient mené une enquête sur cet auteur, comme ils le prétendent, parce qu'ils se souciaient davantage du dollar que de la vérité toute-puissante. Je ne croirais pas cet auteur s'il était sous serment, et je pense que lui et l'éditeur sont aussi coupables que n'importe quelle personne ayant déjà été jugée coupable par ce tribunal.

Au cours du procès lui-même, *le Chicago Daily Tribune* a rapporté le 24 septembre que Derounian avait admis à la barre qu'il était, selon les termes du *Tribune*, "employé par l'Anti-Defamation League à New York", au moment même où il diffusait sa feuille de haine antijuive, *The Christian Defender*, ostensiblement publiée par "George Pagnanelli".

Bien que les avocats de Derounian aient tenté d'empêcher que des copies de la feuille de haine soient présentées comme preuve, le juge a rejeté la demande de la défense et a déclaré : "Ces documents révèlent que cet auteur travaillait des deux côtés de la rue. Ils ressemblent à de la littérature antisémite" et a ajouté, avec insistance, que "chacune de ces choses est infiniment pire que tout ce que vous avez porté à mon attention dans les écrits de Robnett".

Le juge Barnes a également contesté l'affirmation de Derounian selon laquelle il était justifié de traiter Robnett d'"antisémite" parce que ce dernier avait souligné l'héritage juif de certains communistes. Le juge a déclaré :

> Dans nos efforts pour éviter les persécutions, nous ne devons pas établir des tabous dénués de sens. Nous ne devons pas établir le tabou selon lequel nous ne devons en aucun cas mentionner qu'une personne est un Juif. Cela n'empêchera pas les persécutions. Si des personnes sont juives et communistes, elles devront porter ce fardeau et il ne leur sera pas bénéfique, ni à leur religion, d'établir un tabou interdisant de mentionner ce fait.

Tout cela, cependant, est devenu une partie oubliée de l'histoire, bien que les livres de diffamation de Derounian restent sur les étagères des bibliothèques, accessibles à des chercheurs ignorants qui, malheureusement, ne connaîtront probablement jamais ce jugement puissant contre Derounian et sa maison d'édition.

En outre, il est très ironique de constater qu'en dépit du jugement, les commanditaires secrets de Derounian, à l'ADL, ont largement échappé à l'attention. En 1995, l'historien américain respecté Richard Gid Powers, dans son livre *Not Without Honor : The History of American Anticommunism* (New York : Free Press), n'a pas mâché ses mots en notant que "*Under Cover* et *The Plotters* ont probablement été écrits (ou au moins édités) par des fantômes de l'ADL".

Malgré les démêlés de Derounian avec les lois sur la diffamation, un autre éditeur était prêt à publier et à se faire damner. En 1951, Alfred Knopf a publié le troisième et dernier livre de Derounian, *Le Caire à Damas*. Ce livre est largement oublié et à peine connu, même de ceux qui connaissent ses efforts de propagande antérieurs. Écrit dans la même veine que les ouvrages précédents de "Carlson", ce volume se concentre sur les aventures de Derounian au Moyen-Orient pendant la période entourant la création d'Israël. Inutile de dire que "Carlson" a réussi à trouver une foule de criminels de guerre nazis, d'agitateurs antijuifs et d'autres personnes travaillant main dans la main avec les indigènes arabes de Palestine pour empêcher la création d'un État sioniste. Le livre n'a jamais atteint un public important et les quelques exemplaires qui subsistent ne sont guère plus que de curieuses reliques.

Derounian lui-même a disparu de la scène publique, mais son frère, Stephen, est devenu député républicain libéral de New York, de 1953 à 1967.

Le 23 avril 1991, Derounian est décédé à l'âge de 82 ans, alors qu'il effectuait des recherches au siège de l'American Jewish Committee à Manhattan. Le 28 octobre 1999, le *Daily News de* New York (propriété du magnat sioniste Mort Zuckerman) a publié un article de fond sur "The Joiner : John Roy Carlson" dans le cadre de sa série : "Big Town Biography : Lives and *Times* of the Century's Classic New Yorkers", mais a soigneusement évité de mentionner la répudiation de Derounian devant les tribunaux fédéraux.

Le bilan peu glorieux de Derounian a toutefois été facilement éclipsé par une foule d'autres Ennemis de l'intérieur et, dans les pages qui suivent, nous en rencontrerons plus d'un. Mais se souvenir de la duplicité de "John Roy Carlson" est une parfaite introduction au monde obscur des Boucs de Juda.

CHAPITRE V

Le grand procès pour sédition de 1944 : Les débuts de la collaboration entre l'ADL et le FBI - Comment l'ennemi intérieur accuse les patriotes d'être des "traîtres"

Dans l'ère moderne de l'après 11 septembre, une législation répressive telle que la mal nommée "PATRIOT Act" règne en maître, alors qu'une législation répressive telle que la loi mal nommée "PATRIOT" règne sur le pays - résultat direct de la manipulation législative du Congrès par des groupes tels que la Ligue anti-diffamation et d'autres qui constituent des factions clés de l'Ennemi intérieur - il est important de se souvenir d'un cas, au milieu du XXe siècle, où des Américains respectueux de la loi - dont le seul crime était de s'opposer aux politiques de guerre de l'administration du président Franklin Delano Roosevelt - ont été conduits en prison, inculpés et jugés sur la base d'accusations de sédition forgées de toutes pièces.

L'histoire du "Grand procès pour sédition de 1944" est une étude de cas importante qui montre comment notre forme républicaine de gouvernement peut être détournée (c'est-à-dire abusée) par l'Ennemi intérieur. L'histoire de ce procès est une preuve évidente de la collaboration de l'ADL et du FBI dans l'exécution d'un programme étranger, celui de l'Ennemi intérieur. L'essai suivant, écrit par l'auteur de ce volume, a été publié à l'origine dans le numéro de novembre-décembre 1999 de *The Barnes Review*, la revue historique bimestrielle publiée à Washington...

"Les juges et les avocats vous diront que le procès pour sédition de masse de la Seconde Guerre mondiale restera dans l'histoire juridique comme l'une des marques les plus noires de la jurisprudence américaine. Dans le monde juridique, personne ne se souvient d'une affaire où autant d'Américains ont été jugés pour persécution politique et se sont vu refuser avec autant d'arrogance les droits accordés aux citoyens américains en vertu de la Constitution".

C'est ainsi que *le Chicago Tribune*, alors porte-parole de l'Amérique d'abord dans un monde médiatique débordant d'internationalisme à la sauce New Deal, a décrit le tristement célèbre "procès spectacle" de l'époque de la guerre et ses conséquences, auquel il a finalement été mis fin le 30 juin 1947.

À l'époque, la Cour d'appel du district de Columbia a confirmé l'abandon des charges contre les accusés dans le procès qui avait été rendu le 22 novembre 1946 par le juge Bolitha Laws de la Cour de district du district de Columbia.

Après avoir déclaré que la poursuite de l'affaire serait "une parodie de justice", le juge Laws a ordonné l'abandon des charges retenues contre les citoyens américains, mettant ainsi fin à cinq longues années de harcèlement et, pour nombre d'entre eux, à de longues périodes d'emprisonnement.

Bien que le "Grand procès de la sédition" ait pris fin de manière inattendue (près de trois ans auparavant) le 30 novembre 1944, en raison de l'annulation du procès à la suite du décès du président du tribunal, Edward C. Eicher, l'affaire est restée en suspens, les procureurs du ministère de la Justice réclamant un nouveau procès.

Cependant, le bien nommé juge Laws avait mis un terme à cette attaque de style soviétique contre la liberté américaine. La raison l'a emporté - peut-être en grande partie parce que FDR était mort et que la guerre avait pris fin - et l'affaire a été classée pour toujours.

Selon l'historien Harry Elmer Barnes, qui fut l'un des principaux détracteurs de FDR sur la scène universitaire, l'objectif du procès était de faire passer l'administration Roosevelt pour "opposée au fascisme" alors qu'elle poursuivait en réalité des politiques totalitaires.

Apparemment, c'est le président Roosevelt lui-même qui est en grande partie responsable de la promotion de l'enquête du ministère de la Justice qui a abouti aux dernières inculpations.

Selon l'historien Ronald Radosh, un "progressiste" autoproclamé qui a écrit avec une certaine sympathie sur les critiques de l'administration Roosevelt avant la Seconde Guerre mondiale, "FDR a harcelé le procureur général Francis Biddle pendant des mois, lui demandant quand il mettrait en accusation les séditieux". Biddle lui-même souligna plus tard que FDR "n'était pas très intéressé... par le droit constitutionnel de critiquer le gouvernement en temps de guerre". Cependant, comme nous le verrons, des forces puissantes étaient à l'œuvre dans les coulisses pour pousser FDR. Et ce sont elles, plus encore que FDR, qui ont joué un rôle majeur en facilitant l'enquête proprement dite que le procureur général Biddle lui-même n'était pas très enthousiaste à l'idée d'entreprendre.

Bien que 42 personnes (et un journal) aient été inculpées au total - au cours de trois actes d'accusation distincts, à commencer par le premier acte d'accusation prononcé le 21 juillet 1942 -, le nombre final de personnes effectivement jugées s'élève à trente (et plusieurs d'entre elles ont été écartées du procès au cours de la procédure).

Le biographe de Roosevelt, James McGregor Burns, a qualifié le procès de "grand rassemblement de tous les fanatiques qui détestent Roosevelt". Mais l'histoire ne se résume pas à cela.

En fait, une poignée de personnalités influentes figurent parmi les personnes inculpées, notamment :

- Poète, essayiste et critique social germano-américain de renom, George Sylvester Viereck (publiciste étranger bien connu du gouvernement allemand dès la première guerre mondiale) ;

- L'ancien diplomate et économiste américain Lawrence Dennis, conseiller informel en coulisses de certains des plus éminents critiques de l'administration Roosevelt au sein du Congrès ;

- Mme Elizabeth Dilling de Chicago, auteure et conférencière au franc-parler et au verbe haut, très appréciée et largement connue au niveau national en tant que chef de file du mouvement anticommuniste et opposante farouche à l'administration ;

- Le révérend Gerald Winrod du Kansas. Bénéficiant d'une audience nationale et de vastes relations parmi les ministres chrétiens et les dirigeants laïcs de tout le pays, Winrod s'était imposé comme une force avec laquelle il fallait compter. En 1938, il s'était lancé dans une course acharnée pour le Sénat américain. (L'un des protégés de Winrod n'était autre que l'évangéliste Billy Graham, dont on dit qu'il avait "beaucoup appris mais gardé le silence en public sur ce qu'il avait appris en privé" lorsqu'il était un jeune homme voyageant avec Winrod) ; et

- William Griffin, un éditeur new-yorkais ayant de solides relations avec l'Église catholique. De nombreux catholiques américains étaient fortement anticommunistes et les catholiques irlandais, en particulier, étaient généralement sceptiques à l'égard de la politique de guerre de FDR à une époque où, rappelons-le, la République irlandaise libre était restée neutre et avait refusé de s'allier aux États-Unis dans la guerre contre l'Allemagne.

Cependant, la plupart de ceux qui ont finalement été jugés étaient peu connus et n'avaient guère d'influence au niveau national, à l'exception des personnes mentionnées ci-dessus. Parmi les accusés se trouvaient un peintre de signes sourd à 80 %, un ouvrier d'usine de Détroit, un serveur et une femme qui faisait le ménage pour gagner sa vie lorsqu'elle a été placée en garde à vue.

En bref, il s'agissait d'Américains "moyens" qui n'avaient ni les moyens ni la possibilité de mener le type de conspiration séditieuse et internationale dont le gouvernement les avait accusés. Dans de nombreux cas, les accusés étaient, à toutes fins utiles, sans le sou. Nombre d'entre eux étaient des éditeurs "unipersonnels", s'adressant à un public restreint, ce qui ne constituait guère une menace pour les puissantes forces qui contrôlaient le New Deal. Plusieurs d'entre eux étaient très âgés. En fait, peu d'entre eux se connaissaient, même si les actes d'accusation les accusaient de faire partie d'une grande conspiration orchestrée par Adolf Hitler lui-même pour saper le moral de l'armée américaine en temps de guerre.

Lawrence Dennis a commenté plus tard que : "L'un des aspects les plus significatifs du procès a été l'insignifiance totale des accusés par rapport à la grande importance que le gouvernement a cherché à donner au procès par toutes sortes de moyens publicitaires.

Malheureusement, dans cette brève étude des circonstances enchevêtrées entourant le grand procès pour sédition, nous ne pourrons pas donner à tous les accusés la reconnaissance qu'ils méritent. Mais qu'il soit dit ici que cette poignée d'Américains "insignifiants" sont tous des héros à part entière, parce qu'ils ont été ciblés pour être détruits par l'administration Roosevelt et ses alliés dans les coulisses. Grâce à leurs compatriotes les plus éloquents, notamment Lawrence Dennis, nous sommes aujourd'hui en mesure d'examiner et de commémorer les détails de leur sort.

Selon Dennis, le procès pour sédition avait pour but de cibler non pas les grands critiques de la politique de guerre de Roosevelt, mais plutôt d'utiliser la publicité entourant le procès pour sédition afin d'effrayer les nombreux critiques de base (potentiels) de l'administration et de les réduire au silence, en leur montrant essentiellement qu'ils pourraient eux aussi se retrouver sur le banc des accusés s'ils osaient s'exprimer (comme l'avaient fait les accusés) en opposition à l'administration. Selon Dennis :

> Les soi-disant "drogués" ou les agitateurs ne sont jamais intimidés par les procès pour sédition. Le sang des martyrs est la semence de l'Église.
>
> Les personnes qui sont intimidées par les procès pour sédition sont celles qui n'ont pas assez de courage ou d'indiscrétion pour dire ou faire quoi que ce soit qui puisse les impliquer dans un procès pour sédition. Et c'est principalement dans le but d'intimider ces citoyens plus prudents que les procès pour sédition sont organisés...
>
> Un gouvernement qui cherche à supprimer certaines idées et tendances dangereuses et certains types d'opposition redoutée n'inculpera pas, si ses dirigeants sont intelligents, des hommes comme le colonel [Charles] Lindbergh ou les sénateurs [Burton] Wheeler [D-Mont.], [Robert] Taft [R-Ohio] et Gerald Nye [R-N.D.], qui ont bien plus aidé les nazis en s'opposant à la politique étrangère

de Roosevelt, comme cela est reproché aux accusés, que n'importe lequel des accusés.

Les chances de condamnation seraient nulles et le cri de persécution retentirait dans tout le pays.

Ce sont les faibles, les obscurs et les indiscrets qui sont choisis par un politicien astucieux pour faire l'objet d'une chasse aux sorcières légalisée. L'objectif politique d'intimider les plus prudents et les plus respectables est mieux servi dans ce pays en choisissant pour un acte d'accusation et un procès de masse de propagande les critiques les plus vulnérables plutôt que les plus dangereux, les plus pauvres plutôt que les plus riches, les moins populaires plutôt que les plus populaires, les moins importants plutôt que les plus importants et les plus influents.

C'est la façon la plus intelligente d'atteindre les plus influents et les plus dangereux. Ces derniers voient ce que l'on fait aux moins influents et aux moins importants et ils se gouvernent en conséquence. Les chances de condamner les plus faibles sont meilleures que celles de condamner les plus forts...".

L'un des accusés, l'un des "plus faibles, moins influents et moins importants", l'un de ces Américains "insignifiants" visés par la FDR, était Elmer J. Garner, de Wichita, au Kansas. Ce patriote américain d'un certain âge est décédé trois semaines après le début du procès. Le sénateur William Langer (R-N.D.), critique virulent du procès, a décrit Garner dans un discours prononcé devant le Sénat. Garner, a-t-il dit, était :

> Un petit vieux de quatre-vingt-trois ans, presque sourd comme une pierre, avec trois arrière-petits-enfants. Après avoir perdu l'autorisation d'envoi de son petit journal hebdomadaire, il a vécu avec sa femme âgée grâce à de petits dons, en élevant une chèvre et quelques poulets et en cultivant des légumes sur son petit terrain.
>
> Détenu à la prison [de Washington, D.C.] pendant plusieurs semaines, faute de paiement de la caution, et finalement appauvri par trois inculpations et des voyages et séjours forcés à Washington, il est mort seul dans une maison de chambres de Washington au début de ce procès, avec quarante cents en poche.
>
> Son corps a été expédié nu dans une caisse en bois à sa veuve malade et appauvrie, sans ses deux costumes et sa machine à écrire, de sorte qu'il a fallu acheter des vêtements pour ses funérailles. C'est l'un des hommes dangereux dont nous avons tant entendu parler.

Selon l'avocat Henry Klein, un juif américain qui a défié l'ADL en prenant courageusement la défense d'un autre accusé, Garner (cousin germain du premier vice-président de FDR, John Nance Garner) est mort devant sa machine à écrire dans une minuscule chambre du couloir d'un hôtel de passe de Washington, D.C., en rédigeant sa propre défense.

Qui a donc orchestré la série d'événements qui ont conduit à l'inculpation du vieux Garner et de ses compagnons "séditieux" ?

C'est bien sûr Franklin D. Roosevelt qui a ordonné l'enquête du ministère de la Justice. Le procureur général Francis Biddle (qui s'est en fait opposé à ces poursuites manifestement politiques) a suivi les ordres du président. L'assistant du procureur général William Power Maloney s'est occupé des détails quotidiens de l'enquête qui a abouti à la mise en accusation devant un grand jury fédéral à Washington. Mais en coulisses, d'autres forces étaient à l'œuvre. Il s'agit des courtiers en puissance qui, en fait, ont dicté le grand dessein général de l'administration Roosevelt et de ses politiques étrangère et intérieure.

Dans *A Trial on Trial*, sa critique acerbe du procès - une véritable dissection de la fraude que représentait le procès - Lawrence Dennis et son co-auteur, Maximilian St. George (qui était le conseiller de Dennis selors du procès, bien que Dennis - qui n'était pas avocat - se soit représenté lui-même), ont conclu, sur la base de preuves très facilement accessibles dans les archives publiques, que les trois principaux instigateurs du procès étaient - selon ses termes - les extrémistes de gauche, les groupes juifs organisés et les internationalistes en général, qui ont tous été des défenseurs bruyants et persistants du procès, publiant des éditoriaux en faveur de l'enquête et des actes d'accusation dans leurs journaux et par l'intermédiaire de voix médiatiques telles que la personnalité radiophonique Walter Winchell.

Cependant, Dennis a souligné que "les internationalistes à l'origine du procès ne sont pas aussi faciles à relier à une agitation définitive en faveur de cette poursuite que les gauchistes et les groupes juifs". En fait, Dennis a déclaré sans équivoque : "L'une des organisations juives les plus importantes derrière le procès pour sédition était le B'nai B'rith [se référant spécifiquement à l'adjuvant du B'nai B'rith connu sous le nom d'Anti-Defamation League ou ADL].

Selon Dennis : "Obtenir du gouvernement fédéral qu'il organise un tel procès, tout comme l'entrée en guerre de l'Amérique, était un 'must' dans l'agenda des combattants contre l'isolationnisme et l'antisémitisme".

Essentiellement, selon Dennis, "ce que les personnes à l'origine du procès voulaient faire certifier judiciairement au monde entier, c'est que l'antisémitisme est une idée nazie et que quiconque défend cette idée est un nazi qui viole ainsi la loi - dans ce cas, en provoquant l'insubordination dans les forces armées - par sa croyance en cette idée ou par sa défense de cette idée".

Ce n'était pas seulement la conclusion de Dennis, loin s'en faut. L'un des autres accusés, David Baxter, a souligné plus tard que même un rapport de l'United Press publié en 1943 indiquait que : Sous la pression des organisations juives, à en juger par les articles parus dans les publications éditées par Jews for Jews, [l'acte d'accusation]... a été rédigé de manière à inclure les critiques à l'égard des Juifs dans la catégorie "sédition".

"Il est apparu que l'un des principaux objectifs de cette procédure, outre l'interdiction des commentaires défavorables sur l'administration, était de créer un précédent juridique d'interprétations judiciaires et de sanctions sévères qui serviraient à exempter les Juifs d'Amérique de toute mention publique, à l'exception des éloges, contrairement au point de vue américain traditionnel qui veut que tous ceux qui participent aux affaires publiques soient prêts à accepter une discussion publique libre et complète, qu'elle soit favorable ou défavorable.

"En un mot, commente Dennis, le procès pour sédition en tant que politique était intelligent. C'était de la bonne politique", afin de gagner les votes et le soutien institutionnel du noyau dur des groupes à l'origine du procès.

Baxter lui-même a déterminé par la suite qu'en fait, des groupes juifs - plus particulièrement l'ADL - avaient été les principaux instigateurs de l'enquête du ministère de la Justice qui a abouti à l'inculpation des accusés dans le procès pour sédition.

Selon Baxter, commentant de nombreuses années plus tard :

> J'ai demandé, en vertu de la loi sur la liberté de l'information, que le FBI me remette ses dossiers d'enquête sur mes activités au début des années 1940, avant le procès pour sédition. J'ai appris que l'enquête s'était étendue sur plusieurs années et avait couvert des centaines de pages...
>
> Le FBI a masqué les noms de ceux qui avaient donné des informations sur moi, dont la plupart étaient aussi fausses que possible. Je n'ai jamais eu l'occasion d'affronter ces personnes et de leur demander de prouver leurs accusations. Pourtant, tout ce qu'ils ont dit a été consigné dans les dossiers d'enquête.
>
> Curieusement, dans de très nombreux cas, ce n'est pas le FBI qui a mené l'enquête, mais l'Anti-Defamation League, le FBI se contentant de recevoir les rapports des enquêteurs de l'ADL. Il est difficile de dire, à partir des rapports, si une personne donnée était un agent du FBI ou de l'ADL. Mais à l'époque, tout cela était si discret que je ne me doutais même pas de la toile qui se tissait autour de moi. Je ne me considérais pas si important.

Pour sa part, commentant la façon dont le FBI avait été utilisé par l'ADL, par exemple, Lawrence Dennis a souligné : "Le FBI, comme la bombe atomique et tant d'autres outils utiles et dangereux, est un instrument autour duquel il faudra bientôt créer de nouvelles garanties contre les abus d'intérêts sans scrupules". Dans son livre de 1999, *Montana's Lost Cause*, une étude sur le sénateur Burton Wheeler et d'autres membres de la délégation du Montana au Congrès qui se sont opposés à la guerre menée par l'administration Roosevelt en Europe, Roger Roots met en évidence un autre rouage des manœuvres en coulisses qui ont conduit au procès pour sédition :

> Le *Washington Post*, qui appartient à des juifs, a participé dès le début au travail de détective du ministère de la Justice. Dillard Stokes, le chroniqueur du [*Post*] qui s'est le plus illustré par ses reportages d'initiés sur les procédures du grand jury sur la sédition, est en fait devenu un élément du dossier du ministère de la Justice contre les isolationnistes lorsqu'il a demandé par écrit à de nombreux accusés de lui envoyer leur littérature sous un nom d'emprunt. C'est ce qui a permis de faire comparaître des accusés des régions les plus éloignées du pays devant la juridiction du tribunal fédéral de district de Washington.

David Baxter a développé le rôle joué par le chroniqueur du *Post* Stokes, qui a utilisé le pseudonyme "Jefferson Breem" afin d'obtenir une partie de la littérature prétendument séditieuse qui avait été publiée par certains des accusés :

> Pour nous juger à Washington en tant que groupe, il était nécessaire d'établir qu'un crime avait été commis dans le district de Columbia, donnant ainsi compétence aux tribunaux fédéraux de ce district. Le grand jury, qui était manifestement contrôlé par le procureur, nous a donc inculpés du crime de sédition, puis a établi la compétence du district de Columbia pour nous juger au motif qu'un résident du district de Columbia, "Jefferson Breem", avait reçu la littérature prétendument séditieuse. C'est ainsi que le "crime" présumé a été commis dans la capitale. Les prévenus ont été accusés d'avoir conspiré dans le district, bien que je n'aie jamais été à Washington de ma vie avant que le grand jury ne me l'ordonne.

Kirkpatrick Dilling, alors jeune homme en uniforme et fils de l'une des accusées les plus en vue, Elizabeth Dilling, souligne dans une lettre à Willis Carto, éditeur de la revue historique bimestrielle *The Barnes Review*, que "ma mère a été inculpée avec beaucoup d'autres personnes dont la plupart n'avaient jamais eu le moindre contact avec elle" : "Ma mère a été inculpée avec de nombreuses autres personnes, dont la plupart n'avaient jamais eu le moindre contact avec elle. Par exemple, certains de ces co-accusés étaient membres du Bund germano-américain. Ma mère a déclaré qu'ils avaient été inclus pour donner à l'affaire une "saveur de choucroute". (En d'autres termes, pour alimenter la théorie de l'accusation selon laquelle les accusés collaboraient activement avec les "nazis"). Plus tard, au cours du procès lui-même, le sénateur Langer susmentionné a souligné ce qu'il a décrit comme : "l'idée de réunir pour un procès à Washington trente personnes qui ne se sont jamais vues, qui ne se sont jamais écrites, dont certaines ne savaient pas que les autres existaient, dont certaines étaient prétendument folles et dont la majorité était incapable d'engager un avocat.

N'oubliez pas", a souligné M. Langer, "que les accusés ont été amenés à Washington depuis la Californie, Chicago et d'autres États très éloignés de Washington, qu'ils ont été placés dans une salle et jugés tous en même temps, les vingt-neuf restant les bras croisés pendant que le témoignage contre l'un d'entre eux pouvait durer des semaines et des semaines, le témoignage d'un homme ou d'une femme que d'autres accusés n'avaient jamais vu de leur vie". C'est ce qui se passe à Washington aujourd'hui", a-t-il déclaré.

Comme indiqué précédemment, trois actes d'accusation ont été prononcés. Le premier acte d'accusation a été prononcé le 21 juillet 1942. L'acte d'accusation a surpris plus d'un, y compris les accusés. Comme le souligne David Baxter : "En fait, à l'époque, j'étais simplement un démocrate du New Deal qui s'intéressait à ce qui se passait dans le pays sur le plan politique". Mais voilà qu'à la suite de l'acte d'accusation, il est accusé de sédition par le régime qu'il avait autrefois soutenu.

Elizabeth Dilling a appris son inculpation à la radio. La nature de l'un des chefs d'accusation retenus contre Mme Dilling montre précisément à quel point le procès pour sédition a été monté de toutes pièces dès le départ. L'acte d'accusation reprochait à Mme Dilling d'avoir commis un acte de "sédition" en reproduisant, dans les pages de sa lettre d'information, un discours prononcé au Congrès par le député Clare Hoffman (R-Mich.), un critique de l'administration, dans lequel le député citait un soldat américain aux Philippines qui se plaignait que son unité manquait de bombardiers parce que les avions avaient été donnés à la Grande-Bretagne. Cette situation était manifestement dangereuse pour le moral de l'armée. Mais les nombreux partisans de Mme Dilling dans tout le pays se sont portés à sa défense, collectant des fonds par le biais de danses, de dîners et de ventes de pâtisseries. Mme Dilling, toujours courageuse, ne s'est pas laissée réduire au silence par une inculpation pénale fédérale. Elle a continué à s'exprimer.

Le 17 août 1942, le sénateur Robert A. Taft s'est prononcé contre l'acte d'accusation. "Je suis profondément alarmé", a-t-il déclaré, "par la tendance croissante à salir les citoyens loyaux qui critiquent l'administration nationale et la conduite de la guerre [...]. Quelque chose de très proche du fanatisme existe dans certains cercles", a déclaré Taft. "Je ne peux pas le comprendre, je ne peux pas le saisir. Mais je suis sûr de ceci : La liberté d'expression elle-même est en jeu, à moins que les méthodes générales suivies par le ministère de la Justice ne soient modifiées."

Taft a souligné que l'acte d'accusation, selon lui, était "habilement rédigé" et qu'il affirmait que des groupes tels que la Coalition des sociétés patriotiques étaient liés aux conspirateurs accusés. Cette coalition, a souligné M. Taft, comptait parmi ses membres des organisations telles que les Descendants des signataires de la Déclaration d'indépendance, la General Society of Mayflower Descendants et les Fils de la révolution américaine, entre autres.

D'après la manière dont l'acte d'accusation a été rédigé, Taft a déclaré qu'un nombre considérable de membres de la Chambre et du Sénat pourraient également être inculpés, ainsi que de nombreux rédacteurs en chef de journaux du pays qui critiquaient la politique de guerre de FDR.

Le deuxième acte d'accusation est intervenu le 4 janvier 1943. Lawrence Dennis a résumé la nature des actes d'accusation : "Le premier acte d'accusation portait sur un complot visant à violer les articles relatifs à la propagande séditieuse de la loi sur l'espionnage de 1917, adoptée en temps de guerre, et de la loi Smith de 1940, adoptée en temps de paix et parfois appelée loi sur l'enregistrement des étrangers (Alien Registration Act). Cet acte d'accusation ... était que les accusés avaient conspiré pour diffuser de la propagande nazie dans le but d'enfreindre les lois susmentionnées. Le dossier du gouvernement consiste ed à démontrer la similitude entre les thèmes de propagande des nazis et des accusés".

Cependant, comme l'a souligné Dennis, pour qu'une condamnation sur la base d'un tel acte d'accusation soit valable en vertu de la loi, il est nécessaire de prouver la similitude de l'intention des personnes accusées plutôt que la similitude du contenu de ce qu'elles ont dit. Dennis a noté :

> Les faiblesses de ces deux premiers actes d'accusation étaient qu'ils ne correspondaient ni à la loi ni aux preuves. La difficulté pour le gouvernement était que, pour satisfaire les personnes à l'origine du procès, il avait dû inculper des personnes dont le seul crime était l'isolationnisme, l'antisémitisme et l'anticommunisme, alors qu'il n'existait aucune loi contre ces ismes dans les livres de loi. Les deux lois choisies pour les deux premiers actes d'accusation sanctionnaient l'apologie du renversement du gouvernement par la force et l'insubordination dans les forces armées.

Plusieurs nouveaux accusés ont été ajoutés au deuxième acte d'accusation.

Parmi eux, Frank Clark. Si l'on considère l'accusation selon laquelle Clark (et les autres) auraient conspiré pour saper le moral de l'armée américaine, il n'est pas inutile de rappeler que Clark était "un vétéran très décoré de la Première Guerre mondiale, qui avait été blessé huit fois au combat". Rentré chez lui en héros, Clark avait été l'un des organisateurs de la célèbre "Bonus March" des vétérans de la Première Guerre mondiale à Washington dans les années 1920. Il avait fait pression pour obtenir le paiement anticipé des primes promises aux vétérans de la guerre. Lorsque ce héros de guerre a été arrêté pour "sédition", il n'avait pas assez d'argent pour engager un avocat.

Cependant, tout cela n'a rien signifié dans le cadre des efforts déployés par l'administration Roosevelt pour faire taire ses détracteurs et empêcher d'autres Américains de s'exprimer.

Tout au long de cette période, les grands médias ont abondamment rapporté qu'un groupe d'Américains, de mèche avec Hitler et les nazis, tentait de détruire l'Amérique de l'intérieur et que l'administration Roosevelt s'attaquait courageusement à cette conspiration.

Cependant, le ministère de la justice a commis une erreur et le deuxième acte d'accusation, comme le premier, a été rejeté. Roger Roots a déclaré : "L'acte d'accusation était illégal. Il a été rejeté en raison de l'absence évidente de preuves permettant d'obtenir une condamnation, entre autres défauts. Les décisions antérieures de la Cour suprême ont clairement montré qu'une condamnation pour avoir préconisé le renversement du gouvernement par la force violente doit comporter des preuves de projets réels d'utilisation de la violence, et pas seulement de la littérature politique. Encore une fois, l'acte d'accusation n'a jamais été officiellement rejeté, mais simplement retiré.

Le sénateur Burton Wheeler, en particulier, a critiqué sévèrement le ministère de la Justice et a publiquement fait part de son intention, en tant que nouveau président de la commission judiciaire du Sénat après les élections de 1942, de suivre de près l'évolution de l'affaire. En ce qui concerne les procédures juridiques utilisées dans les deux premiers actes d'accusation, il a déclaré : "Si cela s'était produit dans la plupart des juridictions, cela aurait été une erreur : "Si cela se passait dans la plupart des juridictions de ce pays, les procureurs seraient poursuivis pour outrage à magistrat".

Ainsi, malgré tous les efforts déterminés du ministère de la Justice et de ses alliés de l'Anti-Defamation League et du *Washington Post*, les deux premiers actes d'accusation ont bel et bien été rejetés pour cause d'irrégularité.

Le 5 mars 1943, le juge Jesse C. Adkins a rejeté le chef d'accusation qui accusait les défendeurs d'avoir conspiré ensemble "le ou vers le premier jour de janvier 1933, et continuellement par la suite jusqu'à la date du dépôt de l'acte d'accusation", puisque, selon le juge, la loi que les défendeurs étaient accusés d'avoir conspiré pour la violer n'avait pas été promulguée avant 1940. À ce stade, sous la pression du sénateur Wheeler, le procureur général Biddle a accepté de démettre le procureur William Power Maloney de ses fonctions de principal "chasseur de nazis".

C'est ainsi qu'un nouveau procureur du ministère de la Justice est entré dans l'affaire, O. John Rogge. Comme l'a souligné l'accusé David Baxter, Rogge était le choix idéal pour être le principal responsable de l'administration dans ce procès politique de style soviétique :

> Il s'est avéré par la suite que Rogge était un bon ami du dictateur soviétique Josef Staline, qu'il était impliqué dans de nombreux groupes de façade communistes et qu'il avait visité la Russie où il s'était exprimé au Kremlin et avait déposé une couronne sur la tombe du cofondateur du parti communiste américain, John Reed, sur la place Rouge. Sa couronne portait l'inscription suivante "En souvenir affectueux de la part d'Américains reconnaissants"... Rogge a été un délégué américain à une "conférence de paix" communiste mondiale à Paris et a été l'avocat de nombreux communistes ayant des démêlés avec la justice.
>
> Il était l'avocat de David Greenglass, l'espion atomique qui a sauvé sa propre vie en retournant les preuves de l'État contre sa sœur et son beau-frère, Ethel et Julius Rosenberg [qui] sont passés sur la chaise électrique pour avoir livré des secrets atomiques américains aux Soviétiques. [Rogge] a donc fini par être démasqué pour ce qu'il était. Il n'est pas étonnant qu'il ait été si fanatique dans sa haine contre les accusés du procès pour sédition, qui étaient tous anticommunistes.

Rogge était un choix idéal, car l'administration Roosevelt et ses alliés étaient déterminés à poursuivre l'affaire, d'une manière ou d'une autre.

Il allait de l'avant sans relâche. Comme le souligne Roger Roots : "Ne souhaitant pas perdre son élan, le gouvernement convoqua à nouveau un grand jury, présenta à nouveau les mêmes brochures, publications et documents que le précédent grand jury avait déjà vus, appela à nouveau les mêmes témoignages (enregistrés) et supplia à nouveau le grand jury de prononcer un nouvel acte d'accusation...".

Le troisième et dernier acte d'accusation est prononcé le 3 janvier 1944. En fait, Rogge et ses alliés du ministère de la Justice avaient décidé d'adopter une nouvelle approche en ajoutant huit nouveaux noms (dont Lawrence Dennis) et en rejetant douze accusés qui avaient été nommés.

Parmi les personnes dont les noms ont été écartés figurent : l'influent dirigeant laïc catholique new-yorkais William Griffin et son journal, *The New York Evening Enquirer* (la seule publication officiellement mise en accusation) ; l'ancien diplomate américain Ralph Townsend de Washington, D.C. et Paquita (Mady) de Shishmareff, veuve aisée et éloquente, née aux États-Unis, d'un ancien militaire russe tsariste, plus tard surtout connue comme auteur (sous le nom de "L. Fry") de *Waters Flowing Eastward*, une histoire des tristement célèbres *Protocoles des Sages de Sion*.

Townsend, qui avait rendu furieuse l'administration Roosevelt en s'opposant à sa politique antijaponaise dans le Pacifique, avait écrit un livre explosif, *Ways That Are Dark*, très critique à l'égard de la Chine impériale. Bien qu'il soit désormais "libre", lui et sa famille ont été financièrement brisés par l'inculpation et, selon sa femme Janet, nombre de leurs amis proches les ont abandonnés en cette période de crise.

"Ce fut une période très difficile de notre vie", se souviendra-t-elle plus tard, "mais cela n'a pas empêché Ralph de continuer à s'exprimer". En effet, Townsend a continué à s'exprimer et, plus tard, il est devenu un ami du fondateur de Liberty Lobby, Willis A. Carto.

Tony Blizzard, qui a été directeur de recherche pour Liberty Lobby à Washington, a été l'un des protégés de Paquita de Shishmareff dans les années 1960 et il a commenté les circonstances entourant la décision d'abandonner l'accusation portée contre elle, ainsi que certains détails fascinants sur cette femme remarquable. Selon Blizzard :

> L'une des raisons pour lesquelles ils ont abandonné l'inculpation de Mady est précisément qu'ils savaient qu'ils avaient affaire à une femme très fine et dotée d'une grande puissance cérébrale. Femme de la vieille école, Mady ne se mettait jamais en avant, mais elle savait utiliser les forces des hommes qui l'entouraient. Elle était aussi une femme de moyens - contrairement à la plupart des autres accusés - et était un adversaire redoutable.
>
> Le gouvernement a clairement décidé qu'il était dans son intérêt de classer l'affaire contre elle. Il était impossible de faire de tous ces accusés - dont le seul véritable "crime" était d'exposer le pouvoir juif - des "nazis" tant que Mady serait sur le banc des accusés avec les autres. Les procureurs savaient très bien (bien que cela n'ait pas été largement connu à l'époque et ne l'est pas non plus aujourd'hui) que c'était Mady qui avait fourni à Henry Ford pratiquement toutes les informations que Ford avait publiées dans sa série controversée sur le pouvoir juif dans *The Dearborn Independent*.
>
> Grâce à ses nombreuses relations de haut niveau, Mady était une

mine encyclopédique d'informations sur l'élite du pouvoir. L'accusation ne voulait surtout pas que Mady vienne à la barre. En la libérant en tant qu'accusée, ils ont éliminé ce qui (pour eux) était une possibilité très effrayante.

Mais 30 autres personnes n'ont pas eu la même chance que Paquita De Shishmareff : celles qui étaient jugées et risquaient la prison pour leur prétendue "sédition". Leur procès s'est ouvert le 17 avril 1944 devant le tribunal de première instance du district de Columbia.

Kirkpatrick Dilling, fils de l'accusée Elizabeth Dilling, a saisi l'essence de l'acte d'accusation. Selon Dilling, "l'acte d'accusation était fondé sur une prétendue "conspiration visant à saper le moral des forces armées". Ainsi, critiquer le président Roosevelt, qui était le commandant en chef des forces armées, était un acte manifeste présumé en faveur de la conspiration. Dénoncer notre allié, la Russie soviétique communiste, était un autre acte manifeste présumé. S'opposer au communisme était un prétendu acte manifeste parce que notre ennemi Hitler s'était également opposé aux communistes".

Ironie du sort, alors que sa mère était jugée et risquait la prison pour sa participation présumée à cette "conspiration visant à saper le moral des forces armées", Kirkpatrick Dilling a été promu de caporal à sous-lieutenant dans l'armée américaine.

D'autres accusés, dont George Sylvester Viereck, George Deatherage, Robert Noble et le révérend Gerald Winrod, ont également eu des fils dans les forces armées américaines au cours de cette période. Le fils de Viereck est d'ailleurs mort au combat alors que son père était en procès et en prison.

Le juge qui préside le procès est l'ancien député démocrate de l'Iowa Edward C. Eicher, un pilier du New Deal qui avait brièvement présidé la Securities and Exchange Commission de FDR après avoir été battu lors de sa réélection au Congrès. Après le mandat d'Eicher à la SEC, FDR l'a nommé juge. L'ancien conseiller juridique d'Eicher à la SEC, O. John Rogge, est nommé procureur.

Il semble qu'à bien des égards, l'affaire ait été "arrangée" de fond en comble. La rumeur disait même que le juge Eicher s'était vu promettre une nomination à la Cour suprême s'il parvenait à garantir une condamnation.

Albert Dilling, l'avocat qui représentait sa femme Elizabeth Dilling, a demandé au Congrès d'enquêter sur le procès, estimant qu'il était impossible qu'un tel procès soit équitable en temps de guerre.

Mais le procès était en cours.

Bien que l'objectif ostensible de l'accusation ait été de prouver la "sédition", Lawrence Dennis est parvenu à d'autres conclusions sur le fondement politique réel du procès : "Le procès a été conçu et mis en scène comme un instrument politique de propagande et d'intimidation contre certaines idées et tendances que l'on appelle communément l'isolationnisme, l'anticommunisme et l'antisémitisme. La plus grande idée du procès était de lier le nazisme à l'isolationnisme, à l'antisémitisme et à l'anticommunisme". Cependant, comme l'a souligné (à juste titre) Dennis :

> - L'isolationnisme américain est né avec le discours d'adieu de George Washington, et non avec les écrits des nazis.
>
> - Quant à l'antisémitisme, il prospère depuis l'aube de l'histoire juive. Il est aussi ancien et répandu que les Juifs...
>
> - Quant à l'anticommunisme, s'il a été l'une des deux ou trois grandes idées d'Hitler, il n'est en rien propre à Hitler ou aux nazis, pas plus que l'anticapitalisme n'est propre aux communistes russes.

Pour ajouter une valeur choquante à l'acte d'accusation, le gouvernement - dans un document d'accompagnement qui reprenait essentiellement l'histoire du parti nazi en Allemagne - a nommé le dirigeant allemand Adolf Hitler en tant que "co-conspirateur" avec les accusés.

Au cours du procès, le procureur Rogge a même accusé Hitler d'avoir lui-même choisi les accusés pour diriger un gouvernement d'occupation nazi aux États-Unis une fois que l'Allemagne aurait gagné la guerre en Europe !

Selon Lawrence Dennis, le procureur essayait essentiellement de "mettre au point une formule permettant de condamner des personnes pour des actes qui n'étaient pas contraires à la loi". Il s'agissait de choisir un crime dont le ministère de la Justice entreprendrait de prouver qu'il équivaut à l'antisémitisme, à l'anticommunisme et à l'isolationnisme. Le crime choisi était l'insubordination dans les forces armées. La loi était le Smith Act [qui avait été promulgué en 1940].

En fait, comme l'a souligné Dennis, "l'une des nombreuses ironies du procès pour sédition de masse était que les accusés étaient accusés d'avoir conspiré pour violer une loi visant les communistes et une tactique communiste - celle de essayant de saper la loyauté des forces armées. L'ironie de la situation réside dans le fait que de nombreux accusés, anti-communistes fanatiques, avaient ouvertement soutenu la promulgation de cette loi". Tout cela n'était pas une mince ironie pour l'accusé David Baxter, qui s'est souvenu plus tard :

> Après la conclusion d'un traité entre Hitler et Staline, les communistes américains ont soutenu avec enthousiasme ceux d'entre nous qui s'opposaient à l'entrée dans la guerre européenne

entre l'Allemagne et l'alliance franco-britannique. Les communistes se sont même désintéressés de la question juive soulevée par certains d'entre nous et de nombreux communistes juifs, qui voulaient que les États-Unis s'engagent dans la guerre contre Hitler, ont quitté leur parti. Mais tout cela a changé du jour au lendemain, lorsque la guerre a éclaté entre l'Allemagne et la Russie. Les communistes se sont alors retournés contre nous et ont soutenu avec enthousiasme FDR et la participation américaine à la guerre pour sauver les Soviétiques.

L'évaluation par Lawrence Dennis du dossier du gouvernement rappelle celle de Kirkpatrick Dilling. Dennis a écrit :

"Le schéma de l'accusation s'est progressivement dessiné de la manière suivante : notre pays est en guerre ; la Russie est notre alliée ; le gouvernement russe est communiste : Notre pays est en guerre ; la Russie est notre alliée ; le gouvernement russe est communiste ; ces accusés combattent le communisme ; ils affaiblissent donc les liens entre les deux pays ; cela interfère avec les efforts de guerre ; cela porte atteinte au moral des forces armées ; les accusés devraient donc être envoyés en prison".

L'avocat Henry H. Klein représentait l'accusé Eugene Sanctuary et a contesté la constitutionnalité même du procès. "Cet acte d'accusation présumé", a tonné Klein dans son discours d'ouverture au jury, "est fondé sur la loi du temps de paix, et non sur la loi du temps de guerre, et les écrits et discours de ces accusés ont été faits lorsque cette nation était en paix, et en vertu d'une Constitution qui garantit la liberté de la presse et la liberté d'expression à tout moment, y compris en temps de guerre, jusqu'à ce que la Constitution soit suspendue, ce qui n'a pas encore été le cas. Ces personnes croyaient aux garanties énoncées dans la Constitution et ont critiqué divers actes de l'administration".

Au sujet de son propre client, Klein a noté : "Il a soixante-treize ans et est un fervent religieux. Sa femme et lui ont dirigé pendant de nombreuses années le bureau de la mission presbytérienne à l'étranger à New York, et il a écrit et publié plusieurs centaines de chants sacrés et patriotiques." L'une de ces chansons, intitulée "Uncle Sam We Are Standing By You", a été publiée en juin 1942, bien après le début de la guerre - ce qui est loin d'être l'action du séditieux que l'accusation et ses partisans dans la presse ont dépeint comme étant Sanctuary.

En ce qui concerne la prétendue sédition de Lawrence Dennis, "l'accusation a tenté de prouver son cas exclusivement en plaçant en preuve sept extraits de ses écrits publics, réimprimés dans la publication du Bund germano-américain plutôt que tels qu'ils avaient été publiés à l'origine". En d'autres termes, la "preuve" que Dennis avait commis une sédition était qu'il avait écrit quelque chose (publié et librement accessible au public) qui a ensuite été réimprimé par un groupe sympathisant de l'Allemagne nazie - et non que Dennis lui-même avait activement fait quoi que ce soit pour susciter la dissidence au sein des forces armées américaines. Selon Dennis :

> La théorie de l'accusation du gouvernement disait en effet : "Nous postulons une conspiration mondiale, dont les membres ont tous conspiré pour nazifier le monde entier en utilisant les moyens illégaux de saper la loyauté des forces armées. Nous demandons au jury de déduire l'existence d'une telle conspiration à partir des preuves que nous présenterons sur les nazis. Nous demanderons ensuite au jury de déduire que les accusés ont participé à cette conspiration par la nature des choses qu'ils ont dites et faites. Nous n'avons pas besoin de démontrer que les accusés ont jamais fait ou dit quoi que ce soit qui constitue directement le crime d'atteinte au moral ou à la loyauté des forces armées. Notre thèse est que le nazisme était un mouvement mondial qui, par définition, était aussi une conspiration visant à saper la loyauté des forces armées et que les accusés étaient membres du mouvement mondial nazi.

En fait, a déclaré Dennis, "il n'y avait pas plus de raison de faire ressortir, dans une accusation de conspiration visant à provoquer l'insubordination militaire, le fait que la plupart des accusés étaient antisémites, isolationnistes ou anticommunistes qu'il n'y aurait eu de raison, dans un procès d'un groupe d'entrepreneurs de la ville de New York accusés d'avoir conspiré pour frauder la ville, de faire ressortir le fait que les accusés étaient tous irlandais ou juifs et qu'ils avaient toujours voté pour le parti démocrate".

L'avocat d'Eugene Sanctuary, Henry Klein, n'a pas mâché ses mots lorsqu'il a présenté sa défense, en déclarant

> Nous prouverons que cette persécution et ces poursuites ont été entreprises pour couvrir les crimes du gouvernement - ne l'oubliez pas.
>
> Nous prouverons que [cette persécution et ces poursuites] ont été entreprises sur ordre du président, malgré l'opposition du procureur général Biddle.
>
> Nous prouverons que M. Rogge a été choisi pour punir ces accusés parce que personne d'autre au sein du ministère de la Justice ne pensait qu'il pouvait trouver des motifs suffisants pour établir un crime à l'encontre de ces accusés.
>
> Nous prouverons que les communistes contrôlent non seulement

notre gouvernement, mais aussi notre politique, nos organisations syndicales, notre agriculture, nos mines, nos industries, nos usines de guerre et nos campements armés.

Nous prouverons que la loi en vertu de laquelle ces accusés sont jugés a été promulguée à la demande répétée des chefs de nos forces armées pour empêcher les communistes de détruire le moral de nos soldats, marins, forces maritimes et aériennes [et que ces poursuites] ont été entreprises pour protéger les communistes qui étaient et sont coupables des crimes mêmes reprochés à ces accusés qui sont tout à fait innocents et ont été les victimes de cette loi.

Et bien que Klein lui-même, comme indiqué précédemment, soit juif, il n'a pas mâché ses mots lorsqu'il a déclaré au jury que les organisations juives utilisaient le procès à leurs propres fins.

Nous prouverons que cette persécution a été instiguée par des juifs dits professionnels qui font profession de s'en prendre à d'autres juifs en leur faisant croire que leur vie et leurs biens sont en danger par le biais de menaces de pogroms aux États-Unis [et que] l'antisémitisme dont il est question dans ce soi-disant acte d'accusation est un racket géré par des racketteurs à des fins de corruption.

Klein a également affirmé avec force que les agents du FBI eux-mêmes avaient agi comme des *agents provocateurs*, tentant de susciter des actes de sédition. Il a déclaré :

Nous montrerons que l'attaque écrite la plus vicieuse contre les Juifs et l'administration Roosevelt a émané du bureau du FBI par l'un de ses agents, et que le but de cette attaque était de provoquer d'autres personnes à faire de même. Nous montrerons que cet agent a également entraîné ses subordonnés à New York avec des manches à balai pour les préparer à "tuer des Juifs".

Klein a également avancé une allégation assez intéressante sur la source de certains fonds prétendument fournis par l'Allemagne nazie à rien de moins que Franklin D. Roosevelt lui-même. Selon Klein : "Nous montrerons que d'importantes sommes d'argent provenant d'Hitler ont contribué à financer la campagne de réélection de M. Roosevelt en 1936 et qu'en ce moment même, les capitaux et l'industrie britanniques, américains et allemands coopèrent ensemble en Amérique du Sud et dans d'autres parties du monde".

(En fait, les allégations de Klein sur la collaboration internationale du capitalisme financier font partie de la tradition de la droite et de la gauche populistes depuis plus d'un siècle et ont été analysées dans des dizaines de livres, de monographies et d'autres documents, mais ont été largement ignorées par le soi-disant courant universitaire dominant).

Selon le compte rendu du procès pour sédition de Lawrence Reilly, le discours de Klein a marqué un tournant décisif pour la défense : "Klein a fait beaucoup dans son bref discours pour torpiller l'affaire Rogge en mettant en lumière les agences cachées responsables de son existence".

Cependant, note Reilly, même de nombreux quotidiens qui se sont opposés au procès sur le plan éditorial ont eu peur de discuter de cet aspect caché de l'affaire que Klein avait osé soulever en audience publique. Reilly a déclaré que les lecteurs étaient souvent laissés "confus" parce que les journaux n'abordaient jamais les véritables facteurs en jeu. Certains de ces journaux bienveillants, note Reilly, ont insisté pour qualifier les accusés de cinglés.

Mais le fait est que, en conséquence directe de son offensive contre l'ADL et les autres groupes juifs qui avaient joué un rôle dans l'orchestration du procès, Klein a été pris pour cible, spécifiquement parce qu'il était juif, par des groupes juifs organisés qui n'appréciaient pas sa défense des prétendus "antisémites" et "séditieux".

Pour sa part, Lawrence Dennis s'est présenté au tribunal pour assurer sa propre défense et a prononcé ce que même l'écrivain libéral Charles Higham a été forcé de reconnaître comme étant "un discours très puissant", qualifiant les grandes lignes de l'affaire gouvernementale présentées par Rogge de "ringardes, fausses, fantastiques, mensongères, improuvables et sans fondement [décrivant le procès comme] une conspiration du quatrième mandat de l'administration Roosevelt [et] une autre affaire Dreyfus [dans laquelle le gouvernement essayait] d'écrire l'histoire dans le feu de l'action". Sous les applaudissements nourris des autres accusés, Dennis a déclaré : "Pearl Harbor n'a pas suspendu la Déclaration des droits.

L'affaire a connu un tournant décisif lorsque l'un des avocats de la défense, James Laughlin (un défenseur public représentant Ernest Elmhurst) a déclaré en audience publique qu'il serait impossible de poursuivre le procès si les dossiers privés de la Ligue anti-diffamation (ADL) du B'nai B'rith ne pouvaient pas être saisis et présentés comme preuves.

Il était clair qu'une grande partie de l'accusation reposait sur la "recherche des faits" de l'ADL et Laughlin a conclu qu'il serait nécessaire de déterminer précisément ce que l'ADL avait fourni au gouvernement si les accusés du site devaient être en mesure d'assurer une défense efficace.

Le juge semblait prêt à ignorer la requête de Laughlin, mais l'avocat avait déjà préparé des copies de sa requête à l'avance et en avait distribué à la presse. En conséquence directe, les journaux de Washington ont rapporté que les dossiers de l'ADL avaient été mis en cause dans l'affaire. Comme le résume Reilly, "Laughlin avait placé les projecteurs sur les dossiers de l'ADL" : "Laughlin avait braqué les projecteurs sur le grand secret de l'affaire. Selon Reilly, il s'agissait d'une "bombe dont certains ont dit qu'elle avait plus contribué à démoraliser le dossier [de l'accusation] que toute autre chose".

À ce moment-là, la presse qui soutenait le procès a semblé faire un étrange revirement dans sa façon de considérer l'affaire. Même *le Washington Post* (qui avait joué un rôle dans l'orchestration du procès en prêtant les services de son journaliste, Dillard Stokes, à l'enquête conjointe de l'ADL et du FBI) "s'est complètement retourné", selon Reilly, "et a commencé à exiger que l'affaire soit conclue rapidement".

En bref, *le Post* voulait garder "le grand secret" de l'affaire - l'orchestration en coulisses de l'affaire par l'ADL - sous le coude et semblait maintenant appeler à une conclusion rapide du procès avant que la vérité n'éclate au grand jour. *Le Post* a même commenté en termes éditoriaux (et à juste titre, pourrait-on ajouter) que "nous craignons que, quelle que soit l'issue de ce procès, il constitue une marque noire contre la justice américaine pour de nombreuses années à venir". Toutefois, comme l'a fait remarquer plus tard l'ancien accusé David Baxter, "ce sont là les paroles remarquables du journal même dont le propre journaliste avait comploté avec le procureur initial pour piéger les accusés et les traduire en justice à Washington".

Malgré ces préoccupations, le procureur Rogge a semblé intensifier ses efforts. Il est clair que le procureur et ses partisans ont beaucoup manœuvré en coulisses pour savoir comment relever le défi qui leur était lancé. Mais comme le juge n'a jamais ordonné la saisie des dossiers de l'ADL, Rogge était libre d'aller de l'avant. Il était déterminé à mener le procès à son terme, et il avait de nombreux autres témoins à présenter. Roger Roots a décrit le déroulement des événements :

> Jour après jour, le procès s'est poursuivi. Des pages et des pages de publications rédigées par les accusés ont été présentées comme preuves, donnant à tous les participants l'idée que c'étaient leurs écrits qui étaient réellement jugés.
>
> Le gouvernement a annoncé qu'il avait l'intention de présenter 32 000 pièces à conviction. Il est devenu évident que les accusés étaient en réalité poursuivis pour "appât du Juif", ce qui donne une indication sur l'une des principales sources de soutien de l'accusation. Ce procès est devenu l'un des plus longs et des plus coûteux de l'histoire des États-Unis. En fait, ce procès n'était rien d'autre qu'une attaque contre la liberté d'expression.

Au cours du procès, le sénateur William Langer, qui critique ouvertement le procès, a lui-même rendu visite aux accusés en prison et a défié les médias et leurs alliés de l'accusation en escortant publiquement l'accusée Elizabeth Dilling à l'intérieur et à l'extérieur du tribunal et dans Washington, alors qu'elle était en liberté sous caution.

Selon Roots : "Le gouvernement disposait de fonds illimités, d'un personnel illimité et d'un accès illimité aux informations des services de renseignement. La défense a dû travailler avec des avocats nommés par le tribunal qui ne connaissaient ni les accusés ni les arguments de l'affaire". Ce qui est particulièrement intéressant, comme le souligne l'historien libéral Glenn Jeansonne, c'est que :

"De nombreux avocats de la défense étaient des libéraux antipathiques aux croyances de leurs clients. Mais ils en sont venus à considérer le point de vue des accusés sur une base humaine et, au lieu de mener une défense superficielle, comme beaucoup d'observateurs s'y attendaient, ils ont mis en place une défense vigoureuse".

Même le sympathisant sioniste et écrivain populaire Charles Higham, qui, rétrospectivement, était un défenseur enthousiaste du procès, a souligné qu'"après deux mois et demi, ni les accusés ni l'accusation n'avaient réussi à présenter un dossier satisfaisant" et, en fin de compte, "la presse et le public commençaient à se désintéresser de l'affaire".

En même temps, selon Tony Blizzard, confident de l'ancienne accusée Paquita de Shishmareff, les accusés ont réussi à survivre et à développer leur propre façon de faire face à leur situation difficile : "Leur vie physique était rendue presque impossible. Ils n'avaient pas grand-chose à manger et étaient paralysés de toutes les façons possibles. Mais lorsqu'ils se retrouvaient au tribunal, c'était une telle farce qu'ils s'amusaient vraiment".

À un moment donné, alors que le procureur lisait solennellement une liste de noms de personnes - des alliés de l'administration Roosevelt qui avaient été attaqués d'une manière ou d'une autre par les accusés - l'accusé Edward James Smythe s'est écrié "Et Eleanor Roosevelt", ce qui a provoqué les rires de la salle d'audience. Smythe ne voulait pas que le nom de Mme Roosevelt ne soit pas inscrit au panthéon de l'infamie.

Ce n'est d'ailleurs qu'un des nombreux événements amusants qui se sont déroulés au cours de ce cirque. À bien des égards, le procès pour sédition pourrait servir de base à une véritable comédie hollywoodienne, malgré la gravité de ce scandale répréhensible. Mais il ne faut pas en conclure que le procès pour sédition n'a été qu'une partie de plaisir pour les avocats et les accusés. Loin de là. Deux des avocats se sont fait tirer dessus alors qu'ils conduisaient. L'un d'entre eux a perdu une association d'avocats de douze ans. Un autre a été battu par cinq voyous juifs et a été hospitalisé pendant cinq jours.

L'avocat susmentionné, Henry Klein, a été harcelé sans relâche, accusé d'outrage au tribunal pour sa défense audacieuse de son client et, finalement, écarté de l'affaire (bien que les accusations d'outrage au tribunal aient été annulées en appel). En outre, des efforts considérables ont été déployés pour empêcher les accusés d'occuper un emploi pendant le procès, ce qui posait un problème particulier pour ceux qui n'avaient pas de moyens indépendants (et c'était le cas de la plupart d'entre eux).

L'un des accusés, Ernest Elmhurst, a même trouvé un emploi de maître d'hôtel dans un hôtel de Washington afin de joindre les deux bouts pendant le procès, mais le principal porte-parole de l'ADL, Walter Winchell, a appris l'emploi d'Elmhurst et a réclamé, dans son émission de radio très écoutée, le renvoi d'Elmhurst, ce qui a eu pour conséquence le renvoi de ce dernier ! (Cela pourrait accréditer la théorie selon laquelle il existe un "pouvoir juif" en Amérique). Cependant, au fur et à mesure que le procès s'éternise, le gouvernement commence à se rendre compte que ses efforts ne mènent à rien. Roger Roots le souligne : "L'accusation s'attendait sans aucun doute à ce qu'un ou plusieurs des accusés craquent et témoignent contre les autres... [Or, aucun des accusés n'a donné d'indication en ce sens. Bien qu'ils soient en désaccord et que certains d'entre eux ne s'apprécient même pas, ils se sont unis pour former une unité cohérente...".

David Baxter a eu la joie d'apprendre qu'il allait être écarté du procès et que les charges seraient abandonnées. Sa surdité croissante l'empêchait de bénéficier d'un procès équitable. Baxter se souvient que le juge Eicher l'a appelé dans sa chambre, lui a souri, lui a tendu la main et lui a dit : "Retourne en Californie et oublie tout ça : "Retourne en Californie et oublie tout ça, Dave".

Le juge a même dit à Baxter que si lui et sa femme voulaient acheter une voiture pour retourner en Californie, il les aiderait et lui a remis un rouleau entier de coupons d'essence (qui, en temps de guerre, étaient sévèrement rationnés). Malgré tout, il semble que même le juge se soit rendu compte que le procès n'était qu'une farce.

C'est un événement totalement inattendu qui a interrompu le procès : la mort soudaine du juge Eicher, le 29 novembre 1944 : La mort soudaine du juge Eicher, le 29 novembre 1944, survient alors que Rogge n'en est même pas à la moitié de son réquisitoire. A ce stade, il avait fait comparaître trente-neuf témoins à la barre et s'attendait à en présenter soixante-sept autres. La défense n'avait pas encore commencé.

David Baxter a plus tard réfléchi à son expérience personnelle et amicale avec le juge : "Ce procès aurait pu tuer n'importe quel juge doté d'une conscience chrétienne et d'un semblant d'équité. Je me suis senti sincèrement désolé de la mort du juge Eicher". En fait, Rogge a accusé la défense d'avoir effectivement tué le juge en présentant une défense telle qu'elle a rendu la vie du juge (et celle du procureur) des plus inconfortables.

On ne saura jamais si la mort d'Eicher était une récompense du ciel pour sa personne al decency envers David Baxter, mais dans ces circonstances, il était évident qu'il n'y avait aucune chance que l'affaire se poursuive sur une base équitable.

En conséquence, après une période de marchandage juridique de part et d'autre (l'un des accusés, Prescott Dennett, demandant en fait la poursuite du procès, déterminé à présenter sa défense en audience publique après avoir été jugé et condamné par les médias), un vice de procédure a été prononcé.

Poussé principalement par des groupes juifs, le procureur Rogge espérait pouvoir maintenir l'affaire en vie et mettre en place un nouveau procès. Mais au printemps 1945, le principal instigateur du procès, le président Roosevelt, était mort et la guerre avait pris fin. Rogge a cependant continué à demander des délais pour fixer la date d'un nouveau procès. Depuis la chute de l'Allemagne, Rogge prétendait pouvoir trouver dans les archives allemandes des "preuves" que les accusés du procès pour sédition avaient été des collaborateurs des nazis. Cependant, selon l'historien Glen Jeansonne - qui n'est pas un ami des prétendus séditieux - "rien de ce que Rogge a trouvé ne prouve l'existence d'une conspiration" entre le gouvernement allemand et les accusés.

Sans se décourager, Rogge a cependant lancé une tournée de conférences dans tout le pays qui, comme on pouvait s'y attendre, a été menée sous les auspices de B'nai B'rith. Le combatif et loquace Rogge, poussé par ses sponsors, ne pouvait se contenir dans sa narration enthousiaste des événements du procès et des personnalités impliquées et, en fin de compte, fut licencié le 25 octobre 1946 pour avoir divulgué des informations à la presse. À cette occasion, Rogge reçut l'ordre de remettre tous les documents du ministère de la Justice et du FBI en sa possession. Le ministère de la Justice avait apparemment décidé que Rogge n'était plus utile.

Moins d'un mois plus tard, le juge de district Bolitha Laws a rejeté les accusations, déclarant que les accusés n'avaient pas bénéficié d'un procès rapide tel que garanti par la Constitution. Bien que le ministère de la Justice ait fait appel, le rejet a été confirmé le 30 juin 1947 par la Cour d'appel de circuit des États-Unis. Le "grand procès de la sédition" s'achève ainsi. Même l'accusé Lawrence Dennis s'est empressé de commenter :

> Certains ou tous peuvent même avoir été coupables d'avoir conspiré

pour saper la loyauté des forces armées, mais pas comme l'a accusé le [gouvernement]... Rien dans les preuves présentées au cours du procès n'a prouvé ni même suggéré que l'un des accusés ait jamais été coupable d'un tel complot, sauf dans le cadre de la théorie de l'accusation. Et selon cette théorie, les opposants à la politique étrangère du président Roosevelt avant Pearl Harbor et aux mesures prises dans le domaine des affaires étrangères, tels que le colonel Lindbergh, le sénateur Taft, le sénateur Nye ou le sénateur Wheeler, et le colonel McCormick, éditeur du *Chicago Tribune*, seraient également coupables.

En effet, le dossier d'accusation, selon la théorie de l'accusation, aurait été beaucoup plus solide contre ces isolationnistes de premier plan qu'il ne l'aurait jamais été contre les accusés moins importants du procès pour sédition.

De nombreuses années plus tard, il est plutôt amusant de constater que les groupes juifs organisés et les journaux juifs ont attaqué le procureur général, Francis Biddle, pour ne pas avoir mené le procès pour sédition jusqu'au bout, c'est-à-dire jusqu'à la condamnation des accusés. Lawrence Dennis a ironisé sur le fait que tout cela témoignait d'une grande ingratitude de leur part.

Selon Dennis : "Cela montre ce qui arrive à un fonctionnaire lorsqu'il tente de faire le sale boulot pour satisfaire des groupes de pression minoritaires. Biddle a fait de son mieux, dans sa position, pour réaliser les souhaits des personnes à l'origine du procès. Ceux-ci n'ont tout simplement pas mesuré les difficultés qu'il y a à faire emprisonner leurs ennemis politiques sans preuve d'actes contraires à la loi".

Dennis a ajouté un autre avertissement à l'intention de ceux qui se laisseraient entraîner dans la promotion de "procès-spectacles" tels que ceux qui ont eu lieu lors du grand procès pour sédition de 1944 : "Ce que le gouvernement fait aujourd'hui à un soi-disant crack, a déclaré Dennis, il peut le faire après-demain à un homme d'État âgé de l'opposition.

"Le procès est entré dans l'histoire", a déclaré Dennis, "mais pas comme le gouvernement l'avait prévu. Il est entré dans l'histoire comme une expérience gouvernementale qui a mal tourné. Il s'agissait d'une expérience du ministère de la Justice imitant un procès de propagande politique à Moscou".

Il y a au moins cinq conclusions définitives que l'on peut tirer de ce procès, sur la base de tous les documents historiques :

1) Les accusés étaient essentiellement jugés pour avoir exprimé des opinions antijuives ou anticommunistes, voire les deux. Les actions des

accusés n'avaient que peu ou pas de rapport avec l'encouragement réel de la dissension ou de l'insurrection au sein des forces armées américaines. En bref, le procès pour "sédition" était une fraude dès le départ.

2) Les principaux instigateurs des poursuites étaient des groupes d'intérêt privés représentant de puissantes organisations juives telles que la Ligue anti-diffamation (ADL) du B'nai B'rith, qui étaient étroitement liées au régime de Roosevelt.

3) En conséquence, des politiciens de haut niveau (y compris le président lui-même) et des bureaucrates acquis à ces intérêts privés ont usé de leur influence pour s'assurer que les pouvoirs de police du gouvernement étaient utilisés pour faire avancer les demandes de ces groupes de pression privés qui s'agitaient sur pour le procès en sédition.

4) De grands médias (tels que *le Washington Post*), travaillant avec l'ADL et alliés au régime en place, ont joué un rôle de premier plan dans la promotion et la facilitation des événements qui ont conduit au procès.

5) Les pouvoirs de police du gouvernement peuvent être utilisés (et abusés) et des citoyens innocents (malgré les protections constitutionnelles) peuvent être persécutés et poursuivis en vertu de la loi, même s'ils sont innocents.

Bien qu'à peine une décennie après la fin du grand procès pour sédition, les principaux médias américains aient commencé à consacrer beaucoup d'énergie à la dénonciation des soi-disant "chasses aux sorcières" anticommunistes dans les années 1950, les médias (sans parler des historiens "grand public") n'ont jamais établi le parallèle évident avec le précédent que constituaient les activités de l'ADL et de ses alliés au sein de l'administration Roosevelt, qui avaient orchestré le procès pour sédition.

Les événements du "Grand procès de la sédition" font désormais partie de l'histoire (et sont d'ailleurs peu connus), mais les défenseurs des libertés civiles devraient en prendre note. Il y a une leçon essentielle à tirer de cet événement : *Cela peut arriver ici... et c'est arrivé.*

CHAPITRE VI

Walter Winchell et l'ennemi intérieur : Comment un puissant radiodiffuseur et chroniqueur de presse a servi de façade aux intérêts sionistes et britanniques

Walter Winchell est mort en 1972, peu avant son 75e anniversaire. Sa carrière s'était arrêtée plusieurs années auparavant.

Cependant, à son apogée, Winchell était l'une des figures les plus puissantes de la presse américaine. À sa mort, *le New York Times* a déclaré qu'il était "le journaliste le plus connu et le plus lu du pays, ainsi que le plus influent".

(Toutes les citations citées dans ce chapitre sont tirées de la biographie de Winchell qui fait autorité, *Winchell : Gossip, Power and the Culture of Celebrity*, de Neal Gabler).

Gabler lui-même a résumé l'immense influence médiatique de Winchell : "Pendant plus de quatre décennies, Walter Winchell a été une institution américaine, et sans doute l'un des principaux architectes de la culture. Selon une estimation, 50 millions d'Américains - sur une population adulte d'environ 75 millions - écoutaient son émission de radio hebdomadaire ou lisaient sa chronique quotidienne qui, à son apogée à la fin des années 30 et dans les années 40, était publiée dans plus de 2 000 journaux ; il s'agissait, selon un observateur, de la "plus grande audience continue jamais possédée par un homme qui n'était ni un politicien ni un divin".

Quel a été l'impact de Winchell sur cette audience massive ? Après la mort de Winchell, un ami a déclaré : "Les historiens ne pourront pas expliquer le XXe siècle sans comprendre Winchell". Cet éloge ne semble pas être un euphémisme. Les preuves, présentées par Gabler dans sa biographie de Winchell qui fait autorité, suggèrent que le chroniqueur a joué un rôle clé dans ce qui pourrait bien être l'événement le plus dramatique du XXe siècle : l'intervention des États-Unis dans ce qui est devenu la Seconde Guerre mondiale.

Bien que l'on se souvienne de Winchell, flamboyant et combatif, "crachant de la bile, cherchant la bagarre, détruisant des vies à travers sa rubrique" - ce qui était vrai - Walter Winchell, "le chroniqueur de ragots", était bien plus que ce que l'on sait généralement.

Gabler a rassemblé une masse d'informations sur Winchell qui prouve indubitablement - bien que Gabler ne le suggère jamais catégoriquement (et il ne le ferait peut-être pas non plus) que Walter Winchell - qui se présentait comme le patriote par excellence - n'était souvent rien d'autre qu'une voix radiophonique et journalistique en plein essor pour la propagande étrangère.

Le chroniqueur qui avait dit un jour à l'un de ses subordonnés : "Trouvez-moi un bon meurtre ou un accident de train pour que je puisse partir du bon pied", fut bientôt qualifié d'"anti-hitlérien le plus enragé d'Amérique". Winchell était si virulent ( ) qu'en 1934, la Ligue anti-diffamation (ADL) du B'nai B'rith l'a désigné comme l'un des cinq lauréats de son "Hall of Fame of American Jewry", affirmant que personne n'avait "contribué autant que ce gentleman gossip et chroniqueur à faire disparaître le nazisme de la carte".

Petit-fils d'un rabbin juif d'origine russe, Chaim Weinschel, qui a établi sa famille en Amérique, Winchell - selon son associé de longue date Herman Klurfeld - avait une "sensibilité de type radar à toute forme d'antisémitisme".

"S'il y avait un fil conducteur dans sa vie folle, c'était sa judéité", a déclaré Klurfeld. Un autre intime de Winchell, Arnold Forster, un des principaux "chasseurs de nazis" de la Ligue anti-diffamation (ADL) du B'nai B'rith, a déclaré que Winchell "pensait en tant que juif... Il était conscient de sa judéité". Il était conscient de sa judéité".

Il était donc naturel que Winchell s'oppose à Hitler et à son national-socialisme. Cependant, l'opposition de Winchell l'a conduit à des attaques frénétiques contre les patriotes américains qui étaient eux-mêmes opposés à l'intervention des États-Unis dans les troubles en Europe. Les opposants américains à l'intervention, appelés "isolationnistes" par leurs détracteurs, étaient la cible privilégiée des attaques de Winchell.

Selon le biographe de Winchell : "Pour Walter, l'isolationnisme était devenu inadmissible, une forme de trahison. Il était déterminé à prouver que les isolationnistes n'étaient pas, comme ils le prétendaient, des Américains patriotes qui avaient un point de vue différent du sien ; c'étaient des collaborateurs nazis, des antisémites et des racistes qui se souciaient bien moins de sauver des vies américaines que d'assurer la victoire d'Hitler. ... Chaque semaine, Walter lançait de nouvelles accusations liant la droite radicale à l'Allemagne nazie".

À l'époque, on pensait généralement que le FBI était la principale source de Winchell pour nombre de ses affirmations sensationnelles. Selon

Gabler, ce n'était pas le cas. Au contraire, Winchell lui-même était l'une des principales sources d'informations du FBI sur les "nazis" et les "sympathisants nazis", ainsi que sur d'autres personnes ciblées par Winchell.

D'où Winchell tenait-il cette mine de renseignements qu'il transmettait à son tour au FBI ? Selon Gabler, la "source la plus importante" de Winchell pour ces informations était le susmentionné Arnold Forster, le conseiller de l'ADL à New York. Gabler rapporte que : "Lorsqu'il s'agissait de la droite radicale, Forster disposait de l'une des meilleures opérations de collecte de renseignements du pays, avec des espions partout.

Au milieu de l'année 1942, note Gabler, "Forster consacrait entre dix et quinze heures à Walter chaque semaine [et avait rejoint] le cercle rapproché du chroniqueur". Herman Klurfeld, l'associé de Winchell, se souvient que "nous recevions de Forster des montagnes d'informations" que Klurfeld résumait ensuite pour les articles de Winchell. Toutefois, note Gabler, "il arrivait que Forster rédige lui-même des chroniques entières pour Walter" et, chaque dimanche, il se présentait au studio de radio "pour apporter son expertise à l'émission et vérifier les parties antifascistes du script, qui ne cessaient de prendre de l'ampleur".

Winchell a ainsi joué un rôle clé en tant qu'intermédiaire entre le FBI de J. Edgar Hoover et l'ADL, cimentant une relation étroite qui perdure encore aujourd'hui. L'ADL transmettait des informations à Winchell, qui les utilisait ensuite pour ses émissions de radio et ses chroniques dans les journaux, mais les transmettait également au FBI (agissant essentiellement comme une "couverture" pour l'ADL).

Le FBI a fait de même et a profité de cette relation secrète inhabituelle avec Winchell et l'ADL. Selon William Sullivan, longtemps directeur adjoint du FBI, "Winchell a probablement été le premier commentateur radio de renommée nationale développé par le FBI. Nous envoyions régulièrement des informations à Winchell. Il était notre porte-parole.

Il va sans dire que les tentacules de l'ADL, comme nous l'avons vu, se sont étendus très loin et ont joué un rôle majeur en poussant l'Amérique à l'intervention et à la guerre, et ont fonctionné, à bien des égards, comme un auxiliaire des services de renseignement britanniques (avec lesquels l'ADL travaillait en étroite collaboration). Toutefois, le porte-parole de l'ADL, Winchell, servait également de relais à la propagande pro-interventionniste émanant directement des services de renseignement britanniques.

Les Britanniques avaient dépêché aux États-Unis un homme d'affaires canadien, William Stephenson, connu sous le nom de code "Intrepid", afin d'établir une liaison avec les services de renseignements américains.

Stephenson s'est adressé à Ernest Cuneo, un avocat du Parti démocrate qui était non seulement un membre du cercle rapproché de FDR, mais aussi l'agent de liaison du président avec Winchell lui-même et, par conséquent, un membre du cercle rapproché de Winchell.

Au cours des années précédentes, Winchell avait noué des relations étroites avec l'administration Roosevelt. En 1936, Winchell a joué un rôle de propagande si important dans la promotion de FDR pour un troisième mandat que Cuneo a déclaré plus tard qu'il voulait dire à Winchell : "Ecoutez, Walter, vous êtes la campagne pour le troisième mandat" : "Écoutez, Walter, vous êtes la campagne du troisième mandat".

À bien des égards, Winchell était devenu la voix médiatique non seulement de l'ADL, mais aussi de FDR lui-même. Selon Gabler, "ce que son public ne savait pas, c'est qu'en façonnant l'attitude des Américains à l'égard de la guerre, Winchell parlait souvent au nom de l'administration Roosevelt, tout comme il l'avait fait dans les domaines de la politique intérieure".

La position centrale de Cuneo entre FDR et l'agent de renseignement britannique Stephenson place Winchell au cœur même des opérations de renseignement et de propagande de la Grande-Bretagne aux États-Unis. Travaillant au Rockefeller Center à New York, Stephenson assure la liaison entre les services de renseignements britanniques, le FBI et (plus tard) le Bureau du coordinateur de l'information.

Selon Gabler, "Stephenson recueillait essentiellement des informations sur les activités de l'ennemi et les transmettait à ces agences sœurs, mais ce n'était pas tout ce qu'il faisait. Il dirigeait également une opération secrète dont le but, selon une histoire officielle du renseignement britannique en temps de guerre, était de "faire tout ce qui n'était pas fait et ne pouvait pas être fait par des moyens manifestes pour assurer une aide suffisante à la Grande-Bretagne et finalement pour faire entrer l'Amérique dans la guerre". À cette fin, Stephenson a publié des articles dans des journaux sympathisants pour discréditer les isolationnistes et harceler les rassemblements de l'America First".

Winchell, selon Gabler, était "l'un des éléments les plus importants" du plan du maître espion britannique. "D'une part, Cuneo fournissait des informations à Walter sur ordre de la Maison Blanche, qui commençait à croire en l'inévitabilité de l'entrée en guerre de l'Amérique. D'autre part, il transmettait secrètement [à Winchell] de la propagande britannique et des renseignements de haut niveau par l'intermédiaire de Stephenson. L'effet... était de détruire l'opposition à la préparation et d'amadouer le public en faveur de l'intervention". Selon Cuneo lui-même : "Winchell est devenu le point de mire. Ses barrages roulants pouvaient ouvrir la voie au président et à la préparation de la guerre, et c'est ce qu'il a fait".

Entre-temps, alliés à FDR, J. Edgar Hoover et le FBI avaient également engagé le combat contre les non-interventionnistes américains qui luttaient contre l'engagement des États-Unis à l'étranger - et selon Gabler, Winchell "envoyait à Hoover des quantités de documents sur d'éventuels subversifs, dont certains n'étaient que des ragots, et d'autres provenaient des dossiers de l'ADL de Forster". Hoover, à son tour, transmettait les informations à Walter dans de longues enveloppes blanches.

Les sources de Winchell à l'ADL et dans les services de renseignements britanniques en faisaient presque une agence de renseignements à lui tout seul, à tel point, écrit Gabler, que "les propres communications internes de Hoover au FBI ont confirmé le fait que Walter en savait souvent plus que Hoover, et Hoover a bientôt chargé des agents de surveiller l'émission chaque semaine et de dresser la liste des éléments que le bureau pourrait trouver intéressants. Il était même possible qu'il mette les téléphones de Walter sur écoute".

Il est intéressant de noter que la relation entre Hoover du FBI et Winchell prend une autre tournure particulière. Selon un biographe de Hoover, ce dernier "a fait plus que tout autre homme pour perpétuer les mythes de J. Edgar Hoover et de ses hommes de main", en promouvant le mythe Hoover et en faisant du directeur du FBI une légende en son temps.

Il est intéressant de noter que Winchell a joué le rôle d'agent de relations publiques pour Hoover. Winchell lui-même évoluait depuis des années dans les cercles de la pègre et tutoyait un grand nombre de caïds de la mafia. Plus d'une publication a suggéré que c'est Winchell qui a présenté Hoover à Frank Costello, figure de la mafia new-yorkaise. Selon la légende, c'est Costello, l'ami de Winchell, qui a fourni à Hoover (un fervent amateur de courses hippiques) de fructueux tuyaux sur les courses truquées, en guise de récompense pour avoir "fermé les yeux" sur les agissements de la mafia.

En fait, pendant des années, Hoover a vigoureusement nié l'existence même du crime organisé en Amérique, préférant traquer les braqueurs de banques comme John Dillinger et "Baby Face" Nelson et poursuivre les "subversifs" tels que définis par l'administration Roosevelt.

Winchell lui-même avait d'ailleurs de bonnes raisons d'être aussi proche du crime organisé. L'oncle de Winchell par alliance, Billy Koch, était un homme de main de haut rang dans les opérations de jeu de Meyer Lansky, qui, dans les années 1940, s'imposait comme le "président du conseil d'administration" de facto du syndicat national du crime.

Quoi qu'il en soit, l'Amérique est entrée en guerre et, avec FDR, l'ADL et les services secrets britanniques, Winchell a eu des raisons de se réjouir.

Plus tard, Winchell, ainsi que le chroniqueur Drew Pearson, basé à Washington, ont joué un rôle majeur dans une campagne de diffamation coordonnée contre James Forrestal, alors secrétaire à la Défense.

Le "crime" du secrétaire à la défense aux yeux de Winchell et de Pearson (qui était d'ailleurs à moitié juif) était d'avoir encouragé le président Harry Truman à éviter les pressions de l'ADL et d'autres éléments du lobby pro-israélien pour reconnaître l'État d'Israël qui, en fin de compte, a vu le jour le 14 mai 1948. Forrestal avait fait valoir qu'un État juif contrarierait les États arabes, menacerait l'approvisionnement en pétrole de l'Occident et créerait un risque de crise permanente dans les années à venir (ce qui s'est avéré vrai). Forrestal a suggéré que les survivants juifs de la Seconde Guerre mondiale, nés en Europe et déracinés, émigrent au Pérou.

Poussé par ses "sources" de l'ADL et poussé par ses propres démons, Winchell s'attaqua à Forrestal comme s'il s'agissait d'un vrai Winchell. Un responsable arabe palestinien décrivit Winchell comme "l'écrivain sioniste le plus vicieux", surclassant même Drew Pearson. Cependant, même après que Winchell, Pearson et leurs sponsors étrangers l'aient emporté et qu'Israël soit devenu un État et ait été reconnu (même contre son propre jugement) par le président Harry Truman, les deux chroniqueurs "ont maintenu un tatouage régulier d'abus", selon le biographe de Winchell.

Le président lui-même n'était pas un grand admirateur de Forrestal, mais il n'appréciait pas l'assaut de Winchell et Pearson et le percevait comme une épreuve de force. Un autre chroniqueur, le populiste Westbrook Pegler, qui n'était pas lui-même un partisan de Forrestal, était également perturbé par les délires propagandistes de Winchell et Pearson. "Si notre presse est digne de ce nom, elle devrait détruire ces salauds", écrit Pegler à Forrestal.

Winchell l'emporte. Le 22 mai 1949, Forrestal meurt. Il est tombé ou a sauté - certains disent encore qu'il a été poussé - de sa chambre d'hôpital à la Bethesda Naval Medical près de Washington où il s'était rendu pour se reposer, profondément dés traumatisé par la campagne médiatique menée contre lui.

Winchell lui-même a déclaré, des années plus tard, que l'un des conseillers de Forrestal lui avait dit que Forrestal avait été jeté par la fenêtre de l'hôpital pour l'empêcher d'écrire ses mémoires - ce qui, bien sûr, pourrait très bien être vrai. Les mémoires de Forrestal auraient révélé beaucoup de choses et auraient remis Winchell et ses sponsors de propagande étrangère à leur place.

Le 20 février 1972, Walter Winchell meurt des suites d'un cancer. Au cours des années précédentes, il avait perdu son émission de radio, la diffusion de sa chronique était en baisse et Winchell lui-même semblait parfois anachronique, ce qu'il était à bien des égards.

Pourtant, à son apogée, Winchell avait été une puissance avec laquelle il fallait compter, un acteur majeur des intrigues politiques du XXe siècle, une voix médiatique incontournable pour The Enemy Within (L'Ennemi intérieur).

Aujourd'hui, bien sûr, il existe de nombreux pourvoyeurs de propagande sioniste et d'autres formes d'ordures politiques émanant des rangs de l'élite ploutocratique internationale.

Des forums tels que Fox News - que nous examinerons dans un chapitre ultérieur - offrent un débouché à ce matériel. Dans les journaux et les magazines du pays, ainsi que sur des sites Internet tels que WorldNetDaily, on peut trouver des boucs de Juda qui promeuvent le soi-disant "programme néo-conservateur" (nous y reviendrons plus tard).

Ces boucs de Juda suivent les traces de Walter Winchell, en faisant passer de la propagande extraterrestre pour des "informations". La liste pourrait s'allonger encore et encore - elle est longue - mais parmi les propagandistes les plus flagrants, on trouve les personnes suivantes : Mona Charen, Suzanne Fields, Clifford May, David Horowitz, Joseph Farah, Jonah Goldberg, Dennis Prager, Diana West, Helle Dale, Arnold Beichman, Linda Chavez, Frank Gaffney, Cal Thomas et, bien sûr, l'ancien colonel des Marines Oliver North, figure centrale de l'affaire de trafic d'armes et de drogue et de blanchiment d'argent liée à Israël et connue sous le nom d'"Iran-contra".

Et ce ne sont là que quelques exemples. Il y en a d'autres, comme George F. Will, Charles Krauthammer, Michael Ledeen, Robert Kagan, et bien d'autres encore. Et le fil conducteur qui les relie tous est leur fidélité - comme celle de leur ancêtre idéologique, le journaliste voyeur Walter Winchell - à la cause du sionisme international.

Bien que les crimes contre l'humanité de Winchell aient été perpétrés pendant son apogée à l'époque de la Seconde Guerre mondiale, on retrouve le même type de trahison dans les œuvres de ces boucs de Juda des temps modernes.

Mais on trouve des boucs de Juda dans toutes les couches de la société et dans de nombreux lieux, y compris au Congrès des États-Unis, comme nous allons le voir...

CHAPITRE VII

Le bouc Juda du Capitole : un espion sioniste au service des services secrets soviétiques au sein du Congrès américain

Si l'on se souvient aujourd'hui de feu le député Samuel Dickstein (D-N.Y.) comme l'un des "grands libéraux" et l'un des dirigeants juifs les plus éminents d'Amérique, à la fin des années 1930 - juste avant l'engagement des États-Unis dans la Seconde Guerre mondiale - il était surtout connu comme la première personnalité du Congrès à promouvoir la "chasse aux nazis" et la "lutte contre le fascisme" comme l'une des principales priorités de l'Amérique. Dickstein s'est présenté comme l'ultime défenseur de l'"américanisme". En réalité, il était le bouc de Juda par excellence. Il était un agent ennemi : un espion contrôlé par les services secrets de l'Union soviétique.

Bien que la presse juive américaine ait rendu hommage à Dickstein en le qualifiant d'"homme d'État" et d'"humanitaire", d'autres évaluations du membre du Congrès - qui a effectué 11 mandats, à partir de 1923 - n'ont pas été aussi amicales. Un critique a qualifié Dickstein d'"infiltrateur habile, corrompu, cupide et totalement amoral", un modèle précoce pour de nombreux boucs de Juda qui peuplent aujourd'hui les rangs de l'Ennemi intérieur de l'Amérique.

La vérité sur le rôle de Dickstein en tant qu'agent soviétique a été révélée à la fin des années 1990 dans des messages et des dossiers longtemps secrets des services de renseignement soviétiques, qui sont désormais accessibles aux historiens américains. En fait, Stephen Gettinger, rédacteur en chef du *Congressional Quarterly*, une revue éminemment "grand public" et totalement non partisane, a déclaré que l'affaire Dickstein était probablement "le premier cas manifeste d'espionnage du Congrès dans l'histoire".

Le dossier montre que Dickstein - qui représentait un district congressionnel notoirement "juif" dans le Lower East Side de Manhattan - a été recruté comme agent soviétique en 1937 par Peter Gutzeit, un homme qui partageait la religion de Dickstein et qui se trouvait être le chef de la station new-yorkaise du NKVD, la police secrète soviétique. Moyennant une rémunération de 1 250 dollars par mois, Dickstein a volé des quantités de documents secrets au Congrès et au ministère de la Guerre, qu'il a remis à ses agents soviétiques.

En outre, et c'est peut-être encore plus important, Dickstein a servi d'agent d'influence de Moscou à Washington en attaquant bruyamment les puissances européennes nationalistes d'Allemagne et d'Italie pour leur opposition résolue au communisme soviétique. Dickstein a peut-être été l'un des plus bruyants et des plus précoces à militer pour que les États-Unis fassent pression sur l'Allemagne, dans l'intention de déclencher l'intervention militaire américaine dans la guerre en Europe qui allait devenir la Seconde Guerre mondiale. Dickstein a fait les gros titres en accusant les Américains qui refusaient de soutenir ses intentions belliqueuses d'être "anti-américains" - une accusation que, aujourd'hui encore, les éléments sionistes utilisent contre les bons patriotes américains qui refusent de soutenir l'intervention américaine sans fin au Moyen-Orient au nom d'Israël.

Et si beaucoup ont simplement attribué l'hystérie de Dickstein au fait qu'il était juif, et donc un ennemi évident du pouvoir d'Adolf Hitler en Allemagne, le fait est, comme nous l'avons vu, que Dickstein était également un agent rémunéré très avide de l'Union soviétique.

Ce qui est particulièrement intéressant, c'est que Dickstein a été l'un des premiers promoteurs de la création de ce qui est devenu la Commission des activités anti-américaines de la Chambre des représentants (House Un-American Activities Committee - HUAC). *Le New York Times* a même qualifié Dickstein de "fondateur de l'HUAC". Cependant, lorsque l'HUAC a commencé ses enquêtes et a rapidement découvert que les véritables subversifs sur le sol américain étaient des agents soviétiques et que de nombreux vrais patriotes américains ne voyaient tout simplement pas la nécessité d'une intervention des États-Unis en Europe dans une guerre contre l'Allemagne, Dickstein a fait volte-face et a dénoncé le comité même qu'il avait contribué à créer en premier lieu.

Il s'est avéré que les exigences financières de Dickstein à l'égard de ses supérieurs soviétiques étaient si élevées que le NKVD lui a attribué le nom de code "Crook" dans ses mémorandums internes et dans ses échanges de renseignements. En 1938, Peter Gutzeit, l'intermédiaire de Dickstein auprès du NKVD, basé à New York, avertissait ses supérieurs dans une note de service que "Crook" justifie totalement son nom de code. C'est un type sans scrupules, avide d'argent... un escroc très rusé". (Et cette évaluation n'était pas du tout le genre de commentaire favorable à Dickstein qui apparaissait dans les médias à l'époque).

Quoi qu'il en soit, à la fin de l'année 1940, Dickstein et ses agents soviétiques se séparèrent, mais Dickstein avait déjà accompli une énorme quantité de sales besognes très efficaces pour le compte de ses commanditaires étrangers. Dickstein quitta le Congrès après les élections de 1944 et devint juge à la Cour suprême de l'État de New York, mourant en 1954 en homme très riche et très honoré. Les documents de ce traître - mais pas les preuves de sa trahison - sont conservés avec amour et respect dans les archives juives américaines du Hebrew Union College de Cincinnati.

De toute évidence, Dickstein aurait probablement été très pro-soviétique et anti-nazi même sans le soutien financier de ses agents soviétiques, mais le fait qu'il ait été prêt à prêter secrètement ses efforts au nom d'agents soviétiques secrets - pour de l'argent - en dit long sur ce soi-disant "homme d'État". En fait, Dickstein est un modèle classique de l'un des Boucs de Juda - l'Ennemi intérieur - qui ont fait tant de mal à l'Amérique. Et c'est pour cela, si ce n'est pour une autre raison, que nous devons rappeler son passé sordide.

La vérité est qu'il y a beaucoup plus de gens comme lui au Congrès aujourd'hui. Le palmarès des politiciens "à la solde" du lobby israélien est tout aussi sordide, mais ces politiciens se vantent d'avoir reçu de l'argent étranger, alors que Dickstein, bien sûr, a gardé sa trahison bien au chaud.

Et cela en dit long sur la dérive de l'Amérique.

CHAPITRE VIII

Le rôle secret de l'ADL dans la détermination des personnes embauchées par les agences fédérales américaines

Malgré l'influence de l'Anti-Defamation League (ADL) du B'nai B'rith dans l'élaboration d'activités scandaleuses et de nature à semer la discorde, telles que le comportement du FBI et du ministère de la Justice dans la tristement célèbre "affaire de sédition", et dans l'orientation de la couverture médiatique des dissidents américains qui s'opposaient à l'agenda sioniste avant et pendant la Seconde Guerre mondiale (grâce à l'utilisation de fauteurs de troubles volontaires, liés à l'ADL, tels que le chroniqueur Walter Winchell), le fait est que les activités de l'ADL ont continué à se développer au cours des années qui ont suivi la guerre. Mais à l'époque, il y avait encore quelques patriotes authentiques bien placés, même au Congrès, qui étaient prêts à s'attaquer à l'ADL.

En 1947, une commission du Congrès a enquêté sur un segment du réseau national d'espionnage de la Ligue anti-diffamation (ADL) de B'nai B'rith. Dans ce cas précis, les enquêteurs du Congrès s'intéressaient à la manière dont l'ADL et l'un de ses groupes de façade, les "Amis de la démocratie", avaient réussi à pénétrer dans une agence fédérale et à placer dans les dossiers de l'agence des informations fausses, malveillantes et diffamatoires sur les cibles de l'ADL.

Les 3, 6 et 7 octobre 1947, le député Clare E. Hoffman (R-Mich.), alors président de la commission des dépenses des départements exécutifs de la Chambre des représentants, a convoqué une sous-commission chargée d'enquêter sur la Commission du service civil des États-Unis (CSC), l'agence qui supervise le personnel fédéral. Le député Porter Hardy Jr. (D-Va.) a rejoint Hoffman en tant que membre de cette sous-commission.

Hoffman et d'autres avaient appris qu'il existait des dossiers de la CSC contenant des déclarations relatives aux points de vue, aux opinions et aux activités de certains membres du Congrès et de leurs épouses, ainsi que d'un certain nombre d'autres Américains éminents, dont la plupart n'avaient jamais cherché à obtenir un poste par l'intermédiaire de la CSC.

Selon Hoffman, la plupart des informations - dont certaines étaient désobligeantes - semblaient être "en grande partie des rumeurs, des ouï-dire" qui avaient été inscrits sur des fiches conservées dans les bureaux de la CSC. Hoffman a révélé au cours de l'audience que les enquêteurs avaient déterminé qu'il y avait une note sur beaucoup de ces fiches qui se lisait comme suit :

> Ce qui précède a été copié à partir du fichier subversif en possession des avocats Mintzer & Levy, 39 Broadway, NYC, Room 3305. Ces dossiers ont été constitués en coopération avec l'American Jewish Committee et l'Anti-Defamation League. Les sources de ces informations ne doivent en aucun cas être divulguées ( ) ou citées. Toutefois, de plus amples informations peuvent être obtenues en contactant les bureaux de Mintzer & Levy.

Selon Hoffman, "cette mention figure au bas des cartes qui contiennent des informations selon lesquelles les personnes citées, sénateurs et membres du Congrès, étaient déloyales, appartenaient à des groupes subversifs et se livraient peut-être à des activités de trahison".

Ce qui était particulièrement choquant, bien sûr, c'est que l'agence fédérale disait manifestement dans sa note privée que, bien qu'elle incluait les diffamations de l'ADL dans ses propres dossiers, les personnes visées par l'ADL n'avaient pas le droit de connaître la source des accusations calomnieuses, ce qui constituait une violation flagrante du droit traditionnel de toute personne de pouvoir faire face à son accusateur.

Il est intéressant de noter que plusieurs commissaires de la CSC appelés à témoigner, dont James E. Hatcher, chef du bureau central, division des enquêtes de la CSC, ont reconnu qu'ils ne savaient pas comment la propagande de l'ADL avait été insérée dans les dossiers de la commission.

De plus, selon M. Hatcher, "non seulement je pense, mais je suis sûr et certain qu'ils l'ont fait sans l'autorisation de la Commission". Hatcher a ajouté : "En tant qu'Américain, je pense que c'est tout à fait inapproprié. Et je pense vraiment que de telles choses ne devraient pas figurer dans les dossiers." Cette déclaration, bien entendu, émanait d'un fonctionnaire chargé de rechercher les faits - et non des mensonges malveillants - sur les futurs fonctionnaires.

Tout ceci suggère que c'est une "plante" de l'ADL dans les bureaux de la CSC qui a inséré les informations désobligeantes dans les dossiers. L'ADL est bien sûr connue pour avoir pénétré plus d'une agence gouvernementale au fil des ans, sans parler de centaines d'associations privées, de maisons d'édition et d'autres entités.

Pour trancher la question, un membre de la commission, le député Fred Busbey (R-Ill.), a demandé à un autre témoin, Harry Mitchell, président de la CSC : "Quelle sera l'attitude de la Commission de la fonction publique à l'avenir concernant les noms déposés dans ses dossiers par la Ligue anti-diffamation ou les Amis de la démocratie, à partir des dossiers de ces organisations ?"

Mitchell a répondu : "Elles ne seront pas classées dans les dossiers". Lorsque Busbey lui a demandé s'il considérait les informations comme "incontestablement fiables", Mitchell a répondu : "Je ne le pense pas. Je suppose qu'il s'agit d'organisations communistes, mais je ne sais pas vraiment."

Bien que Busbey ait déclaré qu'à sa connaissance, l'ADL et son groupe de façade n'étaient pas des organisations communistes, le membre du Congrès a fait des commentaires sans tenir compte des connaissances que l'histoire nous a léguées : En fait, l'ADL a été l'un des principaux contrôleurs, avec le Kremlin soviétique, du Parti communiste américain, même à l'époque où le Parti communiste était contrôlé au sommet par un atout du directeur du FBI J. Edgar Hoover, allié de l'ADL (plus d'informations à ce sujet plus loin dans ces pages).

Cependant, l'influence particulière de l'ADL sur le Parti communiste américain a été largement ignorée ou oubliée. L'influence particulière de l'ADL a été rapportée par feu le Dr Bella Dodd, un ancien dirigeant du CPUSA, qui a déclaré à des intimes - après avoir quitté l'orbite rouge - que chaque fois que les communistes américains avaient besoin de financement ou de conseils stratégiques, ils avaient pour instruction de se rendre auprès des grands pontes de l'ADL à Manhattan.

Certains conservateurs, qui sont soumis à la discipline de l'ADL ou qui ont eu peur de mentionner quoi que ce soit qui puisse être perçu comme nuisible à l'ADL, ont souvent cité l'intrigante révélation du Dr Dodd, mais ont toujours pris soin de supprimer sa référence à l'ADL, rapportant seulement que les agents de l'ADL étaient des "capitalistes américains extrêmement riches". Il est donc très clair que l'ADL était, comme le présumait le commissaire de la CSC, une organisation communiste.

Quoi qu'il en soit, le président de la commission, M. Hoffman, a déclaré sans ambages et à juste titre au sujet de l'ADL et des Amis de la Démocratie : "Je vous dirai qu'il s'agit d'artistes de la diffamation".

Une note historique : lors de la campagne sénatoriale de 1992 en Pennsylvanie, l'ADL a pris sa revanche sur le représentant Porter Hardy, décédé, qui avait audacieusement rejoint le représentant Hoffman pour enquêter sur les activités d'espionnage de l'ADL. Lorsque la fille de Hardy, Lynn Hardy Yeakel, une femme d'affaires prospère, a contesté la réélection du sénateur sortant Arlen Specter (R-Penn.), l'un des principaux défenseurs de l'ADL au Congrès, une campagne de chuchotements a été déclenchée, accusant Mme Yeakel d'être "antisémite". Specter a été réélu.

Ce n'est là qu'un exemple de la manière dont l'ADL - qui représente l'ennemi intérieur - a joué un rôle central en coulisses en influençant la politique publique américaine, en étant littéralement en position de déterminer qui pouvait obtenir un emploi au sein du gouvernement américain.

Si quelqu'un croit vraiment que l'ADL ne joue pas encore un rôle similaire - en particulier à l'heure de l'informatisation et de l'espionnage de haute technologie - cette personne est vraiment naïve.

Tout ceci n'est que la partie émergée de l'iceberg concernant les activités de l'ADL, et dans les chapitres qui suivent, nous en apprendrons beaucoup plus sur l'ADL et son rôle destructeur dans la déformation de l'agenda américain.

CHAPITRE IX

La Ligue anti-diffamation : Un lobby étranger pour Israël et une agence d'espionnage privée pour l'ennemi intérieur

Pendant des années, Liberty Lobby, l'institution populiste basée à Washington qui a publié *The Spotlight*, a accusé l'Anti-Defamation League (ADL) du B'nai B'rith de fonctionner comme un agent étranger non enregistré - et donc illégal - pour l'État d'Israël. Tout cela, bien sûr, s'ajoutait au rôle spécial que joue depuis longtemps l'ADL, par exemple, aux côtés du FBI, en tant que principal canal de transmission de données d'espionnage et en tant que commanditaire d'activités secrètes malveillantes destinées à infiltrer et à perturber des groupes dissidents américains légitimes (et tout à fait patriotiques). L'ADL, en tant qu'institution particulière - et peu recommandable de surcroît - incarne à bien des égards le mal de L'Ennemi intérieur.

Mais le rôle de l'ADL en tant qu'agent étranger d'Israël - un rôle qui a évolué après la fondation de l'État d'Israël en 1948 - doit être analysé en profondeur afin de comprendre pleinement l'immense pouvoir que l'ADL a accumulé dans l'élaboration de la politique étrangère et intérieure des États-Unis.

Le fait qu'un instrument d'un gouvernement étranger ait réussi à exercer une telle influence sur (et littéralement au sein de) des organismes américains chargés de l'application de la loi tels que le FBI, par exemple, est un fait remarquable et effrayant.

C'est en juin 1981 que Liberty Lobby a publié son *livre blanc* détaillé *sur la Ligue anti-diffamation (ADL) du B'nai B'rith*. Ce livre blanc a été publié dans le but exprès de mettre en lumière des faits qui obligeraient l'ADL à s'enregistrer auprès du ministère américain de la justice en tant qu'agent du gouvernement d'Israël.

En refusant de s'enregistrer auprès du ministère de la justice, l'ADL violait - et continue de violer - la loi de 1938 sur l'enregistrement des agents étrangers (Foreign Agents Registration Act), qui exige l'enregistrement de tous les agents étrangers.

Selon l'aveu du ministère de la justice après avoir examiné le livre blanc, Liberty Lobby avait en fait "établi une mutualité d'intérêts entre l'ADL et le gouvernement d'Israël".

Cet aveu du ministère de la justice est intervenu en réponse à une enquête du Congrès sur le statut de l'ADL, enquête lancée à la suite d'une lettre de membres de Liberty Lobby qui demandaient instamment au Congrès d'enquêter sur le statut de l'ADL en tant qu'agent non enregistré d'un gouvernement étranger. Le ministère de la justice a déclaré au membre du Congrès concerné que "si des preuves suffisantes sont apportées par cette lettre ou par d'autres sources pour établir une violation de la loi sur l'enregistrement des agents étrangers", le ministère a garanti qu'il prendrait des mesures coercitives à l'encontre de l'ADL.

Le ministère de la justice a déclaré que la preuve d'une relation "contractuelle" entre l'ADL et le gouvernement d'Israël était nécessaire avant qu'une "action appropriée" puisse être entreprise. Cette affirmation du ministère de la justice était fausse. En fait, elle contredisait la loi fédérale.

Selon la loi sur l'enregistrement des agents étrangers (FARA), toute organisation agissant en tant qu'agent d'une puissance étrangère, "que ce soit ou non dans le cadre d'une relation contractuelle", est un "agent étranger" au sens de la loi. La section 1, sous-section (c) de la loi définit un agent d'un gouvernement étranger comme suit :

> (1) Toute personne qui agit en tant qu'agent, représentant, employé ou préposé, ou toute personne qui agit en toute autre qualité sur l'ordre, la demande, ou sous la direction ou le contrôle d'un commettant étranger ou d'une personne dont une partie des activités est directement ou indirectement supervisée, dirigée, contrôlée, financée ou subventionnée en totalité ou en majeure partie par un commettant étranger, et qui, directement ou par l'intermédiaire d'une autre personne, - est un agent, un représentant, un employé ou un préposé d'un commettant étranger.
>
> (i) s'engage aux États-Unis dans des activités politiques pour ou dans l'intérêt de ce mandant étranger :
>
> (ii) agit aux États-Unis en tant que conseiller en relations publiques, agent de publicité, employé d'un service d'information ou consultant politique pour ou dans l'intérêt de ce mandant étranger ; (iii) sollicite, collecte, verse ou distribue aux États-Unis des contributions, des prêts, de l'argent ou d'autres choses de valeur pour ou dans l'intérêt de ce mandant étranger ; ou (iv) représente aux États-Unis les intérêts de ce mandant étranger auprès d'une agence ou d'un fonctionnaire du gouvernement des États-Unis ; et

(v) représente les intérêts de ce mandant étranger auprès d'une agence ou d'un fonctionnaire du gouvernement des États-Unis.

(2) Toute personne qui accepte, consent, assume ou prétend agir en tant que, ou qui est ou se présente, que ce soit ou non dans le cadre d'une relation contractuelle, comme un agent d'un mandant étranger tel que défini dans la clause (1) de la présente sous-section.

Dans tous les sens du terme, l'ADL accomplit chacune des actions d'un agent étranger tel que défini dans la FARA. En fait, une proposition d'amendement à la loi, adoptée par le Sénat en 1964, reprenait la disposition de la loi initiale de 1938, qui déclarait qu'une relation d'agence existe "lorsque l'agent agit autrement qu'en vertu d'un accord contractuel, ou se présente simplement comme l'agent d'un mandant étranger".

Une fois de plus, la loi va à l'encontre des affirmations contraires du ministère de la Justice. En se présentant simplement comme un représentant du gouvernement d'Israël, l'ADL s'érige en agent d'une puissance étrangère et doit donc être enregistrée auprès du ministère de la Justice.

En réponse à la demande d'un citoyen qui souhaitait que l'ADL fasse l'objet d'une enquête par le ministère de la justice, ce dernier s'est à nouveau empressé de prendre la défense de l'ADL, affirmant que l'ADL était exemptée de l'obligation d'enregistrement en tant qu'agent étranger parce qu'elle n'agissait pas "sur l'ordre, à la demande ou sous la direction... d'un mandant étranger...".

Le ministère a déclaré : "Plus précisément, sans preuve que l'ADL opère à la demande ou sous la direction ou le contrôle de ce gouvernement [Israël], il n'y a pas d'obligation d'enregistrement en vertu de la loi sur l'enregistrement des agents étrangers".

Malgré tout, le ministère de la Justice sait parfaitement que l'ADL est un agent du gouvernement israélien et que ses activités sont illégales en raison de son statut non enregistré.

Il ne s'agit pas seulement d'une conclusion biaisée de la part de Liberty Lobby, mais de l'opinion d'un haut fonctionnaire du ministère de la Justice qui a rencontré des représentants de Liberty Lobby.

Au cours de l'une des nombreuses séances privées que Liberty Lobby a tenues avec des fonctionnaires du ministère de la justice, un conseiller du ministère a demandé : "Pourquoi Liberty Lobby se préoccupe-t-il tant de tout cela ?". Le porte-parole de Liberty Lobby a répondu : "Parce que c'est contraire à la loi" (en référence, bien sûr, aux activités de l'ADL). Le fonctionnaire du ministère de la justice a répondu : "Tout le monde le sait".

Ce n'était évidemment pas la position officielle du ministère de la Justice, mais c'était certainement l'opinion d'un fonctionnaire influent et bien informé du ministère de la Justice qui s'exprimait officieusement (et qui était donc à l'abri des représailles de l'ADL).

Ce qui suit est une série annotée de citations de sources et de documents de l'ADL qui illustrent, sans l'ombre d'un doute, que l'ADL fonctionne (selon la définition de la loi fédérale existante) comme un agent étranger du gouvernement d'Israël.

Ainsi, parce que l'ADL fonctionne effectivement en cette qualité et parce qu'elle n'est pas enregistrée auprès du ministère de la justice, elle est en violation de la loi fédérale américaine.

- Dans le numéro de décembre 1973 du "Bulletin de l'ADL", qui célébrait le 60e anniversaire de l'ADL, le groupe de pression a annoncé son intention de lancer "une campagne éducative nationale en faveur de la survie d'Israël en tant qu'État libre et sûr et pour contrer les réactions antisémites dans ce pays face aux problèmes émanant du conflit israélo-arabe". (Ici, l'ADL "se présente comme... un agent d'un mandant étranger", tel que défini dans la loi sur l'enregistrement des agents étrangers).

- Le procès-verbal de la session plénière de janvier 1969 du Conseil international du B'nai B'rith fait état d'une demande publique du gouvernement israélien pour que l'ADL travaille en son nom. Le président du B'nai B'rith (dont l'ADL est le principal organe politique) a déclaré que le ministre israélien des affaires étrangères, Abba Eban, avait déclaré que le budget des relations publiques d'Israël était si faible qu'Israël avait besoin d'une aide extérieure. Le président du B'nai B'rith a déclaré : "Il [Eban] a imploré une aide extérieure : "Il [Eban] a imploré [l'ADL] de souligner son besoin de fonds afin que la position d'Israël puisse être interprétée avec précision dans le monde entier. L'ADL a bien entendu répondu de tout cœur à la demande d'Eban.

- Dans un rapport "confidentiel" daté du 15 mai 1978, l'ADL a montré de l'intérieur comment l'ADL a non seulement exercé des pressions publiques en faveur d'Israël, mais aussi comment le groupe a représenté les intérêts d'Israël à Washington sous la direction du gouvernement d'Israël lui-même. Le rapport détaille divers aspects d'une série de réunions entre des responsables de l'ADL et des dirigeants du gouvernement israélien. Ces réunions ont abouti au retour des représentants de l'ADL aux États-Unis, où ils ont transmis le message israélien directement au président Jimmy Carter, au vice-président Walter Mondale et à d'autres hauts fonctionnaires de l'administration. L'ADL a conclu le rapport en se vantant que ses "suggestions" au gouvernement américain avaient dû "porter leurs fruits" au vu des mesures prises ultérieurement par les États-Unis en faveur des intérêts israéliens. (C'est là la preuve ultime que l'ADL travaille "sur l'ordre, à la demande ou sous la direction ou le contrôle d'un mandant étranger". Par conséquent, l'ADL est, par définition, un agent étranger - mais un agent qui n'est pas enregistré, ce qui est contraire à la loi.

- Dans le numéro de décembre 1976 du "Bulletin de l'ADL", le ministre israélien des affaires étrangères, Yigal Allon, aurait déclaré lors d'une réception de l'ADL (en parlant de l'ADL et de ses relations avec Israël) : "Nous sommes un, et grâce à notre unité, nous gagnerons la bataille pour la paix".

Dans le même bulletin, le président israélien Ephraim Katzir est cité comme ayant déclaré : "L'ADL protège Israël. C'est une tâche très noble, que vous savez faire et que vous faites bien". En outre, Avraham Harmon, président de l'Université hébraïque d'Israël, a été cité par l'ADL comme ayant déclaré, de manière assez précise, que l'ADL "agit mieux" que toute autre organisation au nom d'Israël.

Il a également été révélé dans ce bulletin que l'ADL était responsable d'une série d'émissions de radio et de télévision intitulée "Dateline Israel", dont le narrateur est Arnold Forster, membre de l'ADL. Cette série est produite par l'ADL en Israël et vise à diffuser "une image positive des Juifs et une compréhension des préoccupations juives, en particulier d'Israël".

- Dans le numéro de novembre 1977 du "Bulletin de l'ADL", l'ADL a annoncé l'ouverture d'une antenne à Jérusalem. Selon l'ADL : "Le bureau de Jérusalem a été créé pour parvenir à une meilleure compréhension entre la communauté juive américaine et le public israélien et pour aider le département des affaires du Moyen-Orient de l'ADL et les 26 bureaux régionaux al aux États-Unis à interpréter les politiques, les problèmes et les besoins d'Israël".

- Les registres des services postaux remontant au 26 juin et au 20 juillet 1967 ont indiqué, après examen, que l'ADL avait envoyé des publications officielles de propagande israélienne en invoquant son statut d'organisation "à but non lucratif" afin d'utiliser les services d'envoi en nombre subventionnés par l'impôt américain. (Si l'ADL devait s'enregistrer en tant qu'agent étranger, elle ne bénéficierait pas de ce statut d'exonération fiscale).

- L'ADL et son organisation mère, le B'nai B'rith, ont également joué un rôle majeur dans l'acheminement de fonds vers le gouvernement d'Israël. Selon un mémorandum de Maurice Bisgyer, vice-président exécutif du B'nai B'rith, adressé au conseil des gouverneurs du B'nai B'rith, un total de 425 000 dollars a été alloué à Israël par le B'nai B'rith.

Ce qui est significatif à propos de cette somme, c'est qu'elle provenait du gouvernement allemand sous la forme de paiements de réparations destinés aux survivants juifs de ce qu'on appelle l'holocauste. Le B'nai B'rith avait apparemment déjà décidé qu'il serait le canal par lequel les paiements des réparations allemandes seraient dirigés et, dans les années qui ont suivi, il a commencé à reconnaître les ramifications de cette action : L'ADL et le B'nai B'rith violaient manifestement non seulement la loi sur l'enregistrement des agents étrangers (Foreign Agents Registration Act), mais aussi, très probablement, la législation fiscale américaine.

Dans une lettre confidentielle adressée à Joseph Sklover du B'nai B'rith, Benjamin Ferenz, un avocat associé à l'ADL, a déclaré : "J'ai réfléchi à la question [des réparations] et je pense maintenant que nous pourrions être en mesure de persuader les Allemands d'accorder un statut préférentiel au B'nai B'rith sans passer d'abord directement par le Trésor américain.

En fait, l'ADL a cherché à s'ériger en gouvernement international, en faisant pression sur les fonctionnaires allemands, en évitant les lois américaines, en collectant et en distribuant des fonds à Israël et en contribuant à l'effort de soutien de l'État agressif du Moyen-Orient.

Cette preuve de la manœuvre de l'ADL montre clairement que l'ADL est un agent étranger d'Israël, nominalement lié aux États-Unis, mais en réalité préoccupé par les intérêts d'Israël, et d'Israël seul.

- Enfin, l'ADL a admis publiquement dans son bulletin qu'elle "est devenue le seul distributeur américain de films d'intérêt général produits par Israel Film Service". (Il s'agit là d'une preuve incontestable que l'ADL a établi une relation d'agence de jure avec le gouvernement d'Israël, remplissant ainsi les conditions que le ministère américain de la justice déclare devoir être prouvées avant que le ministère puisse enquêter sur les accusations portées par Liberty Lobby à l'encontre de l'ADL. C'est cette relation contractuelle que le ministère a été "incapable" de trouver).

N'oubliez pas que toutes ces informations ne proviennent pas de sources "antisémites" ou "anti-israéliennes" (comme l'ADL pourrait essayer de le prétendre), mais des publications de l'ADL elle-même.

Non seulement l'ADL se présente comme un agent du gouvernement israélien, aux ordres et au nom d'Israël, sollicitant des fonds, diffusant de la propagande et faisant du lobbying aux plus hauts niveaux de notre gouvernement, mais elle est également impliquée dans une relation d'agence directe avec l'État du Moyen-Orient en pleine expansion.

L'ADL est un agent d'un gouvernement étranger. Ce fait est incontestable. C'est un fait, comme nous l'avons vu, que même le ministère américain de la justice reconnaît. Pourtant, le ministère de la justice a refusé d'agir, que ce soit à l'époque ou aujourd'hui. Au lieu de cela, le ministère de la Justice

- et en particulier le FBI - a établi une relation presque incestueuse avec cet agent étranger, permettant à l'ADL de diriger littéralement les opérations internes du FBI en ciblant les Américains patriotes en vue d'un "traitement spécial".

Cependant, dans les derniers jours de l'année 1992, une chose remarquable s'est produite : l'ADL elle-même a fait l'objet d'une enquête de la part d'un service de police local travaillant en tandem avec le FBI lui-même. Il s'agit là d'une histoire étonnante que nous examinerons en détail dans les chapitres suivants. Mais pour l'heure, nous allons nous intéresser de près à l'expérience personnelle de l'auteur avec le principal agent infiltré de longue date de l'ADL, Roy Edward Bullock.

CHAPITRE X

"Charmant, habile et astucieux" - Des rencontres directes avec l'espion numéro un de l'ADL : Roy Bullock

J'ai connu un espion de l'agence de renseignement israélienne, le Mossad. Il s'appelait Roy Edward Bullock. Bien qu'il n'ait jamais été juif, Roy a été, pendant de très nombreuses années, un informateur sous couverture pour la principale agence américaine de renseignement et de propagande du Mossad, l'Anti-Defamation League (ADL) du B'nai B'rith.

En fin de compte, j'ai joué - et je suis fier de le dire - un rôle essentiel dans la dénonciation des activités de Bullock, même si, d'une certaine manière, j'ai regretté d'avoir à le faire. Voyez-vous, j'aimais bien Roy Bullock personnellement, mais je n'aimais pas ce qu'il faisait.

Bien qu'il n'y ait rien que je déteste plus que de voir un auteur s'insérer dans la narration de son propre livre non autobiographique, ce que je fais en ce moment, il est tout simplement impossible de raconter toute l'histoire de Roy Bullock et du scandale d'espionnage de l'ADL qui l'a touché, sans raconter ma propre part de l'histoire. Et c'est ce que je dois faire. Je pense que les lecteurs trouveront mon récit instructif et même divertissant.

Ma première rencontre avec Roy Bullock, pour autant que je m'en souvienne, remonte probablement à 1983. En tant qu'employé subalterne du service éditorial de l'hebdomadaire national populiste *The Spotlight*, publié au Capitole à Washington par Liberty Lobby, j'étais fréquemment chargé de m'occuper des lecteurs de *Spotlight* qui se rendaient au siège de Liberty Lobby. J'ai ainsi eu l'occasion de rencontrer des centaines de lecteurs de *Spotlight* de toutes tailles, formes et couleurs. Il s'est avéré que l'un d'entre eux était un homme sympathique et engageant de San Francisco nommé Roy Bullock.

Homme d'âge moyen aux cheveux noirs clairsemés et à la moustache flamboyante, Bullock s'exprimait d'une voix de baryton mesurée, avec une pointe de cynisme inhérente. Petit, trapu, à la poitrine en tonneau et puissamment bâti avec les épaules d'un lutteur professionnel, Bullock, qui a un cou de taureau, se porte avec une attitude militaire droite. Bien qu'il soit marchand d'art de métier, Bullock, ironiquement, pourrait facilement être choisi par un réalisateur hollywoodien pour incarner un soldat de fortune combattant dans un coin reculé du monde.

Conversateur plein d'esprit, au sourire joyeux, aux yeux pétillants et au rire franc, Bullock était très curieux et animait toutes les fêtes. Il était végétarien et très attaché à la santé. Un jour, alors que je déjeunais avec Bullock et un autre de mes collègues de *Spotlight*, j'ai remarqué que Bullock avait sur lui une grosse somme d'argent en grosses coupures. Bien entendu, ses dépenses étaient prises en charge par ses supérieurs hiérarchiques de l'ADL. Il insistait toujours pour payer la note du dîner de ses proies, ce qui était certainement un avantage pour moi, compte tenu de mon échelle salariale pathétique.

Si je me souviens bien, lorsque j'ai rencontré Bullock pour la première fois, il m'a dit qu'il était en ville pour une réunion ou une autre d'un groupe arabo-américain. Au début de 1984, Bullock est retourné à Washington et a de nouveau rendu visite au Liberty Lobby. Cette fois, il m'a demandé et j'ai eu le plaisir de renouer avec lui. Bullock était très intéressé par le nouveau parti populiste créé par Liberty Lobby.

Roy était plein de questions - beaucoup de questions. C'est à ce moment-là que j'ai réalisé qu'il était inhabituellement plein de questions, plus que la plupart des lecteurs "réguliers" de *Spotlight*.

Il s'agit là d'un point important : en tant que membre du personnel de Liberty Lobby, j'ai eu régulièrement l'occasion, au fil des ans, de rencontrer des centaines, voire des milliers de partisans de Liberty Lobby. Ils étaient toujours pleins de questions et de commentaires et je m'y attendais. Les partisans de Liberty Lobby étaient des personnes intelligentes qui cherchaient des réponses.

Mais 99,999 % d'entre eux - contrairement à Roy Bullock - ne cherchaient pas de "ragots". Je me suis rendu compte que les questions indiscrètes que posait Bullock n'avaient rien à voir avec les faits concernant les événements politiques, la position populiste sur les questions du jour ou tout autre sujet de ce genre.

Bullock, en fait, cherchait des ragots sur les membres du mouvement populiste.

C'est à ce moment-là qu'il m'est venu à l'esprit que Roy Bullock pourrait bien avoir été un informateur de l'ADL. Alors, à ma manière, j'ai pensé m'amuser avec lui. J'ai mentionné l'ADL. En fait, je me suis plaint à lui que l'ADL ne m'avait jamais mentionné.

"Après tout ce que j'ai fait pour lutter contre l'ADL, ai-je commenté, ils ne me prêtent aucune attention ! Bullock s'est esclaffé de plaisir. Après une courte visite, il est reparti de plus belle.

Ce n'est que peu de temps après - peut-être plusieurs mois plus tard - que Bullock est réapparu. J'ai été appelé à l'accueil pour voir un visiteur.

Assis sur le divan dans le hall d'entrée, il n'y avait personne d'autre que Roy Bullock. Je l'ai salué joyeusement, lui ai serré la main et lui ai souhaité la bienvenue à Washington. "J'ai quelque chose qui va vous intéresser", me dit Bullock. "C'est tout frais sorti de presse", a-t-il ajouté en me tendant une liasse de papiers. "Je viens de l'acheter à New York."

Il s'agissait d'un rapport de l'ADL sur le parti populiste et mon nom y était mentionné parmi d'autres membres du personnel du Liberty Lobby impliqués dans les affaires du parti.

J'ai crié de plaisir : "Ces fils de pute ont enfin mentionné mon nom". C'était un signe de distinction, pensais-je à l'époque, et je le pense toujours. (L'épithète que j'ai appliquée à l'ADL, je le signale, est plutôt banale, c'est le moins que l'on puisse dire). J'ai remarqué que Bullock m'observait attentivement. Très attentivement.

C'est à ce moment-là que j'ai réalisé que mes soupçons se portaient peut-être sur le site : Roy Bullock était un agent de l'ADL ! S'il ne l'était pas, je me suis dit qu'il aurait dû l'être.

Franchement, à ce moment-là, je ne savais pas trop comment réagir, mais j'ai de nouveau exprimé ma joie. "La dernière fois que je t'ai vu", a dit Roy, "tu te plaignais que l'ADL n'avait jamais mentionné ton nom. Eh bien, maintenant, c'est fait." *À ce stade, j'étais certain que Bullock était très probablement un agent de l'ADL.*

Pour autant que je m'en souvienne, je n'ai pas revu Bullock avant le début de l'année 1985. J'avais été invité à assister, avec le président national du parti populiste, Bill Baker, et notre collègue, Trisha Katson, correspondante de *Spotlight*, à une réunion parrainée par l'Association des étudiants libyens, basée à Washington. La soirée promettait d'être divertissante. En entrant dans la salle de banquet, j'ai entendu le son d'une musique arabe exotique en arrière-plan. Trish Katson et Bill Baker étaient déjà là, ainsi qu'un assortiment d'amis et de connaissances, dont un certain Matthew Peter Balic, sur lequel je reviendrai plus tard.

Bill Baker s'empressait de présenter plusieurs dirigeants amérindiens à l'assemblée. Je me suis joint à la fête et j'ai pris place à la table où Baker tenait sa cour. Alors que Baker divertissait ses auditeurs avec une anecdote amusante, j'ai vu un visage familier entrer dans la pièce. Ce n'était autre que Roy Bullock. Je me suis levé et lui ai fait signe de s'asseoir à la table, heureux de son arrivée, mais néanmoins intrigué. Bullock était partout. Partout où un agent de l'ADL devrait être.

Il m'a repéré et s'est approché. "Je me doutais que je trouverais ici la foule du Lobby de la Liberté", s'est-il exclamé en me serrant la main. "Je pouvais sentir les vibrations", a-t-il fait remarquer en haussant les sourcils et en jetant un coup d'œil de gauche à droite, avec l'air d'un shivver comique. Il nous a rejoints à la table et la conversation, inévitablement - compte tenu de l'occasion - s'est tournée vers la question du Moyen-Orient.

J'ai observé Bullock avec attention. J'ai senti que quelque chose n'allait pas. Il écoutait, riait aux moments opportuns, observait les autres aussi attentivement que je l'observais.

À un moment donné, j'ai lancé ce que j'espérais être un trait d'esprit plutôt mordant qui jetait l'opprobre sur l'État d'Israël et ses dirigeants. Alors que les autres riaient d'un air amusé, Bullock s'est joint à eux, mais son rire n'était pas sincère. Mais son rire n'était pas sincère : "Yessss... ", a-t-il déclaré en guise d'approbation.

Mais il était évident qu'il n'était pas d'accord. En fait, j'ai réalisé que Bullock était discrètement - mais très clairement - sarcastique. Et il ne pouvait pas se contenir. J'ai vu l'éclair de dégoût dans ses yeux. Il jouait un rôle - à peine. Personne d'autre ne l'a remarqué, mais moi si.

Il m'apparaissait de plus en plus clairement que Roy Bullock était bien plus qu'il n'y paraissait. Je n'avais pas de preuves solides, bien sûr, mais j'étais plus convaincu que jamais : Roy Bullock était bel et bien un agent de l'ADL.

Pour autant que je me souvienne, j'ai revu Bullock en septembre 1985, toujours à Washington. Bullock s'est arrêté au Liberty Lobby et m'a informé qu'il allait assister à une réunion du Comité anti-discrimination arabo-américain et il se trouve qu'un de mes amis arabo-américains m'avait donné deux billets pour un petit-déjeuner organisé pendant cette conférence.

C'est ainsi que ma collègue et chère amie, la regrettée Lois Petersen, et moi-même nous sommes retrouvées aux côtés de Bullock et de plusieurs autres personnes lors de ce petit-déjeuner organisé dans le cadre de la réunion arabo-américaine.

(Ce n'est que des années plus tard que j'ai également découvert qu'à notre table se trouvait un espion américain pour le compte des services secrets d'Arabie Saoudite (!), même si, à l'époque, il ne savait pas que Roy Bullock travaillait pour l'ADL.

(En 2005, dans une lettre personnelle qu'il m'a adressée, l'espion saoudien m'a parlé de son affiliation et m'a rappelé qu'il avait dîné avec Bullock, Mme Petersen et moi-même).

Quoi qu'il en soit, après le petit-déjeuner, nous nous sommes séparés. Roy avait été très enthousiaste, comme toujours, mais j'étais de plus en plus convaincue que j'avais affaire au diable !

Bien sûr, ce n'était que mon instinct et, à l'époque, j'étais encore relativement jeune et je n'avais guère d'expérience en ce qui concerne les boucs de Juda - l'ennemi intérieur. Je n'étais pas en mesure d'accuser Bullock, mais mes soupçons étaient forts.

C'est à la fin de l'année 1985 ou au début de l'année 1986 que Bullock a repris contact avec moi, alors qu'il se trouvait à Washington. Il voulait participer à la conférence annuelle d'une organisation historique californienne (fondée par Willis Carto de Liberty Lobby) et sa demande avait été rejetée. Il m'a demandé s'il pouvait utiliser mon nom comme référence. Je lui ai dit "Allez-y", car, après tout, je ne voulais pas éveiller ses soupçons en disant "non", puisque, évidemment, lui et moi avions toujours eu des contacts amicaux jusqu'à ce moment-là.

Ce que je ne savais pas, à l'époque, c'est que Willis Carto avait déjà été informé, par le Dr Edward R. Fields du journal *The Thunderbolt*, que Bullock était un agent de l'ADL. C'est pour cette raison que la demande de participation de Bullock à la conférence historique avait été rejetée. Je n'ai plus entendu parler de Bullock à ce sujet, et Willis et moi n'en avons pas discuté - *jusqu'à plus tard...*

Quoi qu'il en soit, c'est peu de temps après, au printemps 1986, que Bullock est réapparu à Washington. Il m'a appelé et m'a demandé si je voulais dîner avec lui. Bien que méfiant - j'étais désormais convaincu que Bullock était presque certainement un agent de l'ADL - j'acceptai de le rencontrer pour dîner.

Mais j'ai pensé qu'il était temps de parler de Bullock à Willis Carto. Il était prévu que je dîne avec Bullock à 18 heures. Vers 17 heures, alors que le bureau du Liberty Lobby terminait sa journée, je me suis arrêté dans le petit bureau d'angle de Willis. Bullock m'avait dit, lorsque je l'ai rencontré pour la première fois, qu'il connaissait Willis "depuis des années" :

"Willis, vous connaissez Roy Bullock, n'est-ce pas ?"

Willis lève la tête, les yeux pétillants et un soupçon de sourire. "Oui, comment le connaissez-vous ?"

"Eh bien, il vient ici depuis quelques années", ai-je dit, "en fait, je dîne avec lui ce soir".

Willis souriait toujours.

"Parlez-moi de lui", demandai-je, sentant - non, sachant - que, oui, j'avais raison au sujet de Bullock. Je savais ce que Willis allait dire :

"Il est ADL.

C'était ça. J'ai hoché la tête en souriant, mais à l'intérieur, mon estomac se retournait. J'étais tour à tour en colère, mais en même temps je me félicitais mentalement d'avoir repéré l'ennemi déguisé.

"C'est ce que je pensais", ai-je dit.

À ce moment-là, Willis m'a posé la même question que je me posais à moi-même : "Qu'est-ce que tu lui as dit ?"

"Je ne pense pas lui avoir dit quoi que ce soit que je n'aurais pas dû. Mais je n'en suis pas sûre", ai-je ajouté honnêtement.

"Où est-il maintenant ? demanda Willis.

"Il va arriver très bientôt. Nous sommes censés dîner de l'autre côté de la rue. Pensez-vous que je doive annuler ?" J'ai demandé, incertaine, évidemment, de la situation.

"Pas nécessairement", répond-il. "Vous savez", dit Willis en réfléchissant à haute voix, "c'est peut-être l'occasion pour nous de découvrir précisément ce qui l'intéresse".

"Qu'est-ce que tu veux dire ? demandai-je, un peu perplexe.

En réponse, Willis a proposé que je dîne avec Bullock et que je lui dise franchement qu'on m'avait dit qu'il avait des "relations" avec des "gens de l'ADL" et que je lui demande : "Qu'est-ce que vous voulez savoir exactement ?".

Bullock, bien sûr, aurait été surpris par tout cela - probablement - et j'aurais alors proposé de lui dire tout ce qu'il voulait savoir (dans certaines limites) en échange de l'utilisation par Bullock de ses relations à l'ADL pour déterminer quelque chose d'un intérêt particulier pour Willis : à savoir qui était responsable de l'attentat à la bombe du 4 juillet 1984 contre le bureau de Willis (et son entrepôt de livres historiques de valeur) à Torrance, en Californie.

La proposition de Willis me paraissait logique et j'ai pensé qu'à tout le moins, ce serait une très bonne expérience d'apprentissage pour moi - faire face au diable, littéralement à travers la table du dîner.

C'est ainsi que je me suis rendu à mon dîner avec Roy.

Nous nous sommes rendus dans un lieu de nuit populaire de Capitol Hill, le Tune Inn, peut-être plus connu à l'échelle internationale pour avoir été salué par le magazine *Esquire* comme l'un des "meilleurs" bars de la nation (à Washington, D.C. en particulier).

Étroite salle de bar à l'ancienne, dont les murs sont ornés d'animaux empaillés et d'autres êtres autrefois vivants, ainsi que de quelques pièces d'armement de choix, le Tune Inn avait été un "joint" brutal qui s'était transformé en un lieu de prédilection pour les yuppies, rempli le soir de membres du personnel du Capitole désireux de dépenser leurs salaires financés par le contribuable pour s'offrir des boissons parmi les moins chères de la capitale.

Roy et moi avons pris une table à l'arrière de l'auberge, commandé des boissons et un dîner et nous nous sommes installés pour ce que je savais être une soirée intéressante. Roy, bien sûr, a commandé un soda.

Buveur à deux mains, j'ai commandé quelque chose de beaucoup plus fort, tout en pensant que je devais garder mon sang-froid. Mais j'avais besoin de me détendre.

En regardant Roy Bullock de l'autre côté de la table, je l'ai vu sous un jour différent. Il n'était plus la connaissance joviale, amicale, amusante et sympathique de plusieurs années. Au contraire, c'était le diable incarné. "Je me souviens avoir pensé : "Mon Dieu, voilà Mike Piper qui dîne aux frais de l'ADL, en compagnie de l'un de ses agents secrets".

Quelques instants après l'arrivée des boissons, Bullock a commencé à me poser des questions. C'était une interrogation. Pas une discussion amicale. Il n'y avait plus aucun doute dans mon esprit.

"Dites-moi", demande-t-il en évoquant le nom d'un autre individu qui, à l'instar de Bullock, est omniprésent, se montrant lors de divers événements politiques du même type. "Qui est ce type ? Il est plutôt intéressant. D'où vient-il ?"

Bullock faisait référence à Matthew Peter Balic, un personnage inhabituel, mentionné plus haut, qui avait périodiquement fait son apparition au siège de Liberty Lobby au fil des ans et qui, comme Bullock, avait une affinité pour les réunions arabo-américaines.

(En fait, j'ai toujours en ma possession une photo de Bullock et moi-même en présence de ce même M. Balic lors de la réunion de l'association des étudiants libyens mentionnée plus haut).

"Oh, lui ? J'ai toujours soupçonné qu'il pouvait être un agent de l'ADL", ai-je dit, tout à fait sérieusement. (Intérieurement, j'ai été surpris par ma propre audace. J'avais vraiment abordé le sujet de l'ADL !)

"Oh, vous croyez ? dit Bullock.

"Je pense que c'est une bonne possibilité", ai-je dit. "Il est toujours en train de se montrer, de se mélanger avec les Arabes. Il voyage beaucoup. Il dépense beaucoup d'argent." (Soit Balic était un agent de l'ADL ou un agent quelconque et Bullock le savait - et essayait de savoir si j'avais des soupçons -, soit l'ADL se demandait vraiment qui était Balic.

Par ailleurs, j'ai pensé que Balic était peut-être un agent de l'ADL dont les supérieurs de Bullock ne lui avaient jamais parlé. Cela semblait tout à fait possible dans le "désert de miroirs" clandestin qui imprègne le monde étrange de l'ADL.

En tout cas, Bullock s'intéressait vraiment à Balic et je lui avais donné un morceau de choix à rapporter à ses supérieurs parrainés par le Mossad au siège de l'ADL à New York : Mike Piper, du Liberty Lobby, soupçonnait Balic d'être un agent de l'ADL !

La conversation se poursuit. Bullock passe aux choses sérieuses. "Ce bombardement [du bureau de Carto] a été une affaire plutôt intéressante", a-t-il déclaré.

J'ai pratiquement sauté de mon siège. Je sentais mon sang bouillir. J'étais certaine que Bullock avait dû voir ma réaction - ou était-ce mon imagination ? D'une manière ou d'une autre - était-ce un accident ? - Bullock avait soulevé le sujet même de ma propre mission secrète. Découvrir ce que Bullock savait - ou pouvait découvrir - sur l'attentat à la bombe contre le bureau de Willis Carto.

("Mon Dieu", ai-je pensé. "Le bureau de Liberty Lobby est-il sur écoute ? L'ADL a-t-elle entendu la conversation que Willis et moi avons eue un peu plus tôt ? L'ADL a-t-elle informé Bullock de ce qui se préparait ?")

Nous avons parlé de l'attentat à la bombe, mais dans mon esprit, Bullock m'avait mis des bâtons dans les roues. C'était comme s'il m'avait délibérément devancé, et il le savait. J'ai décidé que ce n'était pas le moment d'annoncer à Bullock la proposition de Willis. J'étais mal préparé, je me sentais malhabile, contrairement à Bullock, à m'engager dans ce jeu du chat et de la souris, sans savoir ce que Bullock savait ou ne savait pas de ce que je savais ou soupçonnais.

Nous avons terminé la soirée après le dîner en prenant quelques verres dans un restaurant au bout de la rue où j'ai rencontré un membre du Congrès que je connaissais par hasard. Je l'ai présenté à Bullock et vice-versa, sachant pertinemment que Bullock avait pris note de dire à son patron au siège de l'ADL à New York, Irwin Suall, que "Mike Piper connaît personnellement le député Untel".

(Je me suis toujours senti coupable à ce sujet. Il ne fait aucun doute dans mon esprit que, dans le cas improbable où l'ADL n'avait pas de dossier sur ce membre du Congrès, une âme inoffensive qui a depuis quitté ses fonctions, elle en a certainement un aujourd'hui). Bullock et moi nous sommes séparés en nous serrant la main et en convenant de "rester en contact". ("En effet", ai-je pensé, me demandant quand j'entendrai à nouveau Roy Edward Bullock, agent extraordinaire de l'ADL).

En fait, je n'ai pas eu de nouvelles de Bullock pendant un certain temps, puis dans des circonstances qui seront bientôt détaillées. Mais le moment est finalement venu où il m'a semblé opportun de dénoncer publiquement l'affiliation de Bullock à l'ADL.

Elle est intervenue à un moment où le parti populiste - que Liberty Lobby avait contribué à créer en 1984 - avait été divisé en deux par les activités impitoyables et destructrices d'un perturbateur de longue date dans les affaires des tiers partis, un certain William K. Shearer de Lemon Grove, en Californie.

Shearer lui-même a longtemps été soupçonné d'être un actif de l'ADL ou d'être au service de la CIA ou du FBI, voire du Parti républicain, selon certains. Reste à savoir si la vérité sur Shearer sera un jour connue.

Cependant, le 30 juin 1986, dans un article paru dans *The Spotlight*, j'ai détaillé les liens de Bullock avec Shearer, patron du défunt American Independent Party, qui était alors l'affilié du parti populiste dans l'État de Golden. La partie pertinente de l'article se lisait comme suit :

> Lors de la soi-disant "réunion du comité national" du parti populiste organisée par Shearer à Los Angeles, un délégué, qui s'appelle Roy Bullock, a été invité à siéger à la commission de l'agriculture.
>
> Bullock est connu depuis longtemps, parmi les leaders du mouvement populiste, pour être un agent professionnel à plein temps, charmant, habile et intelligent, au service de l'ADL. Se faisant passer pour un populiste, Bullock s'est introduit au fil des ans dans des dizaines d'organisations différentes, recueillant des informations qu'il transmet à Irwin Suall, son supérieur au siège de l'ADL à New York.
>
> Lors de la réunion, la femme de Shearer avait été avertie par le populiste californien Charles Ulmschneider que Bullock était un agent connu de l'ADL. Mais au lieu de montrer la porte à Bullock, elle s'est approchée de lui et lui a fait part de l'accusation. Bullock a été autorisé à rester.

Peu de temps après la publication de l'article de *Spotlight* démasquant Bullock comme un agent de l'ADL, j'ai reçu un appel d'une personne qui s'est présentée au standardiste sous le nom de "CSC". En prenant l'appel, j'ai immédiatement reconnu la voix de Bullock - et j'ai été surpris, cela va sans dire - mais j'ai été encore plus mystifié par l'acronyme qu'il a utilisé pour s'identifier.

Me remettant de ma secousse momentanée, j'ai dit : "Eh bien, bonjour Roy, je suis surpris d'avoir de tes nouvelles. Mais que signifie 'CSC' ?" Il a ri et m'a répondu : "CSC, c'est pour charmant, habile et intelligent". J'ai ri. "Oh oui, Roy, c'est bien cela. J'ai pensé que vous apprécieriez ce compliment".

Il m'a dit : "Eh bien, je dois vous dire que ce que vous avez dit à mon sujet, à savoir que je suis un agent de l'ADL, n'est pas vrai. En fait, je jure sur une pile de *Mein* Kampfs [le célèbre ouvrage d'Adolf Hitler] que je ne suis pas un espion de l'ADL."

La référence de Roy à Hitler m'a fait rire. Mais il a continué sur un ton plus sérieux, en disant : "J'en ai parlé à un avocat."

"Eh bien, Roy, si vous voulez intenter un procès", ai-je répondu, "vous n'avez qu'à le faire, car je soutiens l'article et je sais que ma source est fiable. En outre, je le soupçonnais moi-même depuis un certain temps, très longtemps, avant qu'il ne soit publié. Nous sommes restés longtemps dans l'expectative".

Il a répondu en demandant : "Qui était votre source ?" J'ai répondu, honnêtement, "Willis Carto". Bullock a gloussé, faisant une remarque selon laquelle Willis n'était pas la source la plus fiable. J'ai répondu : "Je ne m'attendais pas à ce que l'ADL considère Willis comme une source fiable. Mais je l'ai toujours trouvé fiable."

Bullock a répondu : "Je suis désolée que vous ayez écrit cela. Je vous ai toujours apprécié. Je pensais que nous étions amis." J'ai répondu : "Roy, je vous ai toujours apprécié, mais je crois que vous êtes un agent de l'ADL."

Après que Bullock a déclaré en riant : "Oh, et au fait, je m'appelle vraiment Roy Bullock. Je ne me contente pas de voyager sous ce nom", nous avons mis fin à la conversation et les choses en sont restées là. Aucun procès n'a jamais été intenté. Quelques personnes dans le pays ont été contrariées par le fait que j'avais osé traiter "un grand patriote comme Roy Bullock" d'agent de l'ADL. C'est ainsi que les choses sont restées en l'état.

Il a fallu attendre près de huit ans pour que la référence *à* l'affiliation de Bullock à l'ADL dans *The Spotlight* s'avère exacte - que Bullock était vraiment un agent rémunéré de l'Ennemi intérieur.

L'histoire de l'exposition finale de Bullock est la suivante...

CHAPITRE XI

Le tremblement de terre de San Francisco : Le scandale de l'espionnage de l'ADL démasque l'ennemi intérieur

C'est à la mi-décembre 1992 que j'ai appris pour la première fois que l'Anti-Defamation League (ADL) était en difficulté. Un appel téléphonique a été reçu au siège du Liberty Lobby à Washington. L'appelant était un Arabo-Américain vivant à San Francisco. Il a dit à l'un de nos rédacteurs en chef qu'un scandale se préparait concernant un officier de police de San Francisco nommé Tom Gerard, qui aurait été soupçonné d'avoir fourni des informations policières classifiées à l'ADL. Le 10 décembre, les journaux de San Francisco ont rapporté que des descentes avaient été effectuées par le département de police de San Francisco - ainsi que par le FBI - dans les bureaux de l'ADL à San Francisco et à Los Angeles.

Le fait que le scandale ait éclaté à San Francisco m'a interpellé. Je me suis demandé si mon vieil ami Roy Bullock était impliqué.

J'ai appelé l'Arabo-Américain, me suis présenté et lui ai fait part de mon intérêt. Je lui ai expliqué mes liens passés avec son compatriote de San Francisco, Bullock, dont il n'a pas reconnu le nom. Il m'a cependant dit que Gerard avait un contact régulier à l'ADL.

"Attendez, lui dis-je, et voyez si je n'ai pas raison. Surveillez le nom 'Roy Bullock'", lui dis-je. "Je suis prêt à parier que Bullock est le contact de Gérard au sein de l'ADL.

C'est ainsi que, quelques jours plus tard, le gentleman arabo-américain m'a appelé au siège de *Spotlight*. "Vous aviez raison", m'a-t-il dit. "Le contact de Tom Gerard au sein de l'ADL est Roy Bullock."

Mais à ce moment-là, je connaissais déjà les détails. Un autre lecteur de *Spotlight* de San Francisco avait appelé plus tôt pour nous donner la nouvelle : Le nom de Roy Bullock faisait désormais partie du domaine public et avait été publié le jour même dans les journaux de San Francisco. Le même Roy Bullock - super-espion de l'ADL - exposé pour la première fois par *The Spotlight*.

Le *San Francisco Examiner* a confirmé ce que *The Spotlight* avait rapporté pour la première fois le 30 juin 1986, à savoir que Bullock était effectivement un agent de l'ADL, bien que Bullock ait, bien entendu, vivement démenti cette information à l'époque.

De nombreuses personnes qui avaient qualifié *The Spotlight* de "fou" pour avoir affirmé qu'un "bon patriote" comme Roy Bullock était un agent de l'ADL ont rougi d'embarras.

À ce stade, il convient sans doute de réfléchir à ce qui semblait être une situation tout à fait inattendue. Comment se fait-il que le FBI, qui a collaboré pendant des années avec l'ADL, se soit laissé entraîner dans une position hostile à l'égard de son allié de longue date ?

Des initiés ont très tôt indiqué à *The Spotlight* que les descentes dans les bureaux de l'ADL à Los Angeles et à San Francisco avaient été approuvées au plus haut niveau, et pas seulement au ministère de la justice.

En bref, la décision semble venir du bureau ovale, ce qui laisse penser que c'est le président George Bush lui-même qui a donné son accord à cette mesure controversée. L'action de Bush contre l'ADL est intervenue à peine plus d'un mois après la défaite de Bill Clinton lors de sa réélection.

"C'était le moyen pour George Bush de s'en prendre à l'ADL et au lobby israélien dans les derniers jours de son administration de canard boiteux", a déclaré à *The Spotlight* Stephen A. Koczak, diplomate de carrière à la retraite, qui a servi au Moyen-Orient à la fois sous les administrations républicaine et démocrate :

> Bien que Bush ait rendu les Israéliens heureux avec sa guerre contre Saddam Hussein, le lobby israélien s'est retourné contre lui comme un chien enragé après qu'il ait osé défier leur pouvoir sur la question des garanties de crédit à l'égard d'Israël. Le président en avait assez des pressions du lobby israélien et il était certainement au courant des allégations de l'ancien agent du Mossad, Victor Ostrovsky, selon lesquelles une faction du Mossad avait comploté l'assassinat de Bush après que ce dernier eut osé défier le pouvoir du lobby israélien à Washington. Lorsque Bush a vu son ouverture, il l'a saisie avec enthousiasme. D'où le raid.

Mais il est évident qu'il y avait beaucoup plus à dire. L'ADL, prise en flagrant délit, a désespérément tenté de donner une tournure positive à son implication en proclamant qu'elle coopérait à l'enquête. Un avocat de l'ADL, Jerrold Ladar, a amusé beaucoup de monde en affirmant sans rire que l'ADL n'avait aucun lien avec les services de renseignement israéliens.

Christine Botah, une Arabo-Américaine active au sein du Parti démocrate, a déclaré : "Nous voulons que l'ADL fasse toute la lumière sur cette affaire. Qu'est-ce qu'une organisation censée défendre les droits de l'homme fait en recueillant des informations sur un autre groupe ?"

Richard Hirschautt, directeur régional de l'ADL à San Francisco, a déclaré que "l'ADL ne conserve en aucun cas des dossiers sur des individus ou des organisations arabo-américains dans ce pays. Nos enquêtes et notre travail d'établissement des faits portent strictement sur les groupes et organisations extrémistes qui veulent nuire aux juifs et aux autres minorités, y compris les Arabo-Américains".

Il s'agit bien entendu d'un autre mensonge éhonté, puisque l'ADL a publié, sous sa propre marque, une attaque pleine d'insinuations contre les Arabes-Américains et les organisations arabo-américaines. Ce volume calomnieux était évidemment basé sur des documents provenant des propres dossiers de l'ADL, dont une grande partie avait été glanée par nul autre que Roy Bullock.

Certains juifs américains qui critiquent Israël, dont feu Haviv Schieber et l'avocat libertaire Mark Lane, ont également été attaqués sur le site . En fait, un fonctionnaire de l'ADL l'a admis sous serment lors d'une déposition sous serment effectuée par Lane à une occasion.

Bien que l'ADL ait, depuis la fondation d'Israël en 1948, fonctionné comme un agent étranger non enregistré - et donc illégal - et comme un organe de propagande et de renseignement pour le gouvernement israélien, ce n'est qu'après l'éclatement du scandale de l'espionnage de San Francisco que les activités criminelles de l'ADL dans le domaine de l'espionnage domestique illégal ont fait l'objet d'un examen approfondi de la part du public.

Oui, le scandale d'espionnage à San Francisco impliquant l'ADL n'était que "la partie émergée de l'iceberg d'un réseau national d'espionnage domestique et de fuites de sécurité", selon Phillip Matier et Andrew Ross, chroniqueurs au *San Francisco Chronicle. Le Chronicle* et son rival, le *San Francisco Examiner*, ont sauté sur le scandale d'espionnage de l'ADL et l'ont rapporté en détail au fur et à mesure que de nouveaux faits commençaient à émerger.

Matier et Ross ont rapporté que "les autorités pensent que des policiers d'au moins une demi-douzaine d'autres services de police fédérale et de grandes villes ont également été impliqués dans l'échange ou la vente de fichiers de police confidentiels" à un réseau national d'espionnage mis en place par l'ADL.

L'*Examiner* a rapporté qu'un fonctionnaire proche de l'enquête, s'exprimant sous le couvert de l'anonymat, a déclaré à l'*Examiner* qu'"il y a probablement six ou huit Roy Bullock" opérant à travers le pays pour le compte de l'ADL. L'*Examiner* a noté que le fonctionnaire a confirmé, comme l'a dit le journal, qu'un "petit groupe d'agents infiltrés dans tout le pays" était payé par l'ADL pour espionner les cibles de l'ADL.

Selon l'*Examiner*, "les agents s'appuient sur la police locale et les adjoints du shérif pour accéder à des informations confidentielles sur les forces de l'ordre et les véhicules à moteur, en violation probable du droit pénal".

Le capitaine John Willett, de la division des enquêtes spéciales du SFPD, a déclaré aux journalistes que les éléments de preuve indiquaient qu'il y avait des dossiers provenant de 20 services de police et d'autres organismes chargés de l'application de la loi, rien qu'en Californie. En outre, des informations supplémentaires avaient été illégalement interceptées à partir des réseaux informatiques de renseignement de la police nationale. Toutes ces informations ont ensuite été transmises à l'ADL.

Les enquêteurs ont été stupéfaits de découvrir les noms et les informations personnelles de quelque 12 000 personnes, principalement de Californie, mais aussi de tout le pays, dont l'ADL avait déterminé, pour une raison ou une autre, qu'elles devaient figurer sur sa propre "liste de surveillance".

Comme l'a souligné *The Spotlight* : compte tenu du fait que l'ADL dispose d'une trentaine de sièges régionaux dans pratiquement toutes les grandes villes, il n'est pas exagéré d'extrapoler et de suggérer que les noms de quelque 360 000 Américains pourraient bien figurer dans les fichiers de l'ADL, sur la base des chiffres découverts sur la côte ouest.

À la suite de nouvelles révélations de plus en plus nombreuses sur les activités de l'ADL, le scandale des espions de l'ADL à San Francisco a commencé à retenir l'attention des médias de l'establishment dans tout le pays. La mascarade de l'ADL en tant qu'organisation de "droits civiques" était désormais démentie.

Les opérations d'espionnage illégales de la Ligue antidiffamation (ADL) du B'nai B'rith ont enfin été révélées dans les journaux quotidiens du pays.

Un article du *San Francisco Examiner* décrivant le scandale d'espionnage a été reproduit dans un certain nombre de journaux à travers le pays, y compris dans le Little Rock, Arkansas *Democrat-Gazette*, le journal de la ville natale du président Bill Clinton. Auparavant, la seule couverture nationale du scandale d'espionnage avait été assurée par la presse de San Francisco et les pages de *The Spotlight*.

(Toutefois, à ce moment-là, ni *le Washington Post* ni *le New York Times*, qui se disputent tous deux le sobriquet de "journal national de référence", n'avaient encore publié de détails sur ce scandale). L'article de l'*Examiner*, qui a été reproduit dans tout le pays, notait que Liberty Lobby était l'une des cibles de la surveillance criminelle exercée par l'ADL par l'intermédiaire de son informateur rémunéré Roy Bullock.

Pour sa part, l'ADL a dénigré la presse de San Francisco pour avoir rapporté la vérité sur ses opérations criminelles. En cherchant à empêcher la publication des fichiers de renseignements de l'ADL saisis par le SFPD et le Federal Bureau of Investigation, l'ADL a dénoncé ce qu'elle a appelé "les rapports sensationnels et inexacts de la presse de San Francisco".

Pour rendre les choses encore plus embarrassantes pour l'ADL, le chroniqueur Lars-Erik Nelson, un fervent libéral, a publié un article condamnant les tactiques d'espionnage de l'ADL. Son article a également été publié dans plusieurs journaux du pays.

Notant qu'il savait que l'ADL surveillait diverses cibles, Nelson a déclaré : "En effet, je ne m'étais jamais interrogé à ce sujet jusqu'à présent. Je me suis alors demandé ce que je ressentirais si les rôles étaient inversés : Supposons que des groupes d'extrême droite ou des groupes nationalistes noirs tiennent des dossiers de renseignements sur les Juifs et les communiquent à des journaux sympathisants et à la police. Tout d'un coup, j'ai eu la frousse".

Selon Nelson, c'est l'ADL et plusieurs autres groupes pro-israéliens qui ont empêché une éminente libérale noire, Johnetta Cole, présidente du Spelman College de Géorgie, majoritairement noir, d'être nommée secrétaire à l'éducation dans l'administration Clinton. Le seul crime de Mlle Cole était d'avoir écrit des articles pour une organisation qui prône la justice pour le peuple palestinien qui a été déraciné de sa terre ancestrale et envoyé en exil.

Le ciblage de Mlle Cole a clairement illustré ce que la principale cible d'inimitié de l'ADL - le Lobby de la Liberté - soutient depuis longtemps : l'ADL, un agent étranger non enregistré - et donc illégal - de l'État d'Israël ( ), s'efforce de détruire toutes les institutions et tous les individus perçus (à tort ou à raison) comme une menace pour la domination d'Israël sur la politique américaine au Moyen-Orient.

Après une semaine ou deux d'observation des reportages des journaux de San Francisco, rejoints par *le Los Angeles Times*, j'ai pensé qu'il était temps d'appeler Roy Bullock directement. Et c'est ce que j'ai fait.

"Bonjour, c'est bien Roy Bullock ? dis-je, un peu hésitant, en entendant le baryton familier à l'autre bout du fil.

"Parler", a-t-il répondu avec assurance.

"Bonjour, Roy", dis-je. "Es-tu toujours aussi charmant, compétent et intelligent que lorsque je t'ai connu ?"

"J'aime à le penser", a-t-il répondu.

"Savez-vous qui c'est, Roy ?" ai-je demandé. "C'est Mike Piper."

"Oh oui", a-t-il reconnu. "J'ai reconnu votre voix immédiatement.

Comment vas-tu ?"

"Oh, très occupé et je suppose que vous l'avez été aussi. J'ai lu pas mal de choses sur vous dans les journaux ces derniers temps", ai-je dit, sans sarcasme, juste franchement.

"Oh oui, soupire-t-il. "Mais tout n'est pas vrai."

"Je ne pensais pas que c'était le cas", ai-je commenté, reconnaissant que les médias de l'establishment ont le don de ne pas être à la hauteur de la vérité.

"Il m'a semblé, ai-je dit à Bullock, qu'il y avait beaucoup de suppositions, de conjectures, et que toute l'histoire n'avait pas été racontée."

"C'est certainement vrai", a-t-il répondu. Puis, après une pause, Bullock a fait remarquer d'un ton ironique et avec un soupçon de résignation : "Eh bien, Willis avait raison sur un point, en tout cas" : "Eh bien, Willis avait raison sur un point, en tout cas", en référence, bien sûr, à l'allégation de Willis concernant le statut de Bullock en tant qu'agent secret de longue date de l'ADL.

"En fait, Roy", ai-je souligné, plutôt fièrement, je suppose, "j'avais compris avant même que Willis ne me mette la puce à l'oreille".

"Ohhhh ? Vous l'avez fait, n'est-ce pas ?", ronronne Bullock, un brin sarcastique.

"Vous savez, lui ai-je dit, j'ai eu l'impression que vous vous intéressiez surtout aux groupes arabes.

"Oh non", a-t-il répondu. "Pas du tout". (Ce qui, bien sûr, s'est avéré très, très vrai. Bullock et l'ADL s'intéressaient en fait à tout le monde).

"J'ai pensé que vous vouliez savoir si nous avions des liens avec les Arabes, ce qui n'est évidemment pas le cas", ai-je ajouté. "Je dois te dire, Roy, que j'ai toujours eu l'impression que tu aimais bien te vautrer avec des gens de mon espèce, pour ainsi dire.

"Au contraire", a-t-il ajouté. "Même si, ajouta-t-il, je dois dire que tu as toujours été un point lumineux dans un groupe de personnes par ailleurs lugubre.

J'ai toujours apprécié votre compagnie. J'avais espéré que tu jetterais tison toutes ces conneries et que tu ferais quelque chose de positif de ta vie."

Je me suis moqué des commentaires de Bullock. "Non, Roy, je pense que je fais quelque chose de positif", ai-je répondu. "Je suis entré dans cette arène en sachant ce que cela impliquait et je n'ai aucun regret".

"Eh bien, sans rancune, j'espère ?" a-t-il dit, sincèrement, j'avais l'impression, et même l'espoir, d'avoir été plutôt bien disposé à l'égard de Roy.

"Pas du tout", ai-je dit. "Pas du tout. Vous faisiez votre travail et moi le mien". (Ce qui était tout à fait vrai.)

"Cela m'a fait plaisir de vous parler à nouveau après toutes ces années", a-t-il déclaré.

"En fait, je suis content que tu aies appelé."

"Oui, j'ai apprécié", ai-je dit. "C'était amusant. Alors je pense que je devrais peut-être conclure pour l'instant. J'espère" (j'ai ajouté, à ma façon, sans manquer de sincérité) "que vous n'aurez pas d'ennuis à cause de tout cela".

"Je ne pense pas que je le ferai", a-t-il déclaré. Mais il était clair que Bullock n'appréciait pas la situation.

"Eh bien, bonne chance, Roy. C'était intéressant". ai-je conclu.

"Prenez soin de vous", a-t-il conclu. "J'ai été ravi de parler avec vous."

C'était intéressant. J'ai raccroché le téléphone et j'ai réfléchi à la situation. Roy Bullock était bien un agent de l'ADL et j'étais tombé entre ses griffes. Parler de cette affaire - trier la vérité, pour ainsi dire - avait été une forme de thérapie pour moi. J'avais affronté l'ennemi.

Le lendemain, j'ai informé Willis Carto que j'avais appelé Bullock. "Sans blague ? demanda-t-il en riant, quelque peu amusé par mon audace. "Qu'a-t-il dit ? Je raconte la conversation, tandis que Willis s'esclaffe.

Il est clair qu'il y a beaucoup plus à venir. Jusqu'à présent, nous n'avions appris que ce qui s'est avéré être la partie émergée de l'iceberg proverbial.

Alors que le scandale de l'ADL ne cessait de prendre de l'ampleur - une affaire très publique, fortement médiatisée dans les journaux de San Francisco - des documents déclassifiés du département de la police de San Francisco ont révélé que *The Spotlight* et son éditeur, Liberty Lobby, avaient en fait joué un rôle clé en démasquant le réseau illégal d'espionnage et d'escroquerie de l'ADL. Lors de son interrogatoire, Roy Bullock a déclaré au FBI que c'était *The Spotlight* (dans son numéro du 30 juin 1986) qui l'avait démasqué pour la première fois en tant qu'agent de l'appareil d'espionnage criminel de l'ADL. En fait, la révélation de *The Spotlight* a déclenché le processus qui a non seulement commencé à démêler le réseau d'espionnage de l'ADL, mais qui a également conduit à ce que Bullock a décrit comme son "imbroglio" actuel.

(Comme indiqué précédemment, *The Spotlight* avait révélé comment le soi-disant "homme d'État californien" William K. Shearer avait permis à Bullock d'infiltrer la convention nationale du parti populiste alors que Shearer avait été averti que Bullock était un *agent provocateur de* l'ADL).

Interrogé par le FBI, Bullock a également avoué que c'est l'une des tentatives de l'ADL de saboter Liberty Lobby qui a déclenché la chaîne d'événements qui a conduit Bullock et son complice, l'ancien policier de San Francisco en fuite Tom Gerard, à vendre à des agents sud-africains des fichiers de renseignements de la police qui avaient été volés. Lors de son interrogatoire, Bullock a révélé que lorsqu'il avait appris qu'un diplomate sud-africain devait prendre la parole lors d'une réunion qu'il pensait avoir été organisée par le fondateur du Liberty Lobby, Willis A. Carto, il s'était arrangé pour que son contact dans la police, Gerard, prévienne le diplomate. En fait, le diplomate a annulé son intervention.

Ironiquement, cependant, Bullock avait tort : Liberty Lobby n'avait rien à voir avec l'organisation de l'événement. C'est le regretté Robert White, célèbre pour son *livre sur les canards,* qui a parrainé l'événement.

Ce n'est que quelques mois après que Gerard a pris contact avec les Sud-Africains que ceux-ci lui ont demandé d'établir un lien direct entre eux et Bullock. C'est ainsi qu'est né un marché lucratif et permanent impliquant l'informateur de l'ADL, le policier et les Sud-Africains. C'est le contact entre Bullock et les Sud-Africains qui a finalement conduit à l'enquête de deux ans du FBI, y compris la mise sur écoute du téléphone de Bullock. C'est donc la campagne de l'ADL contre Liberty Lobby qui s'est retournée contre elle et qui a conduit aux événements qui ont piégé l'ADL dans une enquête criminelle qui menaçait d'envoyer les principaux responsables de l'ADL en prison.

La vente de ces informations par l'ADL, Bullock et Gerard à des agents d'Israël et d'Afrique du Sud constitue un autre aspect du scandale.

Les services de renseignement sud-africains sont connus depuis longtemps pour entretenir des relations de travail étroites avec la police secrète israélienne, le Mossad.

À cette époque, *The Spotlight* avait obtenu quelque 700 pages de dossiers d'enquête déclassifiés du département de la police de San Francisco (SFPD) et du FBI concernant les activités de Bullock, de Gerard et des supérieurs de Bullock à l'ADL - Irwin Suall, l'ancien racketteur syndical qui dirigeait la division de l'ADL chargée de l'établissement des faits (c'est-à-dire des coups bas), et Mira Lansky Boland, le chef espion de l'ADL à Washington.

Ce qui ressort de l'examen le plus superficiel des documents du SFPD sur l'ADL est le portrait effrayant d'une vaste entreprise de racket nationale et internationale organisée dans le but d'obtenir secrètement et illégalement des données classifiées à partir d'un large éventail d'archives gouvernementales officielles : casiers judiciaires, immatriculations de véhicules à moteur, fichiers de renseignements de la police, etc.

Bien que les fichiers informatisés de Bullock et ceux de l'ADL - saisis lors de deux descentes consécutives de la police et du FBI - n'aient pas encore été rendus publics, une liste complète des titres des divers fichiers conservés par Bullock indique que Liberty Lobby était en grande partie la cible des opérations d'espionnage illégales de l'ADL.

Selon les documents du SFPD, Bullock a conservé plus de 20 dossiers différents sur Liberty Lobby et des organisations affiliées telles que le Populist Action Committee sous la classification spéciale "RIGHT".

Plusieurs dossiers du parti populiste y figuraient également. Le 15 février 1993, *The Spotlight* avait déjà signalé qu'un intermédiaire de Bullock, feu David McCalden, avait ouvert une ligne de contact avec le bureau national du parti populiste à Ford City, en Pennsylvanie, alors sous la direction d'un certain Don Wassall qui a admis plus tard avoir parlé plusieurs fois avec McCalden, alors qu'il avait été mis en garde contre lui Pendant ce temps, alors que l'ADL était embarrassée par la révélation de ses activités criminelles, une équipe interne très agressive de l'ADL chargée de limiter les dégâts, dirigée par Barbara Wahl, une avocate de Washington, s'est précipitée sur la côte ouest dans une tentative désespérée de camouflage de dernière minute. Mlle Wahl a dénoncé publiquement les responsables de l'application de la loi de San Francisco, exaspérant à juste titre la police qui avait fait son travail en enquêtant sur des activités criminelles. L'avocat de l'ADL a toutefois affirmé que le véritable problème était la mauvaise conduite de la police, et non celle de l'ADL.

Bien que les enquêteurs du procureur et de la police de San Francisco aient d'abord considéré l'affaire comme étant de nature strictement locale, ils se sont rendu compte - et l'ont déclaré publiquement - que l'affaire avait une portée nationale. Les autorités ont également compris que c'était l'ADL, et non Bullock ou Gerard, qui était à l'origine de l'ensemble de l'opération.

Le procureur adjoint de San Francisco, John Dwyer, a déclaré : "Les gens ont appelé cela l'affaire Gerard. Maintenant, c'est l'affaire ADL. Gerard n'était que leur homme à San Francisco. L'ADL fait la même chose dans tout le pays. Cette affaire prend de l'ampleur chaque jour. Plus nous cherchons, plus nous trouvons de personnes impliquées".

Mlle Wahl a également tenté d'éloigner l'ADL de son informateur loyal, minutieux, compétent et très apprécié depuis 40 ans, Bullock, en affirmant qu'il était "le contractant indépendant classique" - et ce malgré le fait que les autorités disposaient d'un document interne de l'ADL dans lequel

Bullock est fièrement décrit par le maître espion de l'ADL, Suall, comme "notre enquêteur n° 1".

Les dirigeants de l'ADL savaient que Bullock détenait des informations susceptibles de les envoyer en prison, et Bullock, contrairement à l'ADL, coopérait avec la police. Bien que l'ADL ait affirmé à plusieurs reprises qu'elle "coopérait" elle aussi à l'enquête et qu'elle ait faussement annoncé qu'elle n'était pas visée par l'enquête, Ron Roth, fonctionnaire de la police de San Francisco, a déclaré dans une déclaration sous serment que "les employés de l'ADL n'étaient apparemment pas très honnêtes" dans leurs relations avec la police. En bref, l'ADL a menti.

Le 8 avril 1993, l'histoire des opérations d'espionnage illégales de la Ligue anti-diffamation (ADL) du B'nai B'rith a finalement été rapportée avec des détails surprenants par l'un des principaux réseaux d'information télévisés.

L'émission "Nightly News" de la chaîne ABC, dans laquelle Sam Donaldson remplace le présentateur Peter Jennings, a diffusé un reportage long et détaillé sur le scandale qui a d'abord éclaté à San Francisco, mais qui a manifestement des implications nationales.

Ce qui a étonné de nombreux téléspectateurs, interrogés par *The Spotlight* par la suite, c'est que le reportage d'ABC a présenté l'ADL sous un très mauvais jour, ce à quoi l'ADL n'était pas habituée.

Le journaliste d'ABC News James Walker a présenté à des millions de téléspectateurs une histoire qui, en substance, avait été racontée par *The Spotlight* et son éditeur, Liberty Lobby, depuis 1955, c'est-à-dire des décennies auparavant : l'ADL avait mis en place un vaste dispositif clandestin d'espionnage et de filature sur l'ensemble du territoire des États-Unis, fonctionnant comme une agence de renseignement étrangère qui fournissait des informations au gouvernement d'Israël.

Il est intéressant de noter que, selon la police, ce ne sont pas seulement les groupes patriotiques tels que Liberty Lobby et les groupes nationalistes noirs tels que Nation of Islam qui ont été ciblés par l'ADL.

L'ADL a même envoyé des agents dans les rangs d'organisations traditionnellement libérales telles que la National Association for the Advancement of Colored People (Association nationale pour la promotion des personnes de couleur) et l'United Farm Workers (Travailleurs agricoles unis).

Ont également été visés le groupe anti-avortement Operation Rescue, le groupe écologiste Greenpeace et, fait intéressant, le conseil d'administration de KQED, une chaîne de télévision publique de San Francisco. Il ne s'agit toutefois que d'une poignée de victimes de l'ADL.

Le reportage télévisé diffusé sur ABC news était important en ce sens qu'il comprenait des séquences filmées non seulement de l'informateur de l'ADL Roy Bullock, mais aussi des séquences filmées très rares et quelque peu floues de l'insaisissable Irwin Suall, l'"ex-marxiste" qui dirigeait la division d'espionnage de l'ADL depuis ses bureaux situés sur la place des Nations unies à Manhattan.

ABC a déclaré avoir reçu des informations selon lesquelles Bullock - dont le nom de code était "Cal" - avait été salué par Suall comme étant l'espion "numéro un" de l'ADL.

La chaîne de l'establishment a également rapporté qu'un ancien responsable de l'ADL à Los Angeles a déclaré à ABC que, outre Bullock, il savait que l'ADL avait au moins trois espions clés opérant à Chicago et au moins un à Atlanta. Le fonctionnaire de l'ADL a également admis que son propre travail consistait à maintenir les dossiers d'espionnage de l'ADL dans le bureau de l'ADL où il était employé.

D'autres éléments de preuve indiquent que l'ADL a également des agents à Washington, Saint-Louis et New York, entre autres grandes villes. Ces agents pouvaient être déployés ailleurs en cas de besoin.

Le journaliste Walker de la chaîne ABC s'est rendu sur une île philippine isolée et a obtenu une interview de l'ancien policier fugitif Tom Gerard, contact de l'ADL au sein de la police de San Francisco, qui volait les dossiers de la police et les remettait à l'ADL.

Toutefois, dans ce pays, les responsables de l'ADL ont refusé d'être interviewés par ABC. Ce n'est pas une surprise. Historiquement, lorsqu'elle est confrontée à la vérité, l'ADL a toujours refusé d'être interrogée ou de participer à toute forme de débat (ce qui reste vrai à ce jour). (Pour aggraver encore la situation de l'ADL, le reportage d'ABC a été réalisé dans la foulée d'une deuxième descente de police dans les bureaux de l'ADL à San Francisco et à Los Angeles. Cette descente, effectuée en vertu de mandats de perquisition, faisait suite aux découvertes faites au siège de l'ADL lors des descentes précédentes (avec l'aide du FBI) en décembre 1992.

Le 9 avril 1993, le Los *Angeles Times* a rapporté que l'ADL ne faisait pas seulement l'objet d'une enquête pour avoir obtenu illégalement des fichiers secrets de la police. L'organisation d'espionnage faisait également l'objet de 48 chefs d'accusation pour ne pas avoir déclaré correctement l'emploi de son espion, Bullock.

Selon le *Times*, l'ADL a déguisé les paiements à Bullock pendant plus de 25 ans en acheminant 550 dollars chaque semaine à un avocat de Beverly Hills, en Californie, Bruce I. Hochman, qui remettait ensuite l'argent à

Bullock (il ne fait aucun doute que cela a été comptabilisé comme "frais juridiques"). (Il ne fait aucun doute que l'ADL a considéré cela comme une "dépense légale".) (L'avocat Hochman, figure éminente de l'ADL, était l'un des principaux avocats fiscalistes de Californie et un ancien procureur des États-Unis. Il était également membre d'un groupe nommé par l'ancien sénateur américain (et gouverneur à l'époque) Pete Wilson pour faire secrètement des recommandations sur les nouveaux juges fédéraux dans le Golden State).

Le *Times* a également rapporté que David Lehrer, directeur régional du bureau de l'ADL à Los Angeles, tenait une caisse noire secrète utilisée pour payer les opérations d'espionnage de l'ADL. Il signait les chèques du compte sous le nom de "L. Patterson" pour payer les activités clandestines.

Un fonctionnaire de l'ADL aurait affirmé que le compte était utilisé pour payer des abonnements à des magazines et à des journaux publiés par des groupes ciblés par la division "fact finding" (c'est-à-dire "dirty tricks") de l'ADL.

À ce stade, cependant, le *New York Times* (qui se présente comme le "journal de référence" des États-Unis) n'avait publié qu'un bref article sur le scandale, enfoui au bas de la dernière section du journal. Le *Washington Post, journal* internationaliste "libéral", et son rival, le *Washington Times, journal* internationaliste "conservateur", n'avaient pas encore publié le moindre mot.

Au fur et à mesure que le scandale de l'ADL prenait de l'ampleur, la vérité est apparue clairement : les responsables de l'ADL pourraient faire l'objet de poursuites pénales pour leurs activités illégales de "collecte de renseignements". "Ce que nous examinons, c'est la violation de la loi qui interdit la vente, l'utilisation et la diffusion d'informations confidentielles", a déclaré Arlo Smith, procureur du district de San Francisco.

Les perquisitions menées par le FBI et la police de San Francisco dans les bureaux de l'ADL ( ) avaient bien entendu révélé le fait, jusqu'alors inconnu, que les agents de l'ADL avaient apparemment aussi dérobé des documents non seulement dans les dossiers du SFPD, mais aussi dans ceux de la police de Portland (Oregon) et de la police de Los Angeles. Ironiquement, le département de police de Los Angeles a refusé de coopérer avec les autorités de San Francisco, refusant de participer à la recherche des documents volés dans les bureaux de l'ADL à Los Angeles. Selon le procureur adjoint de San Francisco, John Dwyer, qui supervisait l'affaire, "[la police de Los Angeles] a estimé qu'il s'agissait d'une affaire sensible et n'a pas souhaité coopérer. C'est la première fois que je vois cela se produire dans ma carrière".

Un membre de la commission de police de la ville de Los Angeles, Stanley

K. Sheinbaum, a toutefois contesté le refus du département de police d'enquêter sur les activités criminelles de l'ADL. "Je veux savoir sur quoi se fonde la réaction du département pour ne pas coopérer", a déclaré M. Sheinbaum.

"À moins que l'on ne me donne une bonne raison de ne pas coopérer, je pense que nous devrions le faire", a-t-il déclaré.

Le *Los Angeles Times* a rapporté que l'enquêteur de l'ADL, Bullock, "a travaillé en étroite collaboration avec des officiers de police de différents services et a recueilli des informations confidentielles telles que des casiers judiciaires, des fichiers de renseignements, des photographies de permis de conduire, des adresses de domicile et des immatriculations de voitures.

Certaines de ces informations auraient pu être utiles pour repérer des maisons individuelles et les surveiller. D'autres informations confidentielles auraient pu être précieuses pour les gouvernements étrangers préoccupés par les activités politiques des visiteurs des États-Unis".

Le procureur adjoint de San Francisco, M. Dwyer, superviseur immédiat de l'enquête sur l'ADL, s'est montré très sévère à l'égard des activités criminelles de l'ADL. Selon M. Dwyer, "les gens disent qu'à l'ère de l'informatique, la vie privée est en train de disparaître, mais on ne pense pas au département des véhicules à moteur qui donne votre permis de conduire à un officier de police qui le transmet à une organisation qui ne vous aime pas. Cette pratique doit cesser. On ne peut pas laisser le gouvernement collecter toutes ces informations et les donner à qui il veut.

Le capitaine de police de San Francisco, John Willett, s'est également montré sévère à l'égard de la collaboration de son frère officier avec la conspiration criminelle mise en place par l'ADL. "Les activités de Tom Gerard ont dépassé les bornes", a déclaré Willett. "Elles étaient illégales. Il n'aurait pas dû faire ce qu'il faisait pour un parti privé".

Pendant ce temps, Richard Hirschhaut, directeur du bureau de l'ADL à San Francisco, s'efforçait de dissimuler l'horrible vérité sur les crimes commis par son organisation. "Nous avons toujours eu pour principe et pour credo, dans le cadre de notre travail d'enquête, de mener nos activités dans le respect de l'éthique et de la loi", a déclaré M. Hirschaut.

Le "haut plateau éthique" dont Hirschaut s'est vanté comprenait l'entrée subreptice au domicile des gens et la photographie de leurs dossiers personnels. Dans son livre *Square One*, Arnold Forster, le grand manitou de l'ADL, se vante de la façon dont l'un de ses hommes de main a violé l'intimité du domicile de Joseph P. Kamp, correspondant de longue date de *Spotlight*, et a fouillé dans sa correspondance pour en faire des copies à l'intention de l'ADL.

Mais plus le temps passait, plus il semblait que l'ADL allait se tirer d'affaire à San Francisco, du moins en ce qui concerne les poursuites pénales. Alors que le scandale continuait d'enfler, un autre élément contribuait à faire basculer les événements en faveur de l'ADL : le fait que, le 20 janvier 1993, George H. W. Bush - qui avait autorisé (et probablement même donné l'ordre) la descente dans les bureaux de l'ADL quelque six semaines plus tôt - quittait le pouvoir. Bill Clinton lui a succédé.

Sous la nouvelle administration Clinton, une guerre contre l'ADL n'était pas à l'ordre du jour, même si l'administration Bush sortante avait utilisé son pouvoir pour envoyer un éclair dans la direction de l'ADL, en utilisant les bureaux mêmes du FBI qui avait longtemps collaboré si étroitement avec l'ADL. Sous le nouveau régime, le FBI a fait une volte-face intéressante et a refusé de continuer à collaborer avec le procureur de San Francisco, Arlo Smith, dans le cadre de l'enquête menée par ce dernier sur l'espionnage illicite de l'ADL.

Dans l'édition du 19 janvier 1994 du *San Francisco Bay Guardian*, la journaliste indépendante Jane Hunter a souligné que "le FBI a ouvert l'enquête contre l'espion de la police Tom Gerard, mais qu'il bloque maintenant les poursuites judiciaires" et a posé une question simple et logique :

"Pourquoi ? Bien que Mlle Hunter ait avancé diverses théories sur les raisons de ce revirement du FBI, c'est précisément parce que la nouvelle administration avait déjà refusé de poursuivre l'implication du FBI dans l'enquête - encore une fois, un ordre émanant directement de la Maison Blanche, mais cette fois-ci du nouveau président, William Jefferson Clinton.

Face à tout cela, le bureau du procureur du district de San Francisco a décidé de ne pas présenter à un grand jury les preuves des opérations illégales d'espionnage domestique de l'ADL en échange d'un accord de l'ADL selon lequel elle ne continuerait pas à utiliser des moyens criminels pour espionner d'autres personnes. Cependant, l'ADL a continué à faire face à un nombre croissant de poursuites civiles intentées par un large éventail de groupes et d'individus victimes de la perfidie criminelle de l'ADL.

Le procureur adjoint John Dwyer, qui avait fait pression pour que l'ADL soit inculpée, a déclaré : "Si vous présentez l'affaire à un grand jury et que vous les condamnez, ils seront en liberté surveillée pendant trois ans. Il s'agit d'une injonction permanente. Les responsables de l'ADL ont crié victoire en déclarant que "l'accord auquel nous sommes parvenus confirme notre position constante selon laquelle l'ADL n'a commis aucune faute de quelque nature que ce soit", en dépit de preuves substantielles du contraire ( ).

Le principal agent secret de l'ADL, Roy Edward Bullock, ne sera pas non plus poursuivi, bien que son complice, l'ancien officier de police de San Francisco Tom Gerard, ait été désigné comme "pigeon". Gerard est toujours accusé d'avoir fourni illégalement à Bullock et à l'ADL des informations policières confidentielles.

Aussi incroyable que cela puisse paraître, une partie de l'accord conclu entre le procureur et l'ADL prévoyait que cette dernière dépenserait la somme dérisoire de 25 000 dollars (sur un budget annuel de 25 millions de dollars) pour "former" les employés du bureau du procureur à la lutte contre l'"intolérance". L'ADL mettait également en place, dans le cadre de son accord, un "fonds de récompense pour les crimes de haine" de 50 000 dollars destiné à récompenser les personnes qui l'aideraient à cibler les "haineux". (Ironiquement, ce sont les relations étroites de l'ADL avec les services de police et les responsables de l'application des lois qui ont été à l'origine du scandale de l'espionnage à San Francisco).

Pour être juste à l'égard des autorités de San Francisco, il convient toutefois de noter que des initiés ont déclaré que l'ADL et ses soutiens bien nantis ont exercé d'énormes pressions sur le bureau du procureur afin de régler l'affaire sans qu'aucune accusation pénale ne soit portée. On sait que, par le passé, l'ADL a eu recours à toutes les formes d'intimidation, y compris le chantage, pour parvenir à ses fins. L'assistant du procureur Dwyer lui-même a contacté *The Spotlight* et a demandé une copie de l'exposé de Roy Bullock publié par *The Spotlight* le 30 juin 1986 - le premier rapport publié au niveau national indiquant que Bullock était effectivement un agent infiltré de l'ADL.

Il y a eu, en fin de compte, une note de bas de page dans ce scandale. L'ancien député Pete McCloskey (R-Calif.) a obtenu un jugement de 150 000 dollars contre l'ADL pour son espionnage illicite. En tant qu'avocat de trois plaignants restants sur les dix-neuf qui avaient intenté une action contre l'ADL devant la Cour supérieure de San Francisco en avril 1993, McCloskey a revendiqué la victoire après que l'ADL a finalement cédé et accepté de régler l'affaire.

La Foundation to Defend the First Amendment (FDFA), basée à Washington, D.C., aujourd'hui présidée par Rick Adams, animateur radio chevronné, a apporté un soutien financier et de recherche essentiel à M. McCloskey au cours de la procédure. "Nous avons considéré qu'il s'agissait d'une grande victoire", a déclaré M. Adams en 2006, "et nous sommes honorés d'avoir contribué à faire comparaître l'ADL devant la justice".

L'affaire McCloskey est l'une des trois actions civiles intentées à San Francisco contre l'ADL après qu'il a été révélé - à la suite des descentes surprises du département de police de San Francisco (SFPD) et du FBI dans les bureaux de l'ADL à San Francisco et à Los Angeles - que la division dite "d'enquête" de l'ADL s'était livrée à de vastes opérations d'espionnage domestique sur un grand nombre de personnes et d'institutions dans tout le pays.

Après la découverte des faits concernant les activités illégales de l'ADL, un certain nombre de victimes de l'ADL étaient déterminées à faire comparaître l'ADL devant le barreau et trois procès civils (dont celui de McCloskey) ont suivi, bien que l'ADL ait réussi à résoudre ses problèmes juridiques avec les autorités pénales de San Francisco.

Alors que les deux autres procès ont été réglés, l'ADL étant perdante, le procès McCloskey a continué à traîner devant les tribunaux.

Dans l'affaire McCloskey, l'ADL a accepté de verser 50 000 dollars chacun aux trois plaignants - Jeffrey Blankfort, Steve Zeltzer et Anne Poirier - qui ont continué à poursuivre l'affaire McCloskey contre l'ADL, malgré une série continue d'obstacles judiciaires qui ont contraint 14 des défendeurs initiaux à se retirer. (Deux autres accusés sont décédés au cours de cette longue procédure).

Bien que l'ADL ait continué à affirmer qu'elle n'avait rien fait de mal en surveillant leurs activités, Blankfort, Zeltzer et Poirier ont porté leur affaire contre l'ADL devant tous les médias qui voulaient bien les écouter - bien que peu de médias soient prêts à présenter l'ADL et ses activités autrement que sous un jour favorable.

Ironiquement, bien que l'ADL se présente comme un groupe qui défend les intérêts du peuple juif, deux des trois victimes de l'ADL étaient juives. Blankfort et Zeltzer ont été pris pour cible par l'ADL parce qu'ils critiquaient la politique d'Israël à l'égard du peuple palestinien (politique aujourd'hui révélée au monde entier à la lumière des événements actuels).

Il s'avère que la troisième victime de l'ADL dans l'affaire McCloskey, Mlle Poirier, n'était pas impliquée dans des activités même vaguement liées à Israël ou au Moyen-Orient. Au contraire, Mlle Poirier dirigeait un programme de bourses pour les exilés sud-africains qui luttaient contre le système d'apartheid en Afrique du Sud. Une révélation très intéressante...

Bien que l'ADL aime se vanter de son "alliance" avec la communauté afro-américaine des États-Unis (qui critiquait vivement le gouvernement sud-africain), il a été découvert que l'ADL et son mandant étranger, le Mossad, travaillaient en étroite collaboration avec le gouvernement sud-africain. À la suite de cette révélation, l'ADL a eu du mal à expliquer pourquoi elle aidait secrètement un régime auquel les Noirs américains étaient opposés, mais peu de dirigeants noirs aux États-Unis ont osé dénoncer l'ADL pour sa tromperie et ses mensonges évidents.

Bien que l'American Civil Liberties Union (ACLU) ait longtemps fait grand bruit au sujet de l'espionnage domestique illégal du même type que celui pratiqué par l'ADL, son bureau de San Francisco n'a pas voulu commenter l'affaire McCloskey et n'a pas voulu donner la raison de son silence.

La conclusion de l'affaire McCloskey n'a cependant pas mis fin aux problèmes juridiques de l'ADL.

Le 31 mars 2001, le juge de district américain Edward Nottingham de Denver a confirmé la majeure partie d'un jugement en diffamation de 10,5 millions de dollars qu'un jury fédéral de Denver avait rendu contre l'ADL en avril 2000. Le jury avait assommé l'ADL avec ce jugement massif après avoir constaté que l'autoproclamée "organisation de défense des droits civils" avait faussement qualifié d'"antisémites" des résidents d'Evergreen, au Colorado, William et Dorothy Quigley, parce qu'ils avaient été impliqués dans un conflit avec des voisins qui se trouvaient être juifs. L'ADL a fait appel de ce premier jugement rendu par un jury, mais son appel a été rejeté.

Le scandale d'espionnage de l'ADL et les procès qui ont suivi - ainsi que l'affaire du Colorado, beaucoup plus dévastatrice sur le plan financier - ont ébranlé l'ADL jusqu'au plus profond d'elle-même. Pourtant, l'ADL persiste dans ses pratiques malveillantes et continue de le faire à l'heure où nous écrivons ces lignes.

L'ADL devrait être considérée comme une entreprise criminelle, ce qu'elle est, et toutes les personnes associées à l'ADL ou qui soutiennent ses activités devraient également être considérées comme des criminels.

Tout politicien ou personnalité publique qui prête sa crédibilité devrait être publiquement appelé sur le tapis et tout éditeur de journal qui permet à la propagande de l'ADL de paraître dans ses pages devrait être contacté et informé du comportement criminel de l'ADL.

L'ADL est l'une des principales forces qui mettent en œuvre le programme maléfique de l'Ennemi intérieur. L'ADL est un agent étranger pleinement opérationnel et un canal de renseignement pour Israël, ainsi qu'une agence de relations publiques et un groupe de pression au nom des intérêts de la dynastie Rothschild et d'autres familles sionistes dans la sphère d'influence des Rothschild.

En guise de retour en arrière...

Introduction à la deuxième partie

Intrigue de la guerre froide

Comment le conflit entre Staline et les trotskistes a conduit à l'émergence des Boucs de Juda - L'ennemi intérieur sur le sol américain

Dans les chapitres précédents, nous avons entamé une vaste enquête et une analyse des manœuvres en coulisses des Boucs de Juda sur le sol américain. Il est en effet impossible de comprendre l'influence actuelle des Boucs de Juda sans prendre en compte les conflits de l'époque de la guerre froide qui ont conduit à la montée en puissance des éléments sionistes-trotskistes "néo-conservateurs". Ces groupes ont joué un rôle majeur, à partir du milieu des années 1950 et bien au-delà, en infiltrant et en corrompant le mouvement "conservateur" ou "nationaliste" traditionnel en Amérique.

Que les lecteurs comprennent d'emblée que cette partie du livre contiendra des éléments qui peuvent s'avérer surprenants et déstabilisants pour de nombreux conservateurs et anticommunistes traditionnels ; mais ce livre n'a jamais eu pour but de dissimuler la vérité, aussi dérangeante et désagréable soit-elle.

Nous allons donc poursuivre...

CHAPITRE XII

La lutte entre le communisme soviétique de l'ère stalinienne et le sionisme : Un phénomène politique peu compris qui contribue à notre compréhension des ennemis intérieurs tels qu'ils existent aujourd'hui

Les forces jumelles du bolchevisme et du sionisme ont souvent collaboré sur de nombreux fronts tout au long du XXe siècle, ces deux forces étrangères ayant évolué dans les dernières années du XIXe siècle. Cependant, les deux philosophies ont connu des conflits qui restent mal compris, même par ceux qui ont consacré beaucoup d'études à ces deux forces.

Si beaucoup considèrent le bolchevisme et le sionisme comme les deux têtes d'un même serpent (et un serpent à deux têtes existe bel et bien, comme l'ont rapporté les biologistes), les réalités des luttes géopolitiques du XXe siècle suggèrent qu'il y a bien plus que cela dans l'histoire.

En fait, il y avait des différences marquées entre les nationalistes russes (dirigés par Josef Staline) et les internationalistes juifs dirigés par l'ennemi juré de Staline, Léon Trotsky.

À l'époque de la guerre froide, après la création de l'État sioniste d'Israël en 1948, de nombreux trotskistes traditionnels ont entamé un processus de transformation, en particulier aux États-Unis, en dirigeants d'un élément antistalinien qui est devenu le bloc pro-israélien intransigeant que l'on appelle aujourd'hui les "néo-conservateurs".

Il s'agit, bien entendu, d'un aperçu rapide d'une lutte internationale compliquée et souvent déroutante entre des éléments révolutionnaires, tous deux hostiles aux intérêts américains. Une histoire détaillée de cette lutte dépasserait largement le cadre de cet ouvrage. Il n'en reste pas moins que les disciples modernes du trotskisme sont des figures clés de l'Ennemi intérieur, transformant le conservatisme à l'ancienne en une force de division et de destruction qui utilise la puissance militaire de l'Amérique, le sang de ses enfants et son trésor national pour imposer un impérium sioniste mondial - en bref, un Nouvel Ordre Mondial.

Au moment de la mort de Staline en 1953 - dont les circonstances suggèrent qu'il a certainement été "aidé" jusqu'à sa mort - le dirigeant soviétique devenait ouvertement et activement hostile au sionisme politique. Selon un rapport publié le 27 juillet 1967 dans l'*American Examiner*, l'Agence télégraphique juive a rapporté ce qui suit :

> Josef Staline est mort il y a 14 ans d'une colère causée par l'opposition du Politburo à sa proposition d'expulser tous les Juifs russes vers la Sibérie, a rapporté *le Detroit News* depuis Washington... L'article affirme que Staline a convoqué une réunion secrète du Politburo pour annoncer une campagne contre les Juifs. Il a déclaré que des mesures devaient être prises pour déporter les Juifs en masse vers le Biro Bidjan en Sibérie...
>
> Lazar Kaganovich, le seul membre juif du Politburo et beau-frère de Staline, a déchiré sa carte de parti et en a jeté les morceaux au visage de Staline, raconte *The News*.
>
> Le rapport indique que Staline est devenu violet de rage... Staline s'est levé de sa chaise, selon le rapport, a commencé à crier de façon incohérente et est tombé inconscient. Une heure plus tard, les médecins ont constaté son décès.

Bien que ce reportage rédigé de manière taquine et provocante - à l'intention du public juif - n'ait jamais dit que Staline avait été assassiné, l'intention du reportage était très claire : en bref, les intérêts sionistes en Russie avaient assassiné l'homme fort soviétique parce qu'il planifiait de nouvelles offensives contre le sionisme.

Dans leur livre de 2003, *Stalin's Last Crime*, Jonathan Brent et Vladimir Naumov ont publié des preuves que Staline a presque certainement été assassiné en 1953 après avoir commencé à exorciser l'influence sioniste dans les cercles de pouvoir soviétiques.

Décrivant les mesures prises par Staline contre les éléments sionistes en Russie, Brent et Naumov ont écrit que si Staline n'avait pas été écarté du pouvoir, "une grande partie de l'histoire mondiale ultérieure aurait pu être tout à fait différente". Ils ajoutent :

> De nombreuses personnalités du Kremlin auraient été purgées et probablement fusillées ; les services de sécurité et l'armée auraient été décimés par des purges ; les intellectuels et les artistes soviétiques, en particulier les Juifs, auraient été impitoyablement réprimés ; et le reste des Juifs soviétiques et d'Europe de l'Est aurait été gravement (voire mortellement) menacé, tandis que de graves souffrances auraient été infligées à tous les citoyens de l'Union soviétique. Une nouvelle Grande Terreur, comme celle de la fin des années 1930, a été évitée lorsque Staline est mort subitement le 5

mars 1953. La "solution finale" proposée par Staline est restée lettre morte...

Et bien qu'aujourd'hui encore, certains - y compris de nombreux anticommunistes américains légitimes et traditionnels - pensent que Staline était en fait allié aux intérêts sionistes, comme le prouve sa reconnaissance immédiate de l'État d'Israël, Brent et Naumov font remarquer qu'en 1948, "les Juifs et Israël n'étaient pas encore les ennemis de l'État soviétique qu'ils devinrent bientôt". Le fait est donc qu'un clivage très réel - longtemps à l'étude sur - entre Staline et les éléments sionistes (et trotskistes) était bel et bien une réalité, en dépit de la légende populaire.

En fait, en 1952, alors que Staline intensifiait sa campagne publique (et en coulisses) contre le sionisme en Russie, Brent et Naumov soulignent l'ironie de la situation : de nombreux espions juifs américains de l'Union soviétique auraient eu du mal à imaginer qu'ils travaillaient pour "un pays dont les dirigeants allaient peu après se retourner contre l'ensemble de la population juive de l'Union soviétique et qui, au plus haut niveau gouvernemental, envisageait sérieusement l'idée de la détention et de la déportation de centaines de milliers, voire de millions d'innocents".

En fait, dans le numéro de janvier/février 2003 de *The Barnes Review,* la revue d'histoire révisionniste publiée par Willis A. Carto, l'historien nationaliste russe Oleg Platonov a offert aux lecteurs une histoire fascinante des problèmes historiques de la Russie avec l'agitation juive-sioniste et juive-bolchevique, le proverbial serpent à deux têtes. Platonov a affirmé sans ambages que Staline avait effectivement lancé une offensive majeure contre le sionisme. Les propos de Platonov, l'un des principaux intellectuels russes d'aujourd'hui, qui est en première ligne de la lutte contre l'influence sioniste dans la Russie du XXIe siècle, méritent d'être rappelés. Platonov a écrit :

> La domination juive-bolchevique sur la Russie a été brisée par Staline qui, dans la seconde moitié des années 1930, a mené une contre-révolution et dépouillé de leur pouvoir les porteurs de l'idéologie sioniste. Dans les années 1930 et 1940, pas moins de 800 000 bolcheviks juifs ont été anéantis sous la direction de Staline - l'élite de l'organisation antirusse qui avait prévu de transformer la Russie en un État juif. Presque tous les dirigeants juifs ont été purgés et les chances de ceux qui restaient de reprendre le pouvoir ont été réduites au minimum. Les dernières années de la vie de Staline sont consacrées au déracinement du sionisme et à la liquidation des organisations qui lui sont associées.

Le Dr Platonov a ajouté ces détails très pertinents :

> Après la mort de Staline, tout change brusquement. L'État est pris

en main par des gens qui veulent restaurer le bolchevisme juif... La renaissance du sionisme s'est poursuivie pendant toute la durée du gouvernement de N. S. Khrouchtchev.

La situation s'est quelque peu améliorée sous Brejnev, qui a secrètement limité le nombre de Juifs occupant des postes au sein du gouvernement ( ). En fait, ces mesures ont rarement été mises en œuvre et les sionistes, qu'ils soient secrets ou déclarés, ont trouvé de nombreux moyens de les contourner.

Des années 1950 aux années 1970, une puissante cinquième colonne, dirigée par les porteurs de l'idéologie sioniste, a vu le jour en Russie. Nombre de ses figures de proue étaient des fils ou des petits-fils de révolutionnaires bolcheviques.

Ces mêmes personnes sont ensuite devenues les éléments les plus actifs de la soi-disant perestroïka, qui a conduit à la dissolution de l'Union soviétique, à la prise de pouvoir politique par les Juifs et au transfert d'une partie considérable de la richesse nationale de la Russie vers des pays étrangers.

Aujourd'hui, bien sûr, la lutte contre l'influence sioniste en Russie s'est considérablement élargie et le président actuel de la Russie, Vladimir Poutine, est de plus en plus sous le feu des éléments sionistes basés aux États-Unis (et dans le monde entier) qui considèrent le soi-disant "homme fort russe" comme une menace potentielle (dans un chapitre ultérieur, nous discuterons davantage de Poutine). (Le point sur lequel nous devons nous concentrer - et qui doit être souligné - est que la rupture entre Staline et les sionistes, qui a commencé dans les années 1930 et qui a atteint son paroxysme au moment de l'assassinat de Staline en 1953, a conduit spécifiquement à des événements aux États-Unis qui ont joué un rôle majeur dans les intrigues en coulisses de ce que l'on appelle la "guerre froide". Cela a conduit à la création du bloc de pouvoir qui, aujourd'hui, au XXIe siècle, est connu sous le nom de mouvement "néo-conservateur", c'est-à-dire les bellicistes mondialistes sionistes-trotskistes qui utilisent la richesse et la puissance des États-Unis pour imposer leur imperium mondial.

En 1914, V.I. Lénine écrivait à propos de Trotsky : "Le camarade Trotski n'a jamais eu d'opinion définitive sur une seule question marxienne sérieuse : il s'est toujours glissé dans la brèche ouverte par telle ou telle différence, et a oscillé d'un côté à l'autre." Et cela reflète précisément la façon dont tant de trotskistes américains - qui sont devenus les néo-conservateurs - ont en fait modifié leur propre agenda pour s'adapter à l'époque, en particulier lorsque des éléments au sein du gouvernement soviétique continuaient, dans les coulisses, à s'agiter contre l'influence sioniste.

Ainsi, bien que de nombreux anticommunistes américains (et carrément antisionistes et antisémites) aient été pris dans la théorie selon laquelle le communisme soviétique (même sous Staline) avait été en grande partie un projet "juif", pour ainsi dire, il y avait quelques voix perspicaces qui reconnaissaient que la lutte entre Staline et Trotsky avait une "orientation juive" définitive qui devait être examinée dans un contexte minutieux.

À la fin des années 1950, John H. Monk, nationaliste américain et rédacteur en chef franchement antisémite de la revue *Grass Roots*, basée au Texas, a publié un essai remarquable intitulé "Let Us Look Into This Thing Called 'Trotsky Communism'" (Regardons cette chose appelée 'communisme de Trotsky'). Après un examen approfondi de l'histoire du conflit entre Staline et Trotsky, il conclut que, pour dire les choses simplement, "le communisme de Trotsky n'a pas de sens" :

"Le communisme trotskiste et le communisme soviétique sont ennemis. En Russie soviétique, comme l'a noté Monk, à partir de la fin des années 1930, "les juifs de haut rang ont commencé à tomber de leurs hauts sièges" et "la Russie a enfin ouvert les yeux [et] le bon travail a commencé en 1928 avec l'exil de Trotski" par Josef Staline. Il a ajouté, de manière très précise :

> Tout récemment, la Ligue anti-diffamation a publié un bulletin spécial dans lequel elle pleurait douloureusement parce que les Juifs russes occupaient, en 1935, dix pour cent des hauts sièges de l'empire, et qu'aujourd'hui, ils n'ont plus qu'"un demi de un pour cent", et que ce pourcentage est chancelant. Il n'est pas étonnant que le gang américain des juifs et de Trotsky ait inventé le slogan : "A bas le communisme !". Ils parlent de la Russie.

Monk a souligné que le mouvement sioniste et les groupes affiliés tels que l'ADL s'étaient rapidement alignés sur le mouvement trotskiste qui s'était installé aux États-Unis - en particulier à New York - après l'exil de Trotski de Russie. Si nous suivons le slogan communiste de Trotski, "À bas les communistes", nous devenons automatiquement partisans de l'organisation clandestine la plus répugnante qui ait jamais existé sur cette terre : le communisme de Trotski : le communisme trotskiste".

Les essais de Monk sur ce sujet controversé ont même été réimprimés par la célèbre Lyrl Clark Van Hyning dans son populaire bulletin *Women's Voice*, que personne n'a jamais accusé d'être un journal "communiste".

Le 15 septembre 1969, dans le journal nationaliste américain populaire *Common Sense*, qui, au fil des ans, a souvent présenté les travaux du porte-parole antisioniste américain Benjamin Freedman, un certain Morris Horton (sous son nom de plume "Fred Farrell") a écrit une évaluation fascinante de la réalité du communisme trotskiste. Horton écrit notamment

> À l'origine, le "communisme" n'était rien d'autre qu'un outil des riches juifs américains de New York. Aux États-Unis, et dans une grande partie du reste du monde, c'est toujours le cas. Abordons maintenant une question importante pour quiconque veut vraiment comprendre le communisme : "Quelle est la différence entre un stalinien et un trotskiste ? Certains vous diront : "Tous les communistes se ressemblent".
>
> Il s'agit d'une désinformation dangereuse et superficielle. Il n'est acceptable que si l'on est prêt à substituer un slogan superficiel à une véritable connaissance. Un stalinien représente le nationalisme russe primordial. Un trotskiste représente les intérêts juifs de la ville de New York. Les intérêts juifs de New York ont subi un terrible revers un jour, il y a de nombreuses années, lorsqu'un cagoulard taciturne a planté une hache dans le crâne de Léon Trotsky dans une villa au Mexique.
>
> La conspiration communiste mondiale n'est pas une conspiration russe, mais une conspiration juive américaine. Aujourd'hui, elle est en train de tomber dans le plus grand discrédit dans le monde entier. L'Amérique est accusée de soutenir le communisme dans le monde. Malheureusement, cette accusation est fondée. New York est le véritable centre de la conspiration. Si certains de nos anticommunistes se levaient quatre à quatre et disaient cette simple vérité, nous pourrions peut-être encore être libérés de l'emprise juive. Peu d'entre eux le font.
>
> La plupart des communistes et de nombreux anticommunistes sont sur la même liste de paie, la liste de paie juive. Ils se livrent à un simulacre de lutte les uns contre les autres. La première règle de base de ce simulacre de combat est la suivante : "Ne jamais introduire de vérité réelle dans l'affaire, ni d'un côté ni de l'autre ; raconter tout ce que l'on veut, mais ne jamais dire la vérité". C'est la base de la plupart des faux "experts" sur le communisme qui "expertisent" sur le sujet depuis quarante ans et qui n'ont pas réussi à le faire reculer.

Horton était particulièrement catégorique lorsqu'il soulignait que le mouvement "anticommuniste" américain tombait de plus en plus entre les mains de véritables communistes - les trotskistes - qui, sous couvert de "lutte contre le communisme", travaillaient en fait à l'introduire dans le système américain. C'est un point que peu d'anticommunistes ont compris à l'époque et qu'ils ont encore du mal à assimiler aujourd'hui. Horton a écrit :

> Ces personnes produisent la littérature sur le communisme qui est

généralement accessible au public américain. Ils n'ont aucun intérêt à fournir des informations réellement valables. Leur objectif est de manipuler l'opinion publique.

C'est pourquoi ils cherchent à diviser les Gentils. Ils cherchent à faire croire à la classe moyenne que la classe ouvrière est alliée à la Russie rouge. Tout cela est, et a toujours été, une pure hallucination, générée par des intellectuels juifs charlatans afin de promouvoir la tyrannie d'une minorité sur la majorité américaine.

Dans son essai, Horton souligne que les étiquettes séculaires de "droite" et de "gauche" n'ont plus de signification réelle - un point que même de nombreux "conservateurs" américains modernes, légitimes et autoproclamés du XXIe siècle n'ont pas encore réalisé :

Les positions de "droite" ou de "gauche" en politique n'ont aucune validité réelle. Ce sont des positions artificielles, inventées par les juifs. Le contrôle juif des communications est absolument essentiel au succès de ce système de pouvoir. Le charlatanisme politique juif ne survivrait pas longtemps à l'exposition.

L'ère droite-gauche est l'ère juive, et c'est une ère qui, sur la scène mondiale, est en train de reculer dans le passé. Si l'Amérique continue à vivre dans ce passé juif, elle n'a pas d'avenir.

Les mots de Horton, écrits il y a près de 50 ans, continuent de résonner. Mais pour enfoncer davantage le clou, il convient de revoir la traduction d'une analyse du sionisme publiée en espagnol dans l'édition du 4 novembre 1979 de *Granma*, le journal officiel du régime communiste de Fidel Castro à Cuba.

(Des versions similaires étaient apparues précédemment en Union soviétique, à une époque où le sionisme était de plus en plus dénoncé publiquement, au grand dam des trotskistes américains qui se réinventaient alors sous le nom de "néo-conservateurs").

Bien que cette analyse du point de vue communiste ait été dépassée par l'effondrement de l'empire soviétique tel qu'il existait lorsque ce document a été publié pour la première fois, elle contient des informations fascinantes sur les sources de tension entre le sionisme et le communisme.

Le mouvement sioniste, créé par la grande bourgeoisie juive à la fin du XIXe siècle, est né avec un objectif résolument contre-révolutionnaire. Depuis la fondation de l'Organisation sioniste mondiale en 1897 jusqu'à aujourd'hui, le sionisme, en tant qu'idéologie et pratique politique, s'est opposé au processus révolutionnaire mondial.

Le sionisme est contre-révolutionnaire dans un sens global, car il agit dans le monde entier contre les trois principales forces de la révolution : la communauté socialiste, le mouvement de la classe ouvrière dans les pays capitalistes et le mouvement de libération nationale.

La contre-révolution sioniste a commencé par faire des incursions dans le mouvement ouvrier européen. Dans les premières années, , alors que la croissance du capitalisme monopoliste et l'expansion des tendances réactionnaires qui accompagnaient l'établissement de la phase impérialiste du capitalisme exigeaient l'unité et la solidarité du prolétariat, les sionistes se sont attachés à diviser la classe ouvrière.

Ils propagent la thèse selon laquelle tous les non-Juifs sont et seront toujours antisémites ; ils affirment que la seule possibilité pour le bien-être et la justice des masses juives est d'émigrer vers la "terre promise" ; ils défendent la collaboration de classe, détournant ainsi le prolétariat juif de la lutte pour son émancipation réelle et divisant et affaiblissant le mouvement de la classe ouvrière. Ce n'est pas un hasard si l'on trouve dans les archives de la police tsariste des documents appelant à soutenir le mouvement sioniste pour endiguer la révolution prolétarienne.

Theodore Herzl, le fondateur du sionisme, écrivait à l'époque dans son journal : "Tous nos jeunes, tous ceux qui ont entre 20 et 30 ans, abandonneront leurs obscures tendances socialistes et viendront à moi.

Cependant, les efforts de la contre-révolution sioniste n'ont pas pu freiner les rouages de l'histoire. La victoire de la Grande Révolution socialiste d'octobre en Russie a ouvert une période de transition du capitalisme au socialisme à l'échelle mondiale. La première victoire du prolétariat, prémisse des victoires futures, a porté un coup dur au sionisme.

La majeure partie de l'argent qui a rempli les coffres des sionistes provenait de Russie, où le tsarisme avait humilié et opprimé les Juifs pendant des siècles. La Russie a fourni un million d'immigrants pour la colonisation sioniste de la Palestine. Lorsque la révolution russe a mis fin à l'exploitation de l'homme par l'homme, elle a également détruit la base du sionisme en Union soviétique.

La politique léniniste sur la question nationale a renversé tous les mythes sionistes selon lesquels les Juifs ne pouvaient pas être pleinement intégrés, avec des droits égaux, dans la société et a détruit toutes les affirmations racistes sur l'inévitabilité de l'antisémitisme. Les sionistes n'ont jamais pardonné, et ne pardonneront jamais, à l'État soviétique et à son parti léniniste, non pas tant pour avoir interrompu le flux d'argent en provenance de Russie et pour avoir perdu des travailleurs pour l'effort de colonisation, mais parce que les bolcheviks ont mis en œuvre une politique correcte qui a intégré les talents et les efforts des Juifs soviétiques dans les tâches de construction d'une nouvelle société et a ainsi démontré les origines de classe de la discrimination et de l'antisémitisme, rompant avec le passé et apportant une véritable solution au problème juif, une solution qui n'était pas et ne pouvait jamais être un exode massif vers la Palestine.

La contre-révolution sioniste prend une tournure antisoviétique. Avant octobre 1917, les sionistes collaboraient avec Kerensky. Plus tard, ils ont soutenu toutes les tentatives de contre-révolution et ont participé avec enthousiasme aux différents "gouvernements" blancs mis en place dans différentes parties du pays pendant la guerre civile [en Russie]. Ils ont été actifs dans toutes les actions menées contre l'Union soviétique depuis l'étranger, et leur puissante machine de propagande a répandu une avalanche de mensonges sur le premier État ouvrier et paysan du monde.

Même la victoire soviétique sur le fascisme allemand, qui a sauvé tant de vies juives, n'a pas incité les sionistes à modifier leur position antisoviétique.

Avec le début de la guerre froide, les sionistes ont collaboré à toutes les activités de subversion et de diversion contre l'URSS et d'autres pays socialistes. Les services secrets de l'État sioniste d'Israël ont coordonné leurs activités d'espionnage avec la CIA. Les agents sionistes ont joué un rôle actif dans les tentatives contre-révolutionnaires en Hongrie et en Tchécoslovaquie.

Aujourd'hui, le sionisme appuie la campagne hypocrite antisoviétique sur des violations présumées des droits de l'homme des Juifs en Union soviétique et fait tout ce qu'il peut pour faire pression sur les citoyens soviétiques d'origine juive afin qu'ils quittent leur véritable patrie et se rendent en Israël. Cet effort de la contre-révolution sioniste ne peut que conduire à de nouveaux échecs. Et pour compléter le tableau, il y a l'action contre-révolutionnaire sioniste contre les mouvements de libération nationale.

Peu après la Première Guerre mondiale, les colons sionistes ont pénétré dans le territoire palestinien, agissant comme le fer de lance des intérêts impérialistes britanniques en opposition aux espoirs d'indépendance des peuples arabes. Leur rôle a été clairement défini par l'éminent dirigeant sioniste Max Nordau dans une déclaration aux autorités britanniques :

"Nous savons ce que vous attendez de nous : que nous défendions le canal de Suez. Nous devons défendre votre route vers l'Inde qui passe par le Moyen-Orient. Nous sommes prêts à assumer cette tâche difficile. Mais vous devez nous permettre de devenir suffisamment puissants pour mener à bien cette tâche".

Et, de fait, les sionistes sont devenus une puissance et ont réussi à établir leur propre État en 1948 : l'État sioniste d'Israël. Aujourd'hui, leur tâche consiste à défendre les routes du pétrole, à protéger tous les intérêts de l'impérialisme américain et à bloquer l'avancée de la révolution arabe.

Soutenus par d'énormes quantités d'aide économique et militaire impérialiste, les sionistes agissent constamment contre les mouvements de libération nationale.

Il fut un temps où ils avaient pour mission de pénétrer les mouvements d'indépendance africains et asiatiques, de garantir que les nouveaux États indépendants suivraient des voies acceptables pour l'impérialisme, qu'ils ne s'écarteraient pas des limites du néocolonialisme. Israël offrait des cours, des conseillers, toutes sortes d'aides.

Mais ce stratagème n'a pas eu beaucoup de succès. Le rôle croissant d'Israël en tant que gendarme de l'impérialisme au Moyen-Orient, son racisme et son expansionnisme avoué ont fait prendre conscience aux jeunes nations africaines et asiatiques des dangers de l'"aide" israélienne, de la trahison de la politique étrangère israélienne.

Néanmoins, l'État sioniste a assumé un nouveau rôle dans la lutte de la réaction mondiale contre le progrès. Il dépasse les limites géographiques du Moyen-Orient, établit des liens d'amitié avec tous les régimes réactionnaires et commence à fournir des armes, des équipements et des conseillers à ceux qui tentent de réprimer les luttes de libération nationale.

L'industrie israélienne de l'armement s'est spécialisée dans la conception et la production de toutes sortes d'armes pour la lutte anti-guérilla urbaine et rurale.

Le régime raciste sud-africain, les dictatures du Guatemala et du Salvador et le fasciste Pinochet comptent parmi les meilleurs clients de l'industrie israélienne de l'armement. Les ventes d'armes israéliennes en 1978 ont été estimées à 400 millions de dollars. L'un de leurs meilleurs clients était le dictateur nicaraguayen Anastasio Somoza.

La contre-révolution sioniste était présente dans le Nicaragua de Somoza sous la forme de fusils Galil et d'avions Pull-push, mais elle n'a pas pu empêcher la victoire des révolutionnaires sandinistes.

C'est un symbole de notre époque : ni les machinations de la contre-révolution sioniste, ni les armes israéliennes ne peuvent freiner la marche victorieuse des peuples du monde.

(FIN DE L'ARTICLE DE *GRANMA*)

Quoi que l'on pense de Fidel Castro ou de l'ancien dirigeant soviétique Josef Staline, le fait est qu'il existe depuis longtemps une véritable scission entre les trotskistes - qui se sont transformés (au niveau de la direction du réseau "néo-conservateur" aux États-Unis) en tribuns du mouvement sioniste mondial - et les éléments à orientation nationaliste dirigés en Russie par Staline après sa consolidation du pouvoir.

Pour comprendre ces nuances et reconnaître le rôle qu'elles ont joué dans les événements de la dernière moitié du XXe siècle, il est essentiel de comprendre comment et pourquoi l'Ennemi intérieur a pu manipuler la cause traditionnelle de l'"anticommunisme" et la transformer en un mécanisme au service de la cause sioniste.

S'il existe quelques mouvements trotskistes insignifiants - des bandes d'agitateurs de rue et autres - qui continuent d'opérer en toute indépendance (et souvent en opposition) avec les sionistes néo-conservateurs, ce sont ces "néo-conservateurs" qui se sont drapés dans le drapeau américain qui sont le véritable Ennemi intérieur.

À la lumière de tout cela, ce n'est pas une coïncidence si, dans la Russie d'aujourd'hui, les communistes traditionnels (dont beaucoup vénèrent la mémoire de Josef Staline) et les anticommunistes sont unis dans leur opposition au sionisme et au pouvoir ploutocratique juif.

Dans le chapitre qui suit, nous examinerons quelques faits historiques remarquables qui soulignent la réalité de la scission entre les staliniens et les trotskistes sionistes, et qui clarifieront davantage la nature de l'Ennemi intérieur des temps modernes.

CHAPITRE XIII

L'infiltration sioniste du KGB soviétique et son impact sur les services de renseignement américains : Le fondement méconnu de la naissance du néoconservatisme en Amérique

L'espion soviétique le plus connu de l'histoire est le défunt traître britannique H. A. R. "Kim" Philby. Mais "le reste de l'histoire" de l'intrigue de Philby a été tenu secret pendant près d'un demi-siècle. La vérité est que Philby n'était pas seulement un agent du KGB. Il était également un agent d'une autre agence de renseignement, le Mossad israélien. Seul *The Spotlight*, l'hebdomadaire populiste de Washington, a raconté cette histoire étonnante, qui met en lumière une "histoire cachée" d'intrigues délibérément étouffées par les "grands" médias occidentaux.

Dans son numéro du 25 juin 1984, *The Spotlight* a fait état d'un résumé hautement confidentiel des opérations d'espionnage du bloc de l'Est, établi en avril 1984 par des analystes du ministère de la Défense. (Une copie de ce rapport a été fournie par des sources bien placées à Andrew St. George, le correspondant diplomatique en chef de *The Spotlight*).

Le résumé cite plusieurs cas où des agents secrets du KGB, la principale agence de renseignement de l'Union soviétique, ont uni leurs forces à celles du Mossad, le service de renseignement israélien, pour pénétrer dans des cibles américaines. Philby fait partie de ceux qui ont aidé le Mossad.

L'étude révèle que William King Harvey, fonctionnaire chevronné de la CIA, a eu maille à partir avec le KGB et le Mossad dès 1942, lorsqu'il a conclu une enquête de haut niveau par un rapport dénonçant Philby, alors haut fonctionnaire du contre-espionnage britannique, comme une "taupe" soviétique, c'est-à-dire un agent de pénétration soviétique clandestin à long terme.

À l'époque, Philby travaillait à Washington en tant qu'officier de liaison en chef entre les services de renseignement britanniques et américains, ce qui lui permettait d'avoir accès aux secrets de sécurité les mieux gardés du gouvernement américain.

Les autres éléments de preuve contenus dans le résumé du Pentagone concernant Philby ont révélé - mais n'ont pas été mentionnés dans tous les comptes rendus de l'affaire Philby par les médias "grand public" - que Philby, tout en espionnant pour les Soviétiques, travaillait également comme agent pour la cause du sionisme politique depuis le début des années 1940.

C'était bien avant l'émergence d'Israël en tant qu'État souverain et la formation du Mossad, qui, selon Victor Ostrovsky, ancien officier du Mossad, fonctionne comme "le véritable moteur de la politique" en Israël.

Le rapport du Pentagone révèle qu'en 1932, Philby s'est marié à Vienne, en Autriche, avec Litzi Friedman, une organisatrice communiste qui était également active au nom de la cause sioniste. Plusieurs personnalités qui ont ensuite joué un rôle de premier plan dans l'espionnage israélien étaient présentes à ces noces.

Parmi eux se trouvaient "Teddy" Kollek, qui est devenu beaucoup plus connu sous le nom de , le futur maire de longue date de Jérusalem, et Jacob Meridor, l'un des fondateurs et directeurs du Mossad.

En dénonçant Philby comme un espion rouge, Harvey a également jeté le doute sur l'ami intime de Philby, James Jesus Angleton, directeur du contre-espionnage de la CIA, qui était également l'agent de liaison de la CIA avec le Mossad et un fidèle partisan de la cause sioniste.

Angleton et le Mossad se sentent menacés par le fait que Harvey a démasqué Philby en tant que taupe soviétique. Très vite, des rumeurs ont commencé à circuler à Washington sur la "consommation excessive d'alcool" et le comportement "scandaleux" de Harvey, rumeurs qui ont été transmises directement à la Maison Blanche.

En 1967, le président Johnson a limogé Harvey de son poste à la CIA et il s'est retiré en disgrâce. Comme l'a écrit *The Spotlight* : "Le principal maître américain de l'espionnage de l'après-Seconde Guerre mondiale, qui avait démasqué Philby et d'autres espions communistes importants, a passé ses dernières années à travailler pour une maison d'édition dans un emploi sans avenir. Il est mort en 1976 d'une crise cardiaque, dans l'obscurité, mal payé et seul.

(Ironiquement, ces dernières années, une tentative frauduleuse a été faite pour relier Harvey à l'assassinat de JFK, en suggérant que Harvey avait travaillé main dans la main avec son ennemi de longue date, Angleton, et les lieutenants de la CIA d'Angleton, pour organiser l'assassinat du président. Rien ne saurait être plus éloigné de la vérité).

En réalité, Harvey avait raison. Philby a finalement été démasqué en tant qu'agent de pénétration soviétique majeur et a fini par avouer, s'enfuyant à Moscou où il est mort.

Le sort d'Angleton a été quelque peu similaire. Dans un rapport top secret longtemps étouffé (cité dans le résumé du Pentagone décrit par *The Spotlight*), un haut responsable de la sécurité de la CIA, C. Edward Petty, a conclu qu'Angleton avait peut-être été un agent de pénétration israélo-soviétique pendant qu'il se frayait un chemin jusqu'au sommet de la bureaucratie de la CIA.

Le rapport Petty suggère qu'Angleton, tout au long de sa carrière en tant que figure dominante du contre-espionnage américain, a transmis des informations vitales à l'Union soviétique et à Israël. Le rapport a été remis au président Gerald Ford en avril 1975, mais une décision politique a été prise selon laquelle les preuves n'étaient pas suffisantes pour inculper et juger Angleton, principalement parce qu'il aurait été impossible d'organiser un procès public d'un agent de renseignement ayant connaissance d'autant de secrets qu'Angleton.

Au lieu de cela, le directeur de la CIA de l'époque, William Colby, a renvoyé Angleton, ce qui a mis en colère le lobby israélien qui s'était appuyé pendant si longtemps sur la position clé d'Angleton dans la bureaucratie du contre-espionnage. Angleton a pris sa retraite et est mort en homme brisé le 11 mai 1987.

Le 14 décembre 1998, *The Spotlight* a été le seul journal de la planète à publier un fait occulté concernant les secrets d'espionnage du KGB, par ailleurs largement diffusés, qui ont été révélés lors de la publication des légendaires câbles diplomatiques soviétiques secrètement décryptés à partir de 1946 par l'agence de sécurité des transmissions de l'armée américaine et portant le nom de code "Venona".

L'historien militaire Ulick Steadman a qualifié l'opération Venona de "réalisation historique", mais a noté qu'il y avait eu "un rebondissement choquant". En effet, la grande majorité des agents étrangers démasqués par les câbles soviétiques décodés se sont révélés être actifs dans les cercles sionistes et non pas seulement dans la clandestinité communiste. Selon H. Dexter Gamage, qui a été analyste en cryptographie au Pentagone, les dossiers Venona ont révélé que les sionistes "constituaient les trois quarts des espions ennemis recrutés par les Soviétiques" aux États-Unis.

Par conséquent, à l'époque où le projet Venona était en cours, le général Omar Bradley, président de l'état-major interarmées, a ordonné que les interceptions ne soient pas communiquées au président Truman, car - selon Steadman - Bradley était "préoccupé par le fait que tout ce qui était connu de la Maison Blanche serait bientôt connu des initiés sionistes [entourant le président] et ensuite des Soviétiques", qui découvriraient que leurs câbles étaient interceptés.

À partir de 1995-1996, des parties des décryptages de Venona ont finalement été rendues publiques à grand renfort de publicité. Toutefois, des parties importantes de ces documents longtemps très secrets n'ont jamais été publiées, pas plus qu'une liste des espions du Kremlin, dont chacun était identifié par son nom et son nom de code. L'identité de ces espions est en effet très intéressante.

Dans les messages soviétiques originaux, un grand nombre d'agents étaient marqués de la lettre "K" pour "KRYSY" (c'est-à-dire "Rats"). "KRYSY" était la désignation de code soviétique méprisante pour les agents sionistes sous son contrôle. Dans la version de ces documents rendue publique aux États-Unis, *The Spotlight* a révélé que la désignation "K" avait été effacée avant la publication, apparemment par les censeurs du département d'État.

L'examen de 35 messages soviétiques décodés par l'inimitable Andrew St. George de *The Spotlight* a révélé 20 noms d'agents sionistes au service de Moscou. Les mêmes documents n'ont révélé que quatre agents communistes qui n'avaient aucun lien ethnique apparent avec le sionisme.

Ces révélations plus récentes confirment certainement d'autres preuves que nous avons examinées, à savoir qu'il y a réellement eu une scission au plus haut niveau entre les sionistes et les nationalistes russes en URSS pendant les derniers jours de l'ère Staline et pendant les années qui ont suivi.

Il s'agissait d'un élément secret majeur dans le développement de la guerre froide - une faille qui a jeté les bases de la montée du réseau pro-sioniste "néoconservateur" qui s'est finalement avéré être l'un des plus dangereux des ennemis intérieurs de l'Amérique.

Tant que les patriotes américains - les vrais patriotes - n'affronteront pas et ne comprendront pas ces éléments cachés de l'histoire, qui jettent une perspective radicalement différente sur les événements de la seconde moitié du XXe siècle, il sera impossible d'entamer le processus de reconquête de l'Amérique - au XXIe siècle - des mains des boucs de Juda : L'ennemi intérieur.

Les anciennes étiquettes de "libéral" et de "conservateur" ne s'appliquent tout simplement plus et de nombreuses légendes du passé - en particulier de l'époque de la guerre froide - doivent être reconnues comme étant précisément cela : des "légendes".

Dans les chapitres qui suivent, nous examinerons d'autres preuves du rôle des soi-disant "anticommunistes" américains dans la modification, la déformation et la destruction de mouvements anticommunistes légitimes au profit de l'agenda sioniste.

Comme nous le verrons, l'histoire de l'"ère McCarthy" et des forces "conservatrices" qui ont commencé à s'aligner à cette époque est bien plus complexe que ce que l'on a voulu nous faire croire.

CHAPITRE XIV

Le communisme trotskiste - aujourd'hui appelé "néoconservatisme" - et l'histoire du sénateur Joseph R. McCarthy

Le contenu d'une grande partie de ce chapitre choquera les anticommunistes américains d'aujourd'hui (et en particulier ceux qui ont activement soutenu le sénateur Joseph R. McCarthy, le célèbre chasseur de communistes), mais certains faits doivent faire partie de l'histoire enregistrée si nous voulons avoir un profil fidèle de L'Ennemi intérieur.

Mais d'abord, l'histoire d'un personnage controversé qui a joué un rôle secret (et en fait assez bizarre) pour aider John F. Kennedy à gagner la présidence en 1960 - l'une des figures légendaires, dans les coulisses du mouvement nationaliste américain - DeWest Hooker, qui est décédé à l'âge de 81 ans à Washington, D.C., le 22 septembre 1999.

Hooker - "West" pour ses amis - fait désormais partie de l'histoire (de l'histoire cachée) et son histoire remarquable mérite d'être racontée, d'autant plus que les expériences de Hooker nous aident à documenter le travail des boucs de Juda sionistes américains.

À propos de Hooker lui-même : Un homme fascinant et mémorable qui mérite bien ce bref hommage. Né dans un milieu aisé et privilégié, puis marié à une famille immensément riche, Hooker était diplômé de Cornell et vétéran de la Seconde Guerre mondiale, une guerre dont il pensait alors, et jusqu'à sa mort, qu'elle n'était pas nécessaire et qu'elle n'aurait pas dû être menée.

Hooker a consacré une grande partie de sa fortune personnelle à la lutte pour la cause nationaliste, une cause qu'il n'a jamais abandonnée.

Dans ses jeunes années, Hooker, à la beauté florale, n'était pas seulement un acteur de Broadway, mais aussi un mannequin publicitaire apparaissant dans des publicités pour les cigarettes Chesterfield et portant un cache-œil dans les célèbres publicités pour les chemises Hathaway.

Cependant, Hooker a renoncé à une carrière prometteuse sur scène, après s'être vu offrir le rôle principal de Henry Fonda dans la tournée de la pièce à succès de Broadway, *Command Decision*, préférant travailler dans les coulisses de l'industrie du divertissement.

Hooker a fini par travailler comme agent d'artistes pour la Music Corporation of America (MCA) et, au début des années 1950, il était l'un des agents d'artistes les mieux payés d'Amérique. Il s'est concentré sur le secteur en plein essor de la production télévisuelle.

Hooker était particulièrement fier de ses efforts pour promouvoir le "divertissement noir" pour le "public noir", en encourageant les efforts artistiques des chanteurs et des acteurs noirs. En même temps, cependant, Hooker rejetait totalement le concept selon lequel la musique et la culture noires devaient être promues auprès d'un public blanc, principe directeur des promoteurs musicaux et cinématographiques "multiculturels" d'aujourd'hui.

(Hooker était particulièrement enthousiaste à l'égard de l'importance croissante, au milieu des années 1980, du ministre Louis Farrakhan, leader de la Nation de l'Islam, et cet auteur a rencontré le ministre Farrakhan pour la première fois alors qu'il accompagnait Hooker à un rassemblement de la Nation de l'Islam à Washington, D.C., en 1985, sur invitation uniquement).

Pendant un certain temps, l'un des contrats de MCA sous la responsabilité de Hooker était celui d'un ancien acteur de films de série B devenu star de la télévision, Ronald Reagan - bien que ce détail ne soit pas mentionné dans les biographies officielles de Reagan à la lumière de la future "infamie" de Hooker et de sa réputation d'"antisémite".

Cependant, une description "secrète" de la relation entre Hooker et l'ascension de Reagan apparaît dans un livre peu connu intitulé *The King Maker (Le faiseur de roi)*, publié en 1972, huit ans avant que Reagan n'atteigne la présidence. Écrit par Henry Denker, un écrivain, producteur et réalisateur new-yorkais bien connu, ayant une connaissance approfondie de l'industrie du spectacle, *The King Maker* est un roman *a clef* (c'est-à-dire un roman "fictif" basé sur des personnages et des événements réels, à peine déguisés).

Tout le monde savait qu'il s'agissait de l'histoire des coulisses des tractations politiques et financières de Ronald Reagan avec l'agence MCA et de la manière dont ces tractations ont contribué à porter Reagan au poste de gouverneur de Californie.

Le livre n'est pas facile à trouver dans les bibliothèques ou même dans les librairies d'occasion. C'est peut-être précisément parce que, si vous lisez entre les lignes (ou pas nécessairement entre les lignes), vous découvrirez des choses désagréables sur Reagan et les personnes qui ont fait de lui la puissance politique américaine du dernier quart du 20e siècle.

Hooker était le modèle réel de l'un des personnages du livre, "Carl

Brewster", un cadre de l'industrie de la télévision franchement antijuif et, disons-le franchement, West Hooker lui-même était très antijuif et ne faisait aucun effort pour le cacher.

Dans *The King Maker*, Reagan est "Jeff Jefferson", un ancien acteur de cinéma qui a été catapulté au poste de gouverneur de Californie grâce à son association avec le Dr Irwin Cone, le fondateur d'une agence de recrutement liée à la mafia, la Talent Corporation of America (TCA), qui devient une force politique à part entière. Le "Dr Cone" de Denker est le vrai Dr Jules Stein, et la TCA est en réalité - vous l'avez deviné - la Music Corporation of America, mieux connue sous le nom de MCA, le géant des médias (aujourd'hui filiale de l'empire Bronfman en pleine expansion). À l'évidence, le livre était trop pertinent, à tel point que le partenaire du Dr Stein dans la vie réelle, Lew Wasserman, a qualifié le roman de "pièce d'ordure", bien que Wasserman ne soit pas du tout représenté dans le roman.

En 1986, un autre écrivain, Dan Moldea, connu pour son expertise dans l'histoire du crime organisé, a écrit son propre livre qui n'était pas un *roman a clef*, mais était, en fait, un ouvrage non fictionnel controversé qui racontait la même histoire que celle racontée dans *The King Maker* de Denker. Cependant, le livre de Moldea avait un titre plus explosif - et peut-être plus juste - *Dark Victory : Ronald Reagan, MCA, and the Mob*.

Quoi qu'il en soit, l'antisémitisme de Hooker ne fut pas du goût de ses patrons, Lew Wasserman et Jules Stein, et Hooker finit par se séparer de MCA (ses années chez MCA seront commémorées dans le livre de Denker). Cependant, Hooker, grâce à sa propre ingéniosité, a réussi à quitter MCA en étant un homme très riche et en étant capable de déjouer Wasserman de MCA au point que Hooker a été décrit plus tard dans la presse par le chroniqueur du show business Walter Winchell comme le seul des employés de MCA à avoir jamais déjoué Wasserman.

Lors de conversations personnelles, Winchell était connu pour dire, plus franchement, que Hooker était le "seul goy" (c'est-à-dire un non-Juif) à avoir accompli cet exploit, bien que le langage supplémentaire de Winchell ait été beaucoup plus guttural pour décrire ce que Hooker avait fait à son ancien employeur.

Au milieu des années 1950, Hooker s'oriente vers la création d'un "quatrième" réseau de télévision, au grand désarroi de l'élite des médias. Hooker a candidement admis que son projet était conçu pour être le premier réseau de télévision "non contrôlé par les juifs".

Bien qu'il ait activement sollicité le soutien financier de l'ambassadeur Joseph P. Kennedy (père du sénateur John F. Kennedy) pour le projet, le fondateur de la dynastie Kennedy a refusé d'y participer (bien qu'il ait soutenu de tout cœur le concept). Kennedy a déclaré que sa participation mettrait en colère la communauté juive et compromettrait les chances de son fils de remporter la présidence. Les souvenirs de première main de Hooker sur sa rencontre alors secrète avec Kennedy ont été racontés en détail pour la première fois dans l'ouvrage de cet auteur, *Final Judgment*.

Quoi qu'il en soit, la Ligue anti-diffamation (ADL) du B'nai B'rith a eu vent des efforts de Hooker pour organiser un "quatrième" réseau et, en 1954, l'ADL a consacré une double page de son bulletin à "exposer" Hooker sous le titre "The Case of the Charming Bigot" (Le cas du charmant bigot). Le titre lui-même était assez révélateur du dynamisme de Hooker : Même l'ADL, si encline à salir les gens et à jeter l'opprobre sur leur caractère, était obligée de reconnaître que Hooker possédait une personnalité attachante qui ne s'arrêtait jamais.

Finalement, le procureur général de l'État de New York (et plus tard sénateur américain) Jacob Javits, un allié juif corrompu et vicieux de l'ADL, a émis une injonction empêchant Hooker de collecter des fonds pour le réseau, tuant ainsi le projet au nom des autres réseaux dirigés par des sionistes.

Bien que Hooker ait ensuite quitté les États-Unis pour s'exiler en Italie où il a fait fortune dans l'embouteillage de sodas, il est revenu dans ce pays au milieu des années 1980 pour reprendre ses activités politiques.

Pendant de nombreuses années, Hooker a travaillé discrètement dans les coulisses pour mettre en place un réseau international de distribution de pétrole - de concert avec des intérêts sympathiques dans le monde arabe - qui fournirait des fonds au mouvement nationaliste américain. Malheureusement, les efforts de Hooker ont été contrariés par des personnalités d'un certain régime arabe qui avaient été cooptées par l'agence de renseignement israélienne, le Mossad. En fait, l'un des partenaires de travail de Hooker dans ce projet a été assassiné.

Hooker lui-même avait l'avantage de vivre des revenus d'un fonds fiduciaire qui lui avait été fourni par sa mère et ne souhaitait absolument pas tirer un quelconque profit de l'entreprise pétrolière qui, si elle avait été lancée avec succès, aurait, selon ses estimations, fourni un minimum de 10 millions de dollars par an à la cause nationaliste.

Malheureusement, bien que Hooker ait été en bonne forme physique, presque jusqu'à sa mort, son esprit vif a été victime de l'âge et sa mémoire a commencé à défaillir. C'est une grande tragédie, car cela l'a empêché de consigner par écrit ou sur vidéo l'intégralité de sa remarquable carrière, même si, heureusement, certains de ses écrits ont survécu.

Étonnamment, bien qu'il ait souffert pendant cinq ans du cancer de la prostate qui s'était propagé dans tout son corps et qui l'a finalement tué, Hooker est resté très actif et, quelques mois avant sa mort, il est apparu lors d'une réunion publique à Arlington, en Virginie (où cet auteur, Michael Collins Piper, a pris la parole), ce qui a valu à Hooker une dernière attaque de ses ennemis dans un rapport publié sur la réunion par le Southern Poverty Law Center (centre de lutte contre la pauvreté) de Morris Dees. Hooker était franchement ravi de savoir que ses activités étaient encore enregistrées par ses ennemis jurés. "Jésus n'était pas une poule mouillée", disait souvent Hooker. "Il est entré et a jeté les changeurs d'argent hors du temple."

Quoi qu'il en soit, Hooker était un homme remarquable. Et ce qu'il a découvert dans les années 1950 sur les efforts des sionistes pour contrôler le mouvement "anticommuniste" - informations que nous allons maintenant détailler - sera une révélation étonnante, qui ouvrira les yeux et fera réfléchir les Américains d'aujourd'hui qui n'ont jamais connu la véritable histoire.

Ce qui suit est le texte (légèrement annoté par souci de clarté) d'une déclaration sous serment que Hooker a faite le 30 septembre 1954, décrivant ses conclusions sur le rôle de la soi-disant "Ligue juive américaine contre le communisme" et sur la manière dont elle manipulait le sénateur de l'époque.

Les efforts de Joseph R. McCarthy pour enquêter sur le communisme dans les hautes sphères du système américain. La déclaration sous serment se lit comme suit :

> Il y a quelque temps, j'ai eu un entretien étonnant de deux heures avec Norman L. Marks de l'American Jewish League Against Communism, Inc.
>
> En fait, j'ai été amené par une autre personne, et M. Marks ne savait rien de moi (c'est pourquoi il s'est vraiment ouvert parce que la personne qui m'a emmené avait sa "confiance").
>
> L'AJLAC a ses bureaux au 220 West 42nd Street, à New York. Son président national est Alfred Kohlberg. Son directeur exécutif est le rabbin Benjamin Schultz et son trésorier est Harry Pasternak. Les membres de son conseil d'administration national sont les suivants : Bern Dibner, Lawrence Fertig, Theodore Fine, Benjamin Gitlow, Hon. Walter R. Hart, Herman Kashins, Eugene Lyons, Norman L. Marks, Morris Ryskind, Rabbi David S. Savitz, Nathan D. Shapiro, George E. Sokolsky, Maurice Tishman, Rabbi Ascher M. Yager.
>
> Je vous jure sous serment que ce qui suit est aussi exact qu'il est possible de l'écrire de mémoire environ une heure plus tard. En

outre, l'information peut être vérifiée par l'autre partie anonyme.

M. Marks, dont le nom figure ci-dessus et sur le papier à en-tête de l'AJLAC en tant que membre du conseil d'administration national, a déclaré : "Le principal contributeur financier de l'AJLAC est, de loin, M. Bernard Baruch : "Le principal contributeur financier de l'AJLAC est de loin M. Bernard Baruch". Interrogé sur ce point sur le pourcentage de la contribution de M. Baruch, il a répondu : "Environ 85% ou 90% des fonds".

J'ai dit que j'avais pensé que M. Kohlberg était le principal contributeur de l'AJLAC et M. Marks a répondu : "Eh bien, il contribue un peu, mais rien de comparable à la contribution de Baruch". J'ai demandé à M. Marks pourquoi le nom de Baruch n'apparaissait pas sur le papier à en-tête. Il m'a répondu que Baruch avait insisté sur le fait que son nom ne devait pas figurer sur le papier à en-tête et que l'on ne devait pas savoir qu'il avait contribué au financement de l'AJLAC.

M. Marks a indiqué que l'organisation était entièrement juive, mais qu'il était amusant de constater que nombre de ses fondateurs semblaient avoir des épouses "chrétiennes". Il a précisé qu'ils se réunissaient tous les jeudis à l'hôtel Ambassador pour déjeuner et discuter de la situation mondiale. Marks a déclaré que l'organisation n'accepterait ni un "chrétien en son sein" ni un "centime de soutien chrétien" et qu'aucun argent chrétien n'avait jamais été accepté dans le passé - qu'il s'agissait d'une organisation entièrement juive et qu'elle était financée par eux.

Il a déclaré que sa création n'avait que deux objectifs : L'objectif numéro un était de dédramatiser la judéité du communisme et l'objectif secondaire était de sortir les Juifs du communisme et de soutenir le sionisme. Il a déclaré que : "Pendant un certain temps, presque tous les espions des communistes qui ont été découverts étaient juifs et ils se sont inquiétés et ont pensé qu'il fallait faire quelque chose pour calmer les juifs. Ils voulaient montrer au monde chrétien que TOUS les Juifs n'étaient pas communistes".

Interrogé sur la manière dont ils ont mené à bien ce projet, M. Marks a répondu : "Il est impossible pour un chrétien de s'en tirer en critiquant les juifs : "Il est impossible pour un chrétien de s'en tirer en critiquant les Juifs. Seul un juif peut le faire.

Il poursuit : "Nous avons donc réuni un groupe solide de juifs "connus pour être anticommunistes" et nous avons commencé notre campagne de pression de notre point de vue".

[Selon la déclaration sous serment originale de Hooker, la référence de Marks à ceux que l'on disait "anticommunistes" signifiait en fait que les dirigeants juifs en question étaient, comme l'a dit Hooker, "antistaliniens".]

Marks a déclaré : "C'est nous qui avons écrit les discours de McCarthy en Virginie-Occidentale : "C'est nous qui avons rédigé les discours de McCarthy en Virginie-Occidentale, ce qui lui a permis de devenir le célèbre anticommuniste qu'il est aujourd'hui. La pression que nous avons exercée sur la presse a permis à McCarthy d'obtenir toute l'attention qu'il a reçue. En échange de cette montée en puissance, il a accepté de ne pas interpeller ou exposer les juifs du mouvement communiste dans le cadre des enquêtes menées par sa sous-commission".

M. Marks a déclaré que de nombreux Juifs qualifiaient McCarthy d'antisémite, mais qu'ils étaient loin de se douter qu'il était "le meilleur ami que les Juifs aient jamais eu".

[Hooker a noté à propos de McCarthy que "finalement, ils l'ont détruit de toute façon lorsqu'il a commencé à appeler des communistes juifs plus tard".]

Marks a poursuivi en déclarant que "d'autres enquêtes auraient pu mettre au jour des Juifs et McCarthy en aurait été crédité, mais que si l'on remontait le dossier, on découvrirait que McCarthy n'a en fait pas appelé un seul Juif au cours de cette période où les Juifs étaient au centre de toutes les attentions". Il a ensuite nuancé ces remarques en déclarant que "lorsque McCarthy travaillait en tant que sous-commission temporaire sous l'administration Truman, il n'a convoqué aucun Juif ; que lorsqu'il s'est fait élire président de la commission d'enquête permanente, sous la nouvelle administration, il a alors commencé à convoquer les témoins "au fur et à mesure qu'ils se présentaient".

[En d'autres termes, que les témoins soient "juifs ou non", selon Hooker-Ed].

M. Marks poursuit : "Mais cela ne change pas grand-chose aujourd'hui car il a accepté que nos propres hommes travaillent à ses côtés. Par exemple, il a accepté que notre homme Roy Cohn soit son supérieur hiérarchique, ce qui a été arrangé par un autre de nos hommes, George Sokolsky."

Si ma mémoire est bonne, Marks a déclaré que Julius Kahn était également leur homme au sein de la commission McCarthy, mais qu'il siégeait désormais à la commission sénatoriale des relations extérieures. Il a définitivement déclaré que David Schine ne faisait PAS partie de l'AJLAC, mais qu'il y avait été placé par "un autre groupe dont je ne connais pas l'existence".

M. Marks a ajouté que "non seulement McCarthy est sous notre contrôle, mais aussi Jenner et Velde, qui ont également pris nos hommes pour travailler avec eux. Benny Mandel et Robert Morris nous représentent au sein du comité Jenner". Il mentionne Robert Kunzig comme "leur homme" pour Velde.

Marks a également déclaré avec certitude que le professeur Louis Budenz était sous "leur contrôle" et l'un de "leurs hommes", et qu'il travaillait pour couper l'herbe sous le pied des Juifs.

[Budenz était un "ex-communiste" bien connu qui est devenu une figure de proue du soi-disant mouvement anticommuniste, dont des éléments clés étaient passés sous le contrôle des éléments sionistes et trotskistes. Les révélations de Hooker expliquent pourquoi...].

Il a déclaré que c'est [Alfred] Kohlberg, leur président national, qui a "trouvé" Budenz lorsqu'il témoignait à Washington et que Kohlberg "l'a pris en charge et l'a pratiquement soutenu pendant un certain temps afin de lui permettre de démarrer et de devenir l'homme qu'il est aujourd'hui dans le mouvement anticommuniste".

Marks a également déclaré qu'ils avaient fait élire récemment "leur homme Robert Morris" comme juge à New York, et que Victor Lasky était un autre de leurs hommes qui faisait beaucoup de "travail de presse" pour eux, et "prononçait des discours en faveur de leurs hommes, par exemple Robert Morris". Il ajoute : "Tous ces gens se sont mis d'accord pour décharger les Juifs de leur fardeau".

Je me souviens maintenant d'une autre déclaration de M. Marks selon laquelle "il y a une vaste mise en commun des informations dans la région de New York et dans tout le pays qui est liée à notre organisation".

J'ai demandé si J. B. Matthews et ses dossiers étaient impliqués dans "l'affaire" et il m'a répondu : "Oui, nous avons accès à tous ses dossiers" : "Oui, nous avons accès à tous ses dossiers".

[J. B. Matthews était un éminent "croisé anticommuniste" à l'époque, mais il était manifestement sous le contrôle des sionistes-trotskistes].

Il a déclaré qu'ils avaient au moins "trente communistes sur notre liste de paie qui nous rapportent des informations" et que "nous savons tout ce qui se passe dans ce domaine".

M. Marks a raconté toutes ces informations comme s'il n'y avait rien de "mal" dans ce qu'il disait. Il nous a même invités, moi et cet autre inconnu, à assister à une réunion le mardi soir suivant à l'University Club, parrainée par Norman Lombard.

Lorsqu'ils ont finalement découvert qui j'étais, Norman Lombard et Norman Marks m'ont dit de ne pas venir à la réunion. J'espère vraiment que les vrais nationalistes patriotes américains seront capables de redresser quelques-uns de ces "pseudo-patriotes" qui essaient de diriger le mouvement soi-disant "anticommuniste".

Ne vous méprenez pas : Je suis tout aussi anticommuniste que vous, mais je ne veux pas que notre pays tombe dans des pièges qui permettent à ces pseudo-patriotes d'"utiliser" les beaux instincts du peuple américain et le mouvement anticommuniste à leurs propres fins diaboliques.

En d'autres termes, certains de ces pseudo-patriotes sont "anti-communistes", c'est-à-dire "anti-communisme stalinien", mais sont favorables à une autre forme de communisme (de marque américaine) conduisant à leur dictature dans notre propre pays et dans le reste du monde sous la direction de Bernard Baruch et de la foule qu'il représente.

[La "marque américaine" du communisme à laquelle Hooker faisait référence, bien qu'il ne l'ait pas dit directement, était précisément la marque trotskiste, alors en pleine évolution, que l'on connaît aujourd'hui sous le nom de "néo-conservatisme". -[NDLR].

(Signé) DeWest Hooker

FIN DE L'AFFIDAVIT DE HOOKER

Nous devons donc remercier DeWest Hooker d'avoir repéré très tôt que la montée de l'"anticommunisme" en Amérique, du moins sous la forme approuvée par les éléments sionistes et trotskistes, ne se résumait pas à cela. *Il est essentiel que les révélations de Hooker soient pleinement comprises aujourd'hui.*

Ce qui ajoute encore plus de crédibilité aux révélations choquantes de Hooker sur la manipulation du sénateur McCarthy, c'est le point soulevé par le célèbre écrivain spécialisé dans le crime organisé, Hank Messick, dans son livre *John Edgar Hoover*, un portrait peu flatteur de l'ancien directeur du FBI qui a approfondi les liens de Hoover avec le syndicat du crime organisé. Messick a écrit sur la fondation de la Ligue juive américaine contre le communisme mentionnée plus haut :

Les motifs de la fondation de la Ligue étaient variés, mais l'un d'entre eux était l'autoprotection.... De nombreux intellectuels américains sont juifs. Pendant le New Deal, certains d'entre eux avaient atteint une position élevée. De plus, Karl Marx lui-même était le fils d'un juif devenu chrétien. Adopter une position saine, résister aux calomnies injustes et aux tentatives des bigots de dépeindre le Juif comme un pro-rouge, risque de rendre les gens furieux. Mieux vaut passer à l'offensive contre la menace communiste elle-même. Telle fut l'attitude de certains Juifs - ou du moins l'excuse qu'ils donnèrent à leurs amis - alors que l'hystérie nationale se développait en 1948.

La possibilité que l'attaque anticommuniste se transforme en persécution des Juifs était très présente à l'esprit des fonctionnaires du gouvernement chargés de poursuivre les espions présumés de la bombe atomique, Julius et Ethel Rosenberg. C'est pour cette raison qu'un juge juif a été choisi, et que l'équipe de procureurs sélectionnée pour juger l'affaire était composée de Juifs. L'un de leurs membres était Roy Cohn.

La création de la Ligue n'est cependant pas due uniquement à la préoccupation pour les Juifs. L'anticommunisme offre des opportunités politiques et commerciales.

La Ligue a été créée au domicile d'Eugene Lyons, un auteur de droite connu. D'autres personnalités de droite, dont Louis Waldman, Lawrence Fertiz, Isaac Don Levine et George Sokolsky, participent à la première réunion. Le principal instigateur est Alfred Kohlberg qui, avec Lewis Rosenstiel, fournit la majeure partie des fonds.

Selon Messick, Kohlberg avait depuis longtemps des intérêts commerciaux en Chine et, en tant que chef de file de ce que l'on a appelé, en partie, "The China Lobby", il espérait attiser une guerre contre la Chine - au nom de la "lutte contre le communisme" - afin de regagner sa source de lucre perdue.

Rosenstiel, un baron de l'alcool ayant des liens de longue date avec le syndicat du crime organisé du chef de la mafia juive Meyer Lansky, avait ses propres intérêts en tête. Rosenstiel s'était procuré de grandes quantités d'alcool avant la Seconde Guerre mondiale et en avait tiré un immense profit (lorsque, pendant la guerre, les limites imposées par le gouvernement à la production d'alcool lui ont donné un monopole très rentable sur l'approvisionnement en alcool). Ainsi, avec la possibilité d'une nouvelle guerre contre la Chine (ou même la Russie ou les deux), Rosenstiel rêvait évidemment de répéter son succès précédent.

Ainsi, Rosenstiel, Kohlberg et leurs alliés sionistes se sont d'abord rangés derrière le candidat républicain à la présidence de 1948, Thomas E. Dewey (qui était depuis longtemps discrètement allié au syndicat du crime Lansky, malgré la réputation de Dewey d'être un "casseur de gangs"). Bien que l'on se souvienne largement du président Harry Truman comme du président américain qui a reconnu Israël lors de sa création en 1948, la vérité est que de nombreux "initiés" de l'administration Truman, y compris Truman lui-même, n'étaient pas aussi enthousiastes à l'idée de donner le feu vert à Israël, reconnaissant - de manière tout à fait prémonitoire - les dangers de la création d'un État sioniste sur des terres volées au peuple palestinien chrétien et musulman autochtone. En conséquence, le mouvement sioniste n'était pas très enthousiaste à l'égard de Truman et travaillait discrètement pour le compte de Thomas E. Dewey.

Cependant, à la surprise de pratiquement tout le monde - à l'exception peut-être de Truman lui-même - Dewey n'a pas battu Truman. C'est ainsi que fut virtuellement "créé" le sénateur Joseph R. McCarthy, qui devint involontairement le porte-parole des éléments sionistes et trotskistes. Messick complète les détails :

> La défaite inattendue de Dewey en 1948 a bouleversé un grand nombre de personnes et a obligé la Ligue juive américaine contre le communisme à revoir son programme. Elle avait besoin d'une nouvelle figure politique derrière laquelle elle pourrait se rallier. Par coïncidence, la ligue était entrée en possession d'un rapport de cent pages du FBI sur l'influence des communistes sur le gouvernement. Ce rapport avait été transmis à un officier de renseignement du Pentagone avec pour instruction de le transmettre aux dirigeants de la ligue... Selon Roy Cohn, le document secret du FBI a été lu et des conférences ont été organisées à New York et à Washington. Comme l'a dit Cohn, "un petit groupe" a pris "sur lui la responsabilité de faire connaître l'histoire à l'Amérique".

> La Ligue a décidé de s'adresser à un sénateur plutôt qu'à un représentant. Lors d'une réunion à Washington en novembre 1949, un comité spécial de la Ligue "a examiné attentivement la liste des sénateurs des États-Unis pour trouver celui qui pourrait entreprendre avec succès la tâche d'éduquer ses concitoyens américains". Ils ont réduit la liste à quatre possibilités, toutes républicaines. Tour à tour, chaque sénateur a pris connaissance du rapport du FBI. Chacun d'entre eux a été incité à se lancer sur le sentier de la guerre. Chacun se voit promettre un soutien financier. Les trois premiers de la liste ont refusé. Le quatrième a ramené le document chez lui et l'a lu attentivement. Le lendemain matin, il a appelé un membre de la Ligue et lui a dit qu'il "achetait le paquet". Ce quatrième sénateur s'appelait Joseph McCarthy.

Peu de temps après, le 9 février 1950, McCarthy s'est exprimé devant le

Ohio County Women's Republican Club à Wheeling, en Virginie-Occidentale, et a annoncé qu'il y avait 205 "risques pour la sécurité" au sein du département d'État. C'est ainsi que fut lancée "l'ère McCarthy", que les sionistes dénoncent aujourd'hui avec tant d'hypocrisie. En fait, comme nous l'avons vu, la période McCarthy n'était guère plus que le travail efficace de L'Ennemi intérieur.

Et bien que McCarthy ait eu raison, semble-t-il, de souligner qu'il y avait effectivement des "communistes au sein du gouvernement", il est probablement prudent de dire que la guerre qui s'est déroulée au Capitole pendant les auditions de McCarthy et dans les médias n'était en fait guère plus qu'un débordement, aux États-Unis, de la guerre de longue date entre les éléments communistes nationalistes russes survivants de l'Union soviétique (anciennement dirigée par Josef Staline) et leurs ennemis acharnés du mouvement juif-sioniste-trotskiste qui était désormais installé sur le sol américain.

Tout cela ne veut évidemment pas dire que McCarthy n'était pas sincère dans ses motivations, mais il était très clairement manipulé par des forces qui dépassaient de loin son entendement.

Et le fait que son principal "conseiller" soit l'omniprésent Roy Cohn, qui a continué à jouer un rôle majeur en tant qu'"arrangeur" sioniste (tout en se doublant d'un avocat spécialisé dans le crime organisé) indique précisément les forces qui guidaient McCarthy vers la destruction finale.

Le livre de l'écrivain juif Stuart Svonkin, *Jews Against Prejudice : American Jews and the Fight for Civil Liberties* qui démontre que, malgré ce que l'Anti-Defamation League et l'American Jewish Committee voudraient nous faire croire aujourd'hui, la vérité est que ces deux organisations ont été très impliquées dans le type de "maccarthysme" ( ) qu'elles décrient aujourd'hui. Svonkin a noté :

> En tant que libéraux engagés dans la guerre froide, les membres du personnel de l'ADL et de l'AJC ont coopéré avec le FBI, l'HUAC (House Un-American Activities Committee) et d'autres agents du programme fédéral de loyauté et de sécurité à la fin des années 1940 et dans les années 1950, partageant leurs dossiers sur les organisations politiquement suspectes à l'intérieur et à l'extérieur de la communauté juive.
>
> Cette politique de coopération, qui s'appuyait sur le partenariat établi lors de la campagne antifasciste des années 1930 et du début des années 1940, visait à minimiser l'association des Juifs au communisme, à protéger les libéraux des persécutions et à garantir que le gouvernement fédéral reste attentif aux activités des extrémistes de droite.

Alors que l'AJC et l'ADL espéraient modérer les méthodes de l'HUAC, ces tentatives de réformer la croisade anticommuniste de l'intérieur reflétaient un acquiescement fondamental aux hypothèses et aux stratégies de la guerre froide intérieure et contribuaient inévitablement à la violation des principes de la liberté civile.

En outre, il est probablement utile de noter ce que le célèbre critique "conservateur" du maccarthysme, Peter Viereck, a souligné en 1954 à propos de McCarthy. Ses propos sont plutôt intéressants lorsqu'ils sont replacés dans le contexte actuel de la façon dont McCarthy et le "maccarthysme" sont le plus souvent évoqués. Viereck a déclaré :

> McCarthy n'est pas le type du fasciste, mais celui de l'agitateur anarchiste de gauche qui, par un instinct infaillible et non "par accident", subvertit précisément les institutions les plus conservatrices et organiques, tout ce qui est vénérable et patricien, depuis la Constitution et précisément les généraux les plus décorés ou les plus paternels (Marshall, Eisenhower, Taylor, Zwicker), jusqu'aux dirigeants de notre religion la plus profondément établie et précisément les plus anciennes de nos universités... Il satisfait les ressentiments de ses partisans, car sa haine la plus sincère est toujours dirigée contre les familles patriciennes les plus anciennes, les plus enracinées et les plus éduquées - les Cabot Lodges, les Achesons, les Conants, Adlai Stevenson.

Plutôt que de s'en prendre aux grandes familles sionistes américaines (telles que les Schiffs, alliés de Rothschild, par exemple, sur le site) connues pour avoir financé la révolution bolchevique en Russie, McCarthy s'en prenait à certaines vieilles familles américaines et à leurs associés au sein de l'establishment de la politique étrangère.

Et ce n'est probablement pas une coïncidence si l'une des cibles les plus importantes de McCarthy - l'ancien général George C. Marshall - était en fait l'un des critiques américains les plus virulents (pendant l'administration Truman) de la création de l'État sioniste d'Israël.

Ce qui est particulièrement intéressant, c'est qu'Ann Coulter - l'un des "néo-conservateurs" actuels dont les sponsors et les mécènes idéologiques sont les porte-drapeaux modernes de l'ancienne bannière trotskiste (qui se présente aujourd'hui comme le "néo-conservatisme") - est fondamentalement d'accord avec l'évaluation de Viereck, en déclarant dans son récent livre, *Treason (Trahison)* :

> Les véritables "victimes" de McCarthy n'étaient pas des témoins sympathiques, des scénaristes hollywoodiens frivoles ou des professeurs d'université vantards et sans intérêt. Il s'agissait de décideurs politiques de l'élite WASP... Ils étaient bien nés et

portaient bien leur smoking... .

En d'autres termes, bien que Viereck ait été un critique de McCarthy et Coulter l'un de ses défenseurs, tous deux affirment (à juste titre) que, contrairement à l'image populaire de McCarthy en tant que "fauteur de haine antisémite vicieux qui harcelait d'innocents scénaristes juifs d'Hollywood", McCarthy était au contraire - au sens large - en train de viser dans une toute autre direction, brouillant ainsi l'image des véritables sources de subversion en Amérique.

Ces révélations concernant l'ère McCarthy ne visent pas à suggérer qu'il n'y avait pas de traîtres communistes déloyaux au sein du système américain. En vérité, à bien des égards, feu le sénateur McCarthy a bien ciblé un grand nombre de communistes au sein du gouvernement, des médias et du monde universitaire. *Mais l'histoire de McCarthy est bien plus complexe que ce que nous avions pu connaître jusqu'à présent.*

Dans l'ensemble, nous voyons bien que la "guerre froide" - telle qu'elle est généralement évoquée - n'a pas été tout à fait ce dont nous nous souvenons généralement aujourd'hui. La guerre froide était le reflet d'un conflit de longue date qui se déroulait en coulisses entre les éléments sionistes de Russie et leurs adversaires staliniens, une guerre qui s'est finalement transférée, à bien des égards, sur le sol américain.

Les sionistes et les trotskistes ont effectivement fusionné, ayant trouvé une cause commune, et ont commencé à prendre le contrôle et à manipuler - en tant qu'ennemi intérieur - le véritable mouvement "anticommuniste" en Amérique, agissant comme des boucs de Juda, menant les vrais patriotes à la destruction.

CHAPITRE XV

Le FBI et le parti communiste américain : la vérité sur la "menace communiste"

Pendant près de 30 ans, J. Edgar Hoover et son FBI ont effectivement dirigé le parti communiste américain. Ce détail peu connu soulève de nouvelles questions sur la "réalité" de la prétendue guerre froide.

Hoover est devenu une légende en son temps et un héros pour les anticommunistes américains en raison du rôle qu'il a joué dans la "lutte contre la subversion communiste" en Amérique. Cependant, Hoover détenait un très grand secret sur le mouvement communiste, qu'il a gardé sous silence pendant les 20 années qui ont précédé sa mort en 1974.

Le fait est qu'à partir de 1954, et pendant les 27 années qui ont suivi, le FBI a essentiellement dirigé les activités du Parti communiste américain. Cette information révélatrice a été publiée dans le livre "*The Secret History of the FBI*" (*L'histoire secrète du FBI*) de Ronald Kessler, journaliste chevronné de la presse grand public. Malgré son titre sensationnel, le livre de Kessler n'est pas une véritable "histoire secrète". Mais la révélation concernant le "règne" secret de Hoover sur le parti communiste est certainement un élément qui n'a pas vraiment été rendu public comme il le méritait. Selon Kessler :

> En 1954, le FBI a commencé à mener une opération ultrasecrète sous le nom de code SOLO, qui consistait à utiliser comme informateur Morris Childs, l'adjoint principal de Gus Hall, le chef du Parti communiste américain. En fait, Childs - que le FBI appelait l'agent 58 - était le deuxième responsable du parti.
>
> Carl N. Feyman, agent du FBI à Chicago, a recruté Childs, juif d'origine ukrainienne et ancien rédacteur en chef du journal du parti, *The Daily Worker*, après lui avoir rendu visite dans son appartement de Chicago. Childs étant en mauvaise santé, l'agent s'est arrangé pour qu'il soit soigné à la Mayo Clinic de Rochester, dans le Minnesota. Freyman réussit à convaincre Childs que Josef Staline a trahi les idéaux marxistes.

En fait, le rapport de Kessler n'était pas une recherche originale et il l'a admis, soulignant que dans un livre précédent, *Operation SOLO - publié* en 1996 - l'auteur John Barron avait décrit les intrigues communistes du FBI. Kessler a noté :

> Pendant vingt-sept ans, Childs a rendu compte des activités et de la stratégie du parti. En outre, il a effectué cinquante-deux voyages clandestins en Union soviétique, en Chine, en Europe de l'Est et à Cuba. Les Soviétiques lui font tellement confiance que le jour de son soixante-quinzième anniversaire, , le dirigeant soviétique, Leonid Brejnev, lui offre une fête d'anniversaire au Kremlin. Entre-temps, au nom des Soviétiques, Childs et son frère Jack Childs ont distribué 28 millions de dollars en espèces pour des activités communistes aux États-Unis.
>
> Le FBI a gardé le secret sur l'opération SOLO si étroitement que les fonctionnaires de la CIA, de l'Agence nationale de sécurité, du ministère de la Défense, du ministère des Affaires étrangères et du Conseil national de sécurité n'ont pu lire les rapports de l'opération que lorsque les agents attendaient de les renvoyer au siège du bureau. Ce n'est qu'en 1975 que le FBI a informé le président et le secrétaire d'État de la véritable source d'information.

La nature fallacieuse et trompeuse des relations secrètes du FBI avec l'élite dirigeante du parti communiste est illustrée par le fait que le directeur du FBI, M. Hoover, a déclaré un jour au président Richard Nixon que le bureau soupçonnait, mais "ne pouvait pas encore prouver", que le groupe anti-guerre Students for a Democratic Society recevait "des millions de dollars de l'Union soviétique par l'intermédiaire du parti communiste des États-Unis".

De toute évidence, si le SDS était effectivement financé par les Soviétiques, si quelqu'un l'avait su, c'était Hoover. Le fait que ce soit un informateur du FBI qui ait distribué de l'argent du Kremlin à diverses causes devrait faire froncer les sourcils, car pendant que le FBI luttait soi-disant contre la "subversion communiste", de l'argent du Kremlin était distribué (sous l'œil vigilant du FBI et probablement sous sa direction).

La question de savoir qui a effectivement reçu l'argent mérite d'être approfondie, car elle orienterait sans doute vers certaines "causes" privilégiées d'une certaine obédience.

En fait, le contrôle secret exercé par le FBI sur la distribution de l'argent du Kremlin par le parti communiste américain explique pourquoi la commission électorale fédérale a refusé de poursuivre Gus Hall, patron de longue date du parti, pour avoir accepté illégalement de l'aide étrangère.

Le 1er mars 1992, *le Washington Post* a rapporté que le Parti communiste américain (CPUSA) et son commissaire vétéran, Gus Hall, avaient reçu au moins 21 millions de dollars des dictateurs soviétiques du Kremlin au cours d'une longue période. Pour la seule année 1987, Hall a reçu 2 millions de dollars en argent soviétique. La preuve en a été apportée lorsque des documents top secrets du Kremlin ont été rendus publics par le nouveau gouvernement russe.

Hall récupérait généralement les liasses de billets auprès d'un coursier du KGB. Dans un cas, Hall a signé un reçu pour 2 millions de dollars en liquide. Les preuves prouvent que, à son apogée, le dirigeant soviétique Mikhaïl Gorbatchev a personnellement organisé les paiements.

Bien que le Kremlin ait coupé les ponts avec Hall en 1990, ce dernier avait profité pleinement de l'accord . Un chroniqueur a rapporté le style de vie du futur leader de la révolution prolétarienne aux États-Unis :

> [Hall] possède et vit dans une grande demeure, avec sauna, œuvres d'art originales et coûteuses et garage souterrain, dans un quartier aisé d'une banlieue de New York. Il a un défaut aimable : il aime remplir son portefeuille de grosses coupures. Il prend l'avion en première classe et descend dans des hôtels de première classe. Il possède une limousine avec chauffeur (téléphone portable, bien sûr) qu'il remplace tous les deux ans. Il possède un domaine et un bateau à moteur à Long Island, dans la baie chic de Hampton.

Lorsque Liberty Lobby, l'institution populiste qui publiait *The Spotlight*, a eu connaissance de l'accord passé par Hall avec le Kremlin, Liberty Lobby a pris des mesures et, le 11 mars 1992, a déposé une plainte auprès de la Federal Election Commission (FEC), exigeant que l'agence poursuive le CPUSA, ainsi que Hall et Gorbatchev, pour leur violation flagrante de la législation américaine en matière d'élections.

The Spotlight a raconté à ses lecteurs toute l'histoire étonnante. Contrairement au reste des médias, qui ont traité cette histoire comme une relique du grenier de la guerre froide, *The Spotlight* a souligné l'incohérence flagrante de la manière dont la FEC et le ministère américain de la justice ont détourné la tête face à cette violation non seulement de la loi électorale, mais aussi des lois ciblant les activités des agents étrangers opérant sur le sol américain.

La FEC a laissé traîner l'affaire pendant plus d'un an avant d'annoncer, le 10 décembre 1993, qu'elle avait "décidé d'exercer son pouvoir discrétionnaire et de ne prendre aucune mesure" à l'encontre de Hall, du CPUSA ou de Gorbatchev. La FEC a enterré l'affaire au milieu d'un arriéré de nombreuses affaires rejetées d'un seul coup, détournant ainsi l'attention des affaires plus "sensibles" du dossier.

En réalité, la FEC ne réglemente les élections que pour assurer la domination des grands partis et des intérêts particuliers et ne poursuit jamais ceux dont l'objectif est de détruire de l'intérieur les mouvements de "troisième" parti.

La FEC permet également aux collecteurs de fonds du lobby israélien de mettre illégalement leurs ressources en commun et de soutenir des candidats aux élections américaines. L'Anti-Defamation League (ADL) est l'un des principaux acteurs de cette activité criminelle, mais la FEC ne prend aucune mesure.

En revanche, la FEC a harcelé Liberty Lobby pour avoir organisé le tout jeune "troisième" parti, le parti populiste, en 1984, alors que, cette année-là, le budget national total du parti représentait environ un dixième du montant du candidat moyen au Congrès soutenu par le lobby israélien. Ce petit parti a finalement été détruit de l'intérieur.

Il convient également de noter que l'"ancien" officier de la CIA Mira Lansky Boland, responsable du bureau de l'ADL à Washington, s'est avérée transmettre des "informations" sur Liberty Lobby à la FEC, y compris des photographies de membres du personnel de Liberty Lobby obtenues clandestinement.

Selon feu Bella Dodd, une ancienne dirigeante du CPUSA, l'ADL était un agent de contrôle principal (bien que secret) derrière le CPUSA. La collaboration de la FEC avec l'ADL (et son refus de poursuivre le CPUSA) n'est donc pas vraiment une surprise.

Et à la lumière de l'alliance de longue date de l'ADL avec J. Edgar Hoover et le FBI, datant d'avant la Seconde Guerre mondiale, il semble que l'ADL et le FBI aient agi en tant que partenaires pour diriger Morris Childs, haut fonctionnaire du CPUSA, afin d'influencer les affaires du CPUSA et de distribuer les largesses du Kremlin.

Les défenseurs du FBI peuvent suggérer que le fait que le FBI contrôle effectivement le parti communiste est en fait un hommage à la capacité de l'agence à pénétrer les forces ennemies. Cependant, les conséquences de l'étrange "alliance" secrète du FBI avec le parti communiste ont joué un rôle majeur dans l'influence de la politique étrangère et intérieure des États-Unis au cours du demi-siècle suivant.

Alors que J. Edgar Hoover et le FBI faisaient miroiter les dangers du parti communiste et de la guerre froide, l'industrie américaine des munitions réalisait d'énormes profits en construisant une défense américaine massive contre l'agression soviétique.

Dans le même temps, les partisans américains d'Israël - y compris de nombreux "anticommunistes" américains du mouvement "conservateur responsable" - ont commencé à promouvoir Israël en tant que "rempart contre la puissance soviétique au Moyen-Orient".

CHAPITRE XVI

La guerre froide et les premières origines des "néoconservateurs" trotskistes en tant qu'avant-garde sioniste de l'Ennemi intérieur

Ce n'est pas une coïncidence si la prise de contrôle du parti communiste américain par le FBI est intervenue précisément au moment où un groupe d'"ex-communistes" prenait le contrôle du mouvement "conservateur" aux États-Unis.

La méthode par laquelle Hoover et le FBI ont "transformé" Morris Childs, haut responsable du parti communiste américain, en agent secret du FBI, renvoie à la "lutte familiale" peu connue entre les éléments staliniens antisionistes de la Russie soviétique et leurs adversaires trotskistes, dont beaucoup contrôlent aujourd'hui le mouvement dit "néoconservateur" aux États-Unis.

Dans son livre *The Secret History of the FBI*, Ronald Kessler rapporte que le FBI a convaincu Childs de devenir informateur en prétendant que le chef soviétique Josef Staline (qui venait de mourir) avait abandonné les idéaux marxistes.

En fait, l'argument du FBI est l'un des arguments utilisés contre Staline par les héritiers politiques et les disciples du rival détesté de Staline, Léon Trotski, qui a été tué en exil au Mexique sur ordre de Staline en 1928.

Le fait que le FBI ait adopté une rhétorique trotskiste pour influencer Childs renforce les soupçons de longue date et croissants selon lesquels certains éléments "anticommunistes" du mouvement "conservateur" américain étaient en fait des trotskistes infiltrés travaillant à "retourner" le mouvement conservateur anticommuniste de l'intérieur.

Bien qu'au cours de la période en question (le milieu des années 1950), le leader "anticommuniste" émergent était "l'ancien" agent de la CIA William F. Buckley Jr, les futurs éléments émergeant de la sphère d'influence de Buckley ont pris de l'importance dans les cercles politiques américains. Et, comme nous le verrons plus loin dans ce chapitre et dans les chapitres suivants, les membres de la sphère d'influence de Buckley ont joué un rôle majeur dans l'accession au pouvoir des "néo-conservateurs" d'aujourd'hui.

En fin de compte, les soi-disant élites néo-conservatrices se sont solidifiées sous la direction d'une équipe père-fils omniprésente, Irving et William Kristol, qui ont établi un réseau influent et de grande envergure dans le Washington officiel. L'aîné des Kristol, un "ex-trotskiste" et un vétéran du Comité international pour la liberté de la culture financé par la CIA, a commencé à infiltrer et à remodeler le mouvement "conservateur", d'abord au milieu des années 50 sous le patronage de Buckley Jr., puis plus ouvertement à l'époque de Ronald Reagan, où le conservatisme républicain était en plein essor.

En fait, bon nombre des problèmes auxquels l'Amérique est confrontée aujourd'hui sont la conséquence directe de ce qui s'est passé à l'époque de la présidence de Ronald Reagan, lorsque les néoconservateurs sont devenus de plus en plus importants ( ) et ont été placés à des postes d'influence dans le Washington officiel grâce aux efforts du syndicat sioniste "néoconservateur" parrainé par Kristol.

Un exemple notable : La tristement célèbre affaire Iran-Contra, dans laquelle les États-Unis, alliés à Israël, se sont livrés à un trafic mondial d'armes et de drogues illicites afin de soutenir leur politique étrangère en Amérique centrale et au Moyen-Orient.

L'affaire Iran-Contra - qui, selon les critiques, aurait dû être décrite plus directement comme l'affaire "Israël-Iran-Contra" - a établi un réseau d'entreprises corrompues et de politiciens achetés et payés (y compris Bill et Hillary Clinton en Arkansas), ainsi que des intrigants de haut niveau à Washington (notamment le très célèbre lieutenant-colonel Oliver North) en liaison avec des marchands d'armes israéliens et des barons de la drogue latino-américains. Col. Oliver North) en liaison avec des marchands d'armes israéliens et des barons de la drogue latino-américains, qui ont tous conspiré pour s'enrichir tout en faisant avancer les objectifs de politique étrangère de l'élite sioniste. On ne peut tout simplement pas examiner l'héritage "Iran-contra" de Ronald Reagan sans reconnaître ce fait essentiel.

Cependant, d'une manière ou d'une autre, dans la plupart des comptes rendus, le rôle d'Israël et de ses complices américains semble toujours être ignoré. Et c'est ce réseau Iran-contra qui, à bien des égards, a jeté les bases de la clique de conspirateurs "néo-conservateurs" qui, au cours des années qui ont suivi, ont accédé à des postes d'influence au sein de l'establishment politique républicain de Reagan à Washington et ont ensuite consolidé leur influence dans l'administration de celui qui a été salué comme "le nouveau Ronald Reagan" : George W. Bush.

On peut en dire autant de l'autre scandale républicain de l'ère Reagan - moins connu, mais tout aussi important - souvent appelé "Iraq-gate", l'armement de l'Irak de Saddam Hussein. La même cabale de l'ère Reagan qui a aidé à armer Saddam, après avoir également aidé à armer son ennemi, l'Iran, a jeté de l'huile sur le feu au Moyen-Orient, créant un cadre sur lequel Israël a pu étendre son influence au prix de millions de vies et d'horribles destructions qui ont jeté les bases des futures tensions géopolitiques dans cette région. L'examen de l'"Iraq-gate" révèle également que les mêmes forces - et les mêmes personnalités (y compris les Clinton et, une fois encore, Oliver North) - sont en jeu.

Enfin, bien sûr, les Américains se souviennent affectueusement de Ronald Reagan, non pas tant pour ses politiques que pour sa personnalité joyeuse et son image patriotique. Mais le mot clé ici est "image", et non pas réalité. Le fait est que sous l'ère Reagan, une clique de boucs de Juda bien réels a étendu son influence et les conséquences sont encore présentes aujourd'hui, plus dommageables que jamais, en particulier sous l'ère de George W. Bush.

C'est William Kristol, le fils du "parrain" néo-conservateur susmentionné, Irving Kristol, qui incarne peut-être le mieux le visage diabolique des néo-conservateurs aujourd'hui. Coqueluche des médias et membre du puissant groupe Bilderberg, Kristol est éditeur et rédacteur en chef du magazine *Weekly Standard* du milliardaire Rupert Murdoch, utilisant cette tribune pour appeler à une intervention impérialiste des États-Unis à l'étranger, en particulier pour promouvoir les intérêts de l'État d'Israël.

Le principal ange financier de Kristol, Murdoch, est depuis longtemps le porte-parole des forces combinées des familles Rothschild, Bronfman et Oppenheimer qui, avec Murdoch, sont souvent décrites comme "le gang des quatre milliardaires". Cette clique de milliardaires est liée non seulement par une association mutuelle dans le domaine de la finance internationale, mais aussi par des liens ethniques et par la volonté de promouvoir les intérêts de l'État d'Israël. Ils étendent également leur contrôle et leur influence sur les médias américains, les opérations de Murdoch étant peut-être les plus visibles. (Les compagnons de route néo-conservateurs parrainés par Kristol sont représentés dans les cercles de décision de l'actuelle administration de George W. Bush par des personnalités telles que Richard Perle, loyaliste israélien de longue date et ancien président du Defense Policy Board, l'allié de longue date de Perle, le secrétaire adjoint à la défense Paul Wolfowitz (aujourd'hui à la tête de la Banque mondiale), et le chef de cabinet du vice-président Dick Cheney, I. Lewis Libby. Tous faisaient partie des personnalités clés qui battaient le tambour pour la guerre contre l'Irak, l'Iran, la Syrie, la Libye et toute autre nation jugée dangereuse pour la survie d'Israël.

Bien que Libby ait été inculpé au pénal pour certains de ses méfaits et que le reste des néo-conservateurs aient été démasqués comme des menteurs en série de la pire espèce, ces trotskistes sionistes ont toujours une grande influence à Washington. À certains égards, on pourrait dire que les trotskistes ont triomphé en Amérique alors qu'ils ont échoué en Russie.

Pour toute l'histoire sordide des néo-conservateurs, et avec bien plus de détails, voir *Les grands prêtres de la guerre,* par le présent auteur. Ce n'est pas une belle histoire, mais elle doit être racontée, car elle contribue à expliquer la nature insidieuse de l'Ennemi intérieur.

Cependant, bien avant que les néo-conservateurs n'atteignent la proéminence et le pouvoir qu'ils détiennent aujourd'hui, au cours du 21e siècle, un groupe influent de "conservateurs responsables" autoproclamés a jeté les bases de la montée en puissance des néo-conservateurs. Ces conservateurs "responsables" évoluaient dans la sphère d'un personnage nommé William F. Buckley Jr. que nous allons disséquer dans les pages qui suivent, avec ses plus proches acolytes.

Un intermède...

Introduction à la partie III

La montée des "conservateurs responsables"

La subversion du mouvement nationaliste américain à l'époque de la guerre froide

Au plus fort de la guerre froide, au milieu des années 1950, un "nouveau" mouvement dit "conservateur" a vu le jour en Amérique, dont les dirigeants, en particulier William F. Buckley Jr. Ils étaient déterminés à "gagner" la guerre froide - même au prix d'une guerre chaude - et n'avaient aucune envie de rapatrier les troupes américaines pour protéger le sol américain.

En réalité, ils s'aventuraient dans un imperium mondial, pour écraser le communisme et les éléments de la vieille tradition américaine - les conservateurs traditionnels, les nationalistes, ces forces "discréditées" qui constituaient le mouvement "America First" qui a combattu l'intervention des États-Unis dans la guerre européenne qui est devenue la Seconde Guerre mondiale - et ils déclaraient haut et fort leur intention d'écraser tous les éléments "nativistes" qui oseraient soulever des questions sur la nécessité d'envoyer les garçons américains dans le monde. Ils déclaraient haut et fort leur intention d'écraser tous les éléments "nativistes" qui oseraient s'interroger sur la nécessité d'envoyer des jeunes Américains dans des guerres mondiales de feu de broussailles ou dans des conflits au Moyen-Orient résultant de la création de l'État d'Israël.

Une foule d'"ex-communistes" - oui, les omniprésents trotskistes - entouraient William F. Buckley Jr. à l'époque où le jeune diplômé de Yale - fils d'un pétrolier dont on a finalement découvert que le père avait des intérêts pétroliers, notamment en Israël - a lancé sa croisade.

Le magazine *National Review* de Buckley est devenu "la" voix de ce que Buckley et ses collègues ont fini par décrire comme la voix du "conservatisme responsable" et ses écrivains "ex-communistes" sont devenus l'avant-garde intellectuelle du "nouveau" conservatisme américain, grâce à la publicité amicale des principaux médias (contrôlés) américains.

Le plus important de ceux promus par Buckley n'est autre que James Burnham qui, à un moment donné de sa carrière, aurait été considéré comme le "principal porte-parole" de Léon Trotsky dans les cercles "intellectuels" américains.

Puis, bien sûr, lorsque Josef Staline a commencé à s'attaquer aux trotskistes, Burnham est devenu un soi-disant "libéral anticommuniste" qui, en fait, à certains égards, était un euphémisme pour le terme plus dan gerous (et peut-être plus exact) de "trotskiste".

Dans les années qui ont suivi, pendant la Seconde Guerre mondiale, Burnham a travaillé pour l'Office des services stratégiques, infesté de sionistes et de trotskistes, ancêtre de la Central Intelligence Agency.

Burnham, l'"intellectuel" tant vanté, n'était pas seulement un critique de la Russie stalinienne et des nationalistes américains et autres décideurs politiques qui voulaient "contenir" le géant soviétique.

Au contraire, Burnham appelait à une guerre totale contre la Russie. Harry Elmer Barnes, éminent historien nationaliste américain, qui a qualifié un jour l'un des appels à la guerre lancés par Burnham de "très dangereux et non américain".

Malgré ce palmarès - ou plutôt à cause de lui -, Burnham le trotskiste est devenu "Burnham le leader conservateur" sous le patronage du magazine *National Review* de William F. Buckley Jr, pour lequel Burnham a peut-être été le principal rédacteur théorique pendant un peu plus de deux décennies. Burnham lui-même est mort en 1987, mais son influence reste déterminante dans les cercles sionistes-trotskistes-néo-conservateurs d'aujourd'hui.

C'est ainsi que ceux que nous appelons ici "le gang Buckley" se sont rapidement révélés être la force directrice du mouvement "conservateur", alors même que les nationalistes américains de la vieille école étaient mis à l'écart. Aujourd'hui, nombreux sont ceux qui affirment que la *National Review* de Buckley était une propriété de la CIA - un "front" de la CIA - depuis le début. À tout le moins, il s'agissait d'une police de caractères pour l'"ex" pensée trotskiste, qui évoluait vers ce que nous appelons aujourd'hui le "néo-conservatisme". Tout au long de cette évolution, la dévotion à l'Internationale sioniste est restée constante.

En fin de compte, il y avait effectivement une nouvelle tournure dans la philosophie conservatrice américaine - du moins telle qu'elle était dictée par Buckley - et de nombreux bons Américains attirés par la prétention de Buckley au "conservatisme" se sont alignés, conduits à l'abattoir comme les agneaux innocents qu'ils étaient, guidés par les Boucs de Juda - l'Ennemi intérieur.

Dans les chapitres qui suivent, nous examinerons le phénomène dit du "conservateur responsable" - mieux décrit comme une "subversion" - qui est apparu dans le sillage de la proéminence (et du pouvoir) soudaine de Buckley, promue par les médias. C'est l'ascension de Buckley et de sa sphère d'influence qui a jeté les bases de l'émergence moderne des "néo-conservateurs" trotskistes et sionistes qui règnent aujourd'hui en maîtres sur le mouvement "conservateur" américain.

En outre, nous verrons que même un groupe conservateur "indépendant" qui ne faisait même pas partie de la sphère d'influence de Buckley a également été, à toutes fins utiles, encouragé, poussé et manipulé pour fonctionner comme l'un des "boucs de Juda" - l'ennemi de l'intérieur.

CHAPITRE XVII

Corruption précoce de la cause nationaliste et anticommuniste américaine par les sionistes

Pendant des années, de nombreux membres du mouvement "conservateur" aux États-Unis ont considéré le magazine *Soldier of Fortune*, publié par le tenace Robert K. Brown, comme la voix de l'anticommunisme et du patriotisme. C'est pourquoi beaucoup ont été surpris lorsque *Soldier of Fortune* a publié des calomnies malveillantes à l'encontre de Liberty Lobby, l'institution nationaliste de Washington.

Toutefois, les calomnies dont Liberty Lobby a fait l'objet de la part de *Soldier of Fortune* n'ont pas vraiment surpris ceux qui connaissaient les antécédents du personnage de l'ombre que l'on a appelé "le mentor de Bob Brown" - Marvin Liebman, un collecteur de fonds politiques de longue date dont le parcours peut être qualifié, avec beaucoup de charité, de remarquablement mouvementé. La carrière de Liebman est un cas classique de l'un des Ennemis intérieurs les plus influents du milieu du 20e siècle, et un cas particulièrement flagrant.

Comme nous le verrons, l'influence de Liebeman sur le mouvement dit "conservateur" a été considérable. Il a joué un rôle majeur dans le travail de sape du nationalisme américain traditionnel pendant la guerre froide et dans la montée du mouvement anticommuniste dans les années 1950 et jusque dans les années 1960.

Né à New York en 1923 et actif au sein du Parti communiste et de la jeune Ligue communiste dans les années 1930 et 1940, Liebman a trouvé son créneau politique juste après la fin de la Seconde Guerre mondiale. À cette époque, Liebman s'est engagé comme bénévole dans la Ligue américaine pour une Palestine libre (ALFP) et est rapidement devenu l'un de ses collecteurs de fonds les plus énergiques, son "petit héros" selon les propres termes de Leibman.

L'ALFP était la branche américaine de collecte de fonds de l'Irgoun Zvai Leumi, le groupe terroriste juif clandestin qui luttait alors pour chasser les Britanniques et les Arabes indigènes chrétiens et musulmans de Palestine.

(Quelques années auparavant, pendant la Seconde Guerre mondiale, les membres de l'Irgoun avaient activement collaboré avec l'Allemagne nazie, fournissant des camions, du pétrole et d'autres matériels de guerre aux nazis en échange de la libération de Juifs "sélectionnés" dans les camps de concentration gérés par les nazis en Europe - un sale petit secret que les partisans actuels d'Israël préféreraient garder sous le coude). Le chef de l'Irgoun était Menachem Begin, qui devint plus tard Premier ministre d'Israël. Le groupe de jeunes violents de l'Irgoun-ALFP était connu sous le nom de Betar et il est toujours actif aujourd'hui, menant des attaques terroristes contre les critiques présumés d'Israël. Lors de la création de l'État d'Israël en 1948, les éléments de l'Irgoun sont devenus l'épine dorsale du service de renseignement de la nouvelle nation, le Mossad.

(Lorsqu'il travaillait pour l'Irgoun-ALFP, Liebman rendait compte directement à un certain Hillel Kook, mieux connu sous le pseudonyme de "Peter Bergson". Parmi les collègues de l'Irgoun, Bergson, se trouvait d'ailleurs l'omniprésent contrebandier d'armes à feu et de réfugiés basé en Hongrie, Ernst Mantello.

C'est Mantello qui, à la fin des années 1950, avec Louis M. Bloomfield, un dirigeant du lobby pro-israélien et homme de main de la famille Bronfman au Canada, a créé une "société commerciale" internationale obscure connue sous le nom de Permindex. L'opération Permindex a joué un rôle central dans le complot commun de la CIA et du Mossad israélien qui a abouti à l'assassinat du président John F. Kennedy. Pour plus de détails, voir *Final Judgment*, de cet auteur).

De 1946 à la création d'Israël en 1948, Liebman et ses acolytes se sont livrés à la contrebande d'armes pour l'Irgoun et ont financé et organisé le transport de réfugiés juifs d'Europe vers la Palestine. Ces réseaux sont devenus la base du Mossad israélien.

Parmi les principaux acteurs de ces activités à New York figuraient Teddy Kollek, futur maire de Jérusalem, et Meyer Lansky, patron du syndicat du crime américain et bientôt international.

Les principaux acteurs de la partie européenne des réseaux de trafic d'armes et de réfugiés étaient James Jesus Angleton, membre de l'OSS et plus tard agent de la CIA, le loyaliste israélien qui dirigeait le bureau de liaison de la CIA avec le Mossad, et le rabbin Tibor Rosenbaum qui est devenu le premier directeur des finances et de l'approvisionnement du Mossad et qui, comme Mantello et Bloomfield mentionnés plus haut, a joué un rôle central dans l'opération mystérieuse Permindex.

En 1948, après la création de l'État d'Israël, Liebman s'est engagé auprès de l'United Jewish Appeal à New York et, selon lui, "c'est là que ma carrière professionnelle de collecteur de fonds a commencé". Peu après, Liebman s'est rendu à l'ouest, à Hollywood, où il a créé la section locale de l'American Fund for Israel Institutions (Fonds américain pour les institutions israéliennes).

En 1951, Liebman travaillait pour l'International Rescue Committee (IRC), qu'il décrit dans ses mémoires comme "une organisation libérale, sociale-démocrate et anti-stalinienne". L'IRC était non seulement dirigé par Leo Cherne, longtemps une personnalité de haut rang du B'nai B'rith, mais il collaborait aussi activement avec la CIA.

Au cours des deux décennies suivantes, Liebman s'est imposé comme l'un des collecteurs de fonds "conservateurs" les plus performants, organisant une multitude d'organisations et d'individus à en-tête qui dominaient ce que Liebman et ses associés décrivaient fréquemment, en raccourci politique, comme un mouvement de "conservateurs responsables" qui, en réalité, étaient avant tout responsables des caprices du lobby pro-israélien et de ses alliés au sein de l'élite internationale.

L'ami de Liebman, William F. Buckley, Jr, fondateur du magazine *National Review*, est celui qui incarne le mieux les "conservateurs responsables" dans la sphère d'influence de Liebman en matière de collecte de fonds.

(Buckley, qui a servi comme agent de la CIA au Mexique sous la tutelle de son "parrain" de la CIA, E. Howard Hunt, a fait sourciller même certains "conservateurs responsables" lorsqu'il a non seulement accepté d'être membre du Conseil des relations étrangères financé par Rockefeller, mais qu'il a également fait son apparition à la secrète conférence internationale Bilderberg à Cesme, en Turquie, en 1975).

En 1961, Liebman a joué le rôle de mentor pour un autre opérateur aujourd'hui bien connu dans la collecte de fonds conservateurs, Richard A. Viguerie (dont nous reparlerons plus tard). En 1962, Liebman a manifestement pris contact pour la première fois avec le futur éditeur de *Soldier of Fortune*, Robert K. Brown, selon une lettre écrite par Brown à Liebman qui a été découverte il y a seulement dix ans.

Le jeune Brown, qui avait quitté le corps de contre-espionnage de l'armée américaine, a écrit à Liebman pour se vanter d'avoir été un agent infiltré dans le Fair Play for Cuba Committee (FPCC) et a demandé au spécialiste de la collecte de fonds basé à New York si Liebman avait des conseils à lui donner sur la manière dont il (Brown) pourrait contourner la loi sur la neutralité des États-Unis et devenir un mercenaire à l'étranger. (À l'époque, Liebman dirigeait le soi-disant Comité américain d'aide aux combattants de la liberté du Katanga, qui a été décrit comme un autre "groupe de façade de la CIA"). Le fait que Brown ait été un agent infiltré - apparemment pour la brigade subversive de la police de Chicago - au sein du FPCC est pour le moins intéressant, dans la mesure où ce n'est autre que l'assassin présumé de John F. Kennedy, Lee Harvey Oswald, qui a été le "fondateur" de la branche de la Nouvelle-Orléans du FPCC un an plus tard.

Bien qu'il y ait encore beaucoup de spéculations sur ce que faisait précisément Oswald en tant qu'organisateur du FPCC, nombreux sont ceux qui pensent qu'Oswald était lui aussi un informateur infiltré dans le FPCC travaillant pour une agence de renseignement du gouvernement fédéral.

Quoi qu'il en soit, Liebman s'était déjà imposé comme "l'homme à voir" lorsqu'il s'agissait de collecter des fonds pour les conservateurs et il manifestait déjà son hostilité à l'égard des initiatives nationalistes qui n'entraient pas dans sa sphère d'influence - le Lobby de la Liberté, en particulier.

Avec la création de Liberty Lobby en 1955, Liebman est devenu immensément hostile à l'institution populiste, en particulier après que l'ancien gouverneur du New Jersey Charles Edison (fils du célèbre inventeur américain Thomas Edison) et d'autres membres de la famille Edison sont devenus des partisans enthousiastes et de généreux bailleurs de fonds de Liberty Lobby. (Avant cette date, les divers stratagèmes de Liebman pour collecter des fonds s'étaient largement appuyés sur les largesses d'Edison).

Dans ses mémoires, Liebman affirme qu'en 1962, il a été victime d'une "virulente campagne antisémite" menée par des rivaux pour le pouvoir au sein du mouvement conservateur . "La première histoire", dit-il, "est apparue dans Spotlight, une publication antisémite et raciste du Liberty Lobby". "La première histoire, dit-il, est parue dans *Spotlight*, la publication antisémite et raciste du Liberty Lobby, qui l'a dépeint comme faisant partie d'une "cabale juive-sioniste".

Mais cette accusation pose un problème majeur : *Le Spotlight* n'a été créé qu'en 1975, treize ans après l'infraction présumée.

Liebman s'est également plaint que "même la réponse de mon bon ami [Charles] Edison a été décevante. Bien qu'il m'ait vraiment aimé", a déclaré Liebman, "il lui était difficile de se détacher de ses propres croyances sur les Juifs".

Dans ses mémoires, Liebman a franchement admis qu'après avoir appris que le gouverneur Edison était gravement malade, il ne cessait de penser : "S'il meurt, je me demande ce qu'il me laissera." En fait, Liebman était présent lors de la lecture du testament à la mort d'Edison. "Lorsque mon nom a été prononcé, écrit-il, j'ai écouté attentivement. Au lieu du million, des cent mille ou même des dix mille, le testament disait que le défunt "pardonnait à Marvin Leibman toutes les dettes qu'il pouvait avoir envers la succession".

En fait, Liebman n'était pas à l'époque endetté auprès d'Edison. Selon Liebman, lors des funérailles d'Edison, William F. Buckley Jr. a chuchoté à Liebman que, selon lui, "vous vous êtes vraiment fait avoir".

Bien que Liebman ait disparu de l'orbite des "conservateurs responsables" après la disparition d'Edison, il est revenu dans la controverse publique lorsqu'il a déclaré publiquement son homosexualité de longue date, écrivant plus tard son autobiographie intitulée *"Coming Out Conservative" (Sortir conservateur) : A Founder of the Modern Conservative Movement Speaks Out on Personal Freedom, Homophobia and Hate Politics*.

Liebman lui-même est décédé il y a plusieurs années, mais son héritage survit dans les frasques de ses associés et protégés tels que William F. Buckley Jr, Robert K. Brown et Richard Viguerie, qui continuent tous à agir, d'une manière ou d'une autre, jusqu'à ce jour. Mais Buckley lui-même a largement éclipsé son mentor, Liebman, et est devenu, à sa manière, une figure centrale dans l'éviscération du nationalisme américain traditionnel.

CHAPITRE XVIII

William F. Buckley, Jr. Autoproclamé "conservateur responsable" et porte-parole de longue date de l'ennemi intérieur

Presque exactement au moment où le FBI enrôlait Morris Childs, haut responsable du Parti communiste américain, comme décrit plus haut, une foule d'"ex-communistes" se sont regroupés sous la direction de William F. Buckley, Jr. pour former le rempart éditorial du magazine bimensuel de Buckley, *National Review*.

Au cours des années suivantes, Buckley - en alliance avec son ami proche et collaborateur, l'agent sioniste Marvin Liebman - a entamé une guerre musclée contre les nationalistes américains purs et durs, tentant de les isoler et de les priver de respectabilité. Ce faisant, Buckley a été activement aidé et soutenu par le monopole des grands médias américains.

Dans *The New Jerusalem*, l'ouvrage précédent de cet auteur, un point concernant Buckley a été soulevé qui n'avait probablement jamais été publié auparavant et qui, dans le contexte de ce que nous allons examiner, vaut probablement la peine d'être répété ici : Bien que Buckley soit largement reconnu comme un catholique irlandais et qu'il soit connu comme un fervent catholique, ses antécédents catholiques romains ne proviennent pas du côté de son père écossais-irlandais, comme on le croit généralement, mais plutôt du côté de sa mère.

Bien que la mère de Buckley soit née d'une famille catholique allemande de la Nouvelle-Orléans nommée Steiner, Walter Trohan, chroniqueur au *Chicago Tribune*, a déclaré en privé à des intimes qu'il croyait savoir que la famille Steiner était à l'origine juive et s'était convertie au catholicisme romain, comme de nombreuses familles juives de la Nouvelle-Orléans au cours des XVIIIe et XIXe siècles.

Quoi qu'il en soit, quel que soit son véritable héritage ethnique, le jeune Buckley - encouragé avec enthousiasme par ses cohortes et ses sympathiques promoteurs dans les grands médias - a commencé à "tracer les lignes" et à déterminer ce qu'il était "convenable" et permis aux conservateurs américains de discuter et ce qui ne l'était pas. Buckley a annoncé que quiconque osait soulever des questions sur des sujets tels que le sionisme ou le pouvoir de groupes d'élite tels que Bilderberg et le Conseil des relations étrangères était "au-delà de la norme" et s'enfonçait dans des "marécages de fièvre".

Buckley, ses alliés "ex-communistes" et leurs larbins se sont déclarés "conservateurs responsables" et ont activement mené la guerre contre tous ceux qu'ils considéraient comme ne l'étant pas.

L'une des cibles favorites de Buckley était le mouvement populiste croissant qui entourait Liberty Lobby, fondé par Willis Carto (à peu près au même moment où Buckley créait *National Review*) en 1955. Non seulement Buckley a intenté une action en justice contre Liberty Lobby, mais son ami proche et ancien collègue de la CIA, E. Howard Hunt, a fait de même.

Au fil des ans, les quatre principaux procès intentés contre Liberty Lobby avaient tous un point commun : les responsables avaient tous des liens précis avec la CIA et l'Anti-Defamation League (ADL) du B'nai B'rith, l'organe de renseignement et de propagande basé aux États-Unis de l'agence d'espionnage israélienne, le Mossad, proche collaborateur de la CIA.

- Le premier de ces procès a été intenté par un "ancien" agent de la CIA, E. Howard Hunt, surtout connu pour son rôle dans le cambriolage du Watergate qui a conduit à la démission forcée du président Richard M. Nixon. (Aujourd'hui, on soupçonne généralement que l'affaire du Watergate était en grande partie une orchestration de la CIA destinée à préparer le terrain pour un *coup d'État* visant Nixon). M. Hunt a intenté une action en justice contre Liberty Lobby peu après la publication par The Spotlight, dans son numéro du 14 août 1978, d'un article explosif dans lequel l'auteur, Victor Marchetti, ancien haut fonctionnaire de la CIA, affirmait que la CIA avait l'intention de faire accuser M. Hunt d'être impliqué dans l'assassinat de John F. Kennedy.

Bien que M. Hunt ait admis sous serment que l'histoire pouvait être vraie - que ses collègues de la CIA pouvaient en effet le prendre pour bouc émissaire dans le crime du siècle - il a persisté à poursuivre son action en justice. Lorsque l'affaire a été jugée, Hunt a obtenu un jugement potentiellement dévastateur de 650 000 dollars contre Liberty Lobby pour diffamation. Toutefois, en raison d'erreurs dans les instructions données au jury par le juge de première instance, Liberty Lobby a pu faire appel avec succès et l'affaire a été renvoyée pour un nouveau procès.

Au cours de ce deuxième procès, en janvier 1985, le célèbre enquêteur sur l'assassinat de JFK, Mark Lane, est devenu l'avocat de la défense de Liberty Lobby. À la grande consternation de Hunt, Lane apporta des preuves qui révélèrent, contrairement aux dénégations de Hunt, que ce dernier s'était rendu à Dallas juste avant l'assassinat de JFK en compagnie d'exilés cubains soutenus par la CIA. Le jury a rejeté les arguments de Hunt et s'est prononcé contre lui - une grande victoire pour Liberty Lobby. À l'issue du procès, Leslie Armstrong, présidente du jury, a annoncé publiquement qu'elle et ses collègues avaient conclu que la défense de Lane était fondée et que la CIA avait bel et bien été impliquée dans l'assassinat du président Kennedy.

- Au cours de la période qui a précédé la victoire finale dans l'affaire Hunt, les sources de Liberty Lobby ont informé l'institution populiste que l'affaire Hunt était activement soutenue par la CIA, au point que la CIA a même fourni des avocats et d'autres personnes pour assister Hunt. Qui plus est, il a été découvert que le protégé de Hunt à la CIA, le dilettante millionnaire William F. Buckley Jr. apportait également à Hunt une aide tactique et financière.

Buckley, qui était l'adjoint de Hunt à la station de la CIA à Mexico au début des années 1950, avait depuis longtemps une dent contre le journal de Liberty Lobby, *The Spotlight*, qui avait rapidement dépassé la propre publication de Buckley, *National Review*, en termes de diffusion et de portée.

Lorsque Buckley a publié en 1971 une dénonciation calomnieuse de Liberty Lobby, il est apparu dans un témoignage sous serment que l'une des principales sources de cette dénonciation était le chroniqueur syndiqué Jack Anderson. Avec son mentor, feu Drew Pearson, Anderson s'est vanté pendant des années qu'une grande partie de leurs calomnies sur Liberty Lobby provenait directement de l'Anti-Defamation League (ADL) du B'nai B'rith, un intermédiaire connu de l'agence d'espionnage israélienne, le Mossad. La propre ex-belle-mère de Pearson, l'éditrice de journaux Cissy Patterson, a un jour qualifié Pearson "d'agent secret et de porte-parole de l'ADL".

Après que Liberty Lobby eut lancé une enquête approfondie sur Buckley et ses affaires, dont certains détails (mais pas tous) ont été publiés dans *The Spotlight*, Buckley a intenté son propre procès en diffamation contre Liberty Lobby en 1980, presque directement après le procès en diffamation de son ami Hunt. Une fois de plus, après des dépenses considérables pour Liberty Lobby, l'affaire a été jugée en 1985, quelques mois seulement après que l'affaire Hunt ait été classée.

Au cours du procès, Buckley a déclaré qu'il avait pour "mission" de dénoncer Liberty Lobby, mais malgré les attentes élevées de Buckley et de ses sycophantes qui s'attendaient à une victoire, un jury du district de Columbia a réservé une surprise de taille à l'ancien officier de la CIA.

Bien que Buckley ait réclamé des millions de dollars de dommages et intérêts, le jury ne lui a accordé qu'un dollar (plus 1 000 dollars de dommages et intérêts punitifs). À l'annonce du verdict, un partisan de Buckley présent dans la salle d'audience a fondu en larmes. Buckely - comme son mentor de la CIA, Hunt - n'avait pas réussi à détruire Liberty Lobby.

Quoi qu'il en soit, la carrière sordide de l'*enfant terrible* vieillissant William F. Buckley Jr. touche à sa fin. Cependant, ses manipulations - depuis les années 1950 et jusqu'aux premières années du XXIe siècle - ont largement contribué à jeter les bases de l'éviscération du nationalisme américain traditionnel. Buckley peut en effet être considéré comme l'un des boucs de Juda les plus destructeurs.

L'étrange cercle d'acolytes, d'escrocs et de copains qui ont peuplé le monde de "WFB" et sa sphère d'influence de "conservateur responsable" continue de mener à bien sa trahison, comme les chapitres qui suivent le démontreront dans les moindres détails.

CHAPITRE XIX

L'ennemi intérieur du Vatican : Le rôle secret de Malachi Martin, associé de Buckley, en tant que subversif agissant au nom des intérêts sionistes

L'identité d'un agent de l'Anti-Defamation League (ADL) du B'nai B'rith au sein de l'Église catholique pendant le concile Vatican II, au début des années 1960, a été révélée : il s'agit de feu l'ancien prêtre devenu auteur de best-sellers, Malachi Martin, un proche collaborateur de longue date de nul autre que William F. Buckley, Jr, lui-même catholique romain déclaré.

À la suite des révélations concernant Martin, l'ami de Buckley, certains éminents critiques catholiques traditionalistes qualifient désormais Martin d'"agent double sioniste *de facto*" et de "prêtre-espion du sionisme" - des étiquettes qui surprendront de nombreux bons catholiques traditionalistes qui considéraient Martin, au moins dans les dernières années de sa vie, comme leur allié.

Il s'avère aujourd'hui que ce même "agent double" - Martin - était le bailleur de fonds d'un groupe conspirateur qui s'employait à détruire Liberty Lobby, l'institution populiste basée à Washington.

C'est Lawrence W. Patterson, basé à Cincinnati, qui a apparemment été le premier éditeur national à dévoiler Martin comme le soi-disant "prêtre-espion" au sein du Vatican qui, selon Patterson, a été la figure clé pour "sauver les documents de Vatican II qui ont depuis été utilisés pour commencer la tentative de fusion entre le sionisme et le catholicisme".

Dans le numéro d'avril 1991 de son magazine *Criminal Politics*, Patterson a qualifié Martin de "faux conservateur du mois, qui défend la cause de la Trilatérale et du sionisme", et a présenté les preuves explosives qui inculpent Martin.

Mais Patterson n'est pas la seule personnalité importante à dénoncer Martin. L'historien révisionniste de renom Michael A. Hoffman II a qualifié Martin d'"occultiste à double sens" et de "Juda du 20e siècle". (Voir le site web de Hoffman à hoffman-info.com)

En outre, Hutton Gibson, laïc catholique traditionaliste au franc-parler, a déclaré à propos de Martin lors d'une émission de *Radio Free America* (avec l'animateur Tom Valentine) : "Je pense que Martin était une sorte de bouc de Juda. Il était au Concile Vatican II et l'une des choses qu'il a faites a été de convoquer les évêques qui étaient un peu obstinés et de les menacer pour qu'ils rentrent dans le rang. Malachi Martin n'est pas l'idée que je me fais d'un catholique".

Le regretté Revilo P. Oliver, l'un des grands intellectuels nationalistes, a écrit que "si Martin a effectivement joué un rôle important dans la trahison de l'Église [catholique] aux mains de ses ennemis invétérés, il savait certainement ce qu'il faisait". (Voir l'essai d'Oliver, "How They Stole the Church", sur revilo-oliver.com)

Hoffman a déclaré que Martin "a sauvé la mise aux infiltrateurs juifs/maçonniques de l'église". Dans *Criminal Politics*, Patterson explique comment Martin a fait exactement cela, en décrivant l'histoire étonnante de l'intrigue de Martin.

S'appuyant largement sur un article indubitablement "grand public", "Comment les juifs ont changé la pensée catholique" de Joseph Roddy - publié dans le numéro du 25 janvier 1966 du magazine *Look*, aujourd'hui disparu -, Patterson a souligné que l'article de *Look* révélait très franchement qu'un prêtre travaillant au sein du Vatican faisait la navette entre Rome et New York au cours des procédures de Vatican II.

Le prêtre fournissait des informations privilégiées sur les propositions de "réformes" de l'Église catholique non seulement au *New York Times*, mais aussi à l'Anti-Defamation League (ADL) du B'nai B'rith et à l'American Jewish Committee et à son magazine *Commentary*.

Ensuite, comme l'indique l'article, ces informations confidentielles provenant de l'intérieur du Vatican ont été utilisées pour faire pression sur le Vatican afin qu'il apporte des changements majeurs à la politique de l'Église.

L'auteur de *Look* n'a pas voulu identifier le prêtre par son vrai nom, se contentant de le désigner comme "Timothy Fitzharris-O'Boyle", mais il a également expliqué que ce prêtre écrivait aussi pour *Commentary* sous le nom de "F. E. Cartus" et qu'il avait écrit un livre, intitulé *The Pilgrim*, sous le nom de "Michael Serafian".

("*The Pilgrim*" était un livre de 1964, imprimé en urgence, selon Michael A. Hoffman II, dans le but précis de divulguer les efforts déployés par les traditionalistes au sein du Vatican pour contrer la révolution proposée dans les enseignements de l'Église).

Comme l'a établi l'enquête de Lawrence Patterson, lorsque Malachi Martin (alors écrivain de renommée internationale) a publié son livre de 1974, *The New Castle*, une page de remplissage énumérant les "livres de Malachi

Martin" indiquait que Martin avait écrit le livre susmentionné, *The Pilgrim*, "sous le pseudonyme de Michael Serafian".

Et comme si les révélations de Patterson (basées sur la reconnaissance publiée par Martin lui-même) ne suffisaient pas à prouver qu'il était bien le "prêtre-espion" au sein du Vatican, un article nécrologique du *Milwaukee Journal Sentinel* du 31 juillet 1999 mentionne que Martin avait publié *Le Pèlerin* sous le pseudonyme de "Michael Serafian".

Presque immédiatement après avoir terminé ses entreprises subversives au sein du Vatican, Martin a quitté la prêtrise et s'est rendu à New York où il a commencé à écrire pour l'American Jewish Committee's Commentary (sous son vrai nom) et à agir en tant que "rédacteur religieux" pour la *National Review* de William F. Buckley, Jr.

Dans les années qui ont suivi, les romans et autres œuvres de Martin ont bénéficié d'une large promotion internationale dans les organes des grands médias, faisant de Martin un multimillionnaire presque certain.

Selon Michael A. Hoffman II, Martin "était le descendant d'un banquier juif qui s'est réfugié en Irlande", où Martin est né en 1921. Hoffman reproche à Martin de s'être comparé, pas plus tard qu'en 1997, à Maïmonide, qu'il identifie comme "le principal interprète du Talmud juif et l'un des ennemis les plus implacables du Christ dans les annales du judaïsme", qui a jadis "ordonné l'extermination des chrétiens".

Ceci est intéressant car Martin a en fait étudié à l'Université hébraïque de Jérusalem où il s'est concentré sur la connaissance de Jésus-Christ telle qu'elle est transmise dans les sources juives. Peu après, selon le London's *Independent* du 6 août 1999, Martin a été "repéré comme une valeur sûre" et promu à un poste au Vatican en tant que conseiller théologique du cardinal Augustin Bea, qui était lui-même, comme plusieurs autres de ses conseillers, d'origine juive.

C'est Bea qui est apparu au sein du Vatican comme le principal instigateur des changements dans la politique de l'Église pendant Vatican II, et Martin a agi comme son agent dans les relations avec la communauté juive de New York pendant cette période. Revilo Oliver est allé jusqu'à suggérer que Martin aurait pu être le "coursier" de vastes quantités de pots-de-vin en espèces transférés de New York à Rome et ailleurs pendant la période de Vatican II.

Le fait que Martin ait forgé une relation étroite avec William F. Buckley, Jr. - qui a duré des décennies - est remarquable puisque Buckley et son ancien superviseur à la CIA, E. Howard Hunt, ont tous deux intenté de vastes procès (bien qu'ils aient échoué) contre *The Spotlight* dans le but de démolir l'hebdomadaire populiste. La question se pose donc de savoir si

Martin a agi par la suite en tant qu'agent de l'équipe vengeresse de Buckley et Hunt en aidant d'autres agents qui s'efforçaient de réduire *The Spotlight* au silence.

En résumé : *Le* rôle de Malachi Martin dans le financement d'une conspiration visant à détruire *The Spotlight* pointe vers l'origine de cette conspiration, et l'on peut dire sans risque de se tromper que Martin était clairement un exemple parfait de l'Ennemi intérieur, en l'occurrence impliqué dans la subversion de l'Église catholique romaine.

Les dommages causés à l'Église par le conclave révolutionnaire connu sous le nom de Vatican II ne pourront jamais être réparés et l'avenir se souviendra de Malachi Martin comme d'un bouc Juda perfide de la pire espèce.

"La fumée de Satan s'est introduite dans le Temple de Dieu par une fissure.

-GIOVANNI BATTISTA MONTINI MIEUX CONNU SOUS SON TITRE de Pape Paul VI - sous lequel il a mis en œuvre les "réformes" controversées de Vatican II qui ont réorienté et déformé la doctrine catholique romaine traditionnelle - à une époque où le bouc de Juda Malachi Martin (voir le chapitre ci-joint) agissait en tant qu'agent au sein de la conférence de Vatican II pour le compte d'intérêts sionistes. À plusieurs reprises, Montini (ci-dessus) a porté publiquement l'emblème franc-maçon connu sous le nom d'"éphod", le symbole porté par Caïphe, le grand prêtre juif qui a ordonné la mort de Jésus-Christ. L'éphod de Montini est visible (encerclé) au bas de son portrait. À droite, un éphod dont les lettres hébraïques sont clairement visibles au sommet. D'origine juive, Montini a été enterré à la manière juive, dans une simple boîte en bois, lors d'une cérémonie au Vatican où *il n'y avait pas un seul crucifix.* De nombreux catholiques traditionalistes considèrent Montini comme un bouc de Juda. Les intérêts sionistes ont également infiltré avec force les églises fondamentalistes protestantes, promouvant la doctrine "dispensationaliste", d'abord élaborée par John Darby dans les années 1840, puis largement promue au 20e siècle par Cyrus Scofield, dont la célèbre "Scofield Reference Bible" a été financée par l'Oxford University Press de Londres, financée par la

famille sioniste Rothschild. Aujourd'hui, le "dispensationalisme" parrainé par la famille Rothschild dicte la position pro-sioniste de ce qu'on appelle la "droite chrétienne", qui exerce une influence majeure sur le parti républicain. Ainsi, une alliance entre le judaïsme radical et le christianisme radical est responsable de la mauvaise conduite de la politique étrangère américaine au profit de l'imperium sioniste sous la présidence de George W. Bush, un fervent disciple du dispensationalisme entouré de fanatiques sionistes.

CHAPITRE XX

Le racket de la collecte de fonds "conservateurs" : Le pillage des patriotes américains au nom de l'ennemi intérieur

Le 26 août 1985, *The Spotlight* a mis en garde ses lecteurs contre les activités controversées du collecteur de fonds par publipostage Richard Viguerie, un protégé de l'omniprésent intrigant sioniste Marvin Liebeman, dont il a été question dans un chapitre précédent. Intitulé avec justesse "Scandal hallmark of direct mail king Viguerie's rise to power", le rapport de *The Spotlight* décrivait en détail l'art particulier de Viguerie et ses méthodes lourdes de collecte de fonds.

Pendant des années, Viguerie a essentiellement pillé des millions de patriotes américains de centaines de millions de dollars versés à diverses causes "conservatrices" que Viguerie vantait - et dans certains cas, créait - même si, dans certains cas, Viguerie et ses sociétés associées empochaient, dit-on, jusqu'à 75 % de l'argent collecté, ce qui constituait un racket très rentable.

Cependant, quelque sept ans plus tard, dans son numéro du 12 novembre 1992 - alors que le mouvement conservateur est moribond et vidé de ses ressources et de son énergie - le *New York Times* de l'establishment a finalement vendu la mèche et confirmé les rapports de *The Spotlight* sur le mode de fonctionnement de Viguerie.

Dans un article commençant en première page et remplissant ensuite une page entière dans la section nationale du quotidien de l'establishment, le *Times* a informé ses lecteurs de la dernière entreprise de collecte de fonds de Viguerie.

Opérant à partir d'une organisation à but non lucratif et exonérée d'impôts appelée United Seniors Association (USA), Viguerie engrangeait des millions en envoyant des lettres aux personnes âgées et en leur demandant des contributions, dans un cas, pour continuer à "lutter avec acharnement dans la capitale du pays pour garantir la protection des droits et des avantages des personnes âgées des États-Unis".

(En fait, Viguerie a dirigé plusieurs organisations de "personnes âgées" différentes - USA n'étant que l'une d'entre elles).

Le "courrier d'épouvante" de Viguerie - annonçant par exemple la fin de la sécurité sociale - a fait fuir les contributions de personnes âgées mal intentionnées, qui ont été amenées à croire que l'organisation de Viguerie se battait vraiment pour leur sécurité. En fait, la majeure partie de l'argent récolté par Viguerie a été immédiatement réorientée vers de nouveaux publipostages envoyés à d'autres contributeurs potentiels.

Ce qui s'est passé alors, note le *Times*, c'est que Viguerie et ses divers groupes de façade "ont réparti des sommes importantes entre des loueurs de listes, des rédacteurs de lettres, des imprimeurs, des expéditeurs de courrier et d'autres sous-traitants, y compris toujours M. Viguerie lui-même".

Ce qui est particulièrement intrigant, c'est que l'un des collaborateurs de Viguerie est un certain Dan C. Alexander, Jr, qui a purgé 51 mois d'une peine de 12 ans de prison pour avoir extorqué des pots-de-vin dans le cadre de projets de construction d'écoles à Mobile, en Alabama.

Il est intéressant de noter que la dernière astuce d'Alexander pour collecter des fonds, élaborée à l'époque avec Viguerie, était une organisation appelée Taxpayers Education Lobby (Lobby pour l'éducation des contribuables).

Ce n'est cependant pas la première fois que Viguerie s'associe à de drôles d'oiseaux.

Alors que ses entreprises engrangeaient des millions grâce aux patriotes et aux conservateurs, Viguerie a admis un jour, en toute franchise, "Je ne suis pas un partisan de l'Amérique d'abord", ce qu'il a prouvé par sa collaboration étroite et de longue date avec le chef de la secte coréenne, Sun Myung Moon. C'est avec l'aide de Viguerie que Moon et sa secte sont devenus une influence clé au sein du mouvement conservateur. Moon lui-même, bien sûr, a annoncé il y a longtemps qu'il voulait conquérir le monde.

La première entrée de Viguerie dans le secteur des listes de diffusion a eu lieu en 1960, lorsque le jeune Texan s'est présenté à New York avec la liste des contributeurs qui avaient versé de l'argent au candidat républicain au Sénat dans l'État de l'étoile solitaire.

Viguerie a trouvé un gracieux mécène en la personne de Marvin Liebman. Au moment où Viguerie apprenait son métier sous la tutelle de Liebman, son mentor dirigeait une organisation connue sous le nom de Young Americans for Freedom (YAF), un groupe de jeunes conservateurs fondé par Buckley. Sentant le sens aigu des affaires de Viguerie, Liebman confie au jeune Texan la direction de YAF.

Viguerie s'est retiré de YAF en 1965 et s'est installé à Washington où il a créé sa propre société, à partir de laquelle les activités de Viguerie se sont développées.

Au cours des années suivantes, Viguerie a commencé à établir une liste d'adresses massive de contributeurs à des causes patriotiques et conservatrices. Viguerie a également rassemblé une bande d'associés dont le principal talent semble avoir été la capacité à mettre des ailes de peur et à effrayer les patriotes pour qu'ils versent des millions de dollars à toutes sortes de causes douteuses concoctées dans la cuisine de Viguerie.

Au milieu des années 1980, cependant, l'empire des listes de diffusion de Viguerie a commencé à s'effriter lorsque les conservateurs américains, qui se délectaient de l'ère Ronald Reagan, se sont convaincus que Reagan avait "sauvé le pays" et ont cessé de contribuer aux programmes de collecte de fonds de Viguerie.

En conséquence, Viguerie a été contraint de démanteler l'empire qu'il s'était forgé en matière de collecte de fonds. Il a vendu le bâtiment qui abritait son siège depuis longtemps et a licencié une grande partie de son personnel.

Viguerie a également vendu son magazine interne, *Conservative Digest*, au promoteur d'argent corrompu William Kennedy, Jr., qui victimisait les investisseurs conservateurs depuis des années avec le soutien actif d'un réseau important de dirigeants conservateurs autoproclamés.

En achetant le magazine en faillite de Viguerie avec ses gains mal acquis, Kennedy a essentiellement enrichi Viguerie avec de l'argent volé.

Il n'est pas surprenant que, compte tenu de ses antécédents en matière de reportages honnêtes sur les activités de l'Ennemi intérieur, ce soit *The Spotlight* qui, dans une nouvelle exclusivité, ait mis en garde ses lecteurs contre les pratiques criminelles de Kennedy. Bien entendu, Kennedy a finalement été inculpé et condamné pour de multiples chefs d'accusation liés à ses activités et envoyé dans une prison fédérale.

C'est après l'effondrement de son propre racket conservateur que Viguerie a décidé de se lancer dans l'escroquerie auprès des personnes âgées pour leur soutirer de l'argent.

Il est évident qu'il réussit encore aujourd'hui dans une certaine mesure, bien qu'il ait été largement mis à l'écart par la montée au pouvoir des "néo-conservateurs" pro-israéliens purs et durs qui, dans l'esprit du mentor de Viguerie, Lieberman, ont pris le contrôle absolu du mouvement dit "conservateur" et ont utilisé ce contrôle pour s'emparer du parti républicain lui-même.

CHAPITRE XXI

Comment l'ennemi intérieur manipule la cause "anticommuniste" pour faire avancer l'agenda sioniste

La principale contribution de Richard Viguerie à la destruction du mouvement "conservateur" américain a peut-être été son rôle central de mentor (tout comme l'agent sioniste Marvin Liebman a été le mentor de Viguerie) d'une équipe hétéroclite de collecteurs de fonds par publipostage très compétents, dont le principal talent semble avoir été la capacité de collecter d'énormes quantités d'argent auprès de bons patriotes américains, puis de les dilapider dans des causes vouées à l'échec, tout en enrichissant les collecteurs de fonds au cours du processus.

Cependant, dans au moins un cas que nous allons explorer, il semble qu'un protégé de Viguerie ait trouvé un moyen de soutirer des patriotes afin de financer un projet personnel destiné à faire avancer l'agenda de l'Ennemi intérieur.

Lee Edwards, un vétéran de la cuisine de publipostage de Richard Viguerie, un magicien du publipostage, a vraiment préparé un bon coup. Et cette fois-ci, il n'est pas surprenant qu'il ait reçu l'imprimatur de la Ligue anti-diffamation (ADL).

Ne laissez pas les objectifs ambitieux de la dernière campagne de collecte de fonds de Lee Edwards vous inciter à ouvrir votre porte-monnaie pour l'instant. L'astuce de Lee Edwards comporte un aspect inhabituel (et un programme intéressant) qui dérange de nombreux vétérans de l'anticommunisme. Mendiant auprès des patriotes depuis une quarantaine d'années, Edwards est le cerveau - il s'est d'abord donné le titre impressionnant de "président" - de la Fondation pour la mémoire des victimes du communisme.

Cela semble noble. Edwards a même obtenu le soutien du Congrès qui a accordé à sa fondation un site sur le Mall. Aujourd'hui, l'impresario du publipostage tente de réunir 100 millions de dollars pour créer un musée commémoratif qui rendra hommage aux victimes du communisme dans le monde entier.

Les vétérans anticommunistes américains aiment l'idée d'un mémorial aux victimes du communisme. "Après tout, affirment-ils, puisque les États-

Unis ont déjà un mémorial financé par les contribuables pour les victimes juives de l'"holocauste" de la Seconde Guerre mondiale, ne devrions-nous pas aussi avoir un mémorial pour honorer les victimes bien réelles du communisme dans le monde entier ?

Toutefois, selon le *Forward*, un influent hebdomadaire juif basé à New York, qui a donné un coup de pouce à l'idée de M. Edwards, l'objectif du musée sera légèrement différent de ce que les anticommunistes américains pourraient attendre. En fait, *le Forward* rapporte que le musée s'attachera tout particulièrement à démontrer que le peuple juif a été en grande partie victime du communisme et non pas auteur de ses actes.

En bref, le musée sera une variation sur un thème - une autre version du musée de l'Holocauste (montrant les souffrances du peuple juif), mais cette fois avec une touche anticommuniste.

Le musée d'Edwards, selon *Forward*, s'efforcera activement de combattre la croyance de nombreux Européens de l'Est selon laquelle une prépondérance de dirigeants des mouvements communistes à travers les nations d'Europe de l'Est étaient juifs. En fait, lorsque les anciens régimes rouges d'Europe de l'Est ont été renversés et que les éléments nationalistes ont commencé à se réaffirmer, de nombreuses personnes dans la région ont souligné le rôle important joué par les Juifs dans le communisme et ses progrès, dès l'époque de la révolution bolchevique en Russie.

Aujourd'hui, cependant, Edwards s'apprête à montrer à tous ces gens que leurs idées sont tout à fait erronées. Il est aidé dans ses efforts par un éventail intéressant de personnes qui, par le passé, n'auraient jamais eu affaire à un collecteur de fonds "conservateur" professionnel tel qu'Edwards.

Le premier d'entre eux était Carl Gershman, un "social-démocrate" de longue date qui était surtout connu pour son travail en tant que responsable national de la Ligue anti-diffamation (ADL) du B'nai B'rith. (M. Gershman a ensuite été président de la soi-disant Fondation nationale pour la démocratie, un "groupe de réflexion" internationaliste qui promeut l'agenda mondialiste). Le fait que Gershman ait prêté son "prestige" à l'effort d'Edwards a démontré, sans l'ombre d'un doute, que les plus hautes sphères de l'élite avaient donné leur aval à l'entreprise de collecte de fonds d'Edwards.

Outre la présence déterminante de M. Gershman de l'ADL, une multitude d'autres éléments pro-israéliens de longue date ont soutenu l'initiative de M. Edwards, depuis Albert Shanker, le soi-disant "libéral anticommuniste" qui a longtemps dirigé la Fédération américaine des enseignants, jusqu'à l'historien de Harvard Richard Pipes, affilié à l'Institut Jonathan qui a été décrit comme "un bras virtuel de l'État d'Israël".

Le rabbin Daniel Lapin et Grover Norquist, proche de l'ancien président de la Chambre des représentants Newt Gingrich, représentaient les "conservateurs" au sein du conseil d'administration d'Edwards.

(Note : au début de l'année 2005, le rabbin Lapin s'est trouvé mêlé à un horrible scandale impliquant un éminent lobbyiste de Washington, Jack Abramoff, un juif orthodoxe bruyant et contestataire qui a canalisé de l'argent, apparemment obtenu de manière illicite auprès de tribus amérindiennes, vers une école juive de la région de Washington dirigée par le frère de Lapin, David, un autre rabbin. Abramoff a également financé une école pour tireurs d'élite juifs en Cisjordanie, en Palestine occupée. À l'heure où nous écrivons ces lignes, l'affaire Abramoff-Lapin n'a pas encore été révélée, mais on pense qu'Abramoff a peut-être corrompu une demi-douzaine de membres du Congrès). Mais revenons à l'associé de Lapin, Lee Edwards : Ceux qui connaissent l'histoire d'Edwards n'ont pas été surpris de le voir réapparaître dans les cercles sionistes. En 1974, un groupe d'anti-communistes mexicains qui s'étaient retrouvés par inadvertance dans l'une des entreprises de collecte de fonds d'Edwards l'a décrit comme un "sioniste fanatique" dont les activités nuisaient à la cause anti-communiste américaine.

Edwards lui-même, qui gagnait sa vie depuis des années dans des projets de collecte de fonds conservateurs (et liés au sionisme), comme nous l'avons noté, a commencé sa carrière en tant que satellite du célèbre - certains diraient "infâme" - magicien du publipostage Richard Viguerie, protégé du chef de file israélien du gang Stern, Marvin Liebman.

Dans le cercle de Viguerie, Edwards s'est associé au chef de secte coréen (et homme de paille de la CIA) Sun Myung Moon et a dirigé une opération connue sous le nom de Fondation coréenne pour la liberté culturelle, un groupe "anticommuniste" très rentable qui a donné au réseau de Moon une légitimité supplémentaire dans les cercles conservateurs à l'époque où Moon commençait tout juste à répandre ses richesses mal acquises parmi les "leaders" conservateurs.

En fait, Edwards a été l'un des premiers sycophantes de Moon, écrivant pour des publications de Moon bien avant que le culte anti-famille de Moon ne devienne une source essentielle de financement pour les conservateurs américains. Edwards a été rédacteur en chef du magazine de Moon, *The World & I*, lorsqu'il n'était pas en train de collecter des fonds.

(Dans les pages suivantes, nous en apprendrons beaucoup plus sur Moon lui-même et sur l'étrange histoire de cet agent lié à la CIA et au Mossad, une histoire qui mérite vraiment d'être racontée).

Edwards lui-même est resté dans l'ombre, mais il a connu une certaine (mauvaise) célébrité en 1972, à la suite de l'une de ses plus mémorables entreprises de collecte de fonds - une organisation connue sous le nom de "Friends of the FBI" (Les amis du FBI).

S'associant à un certain Pat Gorman, un autre satellite de Viguerie, et à un avocat de Chicago, Luis Kutner, Edwards a envoyé des lettres de collecte de fonds en promettant d'utiliser les fonds recueillis pour améliorer l'image du FBI de J. Edgar Hoover auprès du public. Edwards réussit même à obtenir le soutien de l'acteur populaire Efrem Zimbalist Jr, vedette de la série télévisée "The FBI".

Edwards et ses acolytes ont récolté quelque 400 000 dollars. Toutefois, selon les rapports publiés à l'époque, 155 000 dollars ont été versés à un certain Pat Gorman pour l'utilisation de ses listes de diffusion ; 77 000 dollars ont été versés à Gorman pour des "honoraires" ; 27 500 dollars ont été versés à Edwards lui-même ; et 47 000 dollars ont été versés à Kutner.

La situation était tellement scandaleuse que Zimbalist a exigé que son nom soit retiré du papier à en-tête du groupe. Dans un télégramme, les avocats de Zimbalist accusent Edwards, Gorman et Kutner de "fraude et de fausse déclaration".

Kutner, l'associé d'Edwards, est un personnage intéressant. Ami de longue date de Jack Ruby, l'exploitant de boîte de nuit lié au crime organisé qui a tué Lee Harvey Oswald, l'assassin présumé du président John F. Kennedy, Kutner connaissait Ruby depuis au moins 1936, date à laquelle Ruby avait aidé Kutner dans sa campagne infructueuse au Congrès. En 1950, Kutner a représenté Ruby lorsque son client a été convoqué devant le personnel de la commission sénatoriale Kefauver sur les rackets pour discuter des activités de la pègre à Chicago.

Plus tard, comme le montre l'histoire, Kutner a été impliqué dans des opérations de renseignement internationales de grande envergure, allant des coups d'État en Amérique latine à la défense du dirigeant congolais déchu Moise Tshombe.

Kutner a également participé activement aux efforts visant à promouvoir les intérêts d'Israël, en tant que "conseiller honoraire" du Center for Global Security, Inc, un groupe de pression pro-israélien.

Ainsi, où que l'on regarde, il semble que Lee Edwards ait des liens intimes avec des personnes très inhabituelles qui sont toujours prêtes à lui donner un coup de main pour "passer le chapeau". Son entreprise actuelle visant à honorer les "victimes juives du communisme" n'est qu'un exemple de plus de la nature corrompue de l'Ennemi intérieur.

CHAPITRE XXII

La Société John Birch : Une première étude de cas de la chèvre de Juda

Bien que William F. Buckley, Jr. et ses collègues "conservateurs responsables" ont beaucoup critiqué la Société John Birch, fondée par le fabricant de bonbons du Massachusetts Robert Welch en 1958 - ce qui a conduit beaucoup à penser que la Société Birch et Buckley étaient, d'une certaine manière, en désaccord dans leur approche des problèmes de l'époque (bien que les Buckleyites et les Birchers aient revendiqué le manteau de l'"anticommunisme" et de la "démocratie"), Malgré le fait que les Buckleyites et les Birchers se réclamaient tous deux de l'"anticommunisme" et du "conservatisme", l'histoire de la John Birch Society comporte de nombreux éléments intrigants qui sont restés ignorés par de nombreux Américains qui estiment que le mouvement Birch a, dans l'ensemble, apporté une contribution précieuse à la cause de l'anticommunisme.

La vérité est que les attaques de Buckley contre la John Birch Society - faisant écho à une grande partie de la rhétorique sur la société apparaissant dans les principaux médias américains - ont effectivement apporté au mouvement Birch une publicité massive qu'il n'aurait pas reçue autrement. Le fait même que les grands médias aient accordé autant d'attention à la Société est un point intéressant. Car le résultat direct de toute cette attention a été que la Birch Society a connu une croissance exponentielle et qu'elle a en fait "corralisé" un groupe très important d'anticommunistes américains dans les rangs d'une organisation qui - comme nous le verrons - était en fait très suspecte.

L'auteur de *The Juda Goats - The Enemy Within (Les Boucs de Juda - L'ennemi intérieur)* raconte *dans* l'essai suivant son bref voyage dans le monde étrange de la John Birch Society. Bien que de nature très personnelle, cet essai reflète en grande partie la pensée de beaucoup d'autres personnes qui ont eu leur propre expérience en tant que membres - et finalement anciens membres - de la JBS. L'essai, initialement publié dans le numéro de juillet-août 2005 de *The Barnes Review*, le magazine historique bimestriel basé à Washington, parle de lui-même. L'essai s'intitulait à l'origine "My One-Minute Membership in the John Birch

Society" (Mon adhésion en une minute à la John Birch Society).

De nombreuses questions sur la John Birch Society (JBS) m'ont traversé l'esprit depuis que j'ai appris l'existence de la JBS alors que j'étais un lycéen de seize ans. Honnêtement, je suis tout à fait conscient que de nombreuses personnes bienveillantes seront totalement enflammées par mes remarques, mais laissons les choses se dérouler comme elles le souhaitent.

J'ai découvert le JBS à une époque où je commençais à m'intéresser (pour le meilleur et pour le pire) aux affaires politiques. Ayant à peu près déterminé (par moi-même, sans l'aide d'amis ou de membres de ma famille) que j'étais une sorte de "conservateur", j'ai rapidement commencé à essayer d'en apprendre le plus possible sur les diverses organisations politiques de "droite" à l'adresse . Cela m'a conduit dans les bibliothèques locales où j'ai savouré tous les écrits conservateurs standard disponibles. Cela m'a conduit dans les bibliothèques locales où j'ai savouré tous les écrits conservateurs classiques qui étaient disponibles. Cependant, je n'ai pas limité mes lectures à la littérature qui reflétait mon propre point de vue. Toujours ouvert d'esprit, j'étais curieux de voir ce que "l'autre côté" avait à dire.

En conséquence, j'ai parcouru une grande variété de volumes provenant de ce que l'on pourrait appeler la "gauche libérale" et j'ai continuellement trouvé des références à une mystérieuse et controversée "John Birch Society" et à son fondateur, Robert Welch. Dans mon esprit, je me suis dit : "Si les libéraux considèrent que la JBS et son fondateur sont si mauvais, alors ils doivent être plutôt bons".

À peine avais-je pris la décision d'essayer de trouver l'adresse de la John Birch Society et de la contacter que, dans ma propre bibliothèque publique, j'ai repéré un exemplaire de la publication de la JBS, *American Opinion*, qui se trouvait sur l'étagère, à côté des publications dites "grand public".

C'est avec une grande excitation que j'ai commencé à feuilleter le journal JBS produit par des professionnels, ravie d'avoir accès aux faits interdits et aux informations cachées que je savais ne pas pouvoir obtenir dans *Time* ou *Newsweek* ou même dans les pages de l'hebdomadaire soi-disant "conservateur", *U.S. News & World Report*.

Ce numéro d'*American Opinion* contenait un graphique qui a attiré mon attention. Il s'agissait d'une vue d'ensemble - pays par pays - de l'"influence communiste" (en pourcentage, sur une échelle de 0 à 100) dans les différents pays du monde.

Je savais, bien sûr, que les communistes contrôlaient l'Union soviétique et l'Europe de l'Est et qu'ils exerçaient également une grande influence dans tout l'Occident. J'étais tout à fait conscient que l'influence communiste, sous une forme ou une autre, avait pris le dessus dans mes propres États-Unis d'Amérique.

Cependant, j'ai été surpris de voir que, selon le JBS, la force communiste en Amérique était bien plus puissante que je ne l'aurais estimé. Je ne me souviens pas du pourcentage exact, mais je me souviens qu'il était extraordinairement élevé.

"Dieu merci, me disais-je en étudiant le tableau, il y a quelques pays, comme l'Argentine et le Chili, qui sont aux mains de dirigeants militaires anticommunistes. Mais lorsque je me suis penché sur ces deux républiques, j'ai constaté que le JBS y indiquait une influence communiste de l'ordre de 70 à 90 %. Inutile de dire que j'ai été surpris. "Peut-être savent-ils quelque chose que j'ignore", me suis-je dit. Mais j'ai continué à lire.

Je me suis ensuite tourné vers l'État d'Israël. Sur la base de mes recherches antérieures, je savais que l'économie israélienne était basée sur un modèle strictement socialiste ( ), financé par des milliards de dollars des contribuables américains. En outre, j'étais également conscient de l'influence prédominante des Juifs russes et d'Europe de l'Est dans le mouvement communiste mondial et je savais que de nombreux Juifs d'obédience marxiste avaient participé à la création de l'État juif. Qui plus est, je savais également que non seulement Israël avait bénéficié d'une aide stratégique, au cours de ses années de fondation, sous la forme d'armes et de soutien de la part du bloc communiste, mais aussi que le minuscule Israël était la seule nation du Moyen-Orient à disposer d'un parti communiste en plein essor.

En gardant tout cela à l'esprit, imaginez à quel point j'ai été surpris d'apprendre que - du moins selon le tableau de l'*opinion américaine* du JBS - l'influence communiste en Israël ne dépassait guère les 10 à 20 % !

À ce moment-là, alors que je tenais pour la première fois une publication de JBS dans ma main, depuis moins de quelques minutes en fait, je me suis rendu compte que quelque chose n'allait pas du tout.

En parcourant le reste du tableau, j'ai vite compris que, dans la vision du monde de Birch, Israël était probablement le seul bastion sérieux d'anticommunisme sur toute la surface de la planète. Même les régimes anticommunistes de l'Argentine et du Chili ne semblaient pas remplir les conditions requises.

C'est alors que j'ai su, purement et simplement, que ceux qui se trouvaient aux plus hauts niveaux de la JBS étaient tombés sous l'influence - peut-être même sous le contrôle pur et simple - de la force insidieuse du sionisme politique. Cela me suffisait. J'ai su alors que le JBS n'était pas pour moi.

Mon "adhésion" à la JBS, à vrai dire, n'a guère duré plus d'une minute.

J'étais loin de me douter à l'époque que j'avais appris, rapidement et assez facilement, ce que des milliers de bons et honnêtes membres de la JBS ont dû apprendre avec beaucoup plus de peine sur une période de temps considérablement plus longue.

Je n'avais aucune idée qu'il y avait d'anciens membres désillusionnés du JBS partout aux États-Unis qui avaient, d'une manière ou d'une autre, découvert ce que j'avais découvert par moi-même, sans même avoir jamais été membre du JBS.

Le plus remarquable parmi les anciens Birchers est peut-être feu le Dr Revilo P. Oliver, éminent classiciste et ancien officier de renseignement américain qui, pendant plusieurs années, a été très actif au sein du JBS et s'est identifié publiquement avec le groupe. Cependant, Oliver a quitté les Birchers précisément parce qu'il savait que Birch Boss Welch était déterminé à défendre la cause sioniste et qu'Oliver ne voulait rien avoir à faire avec cela. (On trouvera des commentaires remarquables d'Oliver sur les Birchers, extraits de ses écrits, sur le site animé et fascinant de John "Birdman" Bryant, à l'adresse thebirdman.org).

Quoi qu'il en soit, quelque quatre ans plus tard, lorsque je suis allé travailler à Washington pour *The Spotlight*, j'ai appris toute l'histoire de l'infiltration et de la manipulation du JBS par les sionistes. À *The Spotlight*, j'ai eu accès à des archives fascinantes accumulées au fil des ans, qui mettaient en évidence les origines et les orientations étranges du JBS. C'est là que j'ai découvert les faits concernant la "connexion Rockefeller", peu connue, avec le JBS. Dans l'édition d'août 1965 de *Capsule News*, Morris Bealle l'a mise à nu. Il a écrit :

> Robert Welch (et son frère Jimmy) a reçu un énorme paiement de la part de la Maison Rockefeller il y a deux ans, pour avoir organisé la John Birch Society et siégé sur le couvercle communiste au cours des sept dernières années. Le montant total de la récompense s'élevait à 10 800 000 dollars, moins la valeur de l'entreprise familiale de confiserie qui est réputée pour être de l'ordre de 100 000 ou 200 000 dollars.
>
> Le 1er octobre 1963, la National Biscuit Company de Rockefeller a annoncé l'"achat" de la James O. Welch Candy Company de Cambridge, Massachusetts. Dans *le Moody's Manual of Industrials* et dans *le Standard-and-Poor's Business Index*, la NBC a indiqué que le prix d'achat présumé était de "200 000 actions ordinaires de la National Biscuit". Selon le *Wall Street Journal* du 1er octobre 1963, l'action ordinaire de la NBC se vendait 54 dollars à la Bourse de New York. Aujourd'hui, elle se vend à 58 dollars. Les frères

Welch ont donc reçu 10 800 000 dollars "comme ça".

Selon les amateurs de bonbons, l'ensemble de l'entreprise familiale, avec ses usines et ses cinq bureaux de vente, ne valait guère plus de 200 000 dollars. Welch dira aux crétins qui voudront bien le croire que National Biscuit n'est pas une affaire de Rockefeller.

Une fois de plus, *le manuel de Moody's* va le faire trébucher. Il cite comme deux des directeurs les noms de Roy E. Tomlinson et Don. G. Mitchell. [Tous deux sont membres du Conseil des relations extérieures. En outre, il s'agit de deux "directeurs professionnels" de Rockefeller. Tomlinson est également administrateur de Prudential Life et d'American Sugar Refining.

C'est le sucre américain qui a été directement impliqué dans le financement et l'embarquement aux mains de la Russie communiste de Cuba en 1959. Ils ont conclu l'accord avec Castro qui a mis fin à la liberté sur l'île de Cuba et a rendu possibles les bases de missiles de La Havane destinées à anéantir les villes de la côte est américaine.

Il apparaît également que la Rock Mob a financé et promu l'organisation de la John Birch Society. Sinon, comment aurait-elle pu obtenir des millions de dollars de publicité dans les journaux grâce aux fausses "attaques" contre Welch qui sont apparues avec une soudaineté dramatique.

Et, pour mémoire, ces dernières années, le célèbre historien populiste Eustace Mullins, auteur de *The Federal Reserve Conspiracy*, *The World Order* et d'autres classiques, a déclaré publiquement - plus d'une fois - que ses recherches l'avaient conduit à la conclusion que la Birch Society était bien une création de l'empire Rockefeller, en se basant précisément sur les mêmes données que celles qui ont conduit Bealle à son évaluation. Bealle n'était donc pas seul, loin s'en faut, à faire ces allégations.

En ce qui concerne le monopole bancaire privé de la Réserve fédérale, la JBS a adopté des positions très particulières. Dans le numéro de septembre 1964 d'*American Opinion*, l'un des économistes préférés de Birch, Hans Sennholz, a écrit un article sur le système de la Réserve fédérale. L'article disait de la Fed ce qui suit :

> Le contrôle repose absolument et sans partage entre les mains du président des États-Unis... Ils [les personnes qui dirigent le Système fédéral de réserve] sont des agents du gouvernement, et non des représentants d'entreprise dotés des droits de propriété et des pouvoirs habituellement dévolus aux actionnaires des sociétés. Le Système fédéral de réserve n'est pas, et n'a jamais été, une "institution bancaire privée" qui remplit les poches des banquiers, et

n'est pas non plus le produit maléfique d'une conspiration internationale de banquiers étrangers...

Le regretté Norbert Murray, un patriote du Montana au franc-parler, journaliste de carrière dans les grands médias et ancien publiciste new-yorkais pour de grands intérêts commerciaux, a succinctement décrit l'article comme un "tissu de mensonges" qui "protégeait la fraude du système".

La publication d'un tel article ne pouvait qu'induire en erreur les bons membres du JBS qui essayaient de démêler les mythes des faits sur la nature de la Réserve fédérale privée et dominée par les banquiers, ainsi que sur les puissantes banques internationales qui jouent un rôle majeur dans la manipulation de la politique étrangère des États-Unis.

Quoi qu'il en soit, en travaillant pour *The Spotlight*, j'ai effectivement appris beaucoup plus sur le JBS que je ne l'aurais jamais imaginé.

C'est à ce moment-là - à la fin des années 1970 et au début des années 1980 - que la JBS a commencé à promouvoir activement les intérêts de l'État d'Israël et à mettre en avant les porte-parole de son puissant lobby à Washington, levant toute ambiguïté sur la position des contrôleurs de la Birch Society sur la question de la politique américaine à l'égard du Moyen-Orient.

Au grand dam des loyalistes de longue date de la JBS, le journaliste principal et percutant de *The Spotlight*, le légendaire Andrew St. George, a rapporté en long et en large les mystérieuses manœuvres d'un certain John Rees, un Britannique de naissance au passé assez trouble, qui s'était glissé dans les cercles intérieurs de la JBS, s'imposant comme le véritable "pouvoir derrière le trône" pendant les jours de déclin de Robert Welch. *Le Spotlight* a mis en évidence le rôle inquiétant de Rees dans l'exploitation de sa propre opération de renseignement et d'espionnage qui, à bien des égards, s'apparentait à celle de l'Anti-Defamation League, le tout puissant appendice américain de l'agence de renseignement israélienne, le Mossad.

Pour ma part, en tant qu'étudiant de l'assassinat de JFK, j'ai découvert que, comme Robert Welch à l'époque de sa splendeur, la John Birch Society soutient encore aujourd'hui la thèse discréditée de la Commission Warren selon laquelle "un fou isolé" a assassiné le président Kennedy.

Morris Bealle a signalé très tôt (le 19 juin 1965) dans son bulletin d'information, *Capsule News*, que Robert Welch avait déclaré que le livre de Bealle, *The Guns of the Regressive Right (Les armes de la droite régressive) - qui* pointait du doigt la CIA - était "tout faux" et avait dit à ses partisans que ce n'était pas la CIA mais Lyndon Johnson qui était à l'origine de l'assassinat de JFK.

Selon Bealle, "nous avons examiné minutieusement tous ses bulletins de 1964 [...]. [qui] étaient remplis d'attaques contre Earl Warren et de curieuses expressions d'un accord sincère avec lui sur le mythe selon lequel 'un communiste [c'est-à-dire le leurre Oswald] a tué Kennedy'".

En fait, comme je l'ai souligné dans *Final Judgment*, mon propre livre sur l'assassinat de JFK, Welch a joué un rôle majeur en détournant l'attention des conservateurs d'un éventuel rôle de la CIA dans l'assassinat de JFK pour la diriger vers le KGB soviétique. *Il s'agissait de la même ligne de propagande que celle de James J. Angelton, figure de proue de la CIA et agent de liaison pro-israélien avec le Mossad d'Israël.*

Ainsi, alors que les Birchers pensent que Lee Harvey Oswald était un communiste solitaire sous la direction du KGB soviétique - théorie avancée par le loyaliste du Mossad Angelton - ils prennent soin d'éviter de pointer du doigt la culpabilité de la CIA et n'osent certainement jamais mentionner que - comme le documente mon propre livre - le Mossad a également joué un rôle essentiel dans la conspiration de l'assassinat.

Le 21 novembre 1988, le magazine *New American* de la Birch Society a vanté les mérites du rapport de la Commission Warren, affirmant que "les preuves démontrent au-delà de tout doute raisonnable" que Lee Harvey Oswald - un fou communiste isolé - a tué JFK.

Quoi qu'il en soit, l'acceptation par le JBS de l'affirmation manifestement douteuse selon laquelle un fou communiste isolé a tué JFK reste en vigueur. En 1995, j'ai envoyé un exemplaire de la deuxième édition de mon livre à un grand nombre de personnes, les invitant à débattre avec moi de la thèse du livre, à la radio, dans n'importe quel forum public ou par écrit. Je leur ai donné la possibilité de réfuter le livre de la manière qu'ils souhaitaient. L'une des personnes à qui j'ai envoyé un exemplaire du livre ( ) était Bill Jasper, rédacteur en chef du *New American* de la Birch Society. À ce jour - plus de dix ans plus tard, et après la vente de près de 50 000 exemplaires de *Final Judgment* à des lecteurs enthousiastes du monde entier - je n'ai toujours pas reçu de nouvelles de M. Jasper.

Mes expériences avec la JBS - en ce qui concerne la question de l'assassinat de JFK - ont certainement été instructives. Mais (des années auparavant) j'avais déjà compris que la Birch Society était quelque peu douteuse, sur la base de mes recherches et de celles d'autres personnes, ainsi que de l'étude des publications de Birch. Il est certain qu'il y a beaucoup de bons Américains qui soutiennent la JBS, mais mon "adhésion d'une minute" m'a suffi.

Pour conclure cet essai sur le rôle des Birchers dans le "changement" de la philosophie de nombreux bons Américains, il semble approprié de rappeler ce que Richard Gid Powers, dans son livre *Not Without Honor : A History of American Anti-Communism*, Richard Gid Powers a dit à propos de Robert Welch et de la John Birch Society :

> La John Birch Society était, à vrai dire, davantage un club d'étude consacré à la lecture et à la discussion de la production littéraire de Welch qu'une menace pour le pays... La notoriété de Welch était en grande partie factice, concoctée par des ennemis de gauche et au sein de l'élite respectable.
>
> Ils savaient par expérience qu'un personnage bizarre comme Welch, avec ses tournures de phrases bizarres, pouvait être utilisé pour discréditer la droite anticommuniste et l'ensemble du mouvement anticommuniste. En 1961, les démocrates libéraux... avaient besoin de quelqu'un comme Robert Welch.
>
> Si Robert Welch avait délibérément décidé de réduire à l'absurde tout ce que les anticommunistes valables avaient jamais dit sur le communisme, de se transformer en une démonstration de toutes les illusions ridicules qui avaient discrédité l'anticommunisme dans le passé, de faire passer tous les anticommunistes pour de dangereux imbéciles, il n'aurait pas pu faire mieux.

Ainsi, alors que, d'un côté, le soi-disant "conservateur responsable" William F. Buckley Jr. dénonçait la Birch Society, les "grands" médias américains faisaient une publicité massive à la JBS et ralliaient de nombreux Américains à ce mouvement douteux.

On pourrait écrire bien d'autres choses encore. Toutefois, si l'on se limite à ce que nous avons examiné, peut-on vraiment douter que l'Amérique se serait bien mieux portée si Robert Welch était resté dans le secteur des bonbons et s'était tenu à l'écart de la politique ?

CHAPITRE XXIII

L'ascension et la chute de *Human Events* : Les "conservateurs responsables" autoproclamés qui ont contribué à détruire le conservatisme traditionnel de l'Amérique

Un groupe restreint de porte-parole de longue date des "conservateurs responsables" américains - satellites et alliés volontaires de William F. Buckley, Jr, Grand Poohbah du "Mouvement conservateur responsable" - a commencé à se frapper la tête contre le mur lorsqu'il s'est rendu compte que certains de ces "collègues conservateurs" qu'il avait autorisés à entrer dans le camp conservateur (et qu'il avait aidé à promouvoir en tant que véritables conservateurs de base) n'étaient pas si conservateurs que cela, après tout.

Pendant des années, le journal nationaliste *Spotlight*, basé à Washington, a averti que les "néo-conservateurs" trotskistes s'efforçaient de prendre le contrôle du mouvement conservateur pour mettre en œuvre leur propre programme insidieux (et notamment sioniste). Pourtant, pendant toute cette période, une publication autoproclamée "conservateur responsable" dans la sphère de William F. Buckley Jr. - Human *Events* - s'est employée à dire à ses lecteurs d'ignorer *The Spotlight* et/ou de soutenir ces mêmes "néo-conservateurs" qui étaient largement présentés comme "d'anciens libéraux qui ont vu la lumière", etc.

Cependant, après avoir ignoré les avertissements de *The Spotlight* selon lesquels le mouvement conservateur était en train d'être pris de l'intérieur par un cheval de Troie internationaliste, les "conservateurs responsables" ont soudain réalisé que leur pouvoir et leur influence leur échappaient à une vitesse incroyable. Les envahisseurs néo-conservateurs étaient en train de s'emparer du mouvement conservateur.

Enfin, en 1996, les rédacteurs de *Human Events* se sont plaints publiquement - comme *The Spotlight* - *que* William Kristol, éditeur du nouveau *Weekly Standard*, financé par le milliardaire pro-sioniste Rupert Murdoch, essayait de prendre le contrôle du mouvement conservateur et d'en fausser les opinions. Selon *Human Events* : La triste vérité est que le *Weekly Standard* est de plus en plus considéré par de nombreux conservateurs de longue date, ici à Washington et dans tout le pays, comme une sorte de cheval de Troie néoconservateur. Enveloppé dans des drapeaux conservateurs, bien sûr, il est néanmoins perçu comme un moyen de faire évoluer le [GOP] vers la gauche, en particulier dans le domaine des valeurs familiales.

Il est vrai que chaque numéro du *Standard* contient normalement plusieurs articles intéressants rédigés d'un point de vue résolument conservateur. Mais ceux qui ont le plus de poids, ceux qui semblent toujours être mis en avant pour attirer l'attention des médias libéraux que Kristol apprécie manifestement, sont ceux qui vont nettement à l'encontre du courant conservateur.

Malgré ces paroles courageuses, il y a quelques éléments intéressants concernant Kristol et sa publication que *Human Events* a omis de mentionner :

- Kristol, qui est sorti de nulle part pour devenir ce que les médias appellent toujours "un stratège républicain conservateur de premier plan", a été intronisé dans le groupe secret Bilderberg lors de sa réunion de 1995 à Burgenstock, en Suisse, un fait rapporté pour la première fois par le journaliste populiste Jim Tucker qui, au fil des ans, a fourni des rapports approfondis sur les activités de Bilderberg, d'abord dans *The Spotlight* et aujourd'hui dans *American Free Press. Le journal* animé de Tucker, *Bilderberg Diary*, est le tout premier livre en langue anglaise sur les affaires du Bilderberg. (En revanche, *Human Events* a toujours soigneusement évité de mentionner le Bilderberg ou ses groupes affiliés, tels que le Council on Foreign Relations ou la Commission trilatérale).

- La seule prétention de Kristol au pouvoir et à l'influence (avant d'être intronisé au Bilderberg) est d'être le fils d'Irving Kristol, un éminent trostkyste devenu "libéral", devenu "néoconservateur" autoproclamé et une figure majeure du lobby pro-israélien. Les rédacteurs de *Human Events* répugnent à mentionner les liens de Kristol avec le Bilderberg et le lobby israélien, de peur d'être taxés d'"antisémites" ou de "théoriciens de la conspiration".

- Rupert Murdoch, l'éditeur milliardaire qui a financé le magazine de Kristol, est depuis longtemps l'homme de paille des forces combinées des familles Rothschild, Bronfman et Oppenheimer.

Comme l'a rapporté *The Spotlight* à l'époque, la motivation de Murdoch pour faire un grand pas en avant dans les médias américains était de gagner du pouvoir politique dans ce pays au nom de ses sponsors en coulisses. En outre, grâce à sa puissance médiatique, Murdoch s'efforçait de dominer le mouvement "conservateur".

En 2006, il est exact de dire que Murdoch (et ses commanditaires dans les coulisses de l'élite sioniste internationale) a réussi à faire les deux, en gagnant de l'influence sur le mouvement "conservateur" et en l'utilisant pour atteindre le pouvoir.

En fait, la lâcheté de *Human Events* face à la prise de contrôle internationaliste n'est pas vraiment surprenante, dans la mesure où *Human Events* a joué un rôle non négligeable dans cette prise de contrôle finale. Le bilan est éloquent : POINT : C'est en grande partie un article publié dans *Human Events*, critiquant les chances du populiste Pat Buchanan en tant que candidat aux primaires présidentielles républicaines en 1988, qui a contraint Buchanan à abandonner sa candidature, alors non annoncée, ouvrant ainsi la voie à George H.W. Bush pour obtenir la nomination présidentielle du GOP sans aucun défi sérieux de la part de la "droite" populiste.

Ironiquement, les arguments *utilisés* par *Human Events* contre Buchanan sont les mêmes que ceux utilisés par les médias de l'establishment contre le héros de longue date de *Human Events*, Ronald Reagan, lorsque Reagan cherchait à obtenir l'investiture du GOP en 1968, 1976 et même en 1980. Les médias de l'establishment disaient alors que Reagan était "trop conservateur", trop dur et trop franc.

Pourtant, lorsque *Human Events* a sapé Buchanan et favorisé son candidat favori pour 1988, le secrétaire au HUD de l'administration Reagan, Jack Kemp, *Human Events* a utilisé les mêmes arguments contre Buchanan. *Le Spotlight* avait alors averti que Kemp était en fait, selon ses propres termes, un "cheval de Troie". *Le Spotlight* a souligné que parmi les soutiens les plus influents de Kemp se trouvait Irving Kristol, le père de William Kristol, qui s'est finalement avéré être un méchant aux yeux de *Human Events*.

POINT : Dans son numéro du 11 mars 1991, *The Spotlight* a rapporté que *Human Events* avait publié un article attaquant *The Spotlight* pour avoir publié ce que *Human Events* prétendait être des "articles anti-israéliens" et "pro-irakiens" avant et pendant la guerre du Golfe persique. En fait, *The Spotlight* n'avait fait que souligner le rôle du lobby pro-israélien dans le déclenchement de la guerre et la participation secrète d'Israël à la guerre elle-même.

Les allégations de *Human Events* étaient fondées sur les déclarations d'un soi-disant "spécialiste de la désinformation" de l'Agence d'information des États-Unis, dont *The Spotlight* a par la suite établi qu'il était associé à la Ligue anti-diffamation de B'nai B'rith, affiliée au Mossad.

Human Events a omis de noter que, bien avant l'invasion du Koweït par l'Irak, *The Spotlight* ne s'en prenait pas seulement au dictateur irakien

Saddam Hussein pour sa brutalité, mais dénonçait également le gouvernement américain (de mèche avec Israël) pour avoir aidé à soutenir le régime de Saddam, alors que l'axe États-Unis-Israël soutenait discrètement Saddam dans sa guerre contre l'Iran. Que *Human Events* prenne une telle position n'est pas une surprise. Après tout, dans son numéro du 23 juillet 1977, *Human Events* décrivait le Premier ministre israélien de l'époque, Menachem Begin, comme le "Ronald Reagan d'Israël". (Begin était un ancien terroriste au passé si répréhensible que même de nombreux zélotes pro-israéliens l'avaient furieusement rejeté dans les années 1950 lorsqu'il était venu aux États-Unis en tant que représentant d'Israël).

POINT : L'histoire se répétant pratiquement, le 30 décembre 1991, *The Spotlight* a rapporté que *Human Events* avait déterminé que les opinions nationalistes de Pat Buchanan pourraient être une raison de "disqualifier" Buchanan pour le soutien des conservateurs dans son défi primaire de 1992 contre le président de l'époque, George Bush. Selon le numéro du 21 décembre 1991 de *Human Events*, il y avait trois "problèmes" avec Buchanan que des "conservateurs" non identifiés trouvaient "inquiétants, voire disqualifiants : ses opinions sur l'isolationnisme, la protection et l'État d'Israël".

Il est intéressant de noter que ce même type de critiques acerbes à l'encontre de Buchanan a été publié dans des numéros de *Time* et de *Newsweek* parus au cours de la même période, sans parler d'une attaque similaire publiée dans une autre revue conservatrice , *The American Spectator*. L'auteur de cette attaque particulièrement virulente contre Buchanan était David Frum. Il est intéressant de noter que c'est Frum qui a récemment rédigé une autre attaque contre Buchanan, publiée cette fois dans le *Weekly Standard* de Kristol.

L'article de Frum affirmait à juste titre que Buchanan abandonnait l'internationalisme imposé au GOP au cours des quarante années précédentes. Au grand dam de l'hebdomadaire Bilderberg, les opinions populistes et nationalistes de Buchanan s'avéraient alors populaires parmi les électeurs du GOP, mais, en fin de compte, bien sûr, la candidature de Buchanan (en 1996 et, plus tard, en tant que candidat du parti réformiste à la présidence en 2000) n'a abouti à rien.

(Plus tard, Frum s'est retrouvé dans l'équipe de George W. Bush à la Maison Blanche, collaborant étroitement avec le réseau néo-conservateur de la famille Kristol dans l'annonce de la guerre imminente contre l'Irak. Finalement, Frum a quitté la Maison Blanche de Bush après que sa femme se soit vantée que son mari avait inventé l'expression du président "Axe du Mal" - utilisée pour diffamer les ennemis perçus d'Israël qui étaient maintenant ciblés par les États-Unis. Frum a ensuite coécrit, avec l'intrigant néoconservateur et ancien marchand d'armes israélien Richard Perle, un virulent brûlot de haine antimusulmane intitulé *The End of Evil (La fin du mal)*, qui appelait à une guerre totale contre le monde musulman). *National Review*, publié par William F. Buckley Jr, "ancien" agent de la CIA et ami intime de longue date des principaux animateurs de *Human Events*, Tom Winter et Alan Ryskind, s'en est également pris à Buchanan pendant la campagne des primaires de 1992, laissant entendre que Buchanan était un "antisémite". Buckley s'était vanté publiquement et à plusieurs reprises que c'était son "travail" d'expulser les populistes et les nationalistes des rangs républicains. Buchanan, à l'époque, était la cible numéro un.

Ainsi, bien que *Human Events* ait joué un rôle primordial en aidant les forces mêmes qui ont tenté d'éradiquer la croissance du populisme et du nationalisme dans les rangs du Parti républicain, les rédacteurs de *Human Events* décrient maintenant ces mêmes forces alors qu'ils voient leur propre influence s'affaiblir.

C'est *The Spotlight* qui a crié au loup à juste titre lorsque le loup était à la porte, mais maintenant que le loup était à l'intérieur de la porte et dévorait la nourriture à la table du GOP, *Human Events* et ses rédacteurs criaient à la terreur. En jouant le jeu pendant des décennies avec des forces subversives et anti-américaines qui se faisaient passer pour les "nouveaux" conservateurs américains, *Human Events* s'est fait l'instrument volontaire de l'Ennemi intérieur, un bouc de Juda de la pire espèce.

Cette caricature de janvier 1953, tirée d'un magazine soviétique, montre l'un des médecins accusés, lors du célèbre "procès des médecins", d'avoir participé à un complot sioniste visant à tuer Josef Staline. Alors qu'il est arrêté par une main russe puissante, le masque et le costume du conspirateur (un médecin souriant et bienveillant) tombent pour révéler un intrigant gonflé, hargneux et en costume noir (caché derrière des lunettes noires). Des pièces de monnaie - de l'argent pour payer - tombent des griffes du conspirateur. À l'arrière-plan, les éléments sionistes accusés de parrainer le complot visant à tuer Staline se détachent d'un chapeau haut-de-forme retourné - qui représente la riche aristocratie juive new-yorkaise - sur lequel est apposé le symbole du dollar américain. Aucune image ne représente mieux le clivage entre Staline et les sionistes, une lutte qui a débordé dans l'arène américaine, préparant ainsi le terrain pour la montée des néo-conservateurs trotskistes qui sont l'avant-garde du sionisme aujourd'hui. Trois mois après la publication de cette caricature, Staline est mort, assassiné, dit-on, par d'autres personnes qui voulaient mettre un terme à la volonté naissante de Staline de démanteler le pouvoir sioniste.

En guise de parenthèse...

Introduction à la quatrième partie

Le rôle de la CIA en tant que mécanisme de destruction
Travailler pour l'ennemi intérieur

Dans les chapitres précédents, nous avons examiné le rôle insidieux d'un certain nombre d'"anticommunistes" autoproclamés dans la déformation et le gauchissement du nationalisme américain traditionnel et dans l'engagement de l'Amérique dans une croisade mondiale qui n'avait pas les véritables intérêts américains à cœur. L'un des principaux acteurs de ces intrigues était un ancien de la CIA, William F. Buckley, Jr.

En fait, comme nous le verrons plus en détail dans les chapitres suivants, la CIA a joué un rôle particulièrement pernicieux en tant que l'un des boucs de Juda - l'ennemi intérieur à plus d'un titre.

Tout cela ne veut pas dire que la CIA - pas plus que le FBI ou toute autre agence de renseignement américaine - est totalement contrôlée ou peuplée par des personnes ayant des visées extraterrestres.

Au contraire !

On trouve dans les rangs de la CIA et du FBI certains des nationalistes américains les plus virulents et des critiques les plus virulentes de l'agenda mondialiste et sioniste, et ils ont accompli un travail remarquable en essayant de combattre les intrigues de l'Ennemi intérieur.

Mais l'histoire montre que la CIA, en tant qu'institution, a été au centre de nombreuses intrigues dangereuses qui ont conduit l'Amérique dans le triste état où elle se trouve aujourd'hui.

En conséquence, nous allons maintenant explorer une partie de ce que nous savons sur le rôle de la CIA dans la mise en échec du nationalisme américain traditionnel, en infiltrant, en corrompant et en s'efforçant de détruire les individus et les institutions qui ont tenu bon, en osant dire "non" aux forces étrangères lorsqu'elles ont acquis un tel pouvoir et une telle influence dans le système américain.

CHAPITRE XXIV

Manipulation par les services de renseignement de la science du contrôle mental et exploitation du phénomène sectaire : Une tactique bien réelle de l'ennemi intérieur

À la lumière des spéculations selon lesquelles Timothy McVeigh, le poseur de bombe d'Oklahoma City, aurait été soumis à un moment ou à un autre à une forme de "contrôle mental", il convient de passer en revue certaines des preuves solides qui démontrent que des expériences approfondies dans le domaine du contrôle mental ont été menées non seulement par la CIA et ses alliés de l'agence de renseignement israélienne, le Mossad, mais aussi par le KGB soviétique et d'autres agences.

Le sujet de la manipulation mentale perturbe de nombreuses personnes qui le considèrent comme une forme de "science-fiction" ou de "théorie du complot".

Cependant, la vérité est que le contrôle de l'esprit - peut-être sous sa forme la plus simple - n'est rien d'autre que de l'hypnose à l'ancienne, et rares sont ceux qui nient qu'il est possible d'induire des états hypnotiques.

Plusieurs ouvrages bien écrits et bien documentés ont été consacrés à l'histoire des expériences et des technologies de manipulation mentale.

L'un des premiers "experts" connus de l'étrange science de la manipulation mentale est George Estabrooks, président du département de psychologie de l'université de Colgate, qui est venu à Washington pour travailler pour le ministère de la Guerre pendant la Seconde Guerre mondiale. Dans son livre *Hypnosis*, Estabrooks décrit l'importance de la manipulation mentale pour les opérations de renseignement. "Premièrement, écrit-il :

> Il n'y a pas de risque que l'agent se vende. Ce qui est plus important, c'est la conviction d'innocence que l'homme lui-même a, et c'est une aide précieuse dans de nombreuses situations. Il n'agirait jamais comme un coupable et, s'il était accusé de chercher des informations, il serait honnêtement indigné. Cette conviction d'innocence de la part d'un criminel est peut-être sa plus grande protection lorsqu'il est interrogé par les autorités. Enfin, il serait

impossible de le mettre au troisième degré et de remonter ainsi les maillons d'une chaîne.

Estabrooks a déclaré que les personnes soumises à la manipulation mentale peuvent être encouragées à s'engager dans des activités dites de "cinquième colonne". "Par leur intermédiaire, écrit-il, nous espérons être informés des activités de leurs "amis", ces informations étant bien sûr obtenues dans l'état de transe.

À la suite des travaux pionniers d'Estabrooks, c'est au cours des années 1950 que la nouvelle CIA (et ses alliés du Mossad israélien), ainsi que le KGB soviétique, ont entamé des recherches approfondies dans ce domaine.

L'ouvrage qui fait peut-être le plus autorité dans l'examen des activités de la CIA est *The Search for the Manchurian Candidate*, sous-titré "The CIA and Mind Control : The Story of the Agency's Secret Efforts to Control Human Behavior" (La CIA et le contrôle de l'esprit : l'histoire des efforts secrets de l'Agence pour contrôler le comportement humain). Publié pour la première fois en 1979, ce livre était très rare et n'a été réédité que récemment. Ce livre, qui n'est certainement pas un "tract extrémiste", a été publié pour la première fois par une sous-division du prestigieux *New York Times*. L'auteur était John Marks, mieux connu comme co-auteur, avec le flamboyant ancien haut fonctionnaire de la CIA Victor Marchetti, de *The CIA and the Cult of Intelligence*, le premier livre jamais censuré avant sa publication par la CIA.

(Le titre du livre de Marks était un jeu de mots sur le titre d'un célèbre roman de Richard Condon, paru en 1958 et devenu par la suite un film populaire, Le *candidat mandchou*. Dans l'horrible scénario de Condon, un soldat américain subit un lavage de cerveau de la part des communistes pendant la guerre de Corée, est faussement présenté comme un "héros de guerre" et est ensuite manipulé dans le cadre d'un complot d'assassinat à son retour aux États-Unis.

(Il s'avère que la propre mère du héros est en fait un agent communiste secret - bien qu'elle soit l'une des "anticommunistes" les plus connues d'Amérique - et qu'elle utilise son fils dans le cadre d'un complot communiste visant à prendre le contrôle des États-Unis sous le couvert de la lutte contre le communisme - véritablement L'Ennemi intérieur. La victime du contrôle mental ne sait jamais qu'elle est manipulée, jusqu'à ce qu'il soit trop tard.)

Le livre de Marks n'était pas un roman. L'étude de Marks se fonde en grande partie sur quelque 16 000 pages de documents que Marks a obtenu de la CIA en vertu de la loi sur la liberté de l'information.

Plusieurs années avant la parution du livre de Marks, les premiers détails sur les aventures de la CIA dans ce domaine étrange sont apparus dans les pages des quotidiens à la suite d'une série controversée d'auditions sénatoriales menées par le sénateur Frank Church (D-Idaho) sur les activités de la CIA.

Jusqu'alors, les Américains pensaient que seuls les "communistes" et les "nazis" s'étaient livrés à des expériences désagréables pour étudier le processus de manipulation du comportement humain.

En réalité, la CIA s'est lancée dans le contrôle mental peu de temps après sa création en 1947. Le projet de contrôle mental de la CIA était initialement connu sous le nom de "Bluebird" (oiseau bleu) et s'est ensuite étendu à "Artichoke" à partir de 1953.

Le nom de code général de l'opération est devenu MK-ULTRA.

L'impulsion des opérations de manipulation mentale de la CIA a été donnée par Richard Helms, qui a ensuite dirigé l'ensemble du programme d'opérations clandestines de la CIA, avant d'en devenir le directeur. L'idée de Helms a été approuvée par le chef de la CIA de l'époque, Allen Dulles, qui a donné le feu vert au projet. Le chef des opérations pour les expériences était le chef de la section des services techniques de l'agence (TSS), le Dr Sidney Gottlieb, , bien qu'il ait été supervisé par James Jesus Angleton, le chef du contre-espionnage de la CIA et l'agent de liaison dévoué du Mossad israélien à la CIA.

Selon Marks, en juin 1960, les responsables du TSS [de Gottlieb] ont lancé un programme élargi d'expériences opérationnelles sur l'hypnose en coopération avec le personnel du contre-espionnage [CI] de la CIA :

> Les responsables du contre-espionnage ont écrit que le programme d'hypnose pourrait constituer une "percée potentielle dans la technologie clandestine". Leur accord avec TSS prévoyait que les hommes de MK-ULTRA développeraient la technique en laboratoire, tandis qu'ils s'occuperaient de "l'expérimentation sur le terrain". Le programme de contre-espionnage avait trois objectifs :
> (1) induire très rapidement l'hypnose chez des sujets non avertis ;
> (2) créer une amnésie durable ; et (3) implanter des suggestions posthypnotiques durables et utiles d'un point de vue opérationnel.

Marks a noté que le lieu privilégié par la CIA pour ses expériences de manipulation mentale était la ville de Mexico. La capitale mexicaine était, pendant la période de la guerre froide, selon tous les témoignages, le principal nid d'intrigues des services de renseignements internationaux de l'hémisphère occidental. C'est à Mexico que - comme nous l'avons noté - E. Howard Hunt était le chef de la station de la CIA et l'un de ses lieutenants n'était autre que William F. Buckley, Jr. qui s'est révélé être une figure de proue dans les efforts visant à faire évoluer le conservatisme américain traditionnel vers l'internationalisme. Mexico était également une importante base d'opérations pour le Mossad israélien.

Selon d'anciens documents secrets de la CIA publiés en vertu de la loi sur la liberté de l'information, les agents de Gottlieb ont jugé opportun d'étudier, entre autres, "les radiations, les électrochocs, divers domaines de la psychologie, de la psychiatrie, de la sociologie et de l'anthropologie, la graphologie, les substances de harcèlement ainsi que les dispositifs et les matériaux paramilitaires".

Le 20 septembre 1977, *le New York Times* a rapporté que "les documents montrent que les tests ont été effectués à New York et à San Francisco entre 1953 et 1966, dans des "planques" de la CIA, principalement des appartements et des chambres de motel, loués secrètement pour l'agence par un fonctionnaire de l'ancien Federal Bureau of Narcotics, supplanté depuis par la Drug Enforcement Administration.

"Des prostituées, peut-être des hommes aussi bien que des femmes, ont pu être employées pour attirer les sujets dans les planques, où on leur offrait des cocktails additionnés de divers produits chimiques pendant que des agents de la CIA observaient, photographiaient et enregistraient leurs réactions".

La CIA est également connue pour avoir mené des expériences sur des toxicomanes détenus dans un centre fédéral. En 1975, la CIA a officiellement admis que des expériences avaient été menées au Centre fédéral de recherche sur la toxicomanie de Lexington, dans le Kentucky, impliquant l'administration de drogues, y compris des hallucinogènes, à des prisonniers volontaires.

Un prisonnier, James H. Childs, a témoigné devant une commission d'enquête du Sénat que les prisonniers qui participaient au programme de la CIA étaient payés par la CIA sous la forme de drogues addictives.

Un autre ancien prisonnier qui a témoigné, Edward M. Flowers, a déclaré que du LSD avait été donné aux prisonniers dans des biscuits lors d'expériences. De 1952 à 1955, a-t-il dit, les prisonniers étaient autorisés à prendre leur salaire pour participer aux programmes soit sous forme de drogues, soit sous forme de réduction de peine.

L'une des figures clés de l'opération de la CIA à Lexington, dans le Kentucky, était l'aumônier de la base, le rabbin Maurice Davis qui, par la suite, s'est révélé être un agent très connu de l'Anti-Defamation League, l'organe de renseignement et de propagande politiquement influent des services secrets israéliens, le Mossad, basé aux États-Unis.

D'autres expériences de manipulation mentale par la drogue ont été menées à la prison de Vacaville, en Californie. C'est là, selon un témoin, que Donald DeFreeze, plus tard chef du groupe terroriste violent, l'Armée de libération symbionaise, a dit à un autre détenu qu'il faisait lui aussi partie des expériences de manipulation mentale de la CIA.

DeFreeze et son gang ont ensuite enlevé Patty Hearst, de l'empire de l'édition Hearst, et l'ont associée à leurs activités criminelles. Plus tard, les avocats de Mlle Hearst ont déclaré qu'ils pensaient qu'elle présentait des signes de toxicomanie.

Compte tenu de tout cela, il n'est pas surprenant que la CIA et le Mossad s'intéressent depuis longtemps au phénomène des sectes, qui existent depuis longtemps dans pratiquement toutes les cultures, sous une forme ou une autre. Les membres d'une secte sont généralement très flexibles et prêts à faire tout ce que leur disent leurs maîtres.

C'est l'une des raisons pour lesquelles la CIA et le Mossad ont été particulièrement déterminés à prendre le contrôle de groupes sectaires au plus haut niveau et à utiliser ces sectes et leurs membres pour faire avancer leurs propres objectifs.

En outre, il est largement admis que certains des cultes les plus connus aujourd'hui - comme la tristement célèbre Église de l'Unification de Sun Myung Moon, pour n'en citer qu'un - sont en réalité des créations des services de renseignement de l'État. Dans un autre cas, un groupe d'avocats sionistes, principalement basé en Californie, est connu pour avoir pris le contrôle, au plus haut niveau, dans les coulisses, d'une autre organisation "religieuse" bien connue - appelée "église" par ses membres mais souvent qualifiée de "secte" par ses détracteurs - et utilisé les vastes ressources financières (et en termes d'effectifs) de cette secte à leurs propres fins.

Voici comment fonctionnent les opérations de contrôle mental de la CIA et du Mossad (qui utilisent des groupes sectaires) : Alors que ces agences de renseignement contrôlent effectivement les sectes, les membres inférieurs de la secte ne savent pas, bien sûr, qu'ils font maintenant partie d'une opération de contrôle mental hautement sophistiquée basée sur le renseignement.

Alors que les membres de la secte sont totalement soumis à leurs supérieurs, soumis à leur discipline, les membres de la secte, naturellement, viennent de tous les horizons et certains atteignent de hautes positions d'influence au sein des entreprises et des organisations dans lesquelles ils travaillent dans leur vie quotidienne en dehors de la secte. Cependant, ils restent toujours loyaux en raison du processus de "lavage de cerveau" auquel ils ont été soumis.

Parfois, les membres de la secte ne cachent pas leur appartenance à la secte.

D'autres fois, pour des raisons stratégiques, ils ne révèlent pas leur appartenance à la secte, si celle-ci peut gêner l'"opération noire" en cours.

Que les membres de la secte soient employés par des groupes politiques, des instituts de recherche sur le révisionnisme historique, des banques, des compagnies d'assurance, des agences gouvernementales ou même des restaurants fast-food, ils seront toujours disponibles pour être déployés lorsque leurs supérieurs au sein de la secte (agissant sur ordre de la CIA ou du Mossad) prendront la décision de mener une opération de renseignement particulière.

Par exemple : supposons qu'un membre d'une secte contrôlée par le Mossad soit employé par un groupe politique dissident et franc-tireur considéré comme dangereux pour l'establishment. Si le Mossad souhaite saper cette organisation, il utilisera son contrôle sur la secte pour manipuler cet individu afin qu'il travaille à détruire l'organisation de l'intérieur.

Liberty Lobby, l'institution populiste qui publiait *The Spotlight* jusqu'à ce qu'elle soit acculée à la faillite et détruite par un juge fédéral corrompu en 2001, a eu ses propres expériences désagréables avec les agents d'une secte.

Pendant de nombreuses années, des membres avoués de la secte ont établi des contacts amicaux avec Liberty Lobby.

Les membres de la secte fournissaient à Liberty Lobby des informations percutantes et factuelles sur les activités de corruption au sein du gouvernement fédéral. En coulisses, cependant, les sectaires s'efforçaient de perturber le travail de Liberty Lobby sur d'autres fronts.

Un membre de la secte ("M. M") - qui n'a pas révélé son appartenance à la secte - assistait fréquemment aux réunions de Liberty Lobby, visitait le siège de Liberty Lobby et fréquentait les employés de Liberty Lobby, gagnant ainsi leur confiance.

(Il s'agit du même *modus operandi* que le tristement célèbre Roy Edward Bullock, dont on sait aujourd'hui qu'il est un agent de longue date de la Ligue anti-diffamation, alliée à la CIA et contrôlée par le Mossad israélien).

Après un certain temps, cependant, il est devenu évident que "M. M", ostensiblement un ami de Liberty Lobby, essayait en fait de saper l'institution populiste et son journal hebdomadaire de diverses manières. Ce n'est que plus tard que les soupçons de Liberty Lobby ont été confirmés et que l'affiliation de "M. M" à la secte a été révélée.

Liberty Lobby a appris que "M. M" était un ancien alcoolique qui avait rejoint la secte et s'était ensuite réformé. Au cours de ce processus, "M. M" a été soumis à la discipline de la secte (et à ses contrôleurs) et est devenu l'un des principaux agents de renseignement nationaux de la secte, en l'occurrence déployé contre Liberty Lobby.

C'est précisément au moment où Liberty Lobby a appris que "M. M" était un agent de la secte que les autres membres de la secte (qui avaient ouvertement reconnu leur affiliation) ont brusquement rompu tout contact avec Liberty Lobby.

Plus tard, la secte a joué un rôle particulier dans une vaste conspiration qui a abouti à la destruction de Liberty Lobby.

Mais le rôle des sectes dans le monde de l'intrigue des services de renseignement est quelque chose que peu de gens comprennent ou connaissent.

Dans une autre affaire, il a été révélé qu'une équipe spéciale du ministère de la justice enquêtait sur des accusations selon lesquelles une secte notoire connue sous le nom de "The Finders" avait été utilisée par la CIA comme groupe de façade dans les années 1980.

Le lien entre l'agence de renseignement et cette secte est d'autant plus troublant que les Finders ont été accusés de se livrer à des rituels sataniques, de maltraiter des enfants et de pratiquer la pornographie. Les autorités fédérales ont également tenté de déterminer si la CIA avait entravé les enquêtes locales et nationales sur les abus commis sur les enfants au sein de la secte afin de protéger ses propres opérations de renseignement.

La CIA, qui n'est jamais connue pour reconnaître ses propres méfaits, a réagi aux accusations en déclarant : "La plupart du temps, nous nous attendons à recevoir notre part de questions inhabituelles, mais celle-ci est clairement hors norme. Toute affirmation selon laquelle nous aurions fait obstruction à la justice dans cette affaire est insensée".

Un porte-parole de la CIA, David Christian, a toutefois admis que la CIA avait envoyé certains de ses agents dans une société appelée Future Enterprises, Inc. pour une formation en informatique. Cependant, selon Christian, l'agence de renseignement nationale n'était pas au courant des liens entre la société d'informatique et la secte des "Finders".

Christian a affirmé que la société "n'était en aucun cas une façade de la CIA et qu'elle n'a jamais été détenue ou exploitée par quiconque pour le compte de la CIA".

Cependant, le président de Future Enterprises, Joseph Marinich, a admis que sa société était sous contrat avec la CIA pour la formation à l'informatique . Marinich a également admis que son comptable fiscal, R.

Gardner Terrell, était membre de Finders.

Les membres de la secte Finders ont affirmé que le travail de Terrell pour Future Enterprises n'avait rien à voir avec son appartenance à la secte.

Enfin, un rapport du 13 avril 1987 rédigé par un agent du service des douanes qui enquêtait sur la secte Finders indique que la CIA "a admis posséder l'organisation Finders en tant que façade pour une opération de formation informatique nationale, mais qu'elle avait "mal tourné"".

(En d'autres termes, la CIA avait utilisé les Finders comme façade, mais les membres de la secte s'étaient engagés dans des activités échappant au contrôle de la CIA et, à ce titre, avaient "mal tourné"). Il est clair que l'utilisation de la "manipulation mentale" en général, ainsi que le contrôle et la manipulation secrets des sectes par la CIA, le Mossad et une myriade d'autres malfaiteurs ont une histoire bien réelle (et peu glorieuse) que de nombreuses personnes sont trop désireuses de discréditer en la qualifiant de "science-fiction" ou de "théorie de la conspiration".

La manipulation mentale est un fait.

Il s'agit d'un autre mécanisme utilisé par l'Ennemi intérieur pour mener la guerre contre les dissidents politiques en Amérique. La prochaine fois que vous entendrez quelqu'un affirmer qu'il a un "implant" placé dans sa tête par la CIA, ne rejetez pas ce qu'il dit du revers de la main. Il se pourrait bien que ce soit vrai.

Combien d'"assassins solitaires", de "poseurs de bombes solitaires", d'"hommes armés racistes d'extrême droite" et d'autres exemples de ce genre exploités par le monopole des médias en Amérique ont été soumis à une forme quelconque de contrôle mental est une question à laquelle on ne répondra peut-être jamais, mais l'essentiel est là : La manipulation mentale existe bel et bien.

CHAPITRE XXV

Le chef de la secte coréenne Sun Myung Moon : Le leader du culte coréen Sunung Moon : homme de paille de l'empire Rockefeller et porte-monnaie du réseau sioniste à l'intérieur du mouvement "conservateur" américain

Après des années de lutte contre les conservateurs américains et les nationalistes traditionnels pour le contrôle du parti républicain, le vaste empire international de la famille du gouverneur républicain libéral de New York, Nelson Rockefeller, a décidé que s'il ne pouvait pas *enterrer* les conservateurs politiquement, il *les achèterait* et les influencerait de cette manière. C'est exactement ce que l'empire Rockefeller a fait.

La manière dont les forces mondiales de l'internationalisme de Rockefeller ont coopté le mouvement conservateur américain est l'une des histoires "non racontées" les plus étonnantes de notre époque - une histoire qui a été rapportée exclusivement par *The Spotlight*, sur une période de plusieurs années commençant au milieu des années 1980.

En fait, l'empire Rockefeller ne pouvait pas battre les conservateurs qui avaient réussi à faire échouer les ambitions présidentielles du gouverneur de New York Nelson Rockefeller, alors les Rockefeller ont mis au point un plan bizarre pour prendre le contrôle du mouvement conservateur.

Pour ce faire, ils ont utilisé le véhicule particulier et improbable du chef de secte coréen Moon et de son réseau international qui encercle le monde entier. Le réseau de Moon a été utilisé comme un entonnoir par lequel les intérêts de Rockefeller ont littéralement acheté le contrôle du mouvement conservateur.

Ce scénario semble en effet bizarre et improbable - jusqu'à ce que l'on connaisse et comprenne certains détails essentiels.

Le fait est que Sun Myung Moon était un agent de l'agence centrale de renseignement coréenne, la KCIA, qui a elle-même été créée sous la direction de la CIA américaine.

Le premier directeur de la KCIA était le colonel Kim John Pil, une figure de l'ombre qui était le véritable pouvoir derrière la dictature du dictateur coréen de longue date Park Chung Hee, mieux connu. Sun Myung Moon était un lieutenant du patron coréen de la KCIA et était chargé d'utiliser la persuasion religieuse et la rhétorique anticommuniste pour amener une variété de groupes sous l'aile de la KCIA.

En 1962, Kim a emmené son protégé Moon aux États-Unis où ils ont été conviés à un dîner officiel organisé par les frères Rockefeller, Nelson (alors gouverneur de New York) et David (directeur de la Chase Manhattan Bank, le fleuron des Rockefeller).

Selon le Dr Lee Han Won, politologue coréen, interviewé par le regretté Andrew St. George pour *The Spotlight* : "Il s'agissait peut-être d'une rencontre étrange. Moon se considérait comme un dieu, un être divin destiné à "achever la tâche commencée par le Christ" et à unifier le christianisme mondial sous sa propre bannière. En privé, Nelson Rockefeller avait une vision tout aussi exaltée de son propre destin : il s'agissait d'amener les nations du monde sous la férule d'un gouvernement mondialiste. Les deux hommes se sont tout de suite entendus". Une rencontre capitale !

La Chase Manhattan est devenue le principal banquier du gouvernement coréen et le dépositaire des activités bancaires du mouvement Moon.

Pendant cette période, Moon - avec le soutien de la KCIA et de la CIA américaine - a commencé à utiliser le crédit et les facilités fournis par les intérêts Rockefeller pour mettre en place son propre mini-empire international.

La secte multiculturelle de Moon, peuplée de "zombies" virtuels - peut-être un million de personnes dans le monde entier tombées sous le charme de Moon - travaillait à des salaires d'esclaves dans des magasins de produits diététiques, pour une flotte de pêche de Nouvelle-Angleterre, une société d'importation et diverses autres entreprises lucratives, notamment une société de fabrication d'armes ainsi qu'une entreprise de production de bougies et d'ornements religieux, qui étaient autonomes et fournissaient des profits pour le but ultime de Moon et de ses manipulateurs : l'invasion et la prise de contrôle du mouvement anti-communiste américain.

Des années 1960 au début des années 1980, Moon est resté une figure marginale sur le plan politique, même si, discrètement, pendant près de deux décennies, il a répandu ses largesses en créant une variété de groupes de façade interconnectés qui ont distribué l'argent de Moon dans les mains de milliers de bénéficiaires consentants - des conservateurs politiques dans tous les États-Unis et à l'étranger.

En outre, au moins trois anciens présidents américains, Harry Truman,

Dwight Eisenhower et Richard Nixon, ont reçu, à un moment ou à un autre, des honoraires importants pour se présenter devant des comités et des organisations financés par le réseau Moon.

Selon un décompte, il y avait plus d'une centaine de groupes différents sous le contrôle direct de Moon ou dans sa sphère d'influence, avec des centaines de scientifiques, de journalistes, de politiciens et d'anciens chefs militaires effectivement à la disposition de Moon.

Pendant ce temps, l'empire financier de Moon s'est développé, nouant des liens avec des régimes dictatoriaux d'Amérique latine ainsi qu'avec le gouvernement d'Israël et son service de renseignement, le Mossad.

En fait, l'agent israélien de longue date Joseph Churba, un Américain, était une figure clé de l'orbite lunaire et a été présenté par le réseau lunaire comme "un théoricien anticommuniste de premier plan" et est devenu influent dans les échelons supérieurs de la John Birch Society.

La création du *quotidien Washington Times* par l'empire Moon en 1982, pendant les premiers jours de gloire de l'administration "conservatrice" nouvellement installée de Ronald Reagan, a préparé le terrain pour que l'empire Moon étende ses tentacules à travers le mouvement anti-communiste à pas de géant. Le rédacteur en chef du journal "Moonie" était le journaliste vétéran, le comte Arnaud de Borchgrave, un parent par alliance de la famille Rothschild d'Europe, alliée aux Rockefeller, ce qui suggère que d'autres puissances sont à l'œuvre derrière l'empire Moon.

Un ancien rédacteur du *Washington Times* a fourni à *The Spotlight* un excellent exemple de la façon dont l'empire Moon a joué un rôle majeur en influençant favorablement le travail d'un leader conservateur, Richard Viguerie, un vétéran de la collecte de fonds de "droite" : "Moon a évité la faillite à Richard Viguerie en lui donnant un chèque de 10 000 000 $". Ce qui s'est passé, c'est qu'une façade de Moon, portant le titre inoffensif de "U.S. Property Management", a acheté une partie d'un immeuble de bureaux appartenant à "7777 Leesburg Pike Associates Inc." (une société de Viguerie), ce qui a permis à Viguerie de rester en activité et d'être effectivement redevable à Moon et à ses bailleurs de fonds en coulisses.

Dans le même temps, d'autres dirigeants et groupes conservateurs observaient attentivement ces événements, conscients qu'ils pouvaient eux aussi s'adresser à Moon pour obtenir des fonds, à condition de vanter la ligne de Moon sur les questions qui comptaient vraiment.

Selon Paul Weyrich, figure conservatrice respectée à Washington, de tels accords "ont transformé de larges pans du mouvement conservateur en filiales à part entière de la secte Moon", qui a vu l'argent de Moon se répandre largement au sein du mouvement conservateur, pour finalement -

comme nous le savons - le corrompre.

Selon Gunnar Bofglid, un économiste suédois qui a été consultant pour les Nations unies, le journal Moon et ses affiliés "ont été les fers de lance de ce qu'on appelle le libre-échange, les importations illimitées et le financement par la dette - des notions qui auraient dû être anathèmes pour les conservateurs mais qui sont devenues la doctrine économique officielle de l'ère Reagan". Le résultat a été que les marchés américains ont été inondés d'importations bon marché en provenance de Corée et du Japon".

Bofglid a expliqué pourquoi les Rockefeller ont trouvé l'empire Moon, ses médias et ses affiliations avec les conservateurs américains si importants pour leurs propres objectifs :

> Après la Seconde Guerre mondiale, les Rockefeller avaient secrètement acquis d'importantes participations au Japon et souhaitaient les voir se développer. Pour ce faire, ils souhaitaient que les États-Unis préservent et élargissent leur politique dominante de libre-échange. Des objectifs que les Coréens partageaient sans réserve, conscients qu'un accès sans entrave au vaste marché américain serait synonyme de croissance et de richesse pour leurs industries.

Jusqu'à l'avènement de l'"ère Moon", les dirigeants conservateurs traditionnels s'étaient essentiellement opposés à pratiquement toutes les mesures internationalistes promues par les Rockefeller et leurs alliés du groupe Bilderberg, du Council on Foreign Relations et de la Commission trilatérale, parmi de nombreux autres groupes de pression financés par les Rockefeller.

Les conservateurs traditionnels - nationalistes et non internationalistes, du moins jusqu'à l'avènement de l'empire lunaire - se sont opposés à l'octroi d'aides étrangères, à l'ingérence militaire et économique mondiale, aux politiques de libre-échange qui exportent les emplois et l'industrie américains, ainsi qu'à d'autres mesures de destruction de la souveraineté qui font partie intégrante de l'agenda mondialiste.

Les Rockefeller ont donc opté pour une nouvelle stratégie : "Si vous ne pouvez pas les lécher, achetez-les" : "Si vous ne pouvez pas les lécher, achetez-les". C'est ce qu'ils ont fait. Les Rockefeller ont adopté le chef de culte coréen et agent de la KCIA, Moon, et l'ont érigé en "M. Moneybags" pour le mouvement conservateur, souvent à court d'argent.

Le fait qu'ils aient choisi le leader d'un mouvement aussi bizarre n'est pas si étrange, puisque la bizarrerie même de Moon a servi de distraction. Qui, après tout, penserait qu'une telle alliance est possible ? Mais elle était bien réelle, en dépit des perceptions du public. Quoi qu'il en soit, les conservateurs ont commencé à se tourner vers Moon pour obtenir de l'argent et, ce faisant, ont commencé à abandonner leurs positions traditionnelles sur de nombreuses questions clés, en particulier le commerce.

En outre, comme nous l'avons vu, l'empire lunaire s'est rapidement révélé être un allié précieux pour la cause sioniste, son journal *Washington Times* devenant une feuille de propagande pour ce que l'on appelle aujourd'hui l'agenda "néo-conservateur" (c'est-à-dire sioniste). Les pages d'opinion du journal, ainsi que sa section "actualités", sont remplies de défenseurs inconditionnels de la cause sioniste, ce qui fait que même le *Washington Post*, le journal libéral pro-israélien rival, semble presque modéré et raisonnable dans son ton. Non seulement le *Times* "fixe" l'ordre du jour "conservateur", mais il joue également un rôle majeur dans l'élaboration de la politique du parti républicain grâce à son influence sur les dirigeants du GOP dans le Washington officiel.

En conséquence directe, l'ordre du jour "conservateur" a été déformé et s'écarte peu, sur les grandes questions mondiales, des positions prises par les internationalistes libéraux. Le mouvement conservateur a donc été subverti par un autre mécanisme d'infiltration, provenant d'une autre branche de l'Ennemi intérieur.

CHAPITRE XXVI

Un grand média américain : Un outil de propagande pour l'ennemi intérieur

Bien que l'Ennemi intérieur ait trouvé de nombreux moyens de manipuler les médias américains - comme le montre l'immense pouvoir de la Ligue anti-diffamation dont les communiqués de presse sont souvent publiés mot pour mot par les principaux médias -, il existe des preuves irréfutables que certains médias ne sont guère plus que des canaux de propagande et de désinformation éhontés (et volontaires) pour les agences de renseignement fédérales telles que la CIA et le FBI, parfois les deux à la fois. Un bon exemple est celui de Copley Press, un géant des médias établi de longue date dans le sud de la Californie.

Lorsque le *San Diego Union-Tribune* a publié, le 25 octobre 2000, une attaque virulente contre Liberty Lobby, l'institution populiste basée à Washington, il n'a pas mentionné à ses lecteurs qu'en 1977 déjà, le journal et son éditeur, la Copley Press, avaient été démasqués comme n'étant guère plus qu'une façade pour la CIA. Qui plus est, il s'avère que la Copley Press et l'*Union-Tribune* ont également servi d'intermédiaire (et de service de renseignement) au FBI.

Le fait qu'un front de la CIA attaque Liberty Lobby à ce moment-là n'est pas une coïncidence : la diffamation soigneusement orchestrée était clairement destinée à interférer et à saborder l'appel de Liberty Lobby contre une décision judiciaire injuste résultant d'un procès orchestré contre Liberty Lobby par un agent connu de la CIA. (En fin de compte, ce procès a entraîné la disparition de Liberty Lobby et, dans les pages qui suivent, nous examinerons cette tragédie en détail).

Quoi qu'il en soit, au moment même où l'*Union-Tribune* publiait cette diffamation, la cour d'appel de l'État de Californie examinait l'appel interjeté par Liberty Lobby contre le jugement. Bien que la décision ne soit pas attendue avant six semaines, cinq jours seulement après la publication de l'article, la cour a soudainement rendu sa décision et rejeté l'appel de Liberty Lobby.

Ironiquement, le journaliste qui a le premier révélé publiquement le lien longtemps secret entre Copley *Press/Union-Tribune* et la CIA était Joe

Trento, un "libéral" qui n'était en aucun cas un partisan de Liberty Lobby et qui, en fait, avait plusieurs fois, dans le passé, prêté ses talents littéraires pour publier des attaques contre l'institution populiste.

Cependant, dans le numéro d'août 1977 du magazine masculin *Penthouse*, Trento a coécrit un article sur les liens entre Copley et la CIA, intitulé "The Spies Who Came in From the Newsroom" (Les espions qui sont venus de la salle de rédaction). Entre autres choses, Trento a rapporté que la presse Copley et le journal *Union-Tribune* (qui était auparavant deux journaux distincts, tous deux publiés par Copley) :

> - Il a fourni des références, des informations et des placements d'articles pour la CIA et le FBI.
>
> - Échange d'informations avec la CIA pour obtenir des "scoops" et publication d'articles et d'éditoriaux de la CIA et du FBI.
>
> - A hébergé des agents de la CIA sur la liste de paie du Copley News Service et a fourni des articles aux clients du service de presse à la demande de la CIA et du FBI.

L'enquête de Trento a également établi que le Copley News Service (qui a en fait été un échec financier) a été créé par James S. Copley à la suggestion du président de l'époque, Dwight Eisenhower, dans le but de compléter les activités de la CIA.

Une série de réunions et d'appels téléphoniques entre Eisenhower et Copley, décrits dans les documents examinés par Trento, révèle que Copley a proposé son nouveau service de presse comme "les yeux et les oreilles" de "nos services de renseignement" et qu'Eisenhower a dit à l'éditeur que ses faveurs étaient appréciées et qu'elles seraient "réciproques dans la mesure du possible".

Bien que CNS perde de l'argent chaque année, Gene Gregston, l'ancien rédacteur en chef du *San Diego Union* (plus tard fusionné avec l'*Union-Tribune*) a admis à Trento que CNS "n'a jamais été géré pour gagner de l'argent ; c'était une question d'ego pour Jim Copley, et la CIA le voulait".

Selon Trento, pas moins de 23 employés du Copley News Service ont travaillé simultanément pour la CIA. Bien que 194 journalistes américains aient eu des liens avec la CIA au cours de la même période, selon Trento, CNS a été le seul service d'information à coopérer pleinement avec la CIA pendant une trentaine d'années. Les connexions de l'empire Copley avec la CIA étaient telles que, selon Trento :

> Les journalistes de CNS ont souvent agi comme s'ils faisaient des relations publiques avec la CIA. Lorsque la CIA décidait de renverser un gouvernement latino-américain, le CNS commençait à

rédiger des articles défavorables à son sujet. Des éditoriaux paraissaient dans les pages du *Tribune* et de l'*Union à* San Diego, mettant en garde contre les conséquences désastreuses de la présence de communistes en Amérique latine. Puis des articles sur les "combattants de la liberté" et "l'opposition anticommuniste" apparaissaient sur les fils de CNS. Lorsque le coup d'État a eu lieu, les éditorialistes de Copley se sont réjouis.

Trento a également révélé que "les relations de Copley Press avec le FBI sont aussi intrigantes que ses liens avec la CIA". L'enquête de Trento a révélé que les journalistes de Copley ont souvent été transformés en informateurs virtuels pour le FBI , à tel point que Copley Press a effectivement "géré un système de collecte de renseignements pour le FBI".

Selon Trento, les reporters de Copley ont été envoyés pour couvrir des manifestations contre la guerre et d'autres réunions publiques de dissidents politiques. Par la suite, lorsque les reporters rendaient leurs articles et leurs photographies, les documents étaient souvent remis directement au FBI et n'étaient même pas publiés dans les journaux de Copley.

Trento a cité le photographe de *l'Union-Tribune,* Thane McIntosh, qui a déclaré que la transmission des photographies au FBI était quelque chose "dont tous les photographes se doutaient. Certains en étaient troublés, d'autres non, mais on ne pouvait pas s'empêcher de participer. Vous aviez la mission, vous deviez donc la faire".

Selon M. Trento, il a été demandé à un photographe de fournir des photos à la police de Los Angeles, mais ce photographe a refusé de coopérer et a démissionné. En outre, les employés de Copley ont reçu l'ordre de rédiger des mémos sur les événements qu'ils avaient couverts, mémos que la direction de Copley a ensuite remis au FBI.

Trento a également révélé que : Le FBI a également utilisé Copley pour publier des données "brutes" et souvent non vérifiées sur des personnes qu'il n'approuvait pas. En d'autres termes, la presse de Copley publiait effectivement des calomnies non prouvées sur des individus qui étaient ciblés pour un traitement spécial par la communauté du renseignement. Trento a également appris que le FBI publiait dans le Copley Press des éditoriaux contre des groupes dissidents qu'il n'approuvait pas.

Lorsqu'une rédactrice de Copley, Vi Murphy, a tenté d'obtenir de Copley une divulgation complète des noms des journalistes de Copley qui collaboraient avec la CIA, elle s'est vu répondre qu'elle ne pourrait "plus jamais faire de déclaration publique ou prononcer un autre mot de trois lettres épelé CIA tant qu'elle serait employée de l'*Union"*.

En fait, comme nous l'avons démontré, l'Ennemi intérieur peut même constituer une combinaison de médias établie, travaillant pour des contrôleurs secrets dans les coulisses.

CHAPITRE XXVII

Drew Pearson et Jack Anderson - Des médiateurs pour la Ligue anti-diffamation : Propagandistes de l'Ennemi intérieur

Bien que la liste des chroniqueurs et soi-disant "reporters" qui ont prêté leurs "talents" aux services de l'Ennemi intérieur puisse malheureusement s'étendre sur de nombreuses pages, la trahison de deux chroniqueurs en particulier, le regretté Drew Pearson et son protégé, Jack Anderson, mérite un examen approfondi.

Pendant une génération, les grands médias ont dit aux Américains que l'expression "journaliste d'investigation intrépide" était synonyme du nom du chroniqueur syndiqué Jack Anderson. Cependant, les lecteurs du journal de Liberty Lobby, *The Spotlight*, savaient qu'il n'en était rien. Ils savaient - comme *The Spotlight* l'a fait remarquer un jour : "Jack Anderson est un menteur - un menteur professionnel, éhonté et calomnieux". En lançant cette accusation, *The Spotlight* a ajouté que "s'il souhaite prouver qu'il n'est pas un menteur", Anderson pourrait intenter un procès en diffamation contre l'institution populiste.

En fait, cinq ans auparavant, en 1981, Liberty Lobby avait intenté un procès en diffamation contre Anderson après qu'il eut publié des articles diffamatoires sur le lobby dans la première édition de son magazine (heureusement éphémère), *The Investigator*. Après avoir perdu devant les juridictions inférieures, le chroniqueur a fait appel jusqu'à la Cour suprême qui, en 1986, a débouté Anderson. Cet arrêt - un triomphe pour Liberty Lobby - est un précédent juridique fondamental connu de tous les étudiants en première année de droit aux États-Unis.

Anderson avait été bien formé à l'attaque de Liberty Lobby par son défunt mentor, le chroniqueur Drew Pearson, un critique de longue date de Liberty Lobby. Pourtant, malgré sa défaite embarrassante devant la Cour suprême, Anderson s'en est finalement mieux sorti que Pearson. Le mentor d'Anderson est décédé dans un hôpital de Washington après qu'un huissier de justice de Liberty Lobby ait signifié des documents à "Smearson" dans son lit d'hôpital, au début d'un procès en diffamation intenté à Pearson par l'institution populiste.

Étant donné que la propre ex-belle-mère de Pearson, l'éditrice du *Washington Times-Herald*, Cissy Patterson, a un jour décrit le mentor d'Anderson comme "à la fois agent secret et porte-parole de la Ligue anti-diffamation", l'hostilité de Pearson à l'égard de Liberty Lobby n'est pas surprenante. Pendant des années, l'ADL a collaboré avec Pearson pour détruire Liberty Lobby en raison de l'opposition de cette institution populiste à l'aide étrangère américaine accordée à Israël et de son souci constant de voir le favoritisme américain à l'égard d'Israël créer des clivages inutiles entre les États-Unis et les milliards de bonnes gens des mondes arabe et musulman.

Selon Oliver Pilat, biographe admiratif de Pearson : "Au fil des ans, l'ADL a énormément aidé Pearson. Elle lui a fourni des informations qu'il ne pouvait obtenir ailleurs, a soutenu ses tournées de conférences et a même aidé à la diffusion de son bulletin hebdomadaire ( )."

En outre, dans le cadre d'un accord secret de longue date avec Pearson, l'ADL a payé les frais de voyage de son enquêteur en chef, John Henshaw. En retour, Pearson publiait de la propagande de l'ADL dans sa rubrique. Henshaw a rompu avec Pearson au milieu des années 60 et a dénoncé les méfaits de Pearson, d'Anderson et de l'ADL dans les publications du Liberty Lobby.

Il était inévitable qu'Anderson utilise son propre magazine pour attaquer Liberty Lobby. Anderson n'avait manifestement que peu d'égards pour la vérité lorsqu'il a publié son attaque. L'un des rédacteurs en chef d'Anderson a admis non seulement qu'il avait dit à Anderson que l'article était "ridicule", mais aussi qu'Anderson avait déclaré que l'arrière-pensée de la publication de l'article était de plaire aux "distributeurs juifs" afin d'obtenir une meilleure distribution pour le nouveau magazine. Anderson lui-même s'est vanté publiquement qu'une grande partie des arguments qu'il a utilisés pour attaquer Liberty Lobby a été fournie par l'ADL.

Joe Spear a participé à la préparation de l'article diffamatoire. En 1969 (alors qu'il était employé par Anderson), il avait dénigré Liberty Lobby dans un article publié en free-lance dans le magazine *True*. Confronté à Liberty Lobby, *True* a conclu un accord à l'amiable, en payant des dommages et intérêts et en publiant une interview du président de Liberty Lobby, le colonel Curtis B. Dall. Cependant, de nombreux mensonges d'Anderson sur Liberty Lobby ont été repris des ordures de Spear, vieilles de 12 ans.

Liberty Lobby a également découvert qu'en 1971, Anderson et un autre de ses sbires avaient conspiré avec un rédacteur de l'"ancien" agent de la CIA William F. Buckley Jr. pour élaborer une diffamation confuse de Liberty Lobby publiée dans la *National Review* de Buckley. Dix ans plus tard, une partie de ces ordures a été publiée dans l'*Investigator* d'Anderson.

Le juge a reconnu qu'il y avait de nombreuses divergences dans les articles d'Anderson, mais il a tout de même rejeté l'affaire. Cependant, l'avocat de Liberty Lobby, Mark Lane, a fait appel du rejet et, en 1984, la Cour d'appel des États-Unis pour le district de Columbia a statué en faveur de Liberty Lobby.

Le tribunal a refusé d'accepter l'excuse d'Anderson selon laquelle les propos qu'il avait tenus sur Liberty Lobby avaient déjà été publiés auparavant. Dans l'avis du tribunal, le juge Antonin Scalia (qui sera bientôt élevé à la Cour suprême) a écrit :

> "Nous ne sommes pas encore prêts à adopter pour le droit de la diffamation le principe selon lequel 10 000 répétitions valent autant que la vérité. Nous ne voyons rien à redire à la règle selon laquelle la diffamation consciente et malveillante n'est pas passible de poursuites tant qu'elle a été précédée par des affirmations antérieures de la même contre-vérité".

Anderson a alors fait appel devant la Cour suprême. Comme on pouvait s'y attendre, les principaux médias se sont empressés de déposer un mémoire d'"ami de la Cour" en sa faveur, notamment CBS et NBC, le *New York Times*, le *Washington Post*, *Newsweek*, *Time*, le *Wall Street Journal*, le *Chicago Tribune*, le *Los Angeles Times* et le *Miami Herald*.

Le 3 décembre 1985, la Cour suprême a entendu l'affaire. Mark Lane, l'avocat de Liberty Lobby ( ), a déclaré à la Cour que Liberty Lobby ne demandait qu'à pouvoir présenter son cas à un jury pour se défendre contre les mensonges d'Anderson.

Le 25 juin 1986, à la grande surprise des médias, la Haute Cour a statué en faveur de Liberty Lobby et a ordonné que l'affaire contre Anderson soit jugée par la Cour de district des États-Unis à Washington, D.C. À la suite de cette défaite, Anderson et ses partisans ont cherché à limiter les dégâts, proclamant faussement qu'Anderson avait "gagné", même si la vérité n'était pas là.

Malgré cette décision, l'affaire est restée en suspens pendant quatre ans. Puis, le 2 mai 1990, le juge en chef du tribunal de district est intervenu et a ordonné qu'Anderson soit jugé. Confronté à un spectacle public, ses tactiques de délit de fuite faisant l'objet d'un examen minutieux, Anderson a proposé un règlement à l'amiable, ce qui constituait une victoire éclatante pour Liberty Lobby. Anderson s'est excusé publiquement pour les idées fausses et négatives qu'il avait véhiculées sur Liberty Lobby et a annoncé qu'étant donné que Liberty Lobby et Anderson soutenaient "l'affirmation franche de points de vue différents et une liberté d'expression robuste", lui et Liberty Lobby allaient verser une contribution commune de 1 000 dollars au Comité des reporters pour la liberté de la presse. Ce qu'Anderson n'a pas dit au public, c'est que sa part de la contribution s'élevait à 999,99 dollars. La part de Liberty Lobby n'était que d'un penny.

Anderson et son mentor ne se contentaient pas de servir de faire-valoir à l'ADL. Ils ont également fait du sale boulot pour l'allié de l'ADL, le chef du contre-espionnage de la CIA, James Angleton, le loyaliste israélien qui assurait la liaison entre la CIA et le Mossad israélien.

En 1967, deux semaines seulement après que le public eut appris que le procureur de la Nouvelle-Orléans, Jim Garrison, avait ouvert une enquête sur l'implication de la CIA dans l'assassinat de John F. Kennedy, Pearson et Anderson ont diffusé la désinformation d'Angleton selon laquelle l'ancien procureur général Robert Kennedy avait "approuvé un complot d'assassinat [contre Castro] qui s'est ensuite retourné contre son défunt frère [entraînant l'assassinat de JFK]". Selon ce récit fantaisiste, Castro avait capturé des tueurs à gages parrainés par les États-Unis qui s'en prenaient à lui et les avait ensuite "retournés" pour qu'ils s'en prennent à JFK. En pointant Castro du doigt, le duo a détourné l'attention de l'enquête de Garrison qui, si elle avait été poursuivie, aurait mis au jour la collaboration entre la CIA et le Mossad dans l'assassinat de JFK.

Le 17 décembre 2005, Jack Anderson est décédé à l'âge de 83 ans et a sans doute rejoint son mentor "In That Place Which the Lord Hath Prepared for Them", pour rappeler les mots pittoresques de feu le révérend Kenneth Goff, un ancien communiste devenu un anticommuniste déclaré et un critique de l'odieux duo Pearson-Anderson.

Cependant, malgré leur descente aux enfers, le flambeau incendiaire de cette équipe maléfique a été repris par d'autres prostituées des médias qui n'ont aucun scrupule à utiliser leurs "compétences" littéraires, parfois plutôt douteuses, pour promouvoir l'agenda de L'Ennemi intérieur.

CHAPITRE XXVIII

Un témoignage de première main effrayant : Comment l'Ennemi intérieur recrute des "droitiers" pour des assassinats politiques

Au cours de l'été 1963, Ralph P. Forbes - un ancien marine américain bien connu pour ses opinions politiques dites "de droite" - a vécu une expérience troublante qu'il relate dans le récit personnel suivant, qu'il a intitulé "Le jour où la CIA m'a recruté pour être un sniper assassin".

Les expériences personnelles de Forbes, telles qu'elles sont relatées ici, concordent avec les récits d'autres personnes - tant de droite que de gauche - qui, comme Forbes, pensent à juste titre qu'elles ont été considérées comme des assassins potentiels (ou des "boucs émissaires") lors des événements qui se sont déroulés à Dallas le 22 novembre 1963 - un événement qui continue d'intéresser des millions d'Américains qui pensent que l'assassinat du président Kennedy a marqué un tournant dans l'histoire moderne.

Forbes - aujourd'hui correspondant de l'*American Free Press* - a été politiquement actif tout au long de sa vie d'adulte, plus récemment dans son État d'adoption, l'Arkansas, où il a mené un certain nombre de campagnes politiques très efficaces, avant d'être victime de "votescam" de haut niveau et d'autres coups bas de la plus basse espèce.

Quoi qu'il en soit, les souvenirs de Forbes concernant son expérience des tristement célèbres opérations COINTELPRO du FBI visant les dissidents politiques américains, menées de concert avec l'Anti-Defamation League of B'nai B'rith, pourraient remplir un volume entier. Le remarquable récit de première main de Forbes sur son expérience de 1963 suit.

> Ils ne m'ont jamais dit le nom de l'opération, cet été 1963, mais d'après ce que j'ai appris depuis, je pense qu'il s'agissait de l'équipe ZR/Rifle de la CIA.
>
> S'il marche comme un canard et qu'il jacasse comme un canard, c'est qu'il s'agit d'un canard. Pour comprendre la situation, permettez-moi d'évoquer un peu le contexte. La baie des Cochons et la crise des missiles cubains étaient encore des questions

brûlantes. La guerre froide s'intensifiait. Il y avait des points chauds partout en Amérique du Sud, en Asie, en Afrique, au Moyen-Orient, en Europe, etc. J'étais un patriote quand le patriotisme n'était pas cool. Parce que je voulais combattre le communisme, j'ai refusé des nominations à West Point et à l'Académie de l'armée de l'air pour rejoindre les Marines.

Lorsque mon engagement a pris fin et que l'on m'a demandé de me réengager, j'ai posé comme condition d'être envoyé en mission de combat au Viêt Nam. Ils m'ont répondu : "Désolé, le Vietnam sera terminé depuis longtemps avant que nous puissions traiter votre demande de transfert."

Bien que de nombreux Américains ne soient pas encore totalement conscients de l'existence du Viêt Nam, nos garçons rentrent déjà au pays dans des housses mortuaires. Les informations radiophoniques étaient cauchemardesques et orwelliennes.

"Cette semaine, deux conseillers américains ont été tués, ce qui porte à onze le nombre de victimes américaines. La semaine suivante, le texte pourrait être le suivant : "Cette semaine, trois conseillers américains ont été tués, ce qui porte le nombre total de victimes américaines à sept."

Les chiffres rapportés étaient choisis au hasard et n'avaient aucun rapport avec la réalité ou les rapports précédents. Mes amis étaient poignardés dans le dos et envoyés à l'abattoir dans une autre guerre sans issue. C'est pourquoi, avec d'autres vétérans partageant les mêmes idées, j'ai fait tout ce qui était en mon pouvoir pour lutter contre la trahison, où qu'elle se trouve.

Au cours de l'été 1963, plusieurs d'entre nous ont été approchés par des espions qui leur proposaient de "faire quelque chose" pour notre pays. Les intérêts américains avaient besoin d'"oies sauvages" ou de mercenaires qui serviraient de substituts dans des endroits exotiques du monde entier.

Non seulement nous contribuerions à sauver l'Amérique et le monde, mais nous serions récompensés par d'importantes primes sur des comptes suisses numérotés et nous jouirions d'une vie excitante et aventureuse. C'est ainsi que moi, ancien marine, tireur d'élite et expert, j'ai été invité à une réunion de recrutement dans un hôtel d'Hollywood.

Les vibrations étaient toutes mauvaises. L'agent, qui pensait que j'allais mordre à l'hameçon, m'a donné la chair de poule. Il pensait apparemment que j'avais été beaucoup plus informé que je ne l'avais été. Il a laissé entendre que ma mission consisterait à "éliminer" Castro "avec un préjudice extrême". Il était très fier des "pièces d'acier" contenues dans sa petite mallette.

En peu de temps, moins d'une minute, il a assemblé un fusil de précision avec lunette de visée. Il voulait que je le manipule. Avant de le toucher, j'ai pris une serviette pour m'assurer de ne pas laisser d'empreintes digitales latentes. Il m'a dit que c'était très malin de ma part, mais il semblait extrêmement déçu ou contrarié. Il m'a expliqué les rayures, le poids et la charge des cartouches, l'action, s'est vanté de la lunette, du poids, de la rapidité du montage et du démontage.

Il était extrêmement mystérieux et vague. Parfois, il laissait entendre qu'il s'agissait d'une opération de la "compagnie" (CIA). D'autres fois, il suggérait qu'elle était financée par le baron du pétrole texan H. L. Hunt ou par d'autres riches anticommunistes. Ou peut-être s'agissait-il d'une action secrète conjointe parrainée par des personnes haut placées, à l'intérieur et à l'extérieur du gouvernement américain, peut-être par des agences de renseignement de pays "amis". Ils n'ont pu m'en dire plus qu'après s'être assurés que j'étais bien dans le coup.

La réunion a duré moins d'une heure. À l'époque, je n'avais pas la moindre idée de l'ordre du jour réel, mais il ne passait pas le test de l'odeur. En essuyant le morceau, juste au cas où, je l'ai rendu et j'ai dit que je les tiendrais au courant. Je n'ai jamais revu ce recruteur, mais c'était loin d'être la dernière fois qu'il essayait de me piéger, ainsi que d'autres patriotes, pour que je sois le bouc émissaire de ce crime infâme à Dallas.

Si je n'avais pas déjoué les tentatives de recrutement, les gens d'aujourd'hui auraient pu entendre que "l'extrémiste de droite Ralph Forbes" avait été l'un des assassins de John Kennedy - mais comme Lee Harvey Oswald, j'étais simplement l'un des boucs émissaires potentiels.

FIN DU COMPTE RENDU DE PREMIÈRE MAIN DE FORBES.

Il ne s'agit là que de l'histoire d'un seul homme, mais si l'on se réfère au dossier bien documenté de The Enemy Within, on peut affirmer sans risque de se tromper qu'il existe de nombreuses histoires de ce type qui pourraient remplir le dossier.

Ce qui apparaît dans les pages de ce volume n'est que la partie émergée de l'iceberg - un monde profond, obscur et caché d'intrigues qui choqueraient l'Américain moyen s'il connaissait la vérité.

CHAPITRE XXIX

L'infiltration du mouvement anti-guerre par la CIA pendant la guerre du Vietnam : Bill et Hillary Clinton et John Kerry comme boucs émissaires de l'Ennemi intérieur

Bien que la majeure partie de notre étude de L'ennemi intérieur se concentre sur l'infiltration, la surveillance et la perturbation de ce qui est généralement perçu comme des groupes "de droite" et "nationalistes" par une variété d'agences et d'institutions sous le contrôle de l'élite au pouvoir, il est important de souligner que trois des politiciens démocrates les plus en vue aujourd'hui - Bill et Hillary Clinton et John Kerry, le candidat du Parti démocrate à l'élection présidentielle de 2000 - semblent clairement avoir été des exemples de premier ordre de l'infiltration par la CIA du mouvement anti-guerre pendant la période tragique de l'engagement américain au Vietnam et, plus tard, des acteurs clés dans les intrigues de la CIA ici et à l'étranger. Plus tard, ils ont joué un rôle clé dans les intrigues de la CIA dans leur pays et à l'étranger.

Toutefois, avant de revenir sur les intrigues méconnues de ces personnalités politiques démocrates bien connues, il convient de revenir brièvement sur les opérations d'espionnage domestique de la CIA qui ont atteint leur paroxysme dans la période des années 1960 et 1970, lorsque les Clinton et Kerry accédaient au pouvoir politique.

Dans le numéro de juillet-septembre 1995 de *NameBase NewsLine*, Daniel Brandt a fourni quelques détails importants sur l'espionnage domestique de la CIA :

> Les opérations intérieures de la CIA ont été révélées pour la première fois par Seymour Hersh dans le *New York Times* le 22 décembre 1974. Dans les deux semaines qui ont suivi, le président Ford a créé la commission Rockefeller pour examiner la question, et son rapport a été publié au mois de juin suivant. Il décrit le programme d'interception du courrier de la CIA à destination et en provenance de l'Union soviétique, l'opération CHAOS (le programme d'espionnage domestique de la CIA dirigé par Richard Ober), un programme d'espionnage domestique distinct géré par le

Bureau de sécurité de la CIA et appelé Project Resistance, ainsi qu'un programme du Bureau de sécurité qui organisait des séminaires et des formations sur le crochetage des serrures et la surveillance à l'intention d'un certain nombre de services de police locaux.

(Il convient de noter que l'Ober susmentionné était un adjoint de James Jesus Angelton, le chef du contre-espionnage de la CIA et l'agent de liaison de la CIA avec l'agence de renseignement israélienne, le Mossad, qui était extrêmement pro-israélien).

Le rapport Rockefeller indique que "pendant six ans [1967-1972], l'opération [CHAOS] a compilé quelque 13 000 dossiers différents, y compris des dossiers sur 7 200 citoyens américains. Les documents contenus dans ces dossiers et le matériel connexe comprenaient les noms de plus de 300 000 personnes et organisations, qui ont été saisis dans un index informatisé". Ce chiffre est à comparer à l'index de la CIA, qui contient quelque 7 millions de noms de toutes nationalités, géré par la direction des opérations, dont 115 000 seraient des citoyens américains.

Mais il se peut que ces chiffres soient inférieurs à la réalité ; le CHAOS était étroitement cloisonné au sein de la CIA et ne faisait l'objet d'aucun examen interne périodique. Par exemple, des rapports ultérieurs sur le nombre de services de police d'État, locaux et de comté assistés par la CIA ont été évalués à 44, soit bien plus que la poignée mentionnée dans le rapport Rockefeller.

Le Center for National Security Studies, un groupe de surveillance libéral de la fin des années 1970 dirigé par Morton Halperin, a obtenu 450 documents décrivant le projet Resistance de la CIA. Ces documents montrent que l'objectif de ce programme du Bureau de sécurité était bien plus qu'un effort pour protéger les recruteurs de la CIA sur les campus en collectant des coupures de presse, comme le décrit le rapport Rockefeller.

Le bureau de sécurité a été autorisé pour la première fois à aider la division de recrutement "de toutes les manières possibles", et les restrictions concernant les contacts avec le FBI au niveau local ont été supprimées. Des contacts ont également été établis avec les responsables de la sécurité des campus, les informateurs au sein de la communauté universitaire, les services de renseignements militaires et les polices locales et d'État. Une attention particulière a été accordée à la presse clandestine.

Il est clair que la CIA menait d'immenses opérations nationales actives, bien au-delà de ce qui était légal ou même soupçonné. Et comme nous le verrons dans les pages qui suivent, les preuves suggèrent fortement que Bill et Hillary Clinton - ainsi que John F. Kerry - étaient fortement impliqués dans les opérations d'espionnage de la CIA. En fait, à l'époque où Bill Clinton est apparu pour la première fois comme un candidat à la présidence, les détails concernant les relations secrètes de Clinton ont été mis en évidence, bien qu'ils aient été largement ignorés par les médias dits "grand public".

Au cours de l'été 1992, alors que les grands médias se concentraient sur la liaison de Bill Clinton avec Gennifer Flowers, le journal populiste *The Spotlight*, basé à Washington DC, s'intéressait plutôt à la grande affaire : les liens profonds et anciens de Clinton avec la CIA et son implication dans des affaires de contrebande d'armes et de drogues liées au désormais célèbre scandale impliquant la Bank of Credit and Commerce Internationale (BCCI).

Dans son numéro du 2 mars 1992, *The Spotlight* a été le premier média national à rapporter qu'alors que la campagne présidentielle de Clinton était en crise financière, la Worthen Bank de Little Rock avait accordé une ligne de crédit de 2 millions de dollars à la campagne. La Worthen était détenue conjointement par le milliardaire de Little Rock Jackson Stephens et l'entrepreneur arabe Abdullah Taha Bakhsh, tous deux étroitement liés à la BCCI.

Stephens a servi d'intermédiaire dans la transaction qui a permis à la BCCI de prendre le contrôle de deux banques américaines. Bakhsh n'était pas seulement un proche associé du fondateur de la BCCI, Agha Hasan Abedi, mais aussi un partenaire d'un jeune homme d'affaires texan, George W. Bush, dans Harken Energy, la société qui a rendu le fils du vice-président (et plus tard du président) George Bush millionnaire.

Le 31 août 1992, *The Spotlight* a été le premier média national à révéler les liens de Clinton avec les opérations de contrebande d'armes et de drogues menées par la CIA dans le cadre du programme Iran-contra et transitant par le minuscule aéroport de Mena (Arkansas), financées par un blanchiment d'argent massif par l'intermédiaire d'institutions financières contrôlées par les copains de Clinton. Bien que l'on se souvienne d'Iran-contra comme d'un scandale "républicain" (impliquant George Bush), le gouverneur démocrate de l'Arkansas était très impliqué.

En outre, des preuves suggèrent que l'épouse de Clinton, Hillary Rodham, avocate très influente de Little Rock, était également impliquée dans les scandales de la CIA de l'ère républicaine - connus sous le nom d'"Iraq-gate" - qui impliquaient l'armement de l'Irak financé par la BCCI et la succursale d'Atlanta de la Banca Nazionale de Lavoro (BNL) italienne.

Dès le 25 mars, le 3 juin et le 19 août 1991, *The Spotlight* a rapporté que les scandales impliquant les deux banques étaient liés, mais cela n'a jamais été reconnu nulle part ailleurs jusqu'au 16 novembre 1992, date à laquelle *le Washington Post* a finalement reconnu ce que *The Spotlight* avait dit : "Il est maintenant clair que les deux [scandales] sont liés. Ce qui n'est pas clair, c'est le motif de la conspiration qui les a liés".

The Spotlight a été la seule voix à révéler que "le motif de la conspiration qui les liait" était que les deux banques étaient impliquées dans des transactions pétrolières secrètes, privées et non gouvernementales entre George Bush et ses associés, en partenariat avec Saddam Hussein, le dirigeant de l'Irak, et qui ont joué un rôle dans l'armement secret de l'Irak par la CIA.

Ces accords de la CIA visant à armer l'Irak impliquaient Hillary Clinton. Son cabinet Rose Law Firm a négocié l'accord avec la branche d'Atlanta de la BNL pour déguiser les fonds agricoles américains afin d'aider à armer secrètement l'Irak. Les fonds de la BNL ont été acheminés par l'intermédiaire de la BCCI.

Quoi qu'il en soit, *The Spotlight* (le 16 août 1993) a été la première publication à exposer les preuves que Bill Clinton était un agent de la CIA depuis l'époque où il participait au mouvement anti-guerre à Oxford.

Les conservateurs ont ensuite accusé Clinton d'être un "traître" en raison d'un voyage qu'il a effectué à Moscou à cette époque. Cependant, la CIA avait des agents dans le mouvement anti-guerre et *The Spotlight* a cité un ancien analyste soviétique de haut rang de la CIA, Victor Marchetti, qui a fait le commentaire suivant :

> À l'époque où Clinton était censé se rendre à Moscou, la CIA recrutait activement des étudiants américains et d'autres étudiants pour qu'ils se rendent à Moscou [et] à Helsinki et participent à des activités pacifiques afin de contrer les actions soviétiques.
>
> Sans révéler de secrets, je ne serais pas surpris de découvrir que Clinton travaillait en quelque sorte pour la CIA.

Le 27 septembre 1993, *The Spotlight* a fourni de nouvelles informations suggérant que lors de son voyage à Moscou, Clinton a été impliqué dans une opération bien plus importante que l'espionnage de ses copains d'université : l'appropriation des documents de l'ancien dirigeant soviétique Nikita Khrouchtchev pour le compte de la CIA.

En fait, l'ami de Clinton à Oxford, Strobe Talbott - plus tard nommé à un poste au département d'État par Clinton - est connu pour avoir joué un rôle dans l'acquisition par la CIA des documents de Khrouchtchev. Cord Meyer, chef de la station londonienne de la CIA, était le "handler" des deux jeunes hommes, bien que Meyer le nie.

Plus tard, Clinton a fréquenté Yale, un important centre de recrutement de la CIA, où il a rencontré Hillary Rodham. La jeune femme a rapidement fait partie de l'équipe de la commission parlementaire sur le Watergate, une controverse dans laquelle la CIA a joué un rôle majeur. Certains ont suggéré qu'Hillary pourrait avoir surveillé la commission pour le compte de la CIA, surtout si l'on considère les activités qu'elle a menées par la suite dans le cadre du cabinet Rose Law Firm.

En 1996, l'auteur Roger Morris a publié son livre, *Partners in Power*, et, sur la base d'informations fournies par des sources bien informées, a conclu que Clinton était, comme le suggérait *The Spotlight*, secrètement affilié à la CIA depuis ses années d'université.

Le numéro d'octobre-déc. 1996 du bulletin *NameBase Newsline*, qui fournit des informations supplémentaires montrant que Clinton est un agent de longue date de la CIA, attribue à *The Spotlight* le mérite d'avoir été la première publication à établir le lien entre Clinton et la CIA.

Après l'élection de Clinton à la présidence, la mort de son ami de toujours et conseiller à la Maison Blanche, Vince Foster, a été liée à l'implication de Clinton avec la CIA et aux scandales de l'"Iraq-gate" impliquant George Bush. *Le Spotlight* a révélé le 6 décembre 1993 que les sources de l'enquêteur Sherman Skolnick avaient découvert que Foster avait joué un rôle pour convaincre le président Clinton ( ) d'arrêter un complot de la CIA le 17 juillet 1993 visant à assassiner le dirigeant irakien Saddam Hussein. Ce complot a ensuite été révélé publiquement dans le numéro du 1er novembre 1993 du *Chicago Tribune*. Selon Skolnick :

> Pourquoi la Maison Blanche a-t-elle fait avorter ce complot ? Eh bien, Saddam a un demi-frère à Genève qui a déclaré que si Saddam était assassiné par la CIA, il divulguerait les documents bancaires montrant que Saddam avait des relations d'affaires privées avec George Bush.

> Il semble qu'il y ait un chevauchement entre les transactions de Saddam avec Bush et les affaires des Clinton. Les Clinton, Bush et Saddam - pour simplifier - sont tous des partenaires commerciaux.

Puis, le 3 juillet 1994, *The Spotlight* a rapporté une autre histoire parue dans le *Sunday Telegraph* de Londres le 21 mai 1994, mais qui n'a jamais été rapportée dans les "grands" médias américains : les enquêteurs ont découvert qu'au cours des cinq années précédant sa mort, Vince Foster avait effectué des voyages internationaux secrets, dont au moins deux voyages virtuels de nuit à Genève.

Les voyages de Foster ont été achetés à un tarif préférentiel réservé aux hauts fonctionnaires ou aux agents contractuels travaillant pour le gouvernement fédéral. Il a utilisé ces tarifs alors qu'il n'était ostensiblement qu'un avocat exerçant à titre privé. Probablement parrainé par Bill (et/ou Hillary) Clinton, Foster travaillait manifestement pour la CIA.

En juillet 1993, douze jours après avoir annulé un voyage imminent à Genève, Foster a été retrouvé mort. Il ne s'agit manifestement pas d'un "suicide", Foster n'ayant pas été assassiné par les Clinton - comme le suggèrent les détracteurs de ces derniers - mais par les ennemis de Saddam, furieux de l'intervention réussie de Foster dans le complot visant à tuer le dirigeant irakien.

En fin de compte, l'univers de Bill et Hillary Clinton est manifestement beaucoup plus vaste et enchevêtré et implique beaucoup plus de choses que nous n'avons jamais été amenés à le croire. Mais seul *The Spotlight* a osé raconter l'histoire.

Qu'en est-il du sénateur John Kerry (D-Mass.) qui, contrairement à Clinton, a commencé par être un "héros" de la guerre du Viêt Nam, puis a apparemment fait un virage à 180 degrés et est devenu un critique très important de la guerre depuis sa position d'ancien combattant décoré ? La vérité est que le service du sénateur John Kerry au Viêt Nam et ses activités anti-guerre ultérieures sont probablement beaucoup plus complexes qu'il n'y paraît à première vue. Le "scandale Swiftboat" de John Kerry a fait le buzz parmi les militants du parti républicain, sur Internet, et a fait l'objet d'un livre qui a soulevé des questions sur le fait que Kerry était vraiment un "héros" et qu'il méritait les médailles (et les accolades) qu'il a reçues pour son service au Viêt Nam.

Alors qu'une poignée de vétérans ayant servi avec Kerry - au moins pendant une courte période - ont parcouru le pays au cours de la campagne 2000 en faveur de Kerry, un nombre considérable d'autres anciens officiers et marins du Swift Boat ont fait campagne contre Kerry et ont contesté ses affirmations concernant ses antécédents en matière de guerre.

La question qui se posait était la suivante : quel groupe d'anciens combattants les électeurs devaient-ils croire ? Si un groupe mentait, pourquoi mentait-il ? Kerry était-il un héros ou un imposteur ? Et qu'en est-il des activités anti-guerre de Kerry après son retour du Viêt Nam ?

À ce stade, il est nécessaire d'établir un parallèle entre les déboires de Kerry et le "scandale" similaire qui a entouré Bill Clinton lors de la campagne présidentielle de 1992, lorsqu'il a été révélé que Clinton avait activement travaillé pour éviter la conscription.

En 2004, la campagne de Bush n'a pas eu grand-chose à dire sur les éventuelles déformations de la vérité historique par Kerry concernant ce qu'il a fait - ou n'a pas fait - au Viêt Nam, ce qui peut s'expliquer par le fait que les états de service du président étaient plutôt tachetés, en soi, et que Bush ne souhaitait pas les rappeler aux électeurs. Cela n'a pas empêché les militants politiques "indépendants" de soulever un tollé au sujet des activités de Kerry pendant la guerre.

Rappelons toutefois qu'en 1992, le père de Bush et sa campagne de réélection n'ont pas eu grand-chose à dire sur les efforts déployés par Bill Clinton pour échapper à l'appel sous les drapeaux. En fait, en 1992 - et dans les années qui ont suivi - certains ont suggéré que la raison même pour laquelle l'ancien directeur de la CIA George Bush (alors candidat à sa réélection contre son adversaire démocrate Bill Clinton) ne s'est pas attaqué activement à Clinton et ne l'a pas traité de "draft dodger" était précisément parce que l'ancien directeur de la CIA savait que Clinton - en tant qu'étudiant - travaillait presque certainement comme un atout de la CIA, infiltrant des groupes anti-guerre en Grande-Bretagne et ailleurs.

Ainsi, bien que de nombreux vétérans et républicains de base qualifiaient Clinton de "draft dodger" et laissaient entendre qu'il était en quelque sorte "déloyal envers son pays", la vérité est que Clinton avait manifestement trouvé un moyen d'éviter le service militaire, tout en ayant une "entrée" auprès de l'élite du pouvoir dans ce pays : agir en tant qu'étudiant limier pour la CIA.

Bien que, comme nous l'avons indiqué, *The Spotlight* ait été la première publication à mettre en évidence les premiers services de Clinton pour la CIA (ce que ni Clinton ni la CIA n'ont bien sûr jamais reconnu), un large éventail d'auteurs - dont l'ancien membre du Conseil de sécurité nationale Roger Morris, le correspondant britannique Ambrose Evans-Pritchard et le journaliste Daniel Brandt, entre autres - ont depuis complété certaines pièces manquantes du puzzle, le correspondant britannique Ambrose Evans-Pritchard et le journaliste Daniel Brandt, entre autres - ont depuis complété certaines des pièces manquantes du puzzle et ont essentiellement confirmé que Clinton - à l'époque où il échappait à la conscription - travaillait bel et bien pour le compte du gouvernement des États-Unis en tant qu'informateur de la CIA.

Ce qui nous amène à John Kerry. Nombreux sont ceux qui ont pris Kerry à partie pour ses activités anti-guerre après son retour du Vietnam, suggérant qu'il était impliqué dans des éléments anti-guerre "radicaux". Cependant, ce que les critiques les moins perspicaces de Kerry n'ont pas remarqué, c'est qu'une lecture attentive des comptes rendus des journées anti-guerre de Kerry, présentés dans des comptes rendus habilement formulés dans des quotidiens d'élite tels que le *New York Times* et le *Washington Post*, conduit à la conclusion très claire (du moins pour un lecteur perspicace) que Kerry était en fait l'une des forces les plus "modérées" du mouvement anti-guerre et que, à certains égards, il agissait presque comme s'il voulait freiner le mouvement.

C'est ce que les deux principaux journaux qui se sont penchés sur les manifestations anti-guerre de Kerry - *le New York Times* et surtout le *Washington Post*, proche de la CIA - ont *voulu* faire passer dans leurs longs articles très similaires sur le sujet.

En bref, on peut commencer à soupçonner que le bref service et les "exploits" de Kerry au Viêt Nam faisaient partie d'une "légende" classique de la communauté du renseignement créée pour Kerry, récemment diplômé de Yale - un poste de recrutement de longue date de la CIA - et membre (comme George W. Bush) de Skull & Bones, la société secrète exclusive de Yale (un autre terrain d'entraînement de l'élite).

Compte tenu des antécédents de Clinton à la CIA (et de ses liens avec Yale), est-il vraiment exagéré de suggérer que Kerry était lui aussi un agent de la CIA depuis le début ?

Ce n'est pas exagéré : les archives montrent que de nombreux militaires éminents (et moins éminents) - par exemple le célèbre général de l'armée de l'air Ed Lansdale - étaient également des agents secrets de la CIA pendant leur service militaire.

Est-il possible que la courte période passée par Kerry au Viêt Nam ait servi à établir sa bonne foi en tant que "héros de guerre" et à le ramener ensuite pour qu'il devienne un "critique" de la guerre ?

Comme nous l'avons indiqué dans les premières pages de ce volume, nous savons qu'au moins l'un des principaux critiques de la guerre du Viêt Nam, Allard Lowenstein (plus tard membre du Congrès), était secrètement payé par la CIA lorsqu'il protestait contre la guerre et qu'une des principales organisations anti-guerre, la National Student Association, était également financée par la CIA.

Ce n'est probablement pas une coïncidence si, lorsque Kerry a annoncé qu'il se lançait dans la frénésie anti-guerre, il a déclaré - peut-être en faisant une large allusion pour ceux qui sont suffisamment "dans le coup" pour saisir l'essentiel de ce qu'il disait - qu'il voulait suivre les traces d'Allard Lowenstein. Encore une fois, ce n'est probablement pas une coïncidence si le fils de Lowenstein est devenu l'un des principaux conseillers de Kerry en matière de politique étrangère.

Que dit le vieil adage ? "Les oiseaux qui se ressemblent s'assemblent".

Peut-être le service de Kerry au Vietnam était-il moins qu'héroïque, comme le suggèrent ses détracteurs, mais, d'un autre côté, il est également tout à fait possible - peut-être probable - que son voyage au Vietnam faisait partie d'une entreprise planifiée à l'avance et organisée par certains mentors de Yale (ou devrions-nous dire, de la CIA) ?

Les boucs de Juda se présentent sous différentes formes politiques, comme le montrent clairement les cas des Clinton, de Kerry et de son mentor, Lowenstein.

Dans le chapitre qui suit, nous examinerons comment la candidature ratée de John Kerry à la présidence en 2004 semble avoir été orchestrée en coulisses comme une candidature, sinon vouée à l'échec, certainement conçue pour soutenir l'agenda global de l'élite sioniste - pour s'assurer que l'Ennemi intérieur reste fermement aux commandes de l'appareil de politique étrangère des États-Unis, quel que soit le résultat de l'élection.

CHAPITRE XXX

La solution était toute trouvée : Comment les boucs de Juda sionistes ont conduit le GOP à la défaite en 1940 et ont fait perdre les Démocrates en 2004

Bien que les parallèles ne soient pas tout à fait exacts, la campagne électorale présidentielle américaine de 2004 a été remarquablement similaire - à certains égards particulièrement importants - à la bataille de 1940 entre le démocrate sortant, Franklin D. Roosevelt, qui en était à son troisième mandat, et son adversaire républicain, Wendell L. Willkie.

Comme en 1940, les élites ploutocratiques en place étaient déterminées en 2004 à contrôler (et ont contrôlé) "les deux chevaux de la course", principalement parce qu'elles savaient que le vainqueur de l'élection serait en mesure d'orienter le cours futur de l'engagement américain sur la scène mondiale - ce qui est toujours vital pour les éléments bancaires et industriels internationaux qui sont prêts à tirer profit de la manipulation de la politique étrangère et intérieure des États-Unis.

Lors des élections de 1940, Franklin D. Roosevelt n'a cessé de répéter haut et fort aux Américains que leurs fils ne participeraient à aucune guerre à l'étranger. Pendant ce temps, bien sûr, en coulisses, tant en ce qui concerne la politique américaine à l'égard de l'Europe que de l'Extrême-Orient, Roosevelt cherchait par tous les moyens à impliquer les États-Unis dans une guerre dont plus de 90 % du peuple américain pensait qu'elle n'était pas nécessaire et qu'elle ne devait pas être menée.

Mais malgré les sondages indiquant une opposition massive des Américains à l'engagement des États-Unis dans la guerre en Europe, le GOP - en rejetant le sénateur nationaliste Robert Taft (Ohio) - a choisi de ne pas remettre en question la politique belliciste internationale de FDR, qui était évidente, nonobstant la rhétorique publique officielle de Roosevelt. Au lieu de cela, le GOP a désigné Willkie, un avocat de Wall Street qui était non seulement un récent converti au Parti républicain, mais qui était aussi, comme FDR, un fervent internationaliste et un partisan avide de la théorie selon laquelle l'Amérique devait intervenir, au nom de l'Empire britannique, dans la guerre en Europe.

En fait, c'est essentiellement ce qui s'est passé lors de la campagne électorale de 2004 aux États-Unis. Bien qu'un président républicain, George W. Bush, cherchait à se faire réélire à la Maison Blanche (et, bien sûr, une guerre était déjà en cours), son successeur démocrate présumé disait essentiellement "moi aussi" en ce qui concerne la débâcle en cours en Irak.

Non seulement le sénateur John Kerry (D-Mass.) a voté en faveur de la guerre, mais il demande maintenant que davantage de troupes américaines soient déployées en Irak, sa version de la "meilleure gestion de la guerre". En fait, Kerry a poussé le thème de l'"opposition loyale" à son paroxysme.

Et compte tenu (comme nous l'avons déjà vu) du rôle probable de Kerry en tant qu'agent secret de la CIA ( ) depuis de nombreuses années, il se pourrait bien que Kerry n'ait été, en fin de compte, guère plus qu'un "bouc émissaire" consentant, prêt à se sacrifier au nom de l'agenda mondialiste, même si cela signifiait perdre l'élection.

Cette situation n'est pas sans rappeler celle de la campagne des primaires présidentielles républicaines de 1940, lorsque les électeurs du GOP avaient choisi un candidat pour s'opposer à FDR. En 1940, le candidat préféré des électeurs du GOP était Bob Taft, de l'Ohio, fervent critique de la politique étrangère de FDR.

Taft, en 1940, a essentiellement joué le même rôle dans les primaires républicaines que le franc-tireur Howard Dean, gouverneur du Vermont, dans les primaires présidentielles démocrates 64 ans plus tard : Bien que Dean - comme Taft avant lui - ait pris la tête de la campagne en raison de sa franche opposition à l'engagement des États-Unis dans une guerre étrangère insensée, l'élite des médias américains a commencé à s'acharner sur Dean - comme elle l'avait fait pour Taft - et à saper sa campagne.

Ce n'est donc pas une coïncidence - bien que les médias n'aient jamais mis l'accent sur ses remarques - si, au cours de la campagne des primaires, Dean lui-même a souligné à plusieurs reprises qu'un nombre de plus en plus restreint d'intérêts financiers d'élite prenait le contrôle des médias de masse en Amérique. C'est ainsi que la campagne de Dean a été sabotée et, comme l'ont souligné certains journaux, notamment *Forward*, un journal juif de premier plan, *le vent a tourné contre Dean et en faveur de Kerry lorsque de nombreux dirigeants de la petite, mais influente, communauté juive de l'Iowa se sont ralliés à Kerry et ont sauvé sa campagne chancelante dans cet État critique pour les caucus.*

Bien que l'épouse de Dean soit juive, l'opposition de Dean à la guerre en Irak - qui était soutenue par des leaders et des groupes de leaders importants de la communauté juive américaine - a déclenché l'opposition la plus importante (et l'hostilité des médias) à sa candidature. Ainsi, une fois Dean écarté, un démocrate de "l'opposition loyale" - qui avait en fait voté en faveur de la guerre de Bush en Irak - était en passe d'obtenir l'investiture.

Le sort de Taft, le favori du GOP, était similaire. Mais nous savons aujourd'hui que la fameuse "ruée vers le cheval noir" de Wendell Willkie lors de la Convention nationale républicaine de Philadelphie en 1940 n'avait rien à voir avec cela.

Au contraire, comme l'a soigneusement démontré Thomas E. Mahl dans son livre *Desperate Deception : British Covert Operations in the United States, 1939-1941*, la campagne de Willkie lors de la convention du GOP a été essentiellement achetée et payée par de riches intérêts américains qui étaient favorables à la politique étrangère de FDR et qui voulaient s'assurer que le GOP désignerait un candidat qui ne s'opposerait pas sérieusement aux vues de FDR. Il était donc essentiel que la candidature de Taft soit anéantie.

En outre, selon les recherches minutieusement documentées de Mahl, il est très clair que les services secrets britanniques et les personnes travaillant avec les services secrets britanniques - travaillaient à la fois pour saboter Taft et pour promouvoir Willkie, et qu'ils ont réussi dans les deux cas.

Ainsi, Taft - comme Dean qui est arrivé plus tard - a été sacrifié au sein de son propre parti (en dépit du fait que sa position anti-guerre était considérablement plus populaire) et remplacé par un candidat (Willkie - repris en 2004 par John Kerry) qui se tenait essentiellement aux côtés du président sortant sur la question de l'intervention des États-Unis à l'étranger.

Fait significatif, près d'un an après les élections de 1940, alors que le débat sur l'intervention des États-Unis en Europe faisait toujours rage, le célèbre aviateur américain Charles Lindbergh, dans un discours très critiqué devant le comité anti-guerre America First, a déclaré publiquement que trois groupes poussaient l'Amérique vers la guerre : "les Britanniques, les Juifs et l'administration Roosevelt".

En fait, en remplaçant le nom "Roosevelt" par le nom "Bush", il pourrait s'agir essentiellement d'une description des mêmes groupes qui ont poussé à la guerre en Irak. Ainsi, comme on dit, plus les choses changent, plus elles restent les mêmes. Ou, plus simplement, l'histoire se répète. L'ennemi intérieur ne disparaîtra pas sans combattre.

Dans ce contexte, il convient de noter, en guise de corollaire, comment, pendant la période qui a précédé l'invasion américaine de l'Irak et le débat qui a suivi sur cette débâcle lors de l'élection présidentielle de 2004, le mouvement sioniste a fait des heures supplémentaires pour empêcher le mouvement anti-guerre de s'aventurer jusqu'à souligner le fait qu'Israël et son lobby américain étaient les principaux instigateurs de la guerre envisagée.

Au printemps 2003, alors que l'opposition populaire à la guerre en Irak se développait aux États-Unis et dans le monde entier, que l'on connaissait de mieux en mieux le soutien d'Israël à la guerre et le rôle prééminent d'une puissante clique de "néoconservateurs" pro-israéliens au sein de l'administration de George W. Bush pour promouvoir la guerre, une poignée de "libéraux" pro-israéliens (qui se disaient opposés à la guerre) se sont en fait employés à saper les critiques d'Israël au sein du mouvement anti-guerre.

Le fait que de nombreuses personnes commencent à accuser Israël d'être à l'origine de la guerre en Irak est un point qui préoccupe de plus en plus les partisans d'Israël. Le 16 février 2003, *le Washington Post* a donné son avis sur ce qui constituait des motifs valables d'opposition à la guerre. Selon *le Post*, "les arguments des opposants sont parfois", selon ses termes, "incohérents ou sans fondement", parmi lesquels "les suggestions selon lesquelles la campagne américaine est motivée par un agenda non divulgué visant à défendre Israël ou à s'emparer du pétrole irakien". La seule raison valable de s'opposer à la guerre - à ce stade - selon le *Post*, est que toute action unilatérale des États-Unis sans l'approbation préalable des Nations Unies serait une erreur.

Parallèlement aux commentaires du *Post*, les efforts visant à saboter de l'intérieur le mouvement anti-guerre ont été mis en évidence après que le rabbin libéral Michael Lerner a prétendu qu'on lui avait interdit de prendre la parole lors d'un rassemblement anti-guerre à San Francisco parce que le principal organisateur du rassemblement, International ANSWER (Act Now to Stop War and End Racism) était totalement antisioniste alors que lui (Lerner) était en faveur de la création d'un État palestinien aux côtés d'Israël. ANSWER a nié ces propos, affirmant que Lerner n'avait pas été autorisé à prendre la parole parce qu'il avait déjà attaqué ANSWER et que les divers organisateurs du rassemblement avaient déjà convenu qu'ils n'accepteraient pas d'orateurs ayant critiqué l'un ou l'autre de ces groupes. En fait, Lerner avait attaqué ANSWER en disant qu'en organisant des rassemblements anti-guerre à travers le pays, ANSWER avait inclus trop d'orateurs qui accusaient la guerre des États-Unis contre l'Irak d'être stimulée principalement par le désir d'Israël de voir l'Irak détruit.

Quoi qu'il en soit, à la suite de la colère de Lerner, un groupe de quelque 150 autres "intellectuels progressistes" autoproclamés (dont la plupart étaient des juifs soutenant Israël et se déclarant opposés à la guerre) a fait du bruit et envoyé une lettre ouverte condamnant le refus d'ANSWER d'autoriser Lerner à s'exprimer, allant même jusqu'à dire qu'ANSWER n'était pas apte à "mener des mobilisations de masse contre la guerre en Irak".

Compte tenu de l'immense succès remporté par ANSWER - quelle que soit son orientation politique - dans l'organisation de manifestations de masse contre la guerre, les critiques se sont interrogés sur la motivation des forces pro-israéliennes à tenter de saper le leadership du mouvement anti-guerre à ce moment critique.

Pendant ce temps, alors que les éléments sionistes complotaient pour diviser le mouvement anti-guerre, un éminent spéculateur financier sioniste de longue date, George Soros, est apparu comme un "critique" franc du président George W. Bush et de la guerre en Irak. Se présentant comme le "sac d'argent" de nombreux groupes progressistes et unités d'activistes anti-guerre, Soros a effectivement pris le contrôle de l'opposition, émoussant ainsi de nombreuses sources possibles d'opposition à l'influence sioniste en Amérique. En finançant une telle variété d'organisations, Soros - un juif - s'est érigé en "dictateur" virtuel du mouvement progressiste américain pour les années à venir.

Ce que tout cela signifie tout simplement, c'est qu'une fois de plus, le peuple américain a été manipulé et mal orienté. L'élection présidentielle de 2004 a été l'ultime "mascarade", et la vérité sur la guerre en Irak - l'un des principaux sujets de débat au cours de cette campagne présidentielle corrompue - n'a jamais été entièrement révélée au peuple américain. Une nouvelle victoire pour The Juda Goats - The Enemy Within.

Le nationaliste américain Whitelaw Reid (en haut à droite) s'en prend aux "libre-échangistes britanniques" et aux "pharisiens" dans cette caricature de 1884. Le Premier ministre britannique Benjamin Disraeli (en haut à gauche) - un instrument de la dynastie bancaire Rothschild - a abandonné son opposition initiale au libre-échange et sous Disraeli (qui est mort en 1881), l'impérialisme britannique a atteint son apogée, l'empire "britannique" émergeant comme un fief Rothschild. Le président américain Woodrow Wilson (en médaillon), disciple de Disraeli *et du* libre-échange britannique, s'est efforcé de démanteler le nationalisme américain traditionnel, de sorte qu'il est (comme Disraeli) très admiré par les néoconservateurs sionistes modernes qui promeuvent le nouvel ordre mondial. Dans le cadre du programme impérial des Rothschild, les coloniaux britanniques (tels que ceux représentés ci-dessus, posant triomphalement avec un trophée) ont établi un bilan qui a conduit de nombreux habitants du "tiers monde" à sympathiser avec Adolf Hitler (à droite, avec un ami).

Bien qu'Hitler ait espéré forger une alliance avec la Grande-Bretagne contre la Russie soviétique, l'opposition juive a contrecarré ses plans, ce qui est ironique compte tenu du fait que *certains* éléments sionistes cherchaient en fait à s'attirer les faveurs d'Hitler parce que sa politique intérieure avait pour effet de stimuler l'immigration juive en Palestine.

S'agissait-il d'agneaux ou de boucs de Juda ?

Introduction à la cinquième partie
Deux grands noms, deux mauvais disques :
Que les pépites tombent où elles veulent

Les deux chapitres qui suivent sont de véritables études de cas de personnalités qui, tout en étant adulées par les conservateurs américains, agissaient en fait comme des agents de l'Ennemi intérieur.

Les deux personnalités en question sont considérées par beaucoup comme des "titans" du mouvement "conservateur" américain. Mais un examen attentif de leur parcours révèle malheureusement une histoire bien différente.

Il s'agit du sénateur de Caroline du Nord Jesse Helms et de l'ancien président de la Chambre des représentants Newt Gingrich.

Dans le cas du sénateur Helms, il semble qu'il ait été coopté, contraint de renier son attachement passé au nationalisme américain traditionnel.

Dans le cas de Newt Gingrich, il semble que Gingrich n'ait jamais été ce qu'il semblait être.

Dans les deux cas, cependant, les carrières des deux "géants" républicains du Congrès sont tristement parallèles.

CHAPITRE XXXI

La triste histoire de Jesse Helms : comment un patriote américain est devenu une chèvre de Juda pour l'Ennemi intérieur

Le "critique" américain le plus connu des Nations unies était-il vraiment un critique de l'organisation mondiale ? Le cas de l'ancien sénateur de Caroline du Nord, Jesse Helms, qui a longtemps été le favori de nombreux conservateurs américains, est peut-être le retournement de situation le plus étonnant pour un homme politique américain. Il s'agit d'une histoire révélatrice qui a évolué au fil des ans et qui a causé un grand désarroi chez de nombreux admirateurs de Helms. L'étonnant "ajustement" de Helms, non seulement vis-à-vis des Nations unies, mais aussi en ce qui concerne sa position sur la politique américaine au Moyen-Orient, montre comment même un nationaliste américain apparemment "pur et dur" peut basculer dans la direction opposée - clairement influencé par L'Ennemi intérieur.

Alors que, tout au long de la carrière de Helms, les médias ont rendu publiques les insultes échangées entre Helms et les groupes "sociaux" tels que les féministes, les avorteurs, les homosexuels, les opposants à la prière à l'école et d'autres minorités - Helms et ses détracteurs collectant des tonnes d'argent pour se battre les uns contre les autres - l'alliance inattendue de Helms avec l'élite ploutocratique reste largement méconnue.

Au début de sa carrière au Sénat, Helms était un critique féroce de l'aide étrangère, dont la plus grande partie allait, à l'époque comme aujourd'hui, à Israël. En conséquence, Helms était considéré comme "suspect" par le puissant lobby pro-israélien à Washington.

Puis, le 27 mars 1979, Helms s'est levé au Sénat pour déclarer que les accords de paix nouvellement signés entre Israël et l'Égypte ne protégeaient pas les intérêts des États-Unis.

Helms était le seul membre du Congrès à oser dire (publiquement) que la principale pierre d'achoppement sur la voie de la paix au Moyen-Orient était le refus d'Israël de renoncer au contrôle de la Cisjordanie occupée qu'Israël avait prise à la Jordanie lors de la guerre de 1967.

Helms était indubitablement la principale voix du Congrès en faveur d'une politique étrangère "America First" (l'Amérique d'abord). En 1982, Helms a même appelé à la rupture des relations diplomatiques avec Israël après son invasion sanglante du Liban.

Mais deux ans plus tard, en 1984, alors qu'il briguait un troisième mandat et que l'argent du lobby israélien coulait à flots dans les caisses de son adversaire démocrate, Helms a fait une étonnante volte-face : Il a choqué "la gauche et la droite" en appelant au transfert de l'ambassade américaine en Israël de Tel Aviv à Jérusalem. Il a également déclaré que les États-Unis devaient continuer à soutenir l'occupation israélienne de la Cisjordanie.

Il est évident que Helms a été coopté par le lobby israélien. De grands noms de l'élite pro-israélienne ont levé des fonds pour sa campagne, apparemment sous la direction du milliardaire sioniste des médias S. I. Newhouse, dont la famille a longtemps été un important mécène du lobby israélien et de groupes tels que , la Ligue anti-diffamation (ADL) du B'nai B'rith.

Un fait particulièrement troublant est que Helms avait accepté des fonds de campagne d'un homme d'affaires new-yorkais, Bob Jacobs, qui avait publiquement admis soutenir un groupe terroriste violent de type milice - la Ligue de défense juive (LDJ) - qui a été associé à de nombreux meurtres, attentats à la bombe et autres crimes.

Dans un article paru dans *The Village Voice* le 6 mai 1986, le journaliste juif américain Robert I. Friedman a décrit Jacobs comme l'un des "partisans les plus fanatiques" du rabbin Meir Kahane, fondateur de la LDJ, assassiné depuis lors, et a révélé ce qui suit :

> Jacobs aurait donné 20 000 dollars à Kahane pour sa campagne à la Knesset en 1984 et a collecté des fonds pour le compte de terroristes juifs condamnés en Israël. Jacobs a également collecté des fonds pour son ami proche, le sénateur de Caroline du Nord Jesse Helms, qui a effectué son premier voyage en Terre Sainte avec Jacobs [au cours de l'été 1985].

L'un des protégés de Kahane, Victor Vancier, chef de la LDJ de New York, a déclaré au journaliste Friedman lors d'une interview que l'ami proche de Helms, Jacobs, "a dit que la LDJ devrait frapper les Arabes américains et les Juifs de gauche, en particulier les journalistes, qui soutiennent l'OLP. C'est ce que [le fondateur de la LDJ, Kahane] lui a dit être la priorité de la LDJ".

C'est précisément grâce au soutien critique de personnes comme Jacobs et le milliardaire sioniste et roi des médias Newhouse - qui serait intervenu en faveur de Helms et aurait exhorté les autres partisans d'Israël à financer Helms ou à cesser de financer son adversaire démocrate - que Helms a été réélu en 1984.

Le lobby israélien ayant réussi à battre le sénateur Charles Percy (RIll.), qui était - contrairement à Helms - un critique inflexible d'Israël, Helms a succédé à Percy en tant que président GOP de la commission sénatoriale des relations étrangères et a rapidement démontré sa fidélité à ses nouveaux alliés.

En 1985, Helms a publiquement soutenu la poursuite de l'occupation militaire israélienne des terres arabes, affirmant de manière remarquable que l'occupation israélienne n'était pas "une question au cœur du conflit israélo-arabe".

Helms a également joué un rôle inhabituel dans une série de circonstances qui ont conduit à la prise de contrôle du géant des médias CBS par un consortium de "nouveaux riches", manipulateurs financiers pro-israéliens purs et durs.

Le Spotlight a été le seul journal américain à raconter l'histoire complète de la prétendue tentative de Helms d'acheter CBS et d'en faire une chaîne de télévision conservatrice. Helms avait lancé un appel aux conservateurs pour qu'ils se rassemblent afin d'acheter le contrôle de CBS, en affirmant que cela permettrait à d'échapper au parti pris libéral de la chaîne. Cela sonnait bien, mais la vérité était qu'une prise de contrôle réussie par Helms aurait nécessité un trésor de guerre de quelque 5 milliards de dollars.

Pourtant, dans le sillage de la campagne de Helms, la valeur des actions de CBS a grimpé de plus de 30 %. Le milliardaire sioniste Ivan Boesky, spéculateur boursier, qui s'est procuré une participation substantielle dans les actions de CBS, a réalisé d'énormes profits. En fait, Boesky faisait partie d'un consortium de milliardaires pro-israéliens dirigé par Lawrence Tisch, qui a finalement pris le contrôle de la chaîne.

Selon les sources de *Spotlight* à Wall Street, la campagne de Helms avait effectivement "détourné l'attention" de la direction de CBS et préparé le terrain pour que le consortium Tisch s'empare de la chaîne. Et aujourd'hui, bien sûr, CBS reste aussi libérale que jamais.

En 1996, Helms a de nouveau étonné nombre de ses partisans de longue date en écrivant un article pour le numéro de septembre/octobre 1996 de *Foreign Affairs*, la revue du Council on Foreign Relations, le groupe de pression internationaliste, dans lequel il parlait de la "réforme" des Nations unies, acceptant de fait le rôle de l'ONU dans les affaires américaines - un autre retournement de situation en effet.

L'évolution politique de Helms - que certains pourraient qualifier de "révolution" - s'est poursuivie. En 2000, deux ans avant sa retraite, Helms a prononcé un discours enflammé devant le Conseil de sécurité des Nations unies, critiquant l'ONU. Les journaux "conservateurs" ont acclamé Helms.

Mais une fois de plus, il y avait plus dans l'histoire que les journaux conservateurs préféraient ne pas mentionner. En fait, le discours de Helms faisait partie d'un plan soigneusement orchestré par les services de l'ONU du président Bill Clinton.

L'ambassadeur Richard Holbrooke a été chargé de détourner les critiques de l'ONU au cours de l'année électorale. Et comme Holbrooke était membre non seulement du groupe de pouvoir internationaliste connu sous le nom de Bilderberg, mais aussi du Council on Foreign Relations (CFR) et de la Commission trilatérale, son plan était clairement dirigé et approuvé au plus haut niveau.

Le 3 février 2000, dans le *Washington Post*, le chroniqueur Jim Hoagland, collègue de M. Holbrooke au sein des Bilderberger, a révélé les dessous de l'affaire.

Les fans de Helms qui ont lu la chronique se sont sentis dégoûtés.

Commentant que " [le commentateur populiste et candidat à l'élection présidentielle] Pat Buchanan et son cynisme alarmiste " ne suscitaient que peu d'intérêt, il a déclaré : " [L]es propos de Pat Buchanan ne sont pas très intéressants ".

M. Hoagland a déclaré que l'intervention de M. Helms à l'ONU était "un baromètre important du changement" et a révélé que c'était M. Holbrooke qui avait invité M. Helms à s'exprimer.

Se moquant du fait que "le sénateur républicain ultraconservateur a aboyé comme on pouvait s'y attendre sur les lacunes de l'ONU", Hoagland a lâché la véritable bombe : que Helms avait "discrètement proposé un dialogue continu pour chercher à améliorer les relations entre les Etats-Unis et l'ONU". Hoagland a ajouté que "l'apparition très médiatisée" de Helms avait été "organisée par Holbrooke pour souligner la nécessité du bipartisme dans la politique américaine à l'égard des Nations unies et pour protéger les relations des fusillades de l'année électorale".

Tout cet exercice n'était qu'une mascarade destinée à assurer aux conservateurs qu'il existe encore des "critiques de l'ONU" au sein du GOP ; qu'il n'était pas nécessaire de se tourner vers Pat Buchanan qui menait une campagne présidentielle dans laquelle il déclarait vouloir "sortir les États-Unis de l'ONU et l'ONU des États-Unis".

L'entreprise la plus étonnante de Helms, qui laisse entrevoir l'abandon de la souveraineté américaine et la fusion apparente des gouvernements des États-Unis et du Mexique, a peut-être eu lieu en 2001.

Du 17 au 19 avril 2001, Helms a emmené avec lui l'ensemble de la commission sénatoriale des affaires étrangères (qu'il présidait) pour un voyage au Mexique. La visite a été qualifiée de "chaleureuse" et de "sans précédent" par les médias d'élite, et Helms a "réévalué" son attitude critique à l'égard du régime notoirement corrompu et infesté par l'argent de la drogue.

Si les grands journaux tels que *le Washington Post* et le *New York Times* ont bien couvert le voyage de Helms dans les jours qui l'ont précédé, la couverture médiatique s'est étrangement interrompue pendant le voyage lui-même. Ni le *Post* ni le *Times* (qui se qualifie lui-même de "journal de référence") n'ont fourni de couverture sur place du séjour de Helms au Mexique ou de ce qui s'y est passé. C'est comme si les médias avaient imposé un black-out sur ce que Helms et les législateurs américains avaient dit et fait en compagnie de leurs collègues du sud de la frontière.

En réalité, voici ce qui s'est passé : Helms a pris l'initiative sans précédent de convoquer une réunion conjointe au Mexique entre la commission sénatoriale des affaires étrangères et son homologue du Sénat mexicain.

Le Washington Times a rapporté le 4 avril que Helms lui-même s'était vanté de l'imminence de la session, déclarant : "Ce sera, à ma connaissance, la première fois dans l'histoire qu'une commission du Congrès des États-Unis tient une réunion conjointe sur un sol étranger avec une commission du congrès ou du parlement d'un autre pays."

Le sénateur libéral Christopher Dodd (D-Conn.), membre du groupe d'élite Bilderberg et qui a siégé avec Helms à la commission des affaires étrangères, a salué l'initiative de ce dernier : "C'est une façon passionnante de commencer le 21e siècle, d'essayer de tendre la main et d'établir des liens plus étroits avec ces démocraties émergentes plus fortes."

Alors que l'observateur moyen, peut-être naïf, pourrait considérer l'action de Helms comme rien de plus qu'un acte symbolique d'amitié, il y avait beaucoup plus à faire dans les coulisses. Un examen attentif des faits (et de l'histoire) entourant l'aventure mexicaine de Helms brosse un tableau plus inquiétant. La presse d'élite a rapporté que Marc Theiessen, porte-parole de la commission sénatoriale des affaires étrangères, avait déclaré que la visite de Helms au Mexique s'inspirait du précédent voyage de Helms aux Nations unies.

Quoi qu'il en soit, le rôle inattendu de Helms en tant que meneur de jeu efficace de la mondialisation a commencé à être salué par les médias de l'élite. Un porte-parole du Council on Foreign Relations (CFR) a publiquement reconnu, dans un commentaire publié dans le numéro du 22 avril 2001 du *New York Times*, que Helms s'était désormais imposé comme un acteur clé du processus.

Walter Russell Mead, décrit comme un "senior fellow" du CFR, a écrit un article remarquable expliquant aux lecteurs du *Times* "Pourquoi le monde est meilleur pour Jesse Helms".

Qualifiant Jesse Helms d'"homme que les internationalistes américains adorent détester" et notant avec ironie que "détester Jesse Helms reste un sport de salon à Georgetown, Cambridge et Manhattan", l'homme du CFR a fait le commentaire révélateur suivant : "une vision plus longue de l'histoire américaine démontrerait que Jesse Helms est un élément nécessaire du processus : s'il n'existait pas, l'Amérique devrait l'inventer".

Mead a cité le professeur Douglas Brinkley du Centre Eisenhower de l'Université de la Nouvelle-Orléans, qui a déclaré que si Helms "respecte sa ligne dure" (c'est-à-dire ses partisans populistes dans tout le pays), il "est prêt à explorer les possibilités centristes". C'est ce qui le rend si important pour le processus de politique étrangère".

Ce n'est pas une coïncidence si le nouveau fan de Helms, Brinkley, était au centre Eisenhower, nommé d'après le président du GOP qui a coupé le parti républicain de ses ancrages nationalistes traditionnels après avoir servi de "candidat de blocage" à l'élite mondiale pour empêcher le sénateur Robert Taft (R-Ohio) de remporter l'investiture du GOP pour la présidentielle de 1952.

Si l'analyste du CFR reconnaît que Helms "parle au nom des dizaines de millions d'Américains qui ne font pas confiance à l'establishment de la politique étrangère", il poursuit en déclarant que Helms "ouvre également la porte à un véritable consensus national autour d'objectifs importants en matière de politique étrangère". En utilisant le terme "consensus", l'analyste du CFR voulait dire que la nouvelle position de Helms contribuait à estomper les différences entre une politique étrangère nationaliste et une politique étrangère internationaliste, la position nationaliste se rapprochant davantage de l'internationalisme.

Ainsi, des nationalistes bien connus comme Helms deviennent les outils des internationalistes pour briser l'opposition populiste à la mondialisation. En d'autres termes, les patriotes étaient censés penser : "Si Jesse est d'accord, cela doit être bon pour l'Amérique". Mead, membre de la CFR, a décrit le rôle que jouait Helms dans ce processus :

> Ce rôle d'intermédiaire entre une opinion publique sceptique et une élite internationaliste insistante est l'un des plus importants de la politique étrangère américaine. C'est le rôle qu'a joué le sénateur [Arthur] Vandenberg [R-Mich.] dans les années 1940.

Mead n'a pas mentionné que Vandenberg, autrefois un des principaux critiques nationalistes de l'interventionnisme mondialiste de Franklin

Roosevelt, a en fait été victime d'une intrigue menée par trois agents des services secrets britanniques qui ont joué sur le fait que Vandenberg était un coureur de jupons à la Bill Clinton pour l'inciter à changer d'avis, amenant le sénateur du Michigan à soutenir pleinement l'internationalisme.

La raison pour laquelle Helms s'est inspiré de Vandenberg est peut-être l'un des grands mystères de notre époque. Le revirement drastique de Helms, qui est passé du statut de principal critique de l'impérialisme israélien au Sénat à celui de principal porteur d'eau du lobby israélien au Sénat, est un scénario qui reste également sujet à spéculation.

La dure vérité est que, quelle que soit la qualité de la rhétorique de Helms sur un grand nombre de questions, à plus grande échelle, le sénateur de Tarheel, autrefois fiable, était devenu un atout précieux dans la quête d'un nouvel ordre mondial.

Les volte-face politiques de Helms reflétaient à bien des égards la disparition même du républicanisme traditionnel et, à la fin de sa carrière, on pouvait dire que l'ancien titan du nationalisme américain n'avait pas seulement été influencé par L'Ennemi intérieur, mais qu'il était en fait devenu l'un des ennemis de l'Ennemi intérieur.

CHAPITRE XXXII

Un bouc de Juda depuis le début : Newt Gingrich : La voix d'un conservatisme corrompu - Le favori républicain de L'Ennemi intérieur

Une exclusivité publiée en première page du numéro du 28 janvier 1985 de *The Spotlight* a révélé - à la grande consternation de nombreux "conservateurs" autoproclamés - que Newt Gingrich, membre du Congrès de Géorgie, alors un "backbencher" peu connu de la Chambre des représentants, était le cerveau d'une clique de républicains internationalistes qui s'efforçaient de mettre au rebut la position nationaliste historique du GOP dans l'élaboration de la politique étrangère.

Malheureusement, cet effort honnête pour exposer le penchant internationaliste de Gingrich a été accueilli avec un mélange d'indignation et de mépris par de nombreux conservateurs qui ont été trompés par les grands médias et ont suivi la marque particulière de "leadership" du membre du Congrès de Géorgie.

Le Spotlight a révélé que Gingrich, ainsi que plusieurs autres républicains de la Chambre des représentants (les députés Vin Weber [Minn.], Connie Mack [Fla.] et Robert Walker [Pa.]) avaient participé à une réunion secrète avec Donald Graham, éditeur du *Washington Post*, et Meg Greenfield, rédactrice en chef de la page éditoriale du *Post*.

Gingrich et ses collègues législateurs du GOP s'étaient surnommés la "Conservative Opportunity Society" (COS), alors que leurs détracteurs les appelaient la "Conservative Opportunists" Society" (Société des "opportunistes" conservateurs).

Lors de cette réunion, rapporte *The Spotlight*, Gingrich et ses collègues ont effectivement accepté de travailler à la refonte de l'aile dite "conservatrice" du parti républicain et d'user de leur influence pour faire basculer le GOP dans le camp internationaliste.

En contrepartie, les dirigeants du *Post* ont accepté d'accorder à Gingrich et à ses collègues une large publicité favorable dans les pages de leur quotidien influent dans la capitale nationale. Jusqu'alors, Gingrich et ses collègues avaient été relégués par les médias au rang d'"arrière-ban", parfois même dépeints comme des "extrémistes" et des "fauteurs de troubles".

Gingrich et ses collègues ont déclaré au *Post* qu'ils se prononceraient en faveur de sanctions économiques contre le régime anticommuniste et pro-américain d'Afrique du Sud. Il s'agit bien entendu d'un revirement à 180 degrés par rapport à la position traditionnelle des "conservateurs", qui soutiennent l'Afrique du Sud et s'opposent aux sanctions.

En peu de temps, ils ont effectivement appelé à des sanctions, ce qui a amené le chroniqueur Pat Buchanan à déclarer que Gingrich et compagnie étaient des "renégats" coupables de "poignarder l'Afrique du Sud dans le dos". En adoptant cette nouvelle position, Gingrich et sa clique du COS se sont effectivement ralliés aux internationalistes libéraux du Congrès qui mènent la guerre contre l'Afrique du Sud depuis des décennies.

Peu après, le *Washington Post* a publié un profil élogieux de Gingrich. Cette publication a ouvert la voie à de nombreux autres articles de ce type, destinés à promouvoir Gingrich et à le placer en bonne position pour son élection finale au poste de "House Minority Whip" (deuxième position dans la hiérarchie du GOP).

Puis, au grand scandale des républicains nationalistes, Vin Weber, collègue de Gingrich au COS, a rédigé une tribune dans le *Post* (jamais autorisé comme forum pour les conservateurs du GOP), appelant le GOP à devenir "le nouveau parti internationaliste de l'Amérique".

En fin de compte, l'exclusivité mondiale de *The Spotlight* sur la réunion secrète entre Gingrich et le *Post* a été confirmée par le *Post* lui-même, mais seulement après que Gingrich ait atteint une position d'influence. En bref, la "théorie de la conspiration" de *The Spotlight* - comme certains l'ont appelée - s'est avérée ne pas être une "théorie de la conspiration", mais un fait.

Comme l'a souligné *The Spotlight*, Gingrich est lui-même un internationaliste convaincu, reconnu comme tel par le mouvement autoproclamé du "nouvel âge". Une revue internationaliste, *New Options*, a même salué Gingrich comme un législateur "mondialement responsable".

Conformément à son orientation, Gingrich a rejoint en 1983 le député Albert Gore Jr. (D-Tenn.), futur vice-président, en présentant un projet de loi visant à "conseiller le président sur les "tendances critiques et les futurs alternatifs"" - un effort annoncé par un journal bien connu de défense d'un "monde unique", *Leading Edge*.

Tout cela ne devrait cependant pas surprendre les observateurs de longue date de Gingrich. En 1968, alors que Ronald Reagan, alors gouverneur de Californie, et Richard Nixon se disputaient le soutien des "conservateurs" dans leurs candidatures respectives à l'investiture présidentielle du GOP, Gingrich a choisi de s'engager comme coordinateur régional pour le Sud-Est de l'un de leurs adversaires, le gouverneur de New York Nelson Rockefeller. Plus tard, avant son élection au Congrès, Gingrich a enseigné à l'université Emory d'Atlanta (Géorgie), financée par Rockefeller, un avant-poste de l'empire Rockefeller.

La réalité de ce que Gingrich représente vraiment est reflétée par son rôle critique dans l'adoption de l'ALENA par le Congrès. Gingrich a presque à lui seul assuré l'adoption de l'Accord de libre-échange nord-américain (ALENA), destructeur de souveraineté et exportateur d'emplois. Il a rallié les votes du GOP nécessaires à l'adoption de l'ALENA, offrant ainsi une victoire à son collègue du Council on Foreign Relations, financé par Rockefeller, le président Bill Clinton.

Le 3 septembre 1995, *le Washington Post* a assuré à ses lecteurs que Gingrich allait bien, malgré les nombreuses critiques publiques de certains libéraux à son égard. *Le Post* s'est empressé de prendre la défense du nouveau président de la Chambre des représentants et a souligné dans un titre que "pour l'ultra-droite, Gingrich n'est qu'un outil du complot du gouvernement mondial". *Le Post* a déclaré que "quiconque jette un coup d'œil à *The Spotlight*, le journal hebdomadaire du Lobby de la Liberté, une organisation d'extrême droite , sait que... Gingrich est loin d'être le leader de leur mouvement ; à leurs yeux, il travaille activement à le subvertir". (Le *Post* s'est toutefois bien gardé de mentionner que c'est *The Spotlight* qui a été le premier à dénoncer l'accord secret entre Gingrich et le *Post*). Selon le commentaire sarcastique et peu factuel du *Post*, "les paranoïaques sont convaincus que le Géorgien est de mèche avec le président Clinton, les Rockefeller, les francs-maçons, le Council on Foreign Relations et l'ensemble de l'establishment oriental pour abroger la Constitution et forger un nouvel ordre mondial sous la coupe des banquiers centraux juifs et des Nations unies".

Le *Post* a conclu : "Il est important que les faiseurs d'opinion nationaux comprennent le fossé qui sépare la plupart des républicains de la Chambre des représentants de la droite démente. Gingrich et sa révolution au sein du GOP peuvent être controversés et provocateurs, mais ils ne sont pas à l'origine d'un extrémisme violent".

En ce qui concerne Vin Weber, ami proche de Gingrich et collègue républicain à la Chambre des représentants, ce dernier a été contraint d'abandonner une carrière prometteuse à la Chambre des représentants après avoir été pris en flagrant délit dans le scandale des chèques de la Chambre des représentants.

Bien qu'il ait consacré beaucoup de temps et d'énergie à promouvoir les exigences du lobby pro-israélien, notamment en s'efforçant de perturber les efforts visant à forcer le Congrès à mener une enquête sur l'attaque navale et aérienne non provoquée lancée par Israël le 7 juin 1967 contre l'*U.S.S. Liberty*, qui naviguait pacifiquement en Méditerranée et qui a causé la mort de 34 Américains et en a blessé 171 autres, les méfaits financiers de M. Weber l'ont rattrapé.

Il va sans dire que Weber a bénéficié d'un important financement de campagne de la part d'éléments pro-israéliens en contrepartie de ses efforts. Cependant, après le départ de Weber du Congrès, ses amis de l'élite sioniste ont assuré sa sécurité financière future. Weber a été nommé au prestigieux groupe mondialiste, le Council on Foreign Relations, et a ensuite été nommé par le président George W. Bush à la tête de la National Endowment for Democracy (Fondation nationale pour la démocratie), une institution promouvant la "démocratie mondiale", qui fait partie de l'agenda néoconservateur.

Gingrich lui-même a abandonné son siège au Congrès au milieu du tollé provoqué par la liaison du président Bill Clinton avec la stagiaire de la Maison Blanche Monica Lewinsky. Comme il a été révélé par la suite que Gingrich avait eu une liaison extraconjugale dans le dos de sa seconde épouse, Marianne, beaucoup ont supposé que la liaison de Gingrich (et la possibilité qu'elle devienne un enjeu politique dans la lutte acharnée pour tenter de chasser Clinton de son poste) était la raison pour laquelle il a quitté son poste, peut-être convaincu par ses collègues républicains que c'était la meilleure solution pour le parti. Il a ensuite épousé sa maîtresse, qui était chanteuse dans une chorale d'église pendant sa liaison avec le leader du GOP.

En outre, il convient de souligner que pendant que M. Gingrich était occupé au Capitole à défendre les intérêts israéliens, son épouse de l'époque, Marianne, était salariée d'un groupe connu sous le nom d'Israel Export Development Company (IEDCO), qui défendait les intérêts financiers d'Israël dans le cadre d'accords commerciaux lucratifs avec les États-Unis. En fait, il semble que l'accord lucratif de Mme Gingrich avec l'IEDCO ait été rompu en août 1994 après qu'elle et son mari se soient rendus en Israël aux frais de l'American Israel Public Affairs Committee, un lobby étranger en faveur d'Israël.

Bien qu'elle perçoive un salaire mensuel de 2 500 dollars, plus des "commissions", Mme Gingrich a refusé de divulguer le montant de ces "commissions". Et bien que Mme Gingrich ait répondu aux critiques concernant sa situation avantageuse que "si je devais recevoir des pots-de-vin politiques, ce ne serait pas pour la somme d'argent que je gagne", le fait est que le chiffre annuel de 30 000 dollars est précisément le genre de chiffres que l'on voit souvent liés à des pots-de-vin politiques. Ce qui est intéressant, c'est que le président d'IEDCO, Larry Silverstein, a admis au *Wall Street Journal* que M. Gingrich était l'un des nombreux membres du Congrès qui ont fait l'objet de pressions pour soutenir la proposition de son entreprise.

Bien que les liens de sa femme avec Israël constituent manifestement un conflit d'intérêts flagrant pour Newt Gingrich, les amis haut placés du membre du Congrès n'y voient aucun problème, puisque "notre allié Israël" est impliqué. Imaginez le tollé si Mme Gingrich avait travaillé pour des intérêts arabes !

Aujourd'hui, Gingrich continue de faire du bruit au nom d'Israël et on dit qu'il se prépare à une future course à la présidence, en dépit de ses scandales passés. Il se présente même - et les médias l'aident à le faire - comme un défenseur de la "réforme", malgré ses antécédents de corruption.

En fin de compte, Gingrich n'est pas seulement le porte-parole de l'Ennemi intérieur. Il constitue un ennemi intérieur en soi.

Il est un exemple classique de la manière dont les grands médias ont créé et promu un politicien sans vergogne et assoiffé de pouvoir, dont la loyauté ne va manifestement pas aux intérêts du peuple américain - en dépit de sa rhétorique - mais plutôt aux forces ploutocratiques de l'élite sioniste et mondialiste. Les Américains feraient bien de rejeter Gingrich aujourd'hui et à l'avenir.

Cette caricature de 1849, intitulée "Le prêteur broyant des épées", est un coup de gueule contre les profits de guerre de la dynastie Rothschild (et, pour être juste envers les Rothschild, d'autres maisons bancaires juives) qui prêtait l'argent (souvent aux deux camps) qui fournissait aux têtes couronnées d'Europe les fonds nécessaires pour mener des guerres apparemment sans fin contre des royaumes rivaux (souvent gouvernés par des membres de leur propre famille). À l'arrière-plan, un personnage ressemblant à un rat (sans doute un agent de Rothschild) chuchote à l'oreille d'un roi souriant portant une couronne, probablement pour le "conseiller" sur la nécessité de mener une future guerre. Profitant de l'effusion de sang, les Rothschild ont constitué la plus gigantesque fortune du monde qui, à son tour, a alimenté d'autres grandes fortunes familiales sionistes. Ces élites ploutocratiques alliées - qui profitent toujours de la guerre - utilisent tous les moyens à leur disposition pour détruire ceux qui s'opposent à elles et pour promouvoir ceux qui leur obéissent.

Une histoire plus récente se déroule...

Introduction à la partie VI

DES ÉVÉNEMENTS EXPLOSIFS...

Dans les pages qui précèdent, nous avons exploré une vaste histoire d'intrigues peu glorieuses qui s'étendent à de nombreux endroits. Le moins que l'on puisse dire, c'est que nous avons couvert beaucoup de terrain.

Dans les chapitres suivants, cependant, nous entrerons dans les détails, décrivant les activités des Boucs de Juda et de l'Ennemi intérieur qui ont été intimement liées à certains des événements les plus dévastateurs - de véritables holocaustes, selon toute définition - qui aient jamais eu lieu sur le sol américain.

De la première attaque contre le World Trade Center à l'étrange tragédie de Waco, en passant par l'horrible attentat à la bombe d'Oklahoma City, nous verrons précisément à quel point le rôle des boucs de Juda a été étendu (et pourtant toujours caché), même dans certains des événements les plus médiatisés de notre époque.

CHAPITRE XXXIII

Le lien entre le FBI, l'ADL et le Mossad lors du premier attentat contre le World Trade Center : L'histoire méconnue (et effrayante)

Ce n'est probablement pas une coïncidence si un ancien fonctionnaire du FBI qui a contribué à dissimuler les liens entre le Mossad et le premier attentat à la bombe contre le World Trade Center en 1993 - ainsi que la connaissance préalable par le FBI de la planification du crime - a ensuite été nommé, pour une brève période, chef de la tristement célèbre division de "recherche des faits" (espionnage) de la Ligue anti-diffamation (ADL) du B'nai B'rith.

Neil Herman, vétéran du FBI depuis 27 ans, a succédé à Gail Gans, nommée à ce poste à la suite du décès d'Irwin Suall, maître espion de longue date de l'ADL. Ancien chef de la Joint Terrorist Task Force du FBI, Herman a non seulement joué un rôle clé dans l'"enquête" sur le World Trade Center, mais il a également supervisé l'enquête tout aussi suspecte du FBI sur l'écrasement du vol 800 de la TWA au large de Long Island, le 16 juillet 1997.

Le fait qu'un fonctionnaire chevronné du FBI occupe un poste clé au sein de l'ADL est un signe inquiétant que les relations secrètes de longue date entre le FBI et l'ADL, nouées dans les années qui ont précédé la Seconde Guerre mondiale, sont désormais "rendues publiques" avec vigueur.

En tant que chef espion de l'ADL, Herman a été en mesure de fournir à l'ADL des contacts beaucoup plus étendus que jamais au sein du FBI et de la communauté du renseignement, mais, curieusement, il n'est pas resté longtemps à ce poste.

En effet, peu après l'annonce de sa nomination dans la presse new-yorkaise, Herman semble avoir disparu des écrans radars et, aujourd'hui encore, on trouve très peu d'informations à son sujet sur Internet. Mark Pitcavage lui a succédé au poste de chef des opérations d'espionnage.

Il est bien sûr possible de spéculer sur les raisons qui l'ont poussé à quitter si rapidement le domaine de l'ADL - s'il l'a fait - mais le fait est que Herman, positionné comme il l'était dans l'enquête sur le premier attentat contre le World Trade Center, a clairement participé à la dissimulation de la connexion israélienne peu connue et rarement commentée avec la première tentative d'effondrement des tours jumelles qui sont finalement tombées le 11 septembre 2001.

Voici les faits concernant le lien entre le Mossad et la tragédie, révélés pour la première fois par le journaliste d'investigation Robert I. Friedman dans un article paru le 3 août 1993 dans *The Village Voice*, un hebdomadaire new-yorkais indépendant et de gauche qui a parfois osé critiquer Israël.

Friedman a rapporté qu'Ahmad Ajaj, un Palestinien de Cisjordanie âgé de 27 ans, détenu au niveau fédéral pour avoir comploté l'attentat à la bombe contre le World Trade Center, pourrait avoir été une taupe du Mossad, selon les propres sources de renseignement israéliennes de Friedman.

Ajaj a été arrêté à l'aéroport Kennedy le 1er septembre 1992, après que ait appris qu'il était arrivé sur un vol international pakistanais en provenance de Peshawar, muni d'un faux passeport suédois et de manuels de fabrication de bombes. Il a été placé en garde à vue et a ensuite plaidé coupable d'être entré illégalement dans le pays. Le compagnon de voyage d'Ajaj était Ramzi Ahmed Yousef, un Irakien qui, selon des sources policières, est un "acteur clé" de l'attentat à la bombe contre le World Trade Center.

Bien que le FBI ait identifié Ajaj comme un terroriste de haut rang de l'Intifada, ayant des liens avec le Hamas, l'organisation fondamentaliste islamique palestinienne, *Kol Ha'ir*, un hebdomadaire respecté de langue hébraïque publié à Jérusalem, a déclaré qu'Ajaj n'avait jamais été impliqué dans les activités de l'Intifada ou avec le Hamas ou même l'Organisation de libération de la Palestine.

Au lieu de cela, selon *Kol Ha'ir*, Ajaj était en fait un petit escroc arrêté en 1988 pour avoir contrefait des dollars américains à partir d'une base à Jérusalem-Est. Ajaj a été reconnu coupable des accusations de contrefaçon et condamné à deux ans et demi de prison.

Selon Friedman, qui écrit dans *The Village Voice* : "C'est pendant son séjour en prison que le Mossad, la CIA israélienne, l'a apparemment recruté, affirment des sources des services de renseignement israéliens. Lorsqu'il a été libéré après avoir purgé une peine d'un an seulement, il avait apparemment subi une transformation radicale". Friedman rapporte qu'Ajaj était soudainement devenu un musulman fervent et un nationaliste pur et dur. Ensuite, Ajaj a été arrêté pour contrebande d'armes en Cisjordanie, soi-disant pour El Fatah, une faction de l'OLP.

Mais Friedman affirme qu'il s'agissait en fait d'une imposture. Les sources de Friedman au sein des services secrets israéliens affirment que l'arrestation et l'expulsion ultérieure d'Ajaj ont été "mises en scène par le Mossad pour établir ses références en tant qu'activiste de l'Intifada".

Le Mossad aurait "chargé" Ajaj d'infiltrer des groupes palestiniens radicaux opérant en dehors d'Israël et de faire rapport à Tel-Aviv. Les services de renseignement israéliens affirment qu'il n'est pas rare que le Mossad recrute dans les rangs de criminels de droit commun".

Après son "expulsion" d'Israël, Ajaj est apparu au Pakistan, où il s'est retrouvé en compagnie des rebelles antisoviétiques Mujihideen en Afghanistan.

En effet, selon le *Covert Action Information Bulletin* (septembre 1987), les lignes de financement et d'approvisionnement des moudjahidines n'étaient pas seulement "la deuxième plus grande opération secrète" de l'histoire de la CIA, mais elles étaient aussi, selon l'ancien agent du Mossad Victor Ostrovsky (qui écrit dans *The Other Side of Deception*), sous la supervision directe du Mossad.

Selon Ostrovsky : "Il s'agissait d'une filière complexe, car une grande partie des armes des moudjahidines étaient de fabrication américaine et étaient fournies aux Frères musulmans directement par Israël, en utilisant comme porteurs les nomades bédouins qui parcouraient les zones démilitarisées du Sinaï."

Après les aventures d'Ajaj avec les Moudjahidin, il est apparu à New York et a prétendu se lier d'amitié avec les membres d'une petite clique dite "radicale" entourant le cheikh Abdel-Rahman, accusé d'être le cerveau de l'attentat à la bombe contre le World Trade Center.

Le 26 février 1993, le jour même de l'attentat à la bombe contre le World Trade Center, Ajaj était "en sécurité" dans une prison fédérale où il purgeait une peine de six mois pour être entré dans le pays avec un faux passeport. Plus tard, il a été inculpé pour conspiration dans l'attentat du WTC.

Selon Robert Friedman, "si Ajaj *a été* recruté par le Mossad [souligné par Freidman], on ne sait pas s'il a continué à travailler pour l'agence d'espionnage israélienne après son expulsion. Une possibilité, bien sûr, est qu'en quittant Israël et en rencontrant des musulmans radicaux proches du cheikh égyptien aveugle, il ait changé de loyauté".

Cependant, Friedman a également fait état d'une autre possibilité effrayante : "Un autre scénario est qu'il avait une connaissance préalable de l'attentat à la bombe du World Trade Center, qu'il a partagée avec le Mossad, et que le Mossad, pour une raison quelconque, a gardé le secret pour lui. Si c'est le cas, les services de renseignement américains estiment que le Mossad a peut-être décidé de garder l'information secrète afin de ne pas compromettre son agent infiltré".

Friedman a innové avec ces révélations qui ont été ignorées par la presse traditionnelle.

Ce que Friedman n'a pas mentionné - et qui n'a été révélé que plus tard - c'est que l'exemplaire du tristement célèbre "Manuel d'entraînement terroriste d'Al-Qaïda" qui a fait l'objet d'une large publicité à la suite du deuxième attentat contre le World Trade Center le 11 septembre 2001 avait été découvert... en possession d'Ahmad Ajaj, l'informateur infiltré du Mossad dans le cadre du premier attentat contre le WTC. Ce point en dit long, bien plus que ce que nous pouvons aborder dans ces pages.

Cependant, l'histoire du premier attentat contre le WTC ne s'arrête pas là : Il s'avère également que le FBI lui-même avait son propre informateur infiltré dans le "complot de la bombe arabe" et qu'il n'a rien fait - je dis bien rien - pour empêcher la tragédie de se produire.

Les faits indiquent que le FBI disposait d'un informateur au sein de la soi-disant "cellule terroriste arabe" qui aurait pu représenter le Mossad israélien dans l'attentat à la bombe contre le World Trade Center. Bien que les Américains aient appris qu'un cheik arabe aveugle, Omar Abdel-Rahman, était le cerveau de l'attentat, ce qu'ils ignorent, c'est que l'un des gardes de sécurité du cheik, Emad A. Salem, était un informateur du FBI qui avait renseigné ce dernier, à l'avance, sur les détails du projet d'attentat à la bombe.

Le FBI a officiellement rompu ses contacts avec Salem sept mois avant l'attentat. Cependant, au lendemain de la tragédie, le FBI a repris ses relations avec Salem. Mais à cette époque, Salem, à l'insu du FBI, a commencé à enregistrer ses échanges avec son officier traitant.

Les conversations enregistrées de Salem ont confirmé que le FBI avait en fait une connaissance préalable approfondie du projet d'attentat à la bombe contre le World Trade Center. Les enregistrements indiquent que Salem avait dit au FBI qu'il saboterait le complot en remplaçant les composants explosifs de la bombe par une poudre inerte, après quoi le FBI pourrait intervenir et capturer les personnes impliquées dans le complot.

Dans son livre, *The Medusa File*, l'enquêteur Craig Roberts, officier de police chevronné de 26 ans et vétéran de la marine américaine au Viêt Nam, a décrit les paramètres de ce scandale scandaleux qui a été efficacement enterré par les médias grand public. Selon Roberts :

> Il semble que le FBI ait eu plus qu'un simple "informateur" au sein de la cellule terroriste de Rahman. Il s'agissait en fait d'un agent de renseignement égyptien nommé Emad Salem, qui rendait compte directement à son agent de contrôle du FBI, l'agent spécial John Anticev. Il s'avère que Salem avait été engagé pour infiltrer le

groupe de Rahman bien avant l'attentat, et qu'il rendait régulièrement compte des activités des radicaux, notamment de leurs projets d'attentats à la bombe dans la région de New York.

Ce que le FBI ignorait, c'est que Salem enregistrait ses conversations avec ses agents de contrôle. Les enregistrements racontent une histoire bien différente des versions officielles de l'"enquête". *Selon le New York Times*, qui a réussi à obtenir des transcriptions secrètes de certaines de ces conversations, le FBI savait à l'avance quand la bombe allait être posée, qui allait le faire, les noms de tous les membres de la cellule terroriste et où le camion avait été loué. Pire encore, un enregistrement va encore plus loin. Il semble que le FBI était non seulement au courant de la planification, mais qu'il a également aidé les poseurs de bombe à se procurer et à fabriquer la bombe !

Le plan initial du FBI prévoyait que l'informateur fournisse une substance non explosive étiquetée "nitrate d'ammonium", puis l'utilise pour fabriquer une "bombe" qui n'exploserait pas. Tout ce que le FBI devait démontrer au tribunal, c'était les éléments de la conspiration et de l'intention. Il s'agirait d'une opération d'infiltration classique et le FBI apparaîtrait dans les médias comme un héros, , ce qui lui permettrait de redorer son image ternie depuis la débâcle de Ruby Ridge, dans l'Idaho.

Au lieu d'arrêter les conspirateurs lorsqu'il a reçu des informations privilégiées sur la préparation de l'attentat à la bombe, le FBI a maintenu sa source en place et a continué à surveiller les progrès réalisés par les terroristes dans la planification et la préparation de leur objectif. Selon les transcriptions, le plan a été modifié et l'informateur a été chargé de fournir aux terroristes de vrais matériaux explosifs. Le raisonnement sous-jacent était peut-être simplement que la démonstration d'une "intention" pourrait ne pas suffire à établir un cas de terrorisme devant un tribunal, et que si de vrais explosifs étaient découverts, l'affaire s'établirait d'elle-même. Quelle qu'en soit la raison, le plan est passé à la deuxième étape : la fabrication de la bombe.

D'après les rapports et les transcriptions, Salem avait pour instruction non seulement de fournir les matériaux, mais aussi de donner des instructions et d'aider à la fabrication de la bombe elle-même... Dans [une] transcription, [Salem] a admis [à ses agents du FBI] qu'il avait utilisé des fonds publics pour se procurer les matériaux et fabriquer la bombe pour le groupe Rahman, comme il en avait reçu l'ordre.

Ces détails intéressants sur la première tragédie du World Trade Center donnent une image très différente de ce qui s'est passé, par rapport à ce que nous ont dit le FBI et leurs alliés de l'ADL. Il s'agit d'un autre profil peu glorieux de la manière dont l'Ennemi intérieur a opéré sur le sol américain, et qui, de toute évidence, soulève la question :

"Si les Israéliens étaient responsables du premier attentat contre le World Trade Center en 1993 - en utilisant des Arabes comme "faux drapeaux" - sont-ils revenus en 2001 pour finir le travail ?

Ne pariez pas contre.

CHAPITRE XXXIV

Le lien entre le FBI et l'ADL qui a provoqué l'holocauste à Waco

Le 16 avril 1993, trois jours seulement avant l'holocauste de l'église des Davidiens de Waco, au Texas, un des principaux partisans de l'Anti-Defamation League (ADL) du B'nai B'rith a révélé publiquement le rôle de l'ADL dans l'incitation à l'action du FBI/BATF à Waco, sans doute sans savoir, bien sûr, que la tragédie provoquée par l'ADL était à venir.

Dans un article signé, paru dans l'édition du 16 avril 1993 de *Heritage*, Herb Brin, l'éditeur de l'hebdomadaire juif basé en Californie du Sud (et très influent), a fait l'éloge du réseau de renseignements de l'ADL et a déclaré catégoriquement : "L'ADL n'a pas de réseau de renseignements :

> Les autorités américaines et texanes disposent de documents précis (provenant de l'ADL, bien entendu) sur la secte des Davidiens de Waco et sur la manière dont elle a fonctionné dans le passé.

En d'autres termes, c'est l'ADL qui "conseillait" le FBI et le BATF sur la manière de réagir face aux Davidiens et sur les mesures à prendre pour faire sortir les membres de l'église de l'enceinte.

Et à la lumière des relations entre le FBI, le BATF et l'ADL, il est évident que c'est la "documentation" de l'ADL - pour reprendre les termes de Brin - qui a conduit à l'holocauste.

L'étonnante révélation de Brin (ostensiblement conçue pour faire l'éloge des activités de l'ADL) a mis en lumière la vérité sur la propagande et la désinformation dirigées contre la secte religieuse malheureuse et assiégée des Davidiens. Bien entendu, les Davidiens ont été massacrés trois jours plus tard.

Malgré tout ce qui a été écrit sur Waco, la seule publication à avoir révélé le rôle de l'ADL (autre que le journal *Heritage* de Brin) a été *The Spotlight*, dans un rapport spécial publié le 17 mai 1993, peu de temps après l'holocauste de Waco.

Bien que le FBI et le BATF aient joué un rôle de premier plan dans le raid raté contre l'église de Branch Davidian à Waco, au Texas, avec la perte de plusieurs agents du BATF, le fait est que l'ADL était active dans les coulisses.

Même les documents publiés ultérieurement dans la presse dite "grand public" apportent des preuves supplémentaires de l'existence d'agences "extérieures", telles que l'ADL, qui poussaient le gouvernement à commettre l'holocauste de Waco.

Deux exemples notables me viennent à l'esprit, qui méritent d'être consignés dans le dossier officiel,

Tout d'abord, le 1er mai 1995, le *Washington Times* a publié un article de Dan Freedman des journaux Hearst qui révélait :

> Peter Smerick, principal analyste criminel du FBI et profileur de David Koresh, a rompu le silence pour accuser les responsables du bureau d'avoir fait pression sur lui pour qu'il modifie ses conseils sur la manière de résoudre la situation sans effusion de sang... [Il avait conseillé une approche prudente et non conflictuelle de Koresh dans quatre mémos rédigés depuis Waco à l'intention de hauts fonctionnaires du FBI entre le 3 et le 8 mars 1993. Mais, selon M. Smerick, il a subi des pressions venant d'en haut, alors qu'il rédigeait un cinquième mémo le 9 mars. En conséquence, ce mémo contenait des changements subtils de ton et d'accent qui équivalaient à une approbation d'une approche plus agressive à l'encontre des Branch Davidians.

Bien que Smerick ait d'abord hésité à pointer un doigt accusateur sur ses anciens supérieurs du FBI, il a changé d'avis, selon le rapport, "après avoir acquis la conviction que le processus traditionnellement indépendant de l'analyse criminelle du FBI avait été compromis à Waco".

Comme l'indiquent les preuves, c'est l'ADL, usant de son influence aux plus hauts niveaux du FBI, qui a provoqué la publication d'une analyse erronée et biaisée qui a abouti à la tragédie de Waco.

Toutefois, ce n'est que le 2 juillet 1995 qu'un article enterré dans la section opinion du *Washington Post* a révélé - au moins indirectement en partie - les détails de l'implication de groupes extérieurs, dont un en particulier ayant des liens étroits et de longue date avec l'ADL.

L'auteur de l'article en question était J. Gordon Melton, directeur de l'Institut pour l'étude de la religion américaine à Santa Barbara, en Californie, et auteur de l'*Encyclopédie des religions américaines*, qui fait autorité. Son co-auteur était Lawrence Criner, un journaliste.

Sous le titre "Ce que les auditions pourraient nous apprendre" figurait un sous-titre provocateur posant la question suivante : "Les autorités fédérales ont-elles écouté les mauvais 'experts' ?" - une question que Melton et

Criner estiment que les auditions du Congrès sur Waco, dont on a beaucoup parlé à l'époque, devraient aborder si l'enquête devait être complète. (En fait, cet aspect n'a pratiquement pas été pris en compte lors des examens très superficiels de l'affaire Waco qui ont été menés).

Ils ont souligné que certains membres du Congrès voulaient détourner l'attention de la vérité sur Waco vers le croque-mitaine "milice", tandis que d'autres, principalement des républicains, espéraient utiliser les auditions pour embarrasser l'administration démocrate de Clinton.

Melton et Crinter ont déclaré : "Il serait décevant que l'objectif de se perde dans les méandres de la politique américaine, d'autant plus que de nouvelles informations font surface sur ce qui s'est passé dans les coulisses avant que l'enceinte de Davidian ne soit incendiée". Voici la grande question, selon les auteurs : "Quelle était la justification exacte du siège, et qui a contribué à la mettre en place ?

Les auteurs ont examiné en détail le conflit au sein du FBI sur l'approche précise à adopter face aux Davidians, notant en particulier les problèmes rencontrés par Peter Smerick du FBI (mentionné ci-dessus) et le fait que les autorités n'ont pas essayé de comprendre la théologie religieuse de Koresh et l'impact qu'elle aurait sur l'impasse - une question que les auteurs considèrent comme un facteur majeur qui a été explicitement ignoré. Les auteurs poursuivent en suggérant que :

> Un autre domaine que les auditions devront explorer est celui des liens entre les forces de l'ordre et les "experts" extérieurs qui ont des intérêts en jeu. Dans le cas présent, le FBI avait été préparé à ce moment par le mouvement anti-sectes, dont les idéaux sont incarnés par le Cult Awareness Network (CAN) et l'American Family Foundation.
>
> Pendant des années, ces organisations ont présenté leur point de vue sur le contrôle et la manipulation de l'esprit à tous ceux qui voulaient bien les écouter, y compris au sein du FBI. L'accusation de préparation des sectes au suicide collectif fait partie intégrante de ce point de vue. Pendant Waco, le FBI s'est fortement appuyé sur un "livre blanc" rédigé sous couvert d'anonymat qui résumait ce point de vue. L'agent Jamar, lors des premières audiences du Congrès sur Waco, a souligné son "utilité" dans les semaines qui ont précédé l'incendie.
>
> Une autre personne qui a joué un rôle dans le drame des Davidiens est Rick Ross, qui figure dans le rapport officiel du gouvernement sur Waco en tant qu'"expert en matière de secte" et qui se décrit lui-même comme un "déprogrammeur". Ross a déclaré au FBI qu'il "aiderait volontiers les forces de l'ordre à détruire une secte".

Nancy Ammerman, professeur de sociologie à l'université Emory, dans son addendum au rapport du gouvernement, affirme que Ross était "étroitement lié au BATF et au FBI", fournissant à l'ATF le "nom d'un ancien membre dont il pensait qu'il détiendrait des informations stratégiques importantes". Ross a récemment déclaré dans une déposition qu'il "servait de liaison entre le BATF et David Block", un davidien qui s'est retourné contre le groupe lorsqu'il a été "déprogrammé" par Ross en 1992. Selon le rapport du Trésor, les informations fournies par Block ont été décisives dans la décision du BATF de prendre d'assaut le complexe davidien ( ) au lieu de délivrer un mandat selon la procédure habituelle. Personne ne semble s'être demandé si Block était un témoin objectif ou fiable.

Dean Kelley, conseiller sur la liberté religieuse auprès du Conseil national des églises, a écrit qu'il "[était] erroné d'insister sur le fait que le CAN n'avait pas contribué à l'animosité contre Koresh et ses adeptes, alors que Ross et d'autres opposants à la secte faisaient de leur mieux pour faire valoir leur point de vue sur le sujet auprès des autorités fédérales, des médias et de tous ceux qui voulaient bien les écouter".

À la lumière de l'orientation prise par le FBI, pourquoi les autorités fédérales ont-elles eu tendance à faire davantage confiance aux "experts en matière de sectes" qu'aux autorités accréditées en matière d'études religieuses ? Ces questions n'ont pas fait l'objet d'une enquête approfondie. Les auditions du Congrès, si elles doivent être utiles et révélatrices, doivent s'attacher à y répondre.

Le fait que les auteurs aient reconnu le rôle du Cult Awareness Network (CAN) et de l'American Family Foundation (AFF) est une dynamite politique qui aurait dû propulser le rôle moins connu de l'ADL à Waco sous les feux de la rampe.

Bien que les auteurs n'aient pas mentionné l'ADL nommément - mais il ne fait aucun doute qu'ils étaient conscients de son existence - le fait est que CAN et AFF entretenaient depuis longtemps des liens étroits avec l'ADL et partageaient même leurs bureaux avec l'ADL.

En 1974, un fonctionnaire de longue date de l'ADL, le rabbin Maurice Davis, a fondé Citizens Engaged in Reuniting Families (CERF), un front de déprogrammeurs qui a ensuite fusionné avec l'American Family Foundation et le Cult Awareness Network.

L'ADL a ensuite créé un centre anti-sectes à temps plein, installé au siège du B'nai B'rith à Washington, D.C. Le Cult Center du B'nai B'rith a tenu des bureaux communs avec le Cult Awareness Network. Le Cult Center du B'nai B'rith a tenu des bureaux communs avec le Cult Awareness Network.

L'ADL a ainsi établi des liens formels et permanents avec le FAF/CAN, qui perdurent encore aujourd'hui.

Et ce qui est d'autant plus intriguant au sujet du rabbin Davis - comme nous l'avons noté plus haut dans ces pages - ce sont les liens de longue date qu'il entretient avec les tristement célèbres expériences de manipulation mentale MK-ULTRA de la CIA, qui ont débuté dans les années 1950 et qui incluaient l'utilisation de LSD et d'autres drogues psychotropes.

Il est clair que les meurtres d'hommes, de femmes et d'enfants innocents à Waco sont directement imputables aux forces de l'ordre fédérales qui ont mené l'attaque. *Mais les preuves montrent que la main sale de l'ADL était à l'œuvre dans les coulisses.*

CHAPITRE XXXV

Les boucs de Juda à la parade : Andreas Strassmeir, Kirk Lyons et une série sordide d'autres ennemis internes liés à l'attentat d'Oklahoma City

S'il est une chose absolument certaine à propos de l'attentat d'Oklahoma City du 19 avril 1995, c'est bien celle-ci : des informateurs infiltrés - les boucs de Juda - entouraient l'auteur présumé de l'attentat, Timothy McVeigh, et étaient manifestement au courant de ses activités les plus clandestines.

L'ennemi intérieur - représenté par des groupes tels que l'Anti-Defamation League (ADL) et le Southern Poverty Law Center (SPLC) - ainsi que des agences de renseignement telles que la CIA, le FBI et le BATF, ont été étroitement associés à la surveillance (et à l'orientation) des activités de la poignée d'individus impliqués (mais pas nécessairement inculpés) dans l'attentat à la bombe d'Oklahoma.

Et, bien entendu, compte tenu du rôle de l'ADL dans cette affaire, il est également exact de dire que le principal organe étranger de l'ADL, le Mossad israélien, a certainement été informé des événements qui ont conduit à la tragédie (et les a probablement dirigés).

Bien qu'une multitude d'informations continuent d'émerger sur la dissimulation des faits relatifs à l'attentat par le ministère de la Justice et le FBI, il est un fait particulièrement triste : même ceux qui se sont montrés assez ouverts pour discuter publiquement de certains aspects de cette dissimulation ont eu peur de s'aventurer jusqu'à suggérer la probabilité d'une implication du Mossad d'Israël. Néanmoins, il existe des preuves solides du rôle des informateurs infiltrés dans les circonstances entourant la tragédie.

Le 12 mai 1997, le célèbre chroniqueur Sam Francis (aujourd'hui décédé) a soulevé des questions au sujet d'un certain Andreas Strassmeir, qu'il a décrit comme "peut-être la plus grande anomalie dans toute l'affaire" de l'attentat à la bombe.

Jusqu'alors, seuls *The Spotlight* et une poignée de publications indépendantes s'étaient demandé si Strassmeir avait pu avoir un lien avec les événements tragiques.

Cependant, le 20 octobre 1997, *le Washington Post* a ébranlé le monde autrement complaisant de ceux qui décrient les "théories de la conspiration" en publiant une chronique du commentateur syndiqué Robert Novak qui suggérait que des informateurs gouvernementaux infiltrés - en particulier Strassmeir - auraient pu évoluer dans le cercle de Timothy McVeigh avant l'attentat à la bombe d'Oklahoma City.

M. Novak s'est concentré sur ce qu'il appelle "des questions graves et troublantes" soulevées dans un livre d'Ambrose Evans-Pritchard, correspondant de longue date à Washington du *Daily Telegraph* de Londres. Ce livre, intitulé *The Secret Life of Bill Clinton : The Unreported Stories*, s'ouvre sur 108 pages de faits sur l'attentat d'Oklahoma mis au jour par Evans-Pritchard. Novak informait ses lecteurs que l'écrivain anglais n'était "pas un fou de la théorie du complot", mais qu'il était "connu à Washington pour son exactitude, son travail et son courage". Evans-Pritchard avait "offert des pistes pour découvrir un schéma de mensonges et de tromperies après Oklahoma City qui, s'il était vérifié, se rapprocherait du Vietnam et du Watergate pour ce qui est de saper la confiance des citoyens américains dans leur gouvernement".

Novak a notamment décrit les enquêtes d'Evans-Pritchard sur les étranges activités de Strassmeir, un ancien officier de renseignement de l'armée allemande qui se trouvait illégalement aux États-Unis. Evans-Pritchard se dit "certain" que Strassmeir était "sous protection fédérale". L'enquêteur anglais a également examiné les activités d'un autre individu, Dennis Mahon, qui était étroitement associé à Strassmeir avant l'attentat.

Selon Evans-Pritchard, Mahon était convaincu que Strassmeir était en fait un informateur fédéral sous couverture qui rendait compte au FBI ou au Bureau des alcools, du tabac et des armes à feu (BATF) - ou aux deux - des activités des soi-disant extrémistes de droite.

Le rapport de Novak (basé sur Evans-Pritchard) fait écho à ce que *The Spotlight* a rapporté (comme suit) le 16 juin 1997 :

> Les Américains qui ont suivi les grandes chaînes et les dépêches des agences de presse sur le procès McVeigh n'ont pas été informés - ou très peu - du témoignage proposé par Carol Howe, ancienne informatrice rémunérée du BATF, dont les informations auraient pu faire la lumière non seulement sur le procès McVeigh, mais aussi sur d'autres affaires, comme l'assassinat d'une jeune femme :
>
> - Connaissance préalable par les autorités fédérales d'un complot visant à faire exploser le bâtiment fédéral d'Oklahoma City ; mais aussi

- La possibilité qu'un agent fédéral sous couverture encourage activement une telle activité...

Le 28 mai 1997, le *Denver Post* a également rendu compte à ses lecteurs des allégations de Howe en déclarant que son témoignage aurait pu être "l'un des plus grands jokers du procès de Timothy McVeigh".

Mlle Howe a accusé l'immigrant allemand Andreas Strassmeir d'avoir parlé de bombarder des bâtiments fédéraux.

Le Denver Post a également rapporté que "bien que le FBI et les procureurs fédéraux aient à plusieurs reprises nié que Strassmeir ou Mahon étaient suspectés d'avoir participé à l'attentat, des documents remis à la défense prouvent qu'ils l'étaient et que Howe a été longuement interrogé par des agents fédéraux deux jours après l'attentat". Le *Pos* t a également rapporté que "le gouvernement a refusé de parler de Howe".

Ensuite, le juge du procès McVeigh, Richard Matsch, a décidé, lors de ce que *le Rocky Mountain News* a décrit le 28 mai comme une "séance à huis clos", que le témoignage de Howe n'était pas "pertinent" et ne serait pas autorisé.

Malgré les efforts déployés pour bloquer le témoignage de Mlle Howe, les enquêteurs qui ont examiné tous les éléments de preuve se sont concentrés à plusieurs reprises - en particulier sur le rôle de l'énigmatique Strassmeir.

Le rôle de l'avocat et ami proche de Strassmeir, Kirk Lyons, qui est apparu il y a quelques années dans la "droite", attire également l'attention, dans la mesure où c'est Lyons qui a joué un rôle clé en faisant sortir Strassmeir du pays et en le soustrayant aux mains de la défense de McVeigh. (En fait, McVeigh est connu pour avoir appelé le bureau de Lyons juste avant l'attentat).

Cela a donné lieu à des spéculations selon lesquelles Lyons faisait en réalité office de "gestionnaire" de Strassmeir pour le gouvernement fédéral, qui souhaitait bien entendu garder hors de portée du jury McVeigh toute preuve de sa connaissance préalable d'un complot d'attentat à la bombe, d'autant plus que son propre informateur réputé jouait peut-être le rôle d'instigateur.

Le nouveau livre d'Evans-Pritchard contient également des informations intrigantes sur l'identité probable du désormais célèbre "John Doe No. 2". L'écrivain anglais suggère que l'inconnu n° 2 est en fait un homme de Pennsylvanie, Michael Brescia, qui a été vu avec McVeigh et Strassmeir à au moins une occasion. Toutefois, en fin de compte, il est probable que de nombreuses autres "inconnues" aient été impliquées.

Selon Kirk Lyons, Strassmeir est venu aux États-Unis en raison de son intérêt pour les reconstitutions de la guerre de Sécession. Cela semble assez innocent. Cependant, à la lumière de l'implication de Strassmeir dans les "reconstitutions de la guerre civile", il convient de noter que, selon John Hurley - qui a longtemps dirigé le Confederate Memorial Hall (CMA) à Washington -, la CIA a souvent utilisé les activités de reconstitution de la guerre civile comme couverture pour ses propres opérations secrètes. Hurley connaît bien ces sujets, puisqu'il a eu maille à partir avec la CIA lorsqu'elle a utilisé des hommes de paille pour tenter de prendre le contrôle du CMA et de l'utiliser pour ses "opérations secrètes". Quoi qu'il en soit, l'écrivain britannique Evans-Pritchard a fait le commentaire suivant :

> On suppose que Strassmeir ne pouvait pas être un agent de la CIA parce qu'il opérait sur le sol américain. Mais ce n'est pas nécessairement le cas. Il aurait pu rendre compte à la section des services intérieurs de la CIA ( ), qui possède des bureaux dans tout le pays. Selon les procédures habituelles, ses rapports seraient transmis par leur intermédiaire à la direction des opérations de la CIA. Ou encore, il aurait pu être un agent du FBI travaillant sous les auspices de la CIA. Ma propre hypothèse, pour ce qu'elle vaut, est que Strassmeir était un actif partagé, prêté au gouvernement américain, mais relevant en fin de compte des services de renseignement allemands.

Evans-Pritchard a également souligné que les procureurs fédéraux ont présenté McVeigh comme "un radical anti-gouvernemental déterminé à venger Waco" mais ont "minimisé" les liens de McVeigh avec les cercles dans lesquels Strassmeir opérait. Et, ajoute-t-il, "la presse américaine a fait de même. La question est de savoir pourquoi. Pourquoi détourner l'attention du mouvement suprémaciste blanc ?

Mais les choses sont encore plus obscures. Le 8 juin 2001, le *Times* de Londres a publié un article révélateur sur Strassmeir, dans lequel les auteurs concluaient que Strassmeir était probablement un agent infiltré. *Le Times* a rapporté ce qui suit : "La seringue qui exécutera McVeigh videra également Strassmeir de toute signification, lui conférant le statut de note de bas de page". En d'autres termes, la seringue éliminera la seule personne capable de pointer du doigt Strassmeir.

Le journal note que Strassmeir peut lire l'hébreu - la langue officielle d'Israël - en raison, dit-on, d'une petite amie qui a servi dans l'armée israélienne, "ce qui n'est pas exactement le choix typique d'un néo-nazi", ajoute le *Times*.

En outre, le *Times* souligne que lorsque Strassmeir est arrivé aux États-

Unis, il "s'est facilement trouvé des amis - officiers de l'armée à la retraite, vétérans de la CIA, passionnés d'histoire - et est devenu membre d'un réseau" qui, selon le *Times*, "est puissant aux États-Unis, un réseau d'influence qui s'étend jusqu'au Pentagone et aux agences fédérales, dans les églises et les conseils d'administration, sur les plates-formes pétrolières et les chantiers de construction".

Ce n'est pas le profil d'un "extrémiste néo-nazi" moyen, mais certainement celui d'un agent de renseignement.

Des preuves supplémentaires apportées par l'enquêteur indépendant J. D. Cash suggèrent fortement que Strassmeir était l'informateur sous couverture qui a informé ses supérieurs fédéraux (qui à leur tour ont informé les autorités allemandes) que Gary Lauck, un éditeur de littérature dite "négationniste" basé au Nebraska, se rendait au Danemark.

Au cours de ce voyage, M. Lauck a été placé en garde à vue puis expulsé vers l'Allemagne pour y être jugé, condamné et emprisonné en vertu des lois allemandes sur le "contrôle de la pensée" pour son rôle dans la distribution de littérature (imprimée aux États-Unis) illégale en Allemagne.

Bien que le premier avocat de Timothy McVeigh, Stephen Jones, puis ses derniers avocats avant son exécution - Rob Nigh, Richard Burr, Nathan Chambers et Christopher Tritico- aient tous affirmé que Strassmeir avait joué un rôle clé dans le scénario de l'attentat à la bombe d'Oklahoma, les médias américains ont gardé ces informations secrètes.

Lorsque les avocats de McVeigh ont fait appel pour bloquer l'exécution de ce dernier, ils ont cité des documents du FBI récemment publiés qui suggéraient qu'"il y avait des preuves, dissimulées par le gouvernement, qu'une autre personne aurait pu être le cerveau de l'attentat à la bombe".

Les avocats ont désigné Strassmeir et son ami, Dennis Mahon, comme de possibles co-conspirateurs, accusant le FBI de s'être livré à un "stratagème pour supprimer les preuves" de leur rôle, alléguant que les informations contenues dans les documents du FBI "suggéraient que l'un des autres participants à l'attentat à la bombe était un informateur des forces de l'ordre fédérales".

En fait, au fil du temps, des preuves solides ont commencé à émerger, qui désignaient très clairement Strassmeir comme un informateur sous couverture.

L'enquêteur indépendant susmentionné, J.D. Cash, et son collègue, le lieutenant-colonel Roger Charles, ancien marine, ont mis le doigt sur des preuves, tirées d'un document déclassifié du FBI, prouvant qu'*Andreas Strassmeir était un informateur travaillant sous couverture (en se faisant passer pour un "néo-nazi") pour le compte de Morris Dees et de son*

Southern Poverty Law Center (SPLC), basé à Birmingham (Alabama), une opération de renseignement privée.

Le document, un message télétype électronique de quatre pages, daté du 4 janvier 1996, a été envoyé par Louis Freeh, alors directeur du FBI, aux bureaux du FBI impliqués dans l'enquête sur l'attentat à la bombe d'Oklahoma. L'existence de ce document a été révélée pour la première fois par Cash et Charles dans le numéro du 14 décembre 2003 du journal de l'Oklahoma *The McCurtain Daily Gazette*.

Bien que lourdement expurgé, le document confirme ce que *The Spotlight* a rapporté au sujet de Strassmeir et de son ami proche et avocat Kirk Lyons. Dans le document déclassifié, le directeur du FBI fait référence à un informateur du SPLC en place au complexe "extrémiste" d'Elohim City, à la frontière entre l'Arkansas et l'Oklahoma, et confirme qu'un appel téléphonique a été passé à cet informateur le 17 avril 1995, deux jours avant l'attentat à la bombe.

Bien que les noms de l'appelant et de la personne appelée aient été masqués par les censeurs du FBI, il a été établi qu'à peu près à la même époque, Timothy McVeigh a téléphoné à Elohim City pour contacter Strassmeir, qui n'était apparemment pas disponible pour répondre à l'appel.

La note du FBI indique en outre qu'une personne d'Elohim City a eu "une longue relation avec l'un des deux conspirateurs inculpés [pour l'attentat]" (McVeigh et Nichols). De nombreux enquêteurs indépendants ont établi que Strassmeir avait été avec McVeigh à plusieurs reprises sur une longue période, avant l'attentat à la bombe.

Le FBI, Lyons et d'autres, y compris le SPLC, ont insisté sur le fait que cela ne prouvait pas que Strassmeir était impliqué dans l'attentat. Cependant, il est désormais clair, sur la base d'informations distinctes, associées aux révélations du mémorandum de Freeh, que l'informateur du SPLC était bien Strassmeir.

Cash et Charles ont conclu que "les références à un informateur travaillant pour le SPLC à Elohim City la veille de l'attentat d'Oklahoma City soulèvent de sérieuses questions quant à ce que le SPLC pourrait savoir sur les activités de McVeigh au cours des dernières heures précédant l'allumage de la mèche à Oklahoma City - mais que le SPLC n'a pas divulgué publiquement".

Les deux enquêteurs ont rapporté que lorsque Dees, du SPLC, a été pressé d'expliquer ce que son informateur faisait à Elohim City, il a donné l'explication suivante : "Si je vous disais ce que nous faisons là-bas, je devrais vous tuer" : "Si je vous disais ce que nous faisons là-bas, je devrais vous tuer".

M. Dees a affirmé que le SPLC n'avait placé McVeigh sur son "écran radar" qu'après son arrestation. Cette affirmation est toutefois en contradiction avec les preuves que McVeigh était étroitement surveillé par la Ligue anti-diffamation (ADL), alliée au SPLC, un an avant l'attentat à la bombe. L'ADL et la SPLC échangent régulièrement des données d'espionnage obtenues auprès d'informateurs.

Bien que le FBI ait déclaré qu'il était prévu que Strassmeir s'enfuie au Mexique "dans un avenir proche", Cash et Charles soulignent qu'"aucun des bureaux ayant reçu cette note du directeur du FBI ne se trouvait au Texas, où Strassmeir venait d'arriver et d'où il était prévu qu'il s'échappe en traversant la frontière mexicaine". En outre, le FBI n'a fait aucun effort pour visiter le bureau de Lyon en Caroline du Nord, où Strassmeir s'était apparemment caché avant de s'enfuir au Mexique.

Selon la *Gazette*, "bien que Strassmeir ait été recherché pour être interrogé dans le cadre de l'attentat à la bombe d'Oklahoma au moment de son évasion et qu'il ait été en situation irrégulière aux États-Unis, ces faits étaient connus de l'avocat Kirk Lyons [...] qui n'a jamais été accusé d'avoir hébergé un fugitif, d'avoir fait obstruction à la justice ou d'avoir été sanctionné par le [barreau] pour son rôle avoué dans l'aide apportée à un client pour qu'il échappe aux autorités fédérales".

L'ensemble des preuves, y compris le mémo du FBI, suggère que Strassmeir était protégé par le FBI, même avant l'attentat à la bombe. Initialement, le bureau du BATF de Tulsa (Oklahoma) avait demandé un mandat d'arrêt contre Strassmeir après que l'un de ses informateurs, Carol Howe, eut annoncé que Strassmeir avait l'intention de faire exploser un bâtiment fédéral américain. C'était en février 1995, deux mois avant l'attentat d'Oklahoma.

Selon la *Gazette*, Bob Ricks, agent spécial responsable du bureau du FBI d'Oklahoma City, a demandé au procureur de Tulsa, Steve Lawrence, d'empêcher l'arrestation de Strassmeir et un raid prévu à Elohim City, où Strassmeir vivait.

En préparation du procès de McVeigh, son avocat, Stephen Jones, a demandé des documents du FBI relatifs à la surveillance d'Elohim City. Toutefois, le FBI a affirmé qu'il ne disposait d'aucune information permettant de relier McVeigh à qui que ce soit dans cette ville, ce qui est aujourd'hui clairement démontré comme étant un mensonge.

Ainsi, bien que Strassmeir ait passé sept ans aux États-Unis, y compris après l'expiration de son visa, ce qui faisait de lui un étranger en situation irrégulière, il n'a jamais été interrogé par le FBI, en dépit du fait qu'il fréquentait des néonazis qui faisaient l'objet d'une enquête, dont plusieurs étaient liés à une série de vols de banques à l'échelle nationale.

Le FBI n'a jamais eu besoin de parler directement à Strassmeir, car ses informateurs ont servi de relais et ont transmis ses informations à l'agence. Il s'agit là d'une stratégie de longue date employée par le SPLC et l'ADL dans le traitement des informations provenant d'informateurs et la transmission de ces données au FBI et à d'autres organismes similaires chargés de l'application de la loi.

Il n'est donc pas surprenant que Dees, le SPLC et l'ADL se soient efforcés de supprimer le rôle de Strassmeir dans l'attentat à la bombe et aient rapidement rejeté les accusations portées par l'informateur du BATF Howe au sujet de Strassmeir.

Les attaques contre Howe reprennent le même langage que celui utilisé par Kirk Lyons, l'ami de Strassmeir, qui, dès le début, a rejoint Dees et l'ADL, ainsi que tous les médias d'élite qui tentent de supprimer le lien entre Strassmeir et l'ADL.

Le fait que l'ADL et Dees refusent catégoriquement d'admettre l'implication d'un prétendu "néo-nazi" dans le scénario de l'Oklahoma soulève une question : "Pourquoi ?" La seule explication logique est que Strassmeir était un "mouchard" depuis le début.

En fait, comme nous le savons maintenant, c'est le défunt *Spotlight* - dont les journalistes ont ensuite fondé l'*American Free Press* - qui a publié des articles sur l'attentat d'Oklahoma City dont Timothy McVeigh a dit en privé qu'ils l'avaient "touché de très près".

La couverture de *Spotlight* était unique (et intéressait manifestement McVeigh) en ce sens qu'elle se concentrait sur le "tableau d'ensemble", transmettant des preuves que McVeigh n'était qu'un petit rouage dans une vaste conspiration impliquant de multiples agences de renseignement et informateurs travaillant avec McVeigh et son cercle rapproché et manipulant leurs actions.

Aujourd'hui, une grande partie de ce que *The Spotlight* a écrit pour la première fois a finalement été confirmée pour la première fois. Bien que McVeigh ait publiquement affirmé qu'il était un "poseur de bombe solitaire", il a déclaré en privé que *The Spotlight* allait dans la bonne direction, et qu'il avait même contrecarré ses efforts pour revendiquer un rôle singulier dans l'histoire.

Deux amis de McVeigh, condamnés à mort à la prison fédérale de l'Indiana, ont écrit un livre racontant l'histoire "intérieure" de l'attentat à la bombe, en se basant largement sur ce que McVeigh leur a dit s'être réellement passé. *Secrets Worth Dying For*, de David Paul Hammer et Jeffrey William Paul, probablement, est beaucoup plus proche de la vérité que n'importe quel autre livre sur le sujet.

Et, comme nous l'avons déjà indiqué, bien que McVeigh se soit publiquement proclamé "poseur de bombe solitaire" - rejetant même le rôle de son ami Terry Nichols - McVeigh a raconté une version bien différente à ses amis en prison. Ainsi, ce que rapporte *Secrets* est beaucoup plus crédible que ce que l'on trouve dans les livres des médias "grand public".

Le livre affirme que McVeigh a été recruté (alors qu'il était encore dans l'armée) par un supérieur pour s'immerger dans la rhétorique et le style de vie des mouvements "miliciens" et "patriotes" américains, voyageant de foire aux armes à feu en foire aux armes à feu, et rapportant ses découvertes. En bref, McVeigh était un "mouchard" fédéral.

Cependant, bien qu'inhabituel d'un point de vue psychologique, McVeigh partageait manifestement les opinions de ceux qu'il informait.

Finalement, McVeigh a reçu l'ordre d'organiser une équipe d'"extrémistes" pour commettre un attentat terroriste à la bombe aux États-Unis afin de donner aux autorités fédérales l'occasion de réprimer les dissidents politiques dans ce pays. McVeigh a effectivement orchestré un complot d'attentat à la bombe (dont il a rapporté les détails à ses supérieurs) et ce complot comprenait au moins un autre informateur sous couverture, le désormais célèbre Andreas Strassmeir.

McVeigh lui-même a envoyé une lettre à cet auteur, Michael Collins Piper, depuis sa cellule dans le couloir de la mort de la prison fédérale de Terre Haute, dans l'Indiana. L'enveloppe contenait un imprimé d'un article sur un individu nommé Cary Gagan qui prétendait avoir des informations privilégiées sur l'attentat à la bombe d'Oklahoma. De sa propre main, McVeigh a écrit sur l'imprimé : "Un mensonge de trop tue un escroc", suggérant manifestement que Gagan était un menteur.

Mais ce qui rendait cette note de McVeigh intéressante était le fait que, jamais, je n'avais écrit quoi que ce soit sur Gagan. Au contraire, mes écrits pour *The Spotlight* s'étaient concentrés presque exclusivement sur le lien avec Strassmeir.

Ma réaction immédiate à la réception de cette note de McVeigh a été de déduire que McVeigh me communiquait indirectement (par des moyens détournés et indirects) que *ce que j'avais écrit était juste*. Et maintenant, bien sûr, j'ai la satisfaction de savoir que j'avais visé juste depuis le début, au grand dam d'Andreas Strassmeir, de Kirk Lyons et de tous leurs alliés et manipulateurs dans le monde obscur de l'action secrète.

Cependant, malgré tout cela, l'horrible "histoire derrière l'histoire" de l'attentat à la bombe d'Oklahoma City recèle bien d'autres éléments, que nous allons explorer plus en détail dans les pages qui suivent.

CHAPITRE XXXVI

Timothy McVeigh et l'ADL : une histoire inédite

Immédiatement après le tragique attentat à la bombe d'Oklahoma City, le journal *Spotlight*, basé à Washington, D.C., a découvert par inadvertance - et par des moyens surprenants - des preuves solides que l'auteur présumé de l'attentat, Timothy McVeigh, était en contact étroit et probablement permanent avec un agent de la Ligue anti-diffamation (ADL) du B'nai B'rith, et que l'ADL surveillait régulièrement McVeigh depuis un certain temps.

Nous ne saurons probablement jamais si cet informateur était l'omniprésent Andreas Strassmeir, dont nous avons déjà examiné le passé sordide, ou quelqu'un d'autre. Mais voici les faits qui prouvent que McVeigh et ses activités étaient surveillés de près par l'ADL.

Le 21 avril 1995, dans une édition matinale, *le Washington Post* a rapporté - à la surprise de *The Spotlight* - qu'à l'automne 1993, McVeigh - sous le nom de "T. Tuttle" - avait publié une petite annonce qui avait été diffusée pendant quatre numéros hebdomadaires dans *The Spotlight*, à partir du 9 août 1993.

Selon le *Post*, la source de cette information est un communiqué de presse de l'ADL. Il va sans dire que *The Spotlight* a été surpris d'apprendre cette histoire. Ainsi, lorsqu'elle a été informée de cette allégation, l'équipe de *The Spotlight* a déployé des efforts considérables pour localiser l'annonce et les documents internes qui s'y rapportent.

The Spotlight a rapidement appris d'une source amie ayant des contacts de haut niveau avec les services de renseignement américains que la raison pour laquelle l'ADL savait que McVeigh avait fait de la publicité dans *The Spotlight* était que l'ADL disposait d'une "source interne" dans l'entourage de McVeigh.

Entre-temps, plus tard dans l'après-midi, l'équipe de *The Spotlight* a été stupéfaite lorsque le *Post a publié* en fin de matinée son numéro du 21 avril 1995 et, en réimprimant l'article assez long sur McVeigh, *n'a* supprimé *que* la référence aux données de l'ADL sur McVeigh.

(Aujourd'hui, des années plus tard, selon les enquêteurs, la première version de cet article du *Post* semble avoir commodément disparu des archives *du Post* - ce qui est très inhabituel, d'après eux).

The Spotlight a rapidement compris pourquoi le *Post* avait volé au secours de l'ADL, en dissimulant la connaissance intime qu'avait l'ADL de McVeigh lorsqu'il a republié l'histoire.

Bien que McVeigh se soit effectivement engagé à faire paraître la même annonce dans quatre numéros consécutifs de *The Spotlight*, l'annonce n'a pas été publiée la première semaine (9 août 1993) prévue. Elle n'a en fait été publiée qu'une semaine plus tard, dans le numéro du 16 août 1993. Pourtant, lorsque l'ADL s'est empressée de prévenir le *Washington Post*, celui-ci a indiqué que l'annonce avait été publiée pour la première fois dans le numéro du 9 août.

En bref, bien que l'ADL ait su (par l'intermédiaire de McVeigh ou d'une source proche de McVeigh) que McVeigh avait passé un contrat pour diffuser des annonces dans *The Spotlight* et qu'elle ait consigné ces données dans son dossier, l'ADL ne savait pas qu'un conflit d'horaire interne à *The Spotlight* avait empêché l'annonce de paraître au moment où elle avait été initialement programmée.

Ironiquement, le rédacteur en chef de *The Spotlight* a finalement retiré l'annonce (qui concernait un pistolet lance-flammes) parce que, comme il l'a dit, quelque chose lui semblait "suspect". Par conséquent, l'annonce n'a jamais été diffusée autant de fois que l'ADL l'avait prévu et noté pour la première fois dans son dossier de surveillance de McVeigh !

Par conséquent, après l'attentat, plus d'un an plus tard, lorsque l'ADL s'est empressée de communiquer au *Washington Post* des "informations" sur le "lien" entre McVeigh et *The Spotlight*, elle a cité par erreur la première date prévue pour l'annonce. Cependant, l'ADL a évidemment découvert rapidement (tout comme *The Spotlight*) que les données de l'ADL étaient incorrectes et s'est empressé de demander au *Post de* réécrire son article initial. De toute évidence, l'erreur de l'ADL témoigne de sa connaissance intime des contrats publicitaires de McVeigh.

Étant donné que l'ADL est connue pour communiquer ses conclusions à des agences telles que le FBI, le BATF, la CIA et le Mossad, le service de renseignement israélien, est-il déraisonnable de se demander si l'une de ces agences avait également connaissance des activités et des intentions de McVeigh ?

Un dernier point doit être mentionné en ce qui concerne l'intérêt de l'ADL pour les affaires de Timothy McVeigh.

Si l'on garde à l'esprit qu'il y a eu des rapports contradictoires sur l'heure exacte de l'arrivée de Timothy McVeigh à Oklahoma City avant l'attentat à la bombe - un point que le gouvernement s'est empressé de supprimer -

cela donne quelque crédit à la théorie selon laquelle il aurait pu y avoir un "Tim McVeigh n° 2" (c'est-à-dire quelqu'un se faisant passer pour McVeigh) dans le cadre d'une vaste conspiration dont McVeigh n'était peut-être pas conscient.

Voici une réponse possible à la question de savoir qui a pu se faire passer pour McVeigh : dix jours après l'attentat, un terroriste israélien de "droite", Sharon Svi Toval (également connu sous le nom de Zvi Sharon), âgé de 28 ans, a été arrêté à New York par les autorités américaines. Puis, sous escorte et sous haute sécurité, Toval a été expulsé vers Israël.

La seule photographie de Toval publiée dans le *New York Daily News*, le 3 mai 1995, montre un jeune homme qui, sans sa barbe, sa moustache et sa kippa, pourrait être confondu par un étranger avec Tim McVeigh, l'auteur présumé de l'attentat d'Oklahoma, ou avec la personne figurant sur le célèbre croquis "John Doe No. 1" que les autorités ont publié immédiatement après l'attentat et qui a été utilisé pour identifier McVeigh.

À la lumière des rapports de 1995 selon lesquels les avocats de McVeigh envisageaient la possibilité que des "terroristes de droite" d'Israël - voire l'agence de renseignement israélienne, le Mossad lui-même - aient joué un rôle dans l'attentat à la bombe , le spectre de Toval est intriguant. Si l'on ajoute à cela l'évidente connaissance "interne" des activités de McVeigh par l'ADL, liée au Mossad, l'affaire s'éclaire d'un jour nouveau.

Un autre point mérite d'être souligné : Bien que Timothy McVeigh ait déclaré, avant son exécution, qu'il avait agi seul en livrant une bombe au Murrah Building le 19 avril 1995, il n'a jamais révélé le nom de la personne à Oklahoma City qui, le 17 avril, deux jours avant l'attentat, a envoyé à *The Spotlight* ce qui ne peut être décrit que comme un "avertissement" de l'imminence de l'attentat à la bombe.

L'existence de cet avertissement donne du crédit à l'affirmation de McVeigh selon laquelle personne d'autre que Terry Nichols et leurs amis, Michael et Lori Fortier, n'était au courant du projet d'attentat à la bombe. Il soulève également deux questions pertinentes : 1) L'ADL - qui surveillait manifestement McVeigh - a-t-elle participé à la diffusion de cet "avertissement" ou avait-elle connaissance de la personne chargée de l'envoyer ? 2) Pourquoi le FBI a-t-il refusé de faire des commentaires publics sur ce qu'il a fait - le cas échéant - pour identifier la personne (ou les personnes) qui a envoyé cet avertissement à *The Spotlight* ?

Voici l'histoire que seuls *The Spotlight* et le journal de gauche new-yorkais *Village Voice* (dans son numéro du 1er octobre 1997) et plus tard *American Free Press* ont osé rapporter.

Le 20 avril 1995, le lendemain de l'attentat d'Oklahoma City, le service du courrier du *Spotlight* a ouvert une enveloppe portant le cachet "Oklahoma City".

L'enveloppe avait été envoyée au *Spotlight* le 17 avril, deux jours avant l'attentat. L'adresse était écrite à la main, mais nous savons aujourd'hui que l'écriture n'est manifestement pas celle de McVeigh.

À l'intérieur de l'enveloppe se trouvait une carte postale représentant une photographie datant de l'époque de la Grande Dépression et décrivant une tempête de poussière au-dessus de l'Oklahoma. Cette célèbre photo porte le titre inquiétant de "Black Sunday" (qui, soit dit en passant, est aussi le nom d'un film hollywoodien sur le terrorisme). La carte postale porte également la légende imprimée "Dust Storm Approaching at 60 mi. per hr.April 14, '35." (tempête de poussière approchant à 60 mi. par heure).

La carte postale était accompagnée d'une photocopie d'un article de *The Spotlight* datant d'une douzaine d'années et concernant l'assassinat par le gouvernement de Gordon Kahl, critique de l'IRS et de la Réserve fédérale. Il n'y avait ni nom ni adresse de retour sur l'enveloppe ou sur le contenu.

Lorsque l'équipe de *The Spotlight* a vu cette carte postale (un jour seulement après l'attentat), elle a su qu'il y avait anguille sous roche et a fait appel à l'avocat de *The Spotlight*, Mark Lane, qui a immédiatement remis l'original de la carte et l'enveloppe à l'Attorney General Janet Reno et au FBI.

Bien que cette étrange carte postale indique clairement que quelqu'un savait à l'avance que l'attentat à la bombe était imminent, le FBI a ensuite déclaré à Lane qu'il avait "perdu" la carte postale ! Heureusement, *The Spotlight* en avait fait une copie.

Lorsque James Ridgeway, chroniqueur bien connu du *Village Voice*, a appris l'existence de la carte postale de cet auteur, il a contacté le FBI en avril 1997, mais tout ce que le porte-parole du FBI a pu dire, c'est ceci :

"Nous n'avons rien déclaré à ce sujet. (La mauvaise grammaire est celle du porte-parole du FBI).

Plusieurs questions se posent : Pourquoi le FBI n'a-t-il "rien déclaré à ce sujet" ? Qui a écrit sur l'enveloppe ? Doit-on en conclure qu'il s'agit simplement d'une étrange coïncidence qu'une carte postale aussi inquiétante ait été postée d'Oklahoma City deux jours seulement avant l'attentat à la bombe ?

Ou encore, est-il possible que McVeigh lui-même n'ait pas su que cette carte postale était envoyée à *The Spotlight* et qu'il n'y soit pour rien - qu'un tiers ait orchestré l'envoi dans le cadre d'un complot secret visant à impliquer *The Spotlight* dans l'attentat à la bombe (ce qui, bien sûr, semble probable).

Si *The Spotlight* avait simplement jeté la carte postale ou si son avocat n'avait pas remis le document au FBI, il n'y a guère de doute sur ce qui se serait alors passé : Le FBI aurait été informé de la carte postale par une "source" et des agents du FBI auraient pris d'assaut les bureaux de *The Spotlight*, accusant le personnel de "faire obstruction à la justice" en détruisant des preuves, etc.

Il ne fait aucun doute que quelqu'un d'autre que Timothy McVeigh a adressé cette enveloppe suspecte et posté les documents qu'elle contenait à *The Spotlight*, *deux* jours avant l'attentat. Cette personne avait connaissance de l'imminence de l'attentat et, en joignant l'article de *The Spotlight*, établissait implicitement un lien entre la mort de Gordon Kahl (et le récit de son histoire tragique par *The Spotlight*) et l'attentat.

Le mystère qui entoure cette carte postale démontre, sans l'ombre d'un doute, que l'attentat à la bombe d'Oklahoma City comporte bien plus d'éléments que McVeigh ou le FBI ne sont prêts à admettre. Les raisons qui ont poussé McVeigh à ne pas raconter toute l'histoire sont sujettes à spéculation. De même, le fait que le FBI refuse de parler de cette carte postale ne fait qu'alimenter les doutes persistants sur ce qui s'est réellement passé à Oklahoma City.

En fin de compte, le FBI et ses alliés de l'ADL en savent beaucoup plus sur l'attentat d'Oklahoma City qu'ils ne veulent l'admettre, et sans doute pour une très bonne raison : la révélation de la vérité démontrerait, sans l'ombre d'un doute, que les Boucs de Juda - l'Ennemi intérieur étaient en fin de compte responsables de ce qui s'est passé à Oklahoma City en ce jour tragique de 1995.

CHAPITRE XXXVII

Centrale de désinformation : Propagande sioniste néoconservatrice concernant l'attentat à la bombe d'Oklahoma City

Au printemps 2004, soutenues par les principaux éléments pro-sionistes du monopole des médias, des personnalités de haut niveau du réseau néo-conservateur pro-israélien ont commencé à promouvoir un livre affirmant que le dirigeant irakien Saddam Hussein était à l'origine de l'attentat à la bombe d'Oklahoma City et que le chef de file réputé du terrorisme islamique Ramzi Yousef - un prétendu agent du chef d'Al-Qaida Oussama ben Laden - était un acteur clé dans l'affaire.

La théorie selon laquelle les deux dirigeants arabes, Saddam et Ben Laden, étaient impliqués dans une alliance hautement improbable visant à faire exploser le Murrah Building et à rejeter la faute sur des boucs émissaires américains "tout blancs" est apparue précisément au moment où les néo-conservateurs s'efforçaient d'expliquer l'échec total de la guerre menée par les États-Unis en Irak. Le groupe "Saddam a bombardé Oklahoma City" a présenté cette théorie comme une nouvelle justification d'une guerre qui, comme la plupart des Américains le savent maintenant, était fondée sur un ensemble de mensonges épouvantables.

La promotion par les néo-conservateurs *du Troisième Terroriste,* par l'ancienne journaliste de la télévision d'Oklahoma City Jayna Davis, est un moyen après coup de justifier les méfaits et la désinformation des néo-conservateurs et de leurs alliés en Israël qui ont contribué à l'éclatement de la guerre.

L'ancien directeur de la CIA James Woolsey et Frank Gaffney (un collègue de longue date de l'intrigant néoconservateur Richard Perle, qui a fait l'objet d'une enquête du FBI pour espionnage au profit d'Israël) ne sont que deux des néoconservateurs qui ont prêté leur nom aux efforts de promotion du nouveau livre.

Entre-temps, *U.S. News & World Report,* publié par l'idéologue pro-israélien pur et dur Mort Zuckerman, ancien président de la Conférence des présidents des principales organisations juives américaines, ainsi que Fox News (propriété du milliardaire pro-israélien Rupert Murdoch) ont également rejoint le chœur qui fait la promotion du livre.

Pour sa part, *le Wall Street Journal* a non seulement fait grand cas de l'affirmation de Davis concernant l'implication de Saddam dans l'affaire de l'Oklahoma, mais l'a même associée à la théorie de la conspiration concoctée par l'écrivain néo-conservateur Laurie Mylroie, qui affirme que Saddam est également à l'origine du premier attentat contre le World Trade Center en 1993.

En outre, *Vanity Fair - publié* par le titan des médias pro-israéliens S. I. Newhouse - a offert un profil amical du secrétaire adjoint à la défense Paul Wolfowitz, notant qu'un "ami de longue date" de Wolfowitz (probablement le Perle susmentionné) affirme que Wolfowitz a longtemps cru que Saddam était derrière la tragédie de l'Oklahoma.

Les antécédents du principal commanditaire de *The Third Terrorist* sont particulièrement intéressants : WND Books, une entreprise de Joseph Farah, rédacteur en chef du World Net Daily ( ), basé sur Internet. Non seulement Farah opère depuis longtemps dans la sphère du milliardaire Richard Scaife, dont les intrigues liées à la CIA remontent à plusieurs décennies, mais en 2003, Farah a été honoré du titre de "journaliste de l'année" par la Zionist Organization of America, l'un des plus fervents défenseurs de la guerre contre Saddam. Bien qu'arabo-américain, Farah est un fervent partisan d'Israël et n'est guère une source impartiale.

Parlons maintenant du livre : Jayna Davis a démontré de manière convaincante que Timothy McVeigh voyageait avec au moins un - et probablement plus - ressortissant irakien (basé à Oklahoma City) dans les minutes, les jours, les semaines et les mois qui ont précédé la catastrophe. Et - bien qu'elle ne le mentionne jamais - c'est le défunt *Spotlight* qui a accordé le plus d'attention à l'enquête de Mme Davis, alors même que les sources d'information "grand public" ignoraient soigneusement son travail.

Cependant, il est évident que les choses ont changé. Mais pour ceux qui ont examiné attentivement le reportage de *The Spotlight* sur le travail de Davis, rien de tout cela n'est surprenant, car - comme *The Spotlight* l'a dit dès le début - les soi-disant preuves de l'implication "irakienne" pointaient en fait ailleurs : c'est-à-dire vers la probabilité que des éléments opérant à l'intérieur des États-Unis (et manipulant McVeigh) préparaient le terrain pour un attentat terroriste qui pourrait être faussement imputé à Saddam, dans le but même d'attiser une guerre contre l'homme fort irakien - une guerre qui a finalement eu lieu au printemps 2003.

Bien que Mme Davis soit sans aucun doute convaincue que l'attentat à la bombe est lié au Moyen-Orient - d'origine arabe ou musulmane -, son livre pose de nombreux problèmes sérieux. Tout d'abord, Davis n'a absolument pas tenu compte des éléments de preuve essentiels suivants :

- Le témoignage oculaire de Jane Graham, survivante de l'attentat, qui, un jour ou deux avant l'attentat, a aperçu un groupe de silhouettes mystérieuses en train de placer des explosifs à l'intérieur du bâtiment Murrah ; ces hommes n'étaient pas des Arabes, ils étaient des Américains blancs et n'étaient certainement ni McVeigh ni son co-conspirateur présumé, Terry Nichols ;

- Le témoignage de nombreux survivants de l'attentat, dont notamment V. Z. Lawton, qui insistent sur le fait qu'il y a eu une explosion interne majeure à l'intérieur du bâtiment Murrah après l'explosion du "camion piégé de McVeigh" à l'extérieur, dans la rue ;

- Données sismographiques indiquant plus d'une explosion au moment de la catastrophe ;

- Et alors que de nombreux rapports de presse de l'époque - provenant d'un large éventail de sources - indiquaient que d'autres bombes non explosées avaient été trouvées à l'intérieur du bâtiment Murrah après l'explosion, Davis a déclaré catégoriquement que ces alertes à la bombe "s'étaient révélées inoffensives".

- Bien que Mme Davis ait fait référence à l'héroïsme de Terrence Yeakey, membre de la police d'Oklahoma City ( ) - presque gratuitement - elle n'a jamais mentionné que le prétendu suicide de Yeakey est considéré comme un "meurtre" par ses amis et sa famille qui pensent, sur la base des remarques de Yeakey à l'époque, qu'il a été témoin de quelque chose avant ou après l'attentat à la bombe qui l'a amené à croire que les autorités dissimulaient la vérité sur ce qui s'est réellement passé.

- En particulier, Davis n'a jamais fait référence aux intrigues de l'ancien officier de renseignement militaire allemand parlant hébreu, Andreas Strassmeir, presque certainement un informateur sous couverture, travaillant très probablement pour la CIA ou le FBI ou une agence "privée" comme le Southern Poverty Law Center ou l'Anti-Defamation League (ADL) du B'nai B'rith, un atout reconnu de l'unité des services clandestins d'Israël, le Mossad.

Bien que Davis n'ait pas eu l'intention d'explorer tous les mystères entourant l'attentat, il est déconcertant de constater qu'elle a ignoré certaines des questions les plus importantes qui ont été soulevées à la suite de l'attentat. Elle s'est concentrée sur la prétendue "connexion irakienne", mais même à cet égard, elle laisse plus de questions sans réponse qu'elle n'en apporte.

D'aucuns affirment que le livre de M. Davis se contente d'examiner une petite partie d'un tableau beaucoup plus vaste et d'ignorer des détails pertinents qui, pris dans leur ensemble, pointent dans une toute autre direction.

Davis n'a jamais expliqué de manière adéquate pourquoi le FBI - sous Bill Clinton ou George W. Bush - était si désireux de supprimer les preuves de l'implication de Saddam Hussein et/ou de militants "islamiques" ou "arabes" travaillant avec Saddam ou dans sa sphère d'influence dans la tragédie de l'Oklahoma.

Sa meilleure explication - quoique assez boiteuse - était l'excuse selon laquelle l'administration démocrate Clinton (au pouvoir au moment de l'attentat) ne voulait pas admettre qu'elle avait ignoré les "avertissements" d'une attaque possible lancés par un agent associé au Parti républicain au Capitole, l'"expert en terrorisme" d'origine israélienne Yosef Bodansky, qui se trouvait être l'une des principales sources de Davis. M. Davis a affirmé, ce qui est hautement improbable, que les démocrates de l'administration Clinton auraient été enclins à rejeter les avertissements de M. Bodansky en les qualifiant de "propagande sioniste".

En fait, à un certain égard, il y a peut-être une part de vérité dans cette affirmation, mais d'une manière tout à fait différente de celle suggérée par Davis.

Il ne fait aucun doute que, comme Davis l'a elle-même démontré, des agents israéliens ont débarqué à Oklahoma City immédiatement après l'attentat et ont commencé à promouvoir la théorie selon laquelle, comme l'a dit l'une des sources israéliennes de Davis, "la bombe qui a détruit le bâtiment Murrah a été fabriquée par des terroristes arabes ou par des personnes entraînées par des terroristes arabes".

Mais ce que Davis n'a jamais exploré (ou n'a jamais mentionné, car cela ne correspondrait pas à sa théorie), c'est la possibilité que l'administration Clinton n'avait aucun désir de déclencher une guerre contre Saddam, reconnaissant que l'affirmation israélienne selon laquelle Saddam était derrière les bombardements faisait partie de la volonté néo-conservatrice de longue date de renverser le dirigeant irakien.

Dans un cas, Davis a souligné qu'un membre du personnel du Sénat lui avait dit qu'elle était connue comme "le bébé avec le pistolet chargé". La crainte était, selon lui, "qu'ils ne sachent pas où vous allez le pointer ensuite". Bien que Davis ne l'ait manifestement jamais envisagé, on pourrait lire dans cette remarque que les recherches obstinées de Davis allaient peut-être un peu trop loin.

En bref, si Mme Davis commençait à creuser trop profondément la "connexion irakienne", elle pourrait découvrir quelque chose de tout à fait contraire : que la connexion irakienne était un autre "faux drapeau" israélien conçu pour rejeter la responsabilité d'une opération secrète menée par les services de renseignement israéliens.

Ainsi, bien que Mme Davis ait brossé un tableau assez convaincant de la complicité d'un immigrant irakien, Hussain Al-Hussaini, avec McVeigh dans l'attentat d'Oklahoma, son livre n'explique pas clairement si elle pense que c'est l'ennemi juré de Saddam, le fondamentaliste islamique Oussama ben Laden, ou le dirigeant arabe laïc de l'Irak, Saddam (qui a activement réprimé les fondamentalistes islamiques), qui a été le commanditaire ultime d'Al-Hussaini.

Au lieu de cela, Davis a tissé une histoire enchevêtrée qui relie Oussama et Saddam dans un scénario improbable qui ne désigne jamais précisément le coupable - un détail plutôt important qui semble échapper à ceux qui sont si désireux d'accepter sa thèse. Un lecteur averti le remarquera immédiatement, mais, là encore, la plupart des lecteurs ne sont pas aussi perspicaces, ce qui plaide en faveur de la probabilité que beaucoup prendront - malheureusement - le livre de Davis au sérieux. (À un moment donné, elle affirme qu'"il s'agit vraiment d'une conspiration étrangère dirigée et financée par Oussama ben Laden, selon mes sources de renseignement", mais cette accusation catégorique est réfutée par d'autres affirmations qu'elle a faites ailleurs concernant Al-Hussaini qui aurait "peut-être" (c'est elle qui le dit) été "un membre dévoué de l'unité militaire prisée de Saddam Hussein, la Garde républicaine" (et donc un agent de Saddam, et non de Ben Laden).

C'est lorsque Davis commence à explorer le lien supposé entre le mystérieux Ramzi Yousef et l'affaire de l'Oklahoma que sa théorie commence vraiment à s'effilocher. En effet, elle s'aventure sur un terrain glissant, tentant de relier un prétendu fondamentaliste islamique (ostensiblement soumis à la discipline du réseau Al-Qaeda de Ben Laden) à un agent de Saddam Hussein, le dirigeant irakien que Ben Laden lui-même s'était engagé à détruire.

De plus, on se demande vraiment pour qui Yousef et son oncle, Khalid Shaikh Mohammed (considéré comme le chef des opérations d'Al-Qaïda), travaillaient *réellement*.

Comme nous l'avons vu précédemment dans ces pages, les preuves publiées pour la première fois par le journaliste juif américain Robert I. Friedman dans le *Village Voice* de New York indiquent que Yousef travaillait en étroite collaboration avec une taupe israélienne à l'intérieur de la conspiration derrière l'attaque de 1993 contre le World Trade Center (WTC), précurseur de la tragédie du 11 septembre 2001.

Ainsi, lorsque Mme Davis a affirmé que "le terroriste qui a organisé la livraison d'un camion Ryder rempli d'une puissante bombe à base d'engrais et de mazout dans le quartier financier des États-Unis a probablement orchestré un attentat à la bombe de même nature à Oklahoma City", elle a suggéré, sans le savoir, que les services de renseignements israéliens ont peut-être également joué un rôle dans l'attentat d'Oklahoma, comme ils l'ont fait dans l'attentat de 1993 contre le WTC.

Mais ne vous attendez pas à ce que Davis ou ses promoteurs médiatiques disent cela.

Tout cela ne veut pas dire que Davis promeut délibérément de fausses informations. Cependant, il est concevable que Davis, poussée par le désir de mettre en avant son histoire minutieusement assemblée, ait été manipulée et qu'elle n'ait pas reconnu ou compris les subtilités du monde de l'intrigue.

En résumé, l'attentat à la bombe d'Oklahoma est beaucoup plus complexe que la plupart des Américains ne le pensent, et ces faits cachés indiquent indubitablement le rôle des boucs de Juda - l'ennemi intérieur.

CHAPITRE XXXVIII

Que s'est-il réellement passé à Oklahoma City ? Un scénario qui a du sens

Notons d'emblée que ce qui suit dans ce bref chapitre est de nature purement spéculative. Il se fonde toutefois sur l'examen à long terme, par l'auteur, d'une grande variété d'informations publiées et rassemblées par de nombreux enquêteurs indépendants sur l'attentat d'Oklahoma City, sans parler d'un ensemble de faits et de déclarations avancés par les enquêteurs officiels.

Il convient d'ajouter que même dans les rangs de ceux qui ont enquêté sur l'attentat d'OKC, les opinions divergent considérablement quant à ce qui s'est précisément passé en ce jour tragique.

La plupart des différentes théories se recoupent en certains points, mais la vérité est que la plupart de ceux qui avancent ce qui *semble être des* théories *concurrentes* semblent tout à fait prêts à rejeter les bases des autres théories, en ergotant sur des détails ou en ignorant délibérément des faits gênants qui suggéreraient que la conspiration a pris des directions qu'ils préféreraient ignorer.

Il convient de noter ici que bon nombre des enquêteurs prétendument "indépendants" qui choisissent d'ignorer des faits gênants semblent avoir peur de suggérer que, peut-être, il pourrait y avoir un lien israélien avec la tragédie d'Oklahoma City. Certains d'entre eux, par exemple, refusent de reconnaître que les acteurs arabes qui ont été liés à la conspiration pourraient, en fait, avoir agi comme des "faux drapeaux" pour le service de renseignement israélien, le Mossad. (Cet aspect, bien sûr, a déjà été discuté assez longuement dans un chapitre précédent).

Qu'en est-il des différentes théories ? Passons-les en revue et tentons de dégager, le plus simplement possible, les grandes lignes de chacune d'entre elles...

Certains soutiennent qu'il s'agissait d'une "opération du gouvernement américain" délibérément conçue pour détruire le bâtiment Murrah et rejeter la responsabilité sur les "milices de droite" dans le but de mettre en place des mesures d'État policier destinées à imposer la loi martiale aux États-Unis et, partant, à dissoudre notre république constitutionnelle.

De nombreux promoteurs de ce scénario suggèrent que les ordres "venaient d'en haut", c'est-à-dire que le président Bill Clinton et ses principaux conseillers étaient "dans le coup", agissant peut-être comme mandataires de leurs méchants préférés tels que les "Illuminati", le Conseil des relations extérieures ou tout autre bloc de pouvoir international obscur. Il s'agit là d'une version simpliste qui ne tient pas compte de certains détails plus terre à terre que nous examinerons prochainement.

Alors que certains affirment que McVeigh n'était qu'un "pigeon" - peut-être victime d'un lavage de cerveau et d'un contrôle mental - d'autres suggèrent que McVeigh était un agent conscient de conspirateurs plus haut placés dans les coulisses, qu'il faisait partie d'une équipe gouvernementale secrète organisant des actes de terrorisme.

D'autres soutiennent que McVeigh était "pour de vrai" - qu'il conspirait activement pour faire exploser le bâtiment fédéral de son propre chef (avec une poignée d'autres extrémistes, connus et inconnus) et que les autorités gouvernementales ont permis à la conspiration d'aller de l'avant, toujours dans le but de réprimer les milices et de mettre en place un État policier dans le cadre d'un grand projet pour un Nouvel Ordre Mondial.

En revanche, d'aucuns affirment que le gouvernement était au courant des plans de McVeigh, mais qu'une opération d'infiltration fédérale (peut-être menée par le BATF) destinée à arrêter - et à démasquer - McVeigh et ses collaborateurs a mal tourné ; que la bombe a explosé et détruit le bâtiment Murrah et que les agents du gouvernement qui n'ont pas réussi à empêcher la tragédie de se produire ont donc été contraints d'étouffer l'affaire.

Cette thèse repose sur l'idée que le BATF était sous le feu des projecteurs à la suite de la débâcle de Waco avec l'église de Branch Davidian et qu'il essayait de montrer à quel point ses efforts étaient utiles dans la lutte contre l'"extrémisme" du type de celui dont McVeigh a été reconnu coupable. Toutefois, selon cette théorie, le BATF a commis une erreur et l'attentat à la bombe a eu lieu.

D'une manière générale, cette thèse soutient que McVeigh était "pour de vrai", pour ainsi dire, mais que la maladresse du gouvernement a permis à la tragédie de se produire et que la dissimulation par le gouvernement était nécessaire pour empêcher que la vérité sur l'incompétence du gouvernement n'atteigne le public.

Une autre variante de l'une ou de plusieurs des versions ci-dessus de "ce qui s'est passé" est que McVeigh et ses co-conspirateurs prévoyaient de faire exploser une bombe devant le bâtiment Murrah, mais que d'autres personnes - généralement considérées comme des "agents du gouvernement" - ont également placé des bombes à l'intérieur du bâtiment et ont veillé à ce qu'il y ait des pertes massives en vies humaines et des destructions importantes. Cette thèse repose sur l'hypothèse raisonnable que seuls des agents du gouvernement auraient eu accès au bâtiment Murrah (une installation fédérale) pour rendre un tel scénario possible.

Et puis, bien sûr, comme nous l'avons vu, il y a ceux qui disent qu'Oussama ben Laden ou Saddam Hussein (ou les deux ensemble) sont en fin de compte responsables de ce qui s'est passé à Oklahoma City. Cette thèse est évidemment le scénario le moins probable, mais, comme nous l'avons déjà noté, c'est elle qui a reçu la plus grande publicité, en dehors de celle accordée au scénario officiel du gouvernement selon lequel McVeigh était effectivement un "fou isolé" (à l'exception de l'implication périphérique de son ami Terry Nichols et de l'éventuelle connaissance préalable de ses amis Michael et Lori Fortier).

En fin de compte, cependant, il y a un scénario qui, dans son ensemble, relie plusieurs de ces fils d'une manière qui semble avoir du sens.

C'est ce scénario que nous présentons aujourd'hui. Le scénario de l'attentat d'Oklahoma City est le suivant : Timothy McVeigh était un jeune homme - un ancien combattant de l'armée - qui avait des penchants pour la philosophie de la "droite" et le mouvement des milices. Il a peut-être été recruté par une unité secrète de renseignement pour infiltrer les milices et rendre compte de leurs activités.

Cette mission d'infiltration des milices faisait partie d'un effort calculé pour placer McVeigh dans la position d'être - dans la perception du public - précisément le type d'activiste de la "milice de droite" qu'il (McVeigh) croyait surveiller pour ses supérieurs (qui avaient un programme secret bien caché à McVeigh).

McVeigh lui-même - s'il est favorable aux milices, comme beaucoup le pensent, sur la base de ce qui est censé être ses propres écrits et déclarations - a probablement été informé qu'il agissait au nom de hauts responsables du gouvernement ou de l'armée qui étaient favorables aux milices et les considéraient comme des alliés possibles dans une lutte ultime contre le redoutable "Nouvel Ordre Mondial".

Dans cette partie du scénario, McVeigh a pu croire, par conséquent, qu'il n'agissait pas en tant que "balance" ou informateur, mais qu'il s'efforçait au contraire d'aider le mouvement des milices en assurant la liaison entre le mouvement et ses sympathisants supposés au sein de l'appareil militaire fédéral ou des forces de l'ordre.

Il est également possible que, dans le cadre de son recrutement et de son entraînement, dans le cadre d'une opération clandestine, McVeigh ait été soumis - même à ce stade précoce - à une forme de programmation ou de contrôle de l'esprit dont il n'était peut-être pas conscient.

L'ancien associé de McVeigh dans une prison fédérale, David Paul Hammer, a avancé l'idée que McVeigh avait été recruté dans une unité secrète et que McVeigh était effectivement favorable à la philosophie des groupes de miliciens qu'il surveillait.

Cependant - et c'est là le point important - il est tout à fait possible que l'unité (ou l'entité) qui a recruté McVeigh *n'ait pas été* une opération officiellement sanctionnée par *le* gouvernement américain et qu'elle ait été, au contraire, une opération "sauvage" sous la coupe d'un véritable sympathisant de la milice au sein des cercles de l'armée et des services de renseignement américains.

Il existe une autre possibilité : cette opération (qui avait suffisamment de marques d'oreille pour convaincre McVeigh qu'elle était parrainée par le gouvernement américain) n'était peut-être même pas une opération du gouvernement américain. Au contraire, il pourrait s'agir d'une opération totalement fallacieuse, mise en place sur les côtes américaines par le Mossad israélien.

Cette opération du Mossad aurait pu utiliser des agents américains locaux qui travaillaient - sciemment ou non - pour le compte des services de renseignement israéliens. En d'autres termes, même les supérieurs immédiats de McVeigh ( ) ont pu être trompés par les Israéliens et ne l'ont peut-être même jamais soupçonné ; autrement dit, de véritables sympathisants de la milice dans les milieux militaires américains ont pu être cooptés par le Mossad et donc, à leur tour, être utilisés pour recruter McVeigh et d'autres individus.

En bref, il s'agit d'une intrigue qui s'étend sur plusieurs niveaux, mais qui est en fait assez simple à mettre en place. Il s'agit là d'une caractéristique de l'utilisation classique par le Mossad de "faux drapeaux" et de fausses identités dans la poursuite de ses jeux d'intrigue historiquement insidieux.

Avec tout cela en place, Timothy McVeigh a commencé à se déplacer dans les cercles de la milice, prenant contact avec des individus qui semblaient partager les mêmes idées. En peu de temps, comme nous l'avons vu, les activités de McVeigh ont été clairement surveillées, au moins en partie, par la Ligue anti-diffamation (ADL) du B'nai B'rith, une branche très efficace du Mossad.

C'est au cours de cette même période que McVeigh a trouvé parmi ses nouveaux associés un individu énigmatique du nom d'Andreas Strassmeir, qui, comme nous l'avons vu dans les chapitres précédents, avait des relations militaires et de renseignement tout à fait remarquables, tant ici qu'à l'étranger, sans parler du fait qu'il parlait hébreu, la langue d'État d'Israël. Ce n'est pas du tout, comme nous l'avons noté, le profil de l'agitateur "néo-nazi" ou "racialiste blanc" habituel.

Il est évident que Strassmeir et son ami proche et avocat, Kirk Lyons, ainsi que l'associé de Lyons, Dave Holloway, un ancien pilote de la CIA, sont beaucoup plus impliqués qu'ils ne veulent le faire croire.

Quoi qu'il en soit, comme nous le savons maintenant, l'informateur infiltré Strassmeir et les habitants d'Elohim City, le désormais célèbre complexe de l'"identité chrétienne", étaient surveillés par au moins une division du BATF, le bureau qui utilisait la jeune Carol Howe comme informatrice. Mlle Howe rapportait à ses supérieurs au BATF des propos de Strassmeir sur l'attaque de bâtiments fédéraux américains.

Cependant, en fin de compte, le gouvernement américain a fait tout ce qui était en son pouvoir pour rejeter les demandes de Mlle Howe concernant Strassmeir, malgré le fait que le dossier indique clairement qu'elle avait fait ses demandes concernant Strassmeir bien avant que l'attentat à la bombe d'Oklahoma City n'ait eu lieu.

Il semble donc qu'une partie de l'appareil de renseignement du gouvernement américain (celle qui dirigeait Miss Howe) ignorait peut-être que l'autre partie dirigeait les activités de Strassmeir (et de McVeigh).

Ce ne serait pas la première fois qu'une telle chose se produirait. Comme indiqué précédemment, au moment même où une division de la CIA utilisait et finançait des informateurs au sein du mouvement contre la guerre du Viêt Nam, d'autres divisions de la CIA et même le FBI dépensaient des millions de dollars pour lutter contre le mouvement anti-guerre.

Et tout cela n'exclut pas la possibilité - osons dire la probabilité - que des éléments du gouvernement national impliqués dans la manipulation de Strassmeir et de McVeigh travaillaient également main dans la main (sciemment ou non) avec un réseau de renseignement étranger, à savoir celui d'Israël. Et il va sans dire qu'Israël était le seul gouvernement étranger qui avait le moindre intérêt à discréditer les milieux de "droite" américains (souvent antijuifs et antisionistes) dans lesquels Strassmeir, Lyons et McVeigh opéraient*.

---

* Il y a quelques années, cet auteur, Michael Collins Piper, a eu l'occasion de confronter directement Kirk Lyons et de l'accuser d'être une chèvre de Juda.

Bien que j'aie longtemps nourri des soupçons à l'égard de Lyons, en raison de plusieurs choses que j'avais observées chez lui au fil des ans, mes collègues m'avaient conseillé de ne pas ébruiter mes soupçons puisque Lyons était ostensiblement un "ami" de mon employeur, Liberty Lobby, l'institution populiste qui publiait *The Spotlight*.

Enfin, cependant, au moment où les détails entourant les liens de Lyons avec Strassmeir sont apparus au grand jour, Lyons est apparu comme un acteur ouvert dans la destruction du parti populiste que Liberty Lobby avait joué un rôle déterminant dans sa création. Lyons a révélé son hostilité ouverte à Liberty Lobby lorsqu'il a représenté un responsable du parti, Donald Wassall, dans une affaire juridique qui m'a obligé à témoigner devant un tribunal fédéral et à être interrogé sous serment par Lyons. C'est alors que j'ai confronté Lyons, au grand désarroi apparent de ce dernier.

À un moment du procès, lorsque Lyons m'a posé une question concernant certains éléments parus dans *The Spotlight*, j'ai répondu : "Ma source à ce sujet, M. Lyons, c'est *votre* FBI". L'accent était mis sur le mot "votre". Mon intention était de suggérer publiquement, quoique plutôt subtilement, à Lyons - comme je l'avais déjà ouvertement accusé dans *The Spotlight* - *que* Lyons était un collaborateur du FBI sur la base de son association avec Strassmeir qui était (comme nous le savons maintenant) un informateur sous couverture.

Bien que ma remarque soit certainement passée au-dessus de la tête du jury et probablement de la plupart des autres personnes présentes dans la salle d'audience, y compris le juge Lancaster lui-même, Lyons a littéralement fait un bond en arrière d'un ou deux pieds, en criant "Objection". Ses yeux étaient flamboyants.

Il m'est apparu à ce moment-là que j'avais *visé* juste et que Lyons était complètement abasourdi, horrifié, en colère que j'aie osé l'accuser en face, ce qui était probablement la première fois que cela se produisait.

L'avocat de la partie adverse est intervenu, s'adressant au juge, en disant plus ou moins : "Votre honneur, il n'y a rien de mal à ce que M. Piper a dit. C'est le FBI de M. Lyons. C'*est votre* FBI. C'est le FBI de *tout le monde*. Nous ne voyons aucune raison pour que M. Lyons s'y oppose".

Lyons bafouille à nouveau, furieux, et le juge Lancaster le gifle en disant : "M. Lyons, reculez". Lyons s'exécute docilement. Puis le juge Lancaster ordonne à Lyons de "boire un verre d'eau". Consciencieusement, presque penaud, Lyons a bu un verre d'eau. Le juge a alors indiqué à Lyons qu'il pouvait continuer.

Ayant vu la réponse de Lyons - de près et personnellement - je n'avais plus aucun doute sur le fait que Lyons était bien une chèvre de Juda. Bien qu'il se soit présenté comme un "avocat nationaliste", lui et son associé, Dave Holloway, un ancien pilote de la CIA, (et leur ami Andreas Strassmeir) étaient plongés dans le monde de l'intrigue et trahissaient la confiance de tant de bons nationalistes qui croyaient en eux.

Entre-temps, bien sûr, nous devons ajouter à ce mélange déjà complexe les preuves indiquant qu'il y avait également des Arabes nés à l'étranger - au moins un, et peut-être plus - impliqués avec McVeigh dans les semaines précédant l'attentat à la bombe. Et, comme nous l'avons vu en détail dans un chapitre précédent, cette "connexion arabe" indique la probabilité d'une implication du Mossad israélien.

Bien entendu, de nombreux enquêteurs indépendants sur l'attentat d'Oklahoma City répugneront, pour des raisons évidentes, à mentionner la possibilité (voire la probabilité) d'un lien avec Israël, en dépit de toutes les preuves qui leur sautent aux yeux. Ces personnes craignent à juste titre d'être accusées d'"antisémitisme", mais la vérité est qu'en avançant des théories "alternatives" sur "ce qui s'est réellement passé à Oklahoma City", elles se sont déjà mises en position d'être "surveillées" par l'Anti-Defamation League, le Southern Poverty Law Center, le FBI, le BATF, la CIA et toutes les autres entités qui gardent un œil sur les personnes qui osent remettre en question le scénario officiel du gouvernement américain sur les événements qui se sont déroulés à Oklahoma City.

Ce n'est pas une coïncidence si le scénario décrit dans ce chapitre fait écho au modèle de scénario que cet auteur, Michael Collins Piper, a déjà présenté dans le livre *Final Judgment*, concernant l'assassinat de John F. Kennedy, un scénario qui place également le Mossad d'Israël au centre des machinations et des circonstances entourant l'assassinat de notre 35e président.

Ce scénario soutient, en substance, que des éléments de la CIA américaine - désireux de faire tomber Fidel Castro de Cuba - mettaient en place une tentative d'assassinat "factice" du président Kennedy, conçue pour échouer mais, en même temps, suffisamment sensationnelle pour provoquer une clameur publique - pour que le président Kennedy envahisse Cuba.

Des coups de feu devaient être tirés sur le président Kennedy alors qu'il paradait triomphalement à Dallas, et des preuves devaient ensuite être trouvées pour impliquer le Cuba de Castro. Certains ont suggéré que le frère de JFK, le procureur général Robert Kennedy, aurait été impliqué dans l'opération, peut-être même au su du président. Ce scénario suggère que les gestes amicaux du président envers Castro en coulisses faisaient partie d'un plan visant à tromper le dirigeant communiste cubain et à le faire tomber, bien que même cet aspect de ce scénario particulier fasse l'objet d'un débat académique.

Quoi qu'il en soit, le rôle joué par Lee Harvey Oswald, finalement accusé d'être l'assassin du président, dans ce scénario n'a pas encore été déterminé, mais il est plus que probable que son rôle consistait simplement à livrer sur le lieu du crime l'arme qui devait être découverte par la police de Dallas après la "tentative d'assassinat ratée" sur le site . Il apparaît de plus en plus clairement qu'Oswald n'a jamais tiré un seul coup de feu ce jour tragique à Dallas.

Mais, au fur et à mesure que le scénario de base se déroulait, une intervention extérieure a transformé la tentative d'assassinat "factice" en un véritable attentat. En d'autres termes, pendant qu'Oswald s'acquittait de sa mission - sur l'ordre de ses responsables, qui étaient très certainement des fonctionnaires de la CIA ou des agents contractuels qui pensaient mener à bien l'attentat "factice" contre JFK - des assassins bien réels se sont installés sur la place Dealey et ont perpétré un assassinat bien réel.

Le meurtre a eu pour effet de compromettre des fonctionnaires de la CIA, par ailleurs innocents, dans un crime qu'ils n'ont jamais voulu commettre. Par ailleurs, il est presque certain qu'une poignée de responsables du renseignement intérieur, en particulier à la CIA, étaient parfaitement conscients qu'un véritable assassinat était programmé.

Dans *Final Judgment*, nous affirmons que le chef du contre-espionnage de la CIA, James J. Angleton - un loyaliste israélien dévoué - était le premier d'entre eux. Quant à Oswald lui-même, il a été réduit au silence avant même d'avoir pu dire publiquement ce qu'il savait ou pensait savoir.

Pour l'essentiel, des éléments extérieurs au courant de l'assassinat "factice" prévu sont intervenus et ont tout fait basculer, préparant ainsi le terrain pour une dissimulation massive.

Nous soutenons ici que ce que nous avons décrit concernant la tragédie d'Oklahoma City est le scénario le plus probable du déroulement de l'attentat à la bombe, une conspiration qui a utilisé presque exactement le même modèle que celui utilisé pour l'exécution publique de John F. Kennedy.

Il semble donc probable que Timothy McVeigh ait eu connaissance d'un plan visant à faire exploser une bombe à l'extérieur du bâtiment Murrah à Oklahoma City. McVeigh et ses co-conspirateurs étaient surveillés et manipulés par ceux que nous décrivons comme des "forces supérieures" qui avaient la ferme intention de permettre l'explosion du camion piégé de McVeigh.

Parallèlement, il semble que certains membres des services de renseignement américains (en particulier le BATF) aient tenté de contrecarrer les plans de McVeigh, mais qu'ils aient échoué, soit en raison de l'incompétence classique du gouvernement, soit - dans un scénario plus sinistre - peut-être précisément parce qu'ils ont eux-mêmes été contrecarrés par leurs collègues, complices volontaires ou involontaires des "forces supérieures".

En fin de compte, le fait qu'une myriade d'agences gouvernementales américaines - dont le BATF, le FBI, la CIA et probablement d'autres - avaient été mises au courant des activités de McVeigh bien avant l'attentat (ainsi que de celles de Strassmeir) a mis le gouvernement dans une situation de dissimulation absolument nécessaire qui a conduit au scénario ultime du "kamikaze solitaire" qui est devenu la ligne officielle du gouvernement des États-Unis.

Comme nous l'avons vu, cependant, il existe suffisamment de preuves pour suggérer que les prétendues "connexions internationales" de l'attentat à la bombe d'Oklahoma City ne pointent pas vers Oussama ben Laden ou Saddam Hussein, qu'ils travaillent ensemble ou indépendamment l'un de l'autre.

Au lieu de cela, ils pointent du doigt Israël.

En définitive, nous affirmons que l'attentat à la bombe d'Oklahoma peut être attribué en dernier ressort à Israël : Les services secrets israéliens ont usé de leur influence considérable à de nombreux niveaux au sein des forces de l'ordre américaines - et par le biais d'opérations d'espionnage nationales telles que l'ADL et le Southern Poverty Law Center - pour manipuler Timothy McVeigh (et ses divers associés, dont Andreas Strassmeir et d'autres) afin qu'ils mettent en œuvre la chaîne d'événements qui a conduit à la catastrophe d'Oklahoma City, le 19 avril 1995.

Et bien qu'il y ait eu des efforts répétés, dès le début, pour établir un lien entre la tragédie et Oussama ben Laden et/ou Saddam Hussein (tout cela étant l'œuvre des services de renseignements israéliens et de ceux qui se trouvent dans leur sphère d'influence), il y a eu suffisamment de résistance au sein du gouvernement américain pour que ce plan israélien visant à déclencher une réaction militaire américaine soit arrêté dans son élan.

Cependant, le 11 septembre 2001, nous pensons qu'Israël a accompli (à une échelle bien plus grande) ce qu'il avait tenté, et échoué, à Oklahoma City : orchestrer un événement terroriste choquant sur le sol américain, l'imputer aux "Arabes" et préparer le terrain pour une intervention militaire des États-Unis au Moyen-Orient.

Et terminons en notant ceci : *rien ne permet de réfuter ce scénario d'une implication probable d'Israël dans l'attentat à la bombe d'Oklahoma City.*

Il n'en reste pas moins que la plupart des enquêteurs indépendants honnêtes reconnaissent aujourd'hui qu'Andreas Strassmeir était un informateur infiltré du Southern Poverty Law Center (SPLC) et que les autorités américaines chargées de l'application de la loi étaient au courant. En outre, il ne fait absolument aucun doute que le SPLC et la Ligue anti-diffamation du B'nai B'rith agissent depuis longtemps conjointement (et indépendamment) en tant qu'agents du lobby israélien en Amérique. Et tout ceci n'aborde même pas le point évident que Strassmeir, malgré ses propres connexions à l'étranger, avait un passé d'implication avec Israël, ayant même une petite amie israélienne.

Poursuivre plus loin ne ferait qu'insister sur le fait qu'Israël a très certainement joué un rôle dans l'attentat à la bombe d'Oklahoma City. La vérité est que les boucs de Juda - l'ennemi intérieur - ont été utilisés efficacement par les éléments sionistes à maintes reprises dans l'histoire américaine, et Oklahoma City, ainsi que l'assassinat de JFK et le 11 septembre, n'en sont que quelques exemples parmi les plus notables.

CHAPITRE XXXIX

La justice talmudique... Les méfaits criminels de Michael Chertoff : Tacticien en chef de la campagne sioniste visant à crucifier Jim Traficant et David Duke

L'ancien fonctionnaire du ministère de la justice (fervent partisan d'Israël) qui a inventé de fausses accusations de "corruption" contre deux éminents critiques du lobby israélien occupe aujourd'hui l'un des postes les plus puissants des États-Unis : celui de chef de la sécurité intérieure.

La façon dont Michael Chertoff a envoyé en prison fédérale Jim Traficant (D-Ohio), alors membre du Congrès américain, et David Duke (R-La.), ancien représentant de l'État, est instructive. Elle en dit long sur "qui gouverne" aux États-Unis aujourd'hui et constitue une étude de cas parfaite sur la manière dont le système "judiciaire" est utilisé pour punir ceux qui remettent en question le pouvoir sioniste en Amérique.

Lorsque le président George W. Bush a nommé M. Chertoff au poste de secrétaire à la sécurité intérieure, cette nomination a été largement saluée par les médias pro-israéliens. Chertoff devenait la figure centrale qui déterminait et dictait "qui est un patriote et qui ne l'est pas" à des milliers d'agents chargés de l'application de la loi à travers le pays. Les républicains ont déclaré que Chertoff était un "merveilleux conservateur juif", que Chertoff - présenté par les médias comme "le fils d'un rabbin" - était un assistant du procureur américain qui avait "démantelé la mafia" et qui avait ensuite "servi avec distinction" en tant que chef de la division criminelle du ministère de la justice sous la direction du procureur général de l'époque, John Ashcroft.

Il s'agit là de détails sommaires, mais les aspects non divulgués du parcours de M. Chertoff vers le pouvoir soulèvent de réelles questions quant à l'opportunité d'occuper un poste aussi sensible. Ce qui n'a pas été rapporté - sauf par Christopher Bollyn dans *American Free Press* - c'est que la mère de Chertoff, citoyenne d'Israël, avait travaillé pour les services de renseignement israéliens. Et, bien sûr, pendant de nombreuses années, Chertoff lui-même a fait partie du réseau néo-conservateur pro-israélien "ex-trotskiste" qui est le principal moteur de la toile d'influence sioniste dans le Washington officiel d'aujourd'hui.

Chertoff est un protégé de l'équipe père-fils de propagandistes sionistes, Irving et William Kristol. Dès le 29 janvier 1996, *The Weekly Standard* - la revue "néo-conservatrice" financée par Rupert Murdoch et éditée par William Kristol - présentait Chertoff comme une figure montante à Washington, signe évident que Chertoff était approuvé par la dynastie Rothschild qui se trouve derrière l'empire médiatique de Murdoch.

M. Chertoff fait partie des membres fondateurs d'un groupe juridique connu sous le nom de Federalist Society, qui a été financé par des fondations appartenant à la sphère d'influence de M. Kristol, à savoir la Lynde and Harry Bradley Foundation et la John M. Olin Foundation. Ces fondations sont connues pour leurs liens avec des éléments extrémistes en Israël et avec des fabricants d'armes qui tirent profit de la "relation spéciale" des États-Unis avec Israël.

Tout cela est d'autant plus important que, en tant que chef de la division pénale du ministère de la justice, M. Chertoff a relâché des dizaines d'Israéliens que le FBI avait arrêtés après les attentats du 11 septembre, les soupçonnant d'avoir eu connaissance de cette tragédie ou d'y avoir participé.

Bien que John Ashcroft - un chrétien fanatique d'Israël - dirige le département, Chertoff est le véritable pouvoir en coulisses.

Et sur la base de sa carrière à la Justice, il est approprié de surnommer Chertoff "le Beria de Bush", rappelant Lavrenti Beria, le célèbre bourreau en chef du dirigeant soviétique Josef Staline, bien que l'analogie puisse contrarier les amis "ex-trotskystes" de Chertoff. Quoi qu'il en soit, le dossier montre que Chertoff était un bourreau politique au service de la cause sioniste.

Sa première grande victime a été le député Jim Traficant (D-Ohio), un franc-tireur populiste. Chertoff terminait un travail que le ministère de la justice n'avait pas réussi à mener à bien une vingtaine d'années auparavant.

En 1983, alors que Chertoff entrait au service du ministère de la justice (en tant que procureur adjoint) et que Traficant était un shérif de comté populaire dans l'Ohio, Traficant a mené sa propre défense avec succès contre des accusations criminelles douteuses du ministère de la justice selon lesquelles il aurait accepté des pots-de-vin de la part de la "mafia". En acquittant Traficant, le jury a renvoyé à Washington des avocats du ministère de la Justice embarrassés. Peu après, les électeurs de l'Ohio ont également envoyé Traficant à Washington : en 1984, le shérif (un héros populaire local) a été élu au Congrès, s'imposant bientôt comme le seul critique sérieux du pouvoir en place au cours de la dernière décennie du 20e siècle.

Lorsque Chertoff a eu l'occasion de "coincer" Traficant, il l'a fait. Bien que des dizaines de membres du Congrès aient pu être condamnés pour des délits majeurs impliquant un trafic d'influence souvent très ouvert mais *jamais* poursuivi, Chertoff a passé plusieurs années à monter des accusations douteuses (et tout à fait loufoques) contre Traficant.

En fait, voici quelques-uns des véritables "crimes" de Traficant aux yeux de l'élite qui a fait des heures supplémentaires pour envoyer Traficant en prison :

- Critiquer l'Internal Revenue Service et appeler à une protection accrue des droits des contribuables sous le feu des critiques de l'IRS ;

- Adopter une position intransigeante contre l'ALENA, l'Organisation mondiale du commerce et le soi-disant "libre" commerce, et préconiser des mesures protectionnistes pour protéger les emplois américains et défendre l'industrie nationale ;

- S'attaquer à la corruption au sein du FBI et du ministère de la justice ;

- Attaquer les prédateurs de Wall Street et soulever des questions sur l'enrichissement d'intérêts financiers de haut niveau par le biais des pratiques de prêt de la Banque mondiale et du Fonds monétaire international ;

- Appeler au retrait des troupes américaines dans le monde entier et remettre en question l'ingérence des États-Unis dans les affaires des autres nations ;

- Accuser les décideurs politiques américains de trahison pour avoir transmis à la Chine rouge des technologies nucléaires et de défense américaines ultrasecrètes ;

- Exiger l'envoi de troupes américaines pour garder la frontière mexicaine et empêcher les hordes continues d'étrangers illégaux - et de terroristes potentiels - d'entrer aux États-Unis ; et - dernier point, mais loin d'être le moindre - exiger que des troupes américaines soient envoyées pour garder la frontière mexicaine :

- Remettre en cause le soutien unilatéral des États-Unis à Israël au détriment de la sécurité et des intérêts des États-Unis. En fait, Traficant a été le seul membre du Congrès, au lendemain des attentats du 11 septembre, à souligner que le soutien des États-Unis à Israël était à l'origine de la tragédie.

Malgré *tout*, en fin de compte, c'est l'audacieux défi public lancé par Traficant au lobby israélien qui a été - de l'avis même de Traficant - la raison pour laquelle le ministère de la Justice, dominé par les sionistes, était si déterminé à exclure Traficant du Congrès et à l'envoyer en prison.

En fait, en 1983, au moment de la première attaque du ministère de la Justice contre Traficant - et tout au long des années de gouvernement du GOP sous Ronald Reagan et George H.W. Bush - la Justice (ainsi que d'autres agences fédérales) a été pénétrée à des postes clés par des membres d'une clique agissant comme un groupe de pression "interne" pour les intérêts sionistes. L'existence de ce groupe, connu sous le nom de "Nesher" (aigle en hébreu), a été révélée par le regretté Andrew St. Bien que Nesher ait reconnu que les opinions sionistes de ses membres influençaient leurs décisions politiques, l'article a suscité la controverse et une personnalité de Nesher a menacé d'intenter un procès en diffamation. Cependant, St. George a habilement divulgué les preuves dont il disposait pour étayer son histoire, et Nesher a fait marche arrière. Mais Nesher - souvent appelé "le lobby talmudiste" par ses détracteurs - est toujours en place, *même aujourd'hui...*

Ce n'est pas une coïncidence si *The Spotlight* a été fermé en 2001 par le juge fédéral corrompu S. Martin Teel, qui avait été avocat au ministère de la justice sous la coupe d'un agent clé de Nesher, le vice-procureur général Arnold Burns, alors embourbé dans un horrible scandale de vol, par des fonctionnaires du ministère de la justice, d'un logiciel de surveillance de haute technologie appartenant à l'entreprise INSLAW. En fait, INSLAW a découvert que les données volées avaient été remises aux services de renseignement israéliens, pour lesquels Burns était connu pour avoir fait de nombreuses "faveurs" au fil des ans.

Lorsque INSLAW a intenté un procès contre les voleurs, Teel était l'avocat du ministère de la Justice qui s'est opposé à ce procès et a été récompensé par son poste de juge après que le juge chargé de l'affaire (qui avait statué contre le ministère de la Justice) a été contraint de quitter ses fonctions par Arnold Burns, un agent de Nesher.

Un détail concernant Nesher et INSLAW permet de faire le tour de la question de l'accusation de Jim Traficant : il s'avère que l'unité du ministère de la Justice qui a volé le logiciel d'INSLAW était l'Office of Special Investigations (OSI), l'unité de chasse aux nazis du ministère de la Justice, qui collabore avec le Mossad. Traficant a révélé l'imposture de l'OSI lorsqu'il a pris la défense de l'Américain naturalisé d'origine ukrainienne John Demjanjuk, ouvrier automobile retraité de Cleveland (Ohio), qui avait été faussement accusé par des groupes juifs et par l'OSI d'être "Ivan le Terrible", un soi-disant "gardien de camp de la mort nazi". Pendant toute la période où les sionistes de l'OSI ont persécuté Demjanjuk, Traficant a été le seul membre du Congrès à prendre sa défense, s'attirant ainsi l'ire des groupes juifs et du réseau Nesher.

Déchu de sa nationalité et envoyé en Israël où il a été accusé et condamné pour crimes de guerre, Demjanjuk a échappé à la corde du pendu lorsque, en 1993, la Cour suprême israélienne a annulé sa condamnation, admettant que Traficant et d'autres avaient prouvé que Demjanjuk avait été identifié à tort comme étant "Ivan". Traficant s'est alors rendu en Israël pour ramener Demjanjuk chez lui. Malgré tout, la bande à Chertoff et l'OSI ont lancé de nouvelles accusations contre Demjanjuk, affirmant que s'il n'était pas "Ivan", il était toujours un criminel de guerre nazi et devait être déporté.

Quoi qu'il en soit, Traficant était clairement une cible sioniste, et le principal Nesherite du ministère de la Justice, Chertoff, a commencé à s'en prendre à lui. Utilisant près de 100 avocats et agents du FBI, Chertoff a dépensé quelque 10 millions de dollars sur plusieurs années en traînant les amis et associés de Traficant - même des personnes n'ayant qu'un lien tertiaire avec Traficant - devant un grand jury qui a duré longtemps dans l'espoir d'obtenir une inculpation quelconque contre Traficant.

Le stratagème de Chertoff consistait à inculper un certain nombre d'associés de Traficant dans l'Ohio et à leur proposer des "marchés" en échange de la fourniture de "preuves" de la corruption de Traficant, ou à les menacer d'inculpation s'ils ne témoignaient pas contre Traficant. Grâce à cette tactique, Chertoff a construit, pour la consommation publique, l'image d'une vaste corruption entourant Traficant. Les médias contrôlés par les sionistes ont activement aidé Chertoff à promulguer cette image. Les médias n'ont cessé d'alimenter des histoires sur la "mafia" et le "crime organisé" dans la ville natale de Traficant, comme pour suggérer que Traficant - un Italo-Américain - en faisait partie. Souvent, ces histoires n'avaient rien à voir avec Traficant. Et malgré le drame de la "mafia" dans les médias, *aucune des accusations portées par M. Chertoff contre M. Traficant n'avait le moindre rapport avec le crime organisé.*

Chertoff et les médias ont parlé de "racket" de la part de Traficant, utilisant ce terme juridique spécifique pour évoquer le scénario du "gangster" dans l'esprit du public. Ce soi-disant racket aurait fait partie d'un soi-disant "modèle de corruption" de la part de Traficant. Ce "racket" comprenait des méfaits aussi infâmes que le fait de demander à un membre du personnel du Congrès d'aider aux tâches ménagères dans la ferme de Traficant dans l'Ohio et d'aider à réparer la péniche branlante sur laquelle Traficant vivait dans le port de Washington parce qu'il n'avait pas les moyens de s'offrir un appartement élégant en raison d'une saisie-arrêt de ses salaires par le fisc.

Si les charges retenues contre Traficant semblent sinistres - telles que "conspiration en vue de violer les lois sur la corruption, recherche et acceptation de gratifications illégales, obstruction à la justice, conspiration en vue de frauder le gouvernement, évasion fiscale et racket" - une analyse approfondie démontre que ni les actions ni les intentions de Traficant n'étaient illégales, ni même vaguement sinistres.

Traficant a été accusé de crimes aussi odieux que d'avoir permis à un électeur (qui était un ami personnel) de couler du béton dans sa ferme. Chertoff a déclaré qu'il s'agissait de "corruption" parce que Traficant avait écrit une lettre demandant qu'un contrat fédéral soit attribué à l'entreprise de construction de son ami (qui employait de nombreuses personnes dans le district de Traficant). Ce n'était pas un crime. Il s'agissait d'un service à l'électeur à l'ancienne (et honorable).

Lorsque Traficant a été jugé, la juge, Lesley Wells, a montré à plusieurs reprises son hostilité à l'égard du franc-tireur populiste. À un moment donné, elle a refusé à Traficant le droit d'appeler un témoin expert, un enquêteur spécialisé dans la criminalité financière, qui pouvait réfuter le mensonge selon lequel Traficant avait forcé un collaborateur, Allen Sinclair, à lui verser un pot-de-vin régulier de 2 500 dollars prélevé sur le salaire de Sinclair.

L'enquêteur avait découvert qu'à chaque fois que Sinclair retirait 2 500 dollars de son compte personnel, la même somme était versée sur le compte fiduciaire de l'avocat de Sinclair. Les procureurs ont affirmé que l'argent avait été remis en espèces à Traficant. Cependant, le juge n'a pas autorisé l'enquêteur à témoigner. Ce témoignage (s'il avait été entendu par le jury) aurait certainement porté un coup fatal à la conspiration visant à crucifier Traficant.

Auparavant, lors de la sélection du jury, le juge n'avait pas autorisé Traficant à interroger les jurés potentiels sur leurs associations politiques, une question pertinente puisque l'AIPAC et d'autres groupes juifs avaient publiquement pris Traficant pour cible en tant qu'"ennemi". Traficant espérait déterminer si les jurés potentiels étaient associés à de telles organisations hostiles.

En fin de compte, il s'est avéré qu'une jurée juive a provoqué une telle agitation pendant les délibérations du jury qu'elle a harcelé sans relâche les autres jurés - qui tenaient à acquitter Traficant - jusqu'à ce qu'ils votent finalement pour le condamner, juste pour faire taire cette femme infernale et mettre un terme à l'affaire. En outre, des preuves solides sont apparues depuis lors, prouvant que Chertoff et son homme de main se sont clairement rendus coupables de parjure, forçant les témoins à mentir afin de condamner Traficant. (Traficant a été condamné et, contrairement à d'autres personnalités publiques reconnues coupables de crimes et autorisées à rester en liberté jusqu'à l'épuisement de leurs recours, la juge vicieuse a ordonné que Traficant soit immédiatement placé en détention au moment où elle a prononcé sa peine de neuf ans d'emprisonnement. À l'heure où nous écrivons ces lignes, Traficant est derrière les barreaux depuis le 30 juillet 2002.

Depuis lors, Traficant n'a accordé qu'une seule interview à un journaliste, cet auteur, Michael Collins Piper, représentant de l'*American Free Press* (AFP), s'entretenant par téléphone avec Traficant le 2 août 2002, alors qu'il était assis dans sa cellule de détention dans une prison de l'Ohio, avant son transfert à la prison fédérale. "Votre journal est le seul auquel j'ai accepté de parler", a déclaré M. Traficant, qui a fait remarquer que l'AFP était le seul média aux États-Unis à exposer la nature de la conspiration visant à le détruire.

Malgré son emprisonnement, Traficant s'est présenté aux élections de 2002 (en tant qu'indépendant) et a remporté 15 % des voix dans une course à trois. Il jouit toujours d'une grande estime dans son pays et dans tout le pays, mais il est toujours incarcéré dans une prison fédérale, victime du pouvoir sioniste. Bien qu'il ait été dit que Traficant pourrait bénéficier d'une libération anticipée s'il admettait ses "crimes" et s'en excusait, Traficant a déclaré qu'il n'admettrait pas les crimes qu'il n'a pas commis afin d'obtenir une réduction de sa peine.

Tout comme dans l'affaire Traficant, les "grands" médias ont fait leurs choux gras de la nouvelle selon laquelle un autre critique du lobby israélien - l'ancien représentant de l'État de Louisiane David Duke - avait été "mis dans le sac" par le ministère de la Justice de Michael Chertoff. Les gros titres s'exclamaient : "David Duke plaide coupable pour avoir défendu le lobby israélien" : "David Duke plaide coupable d'avoir escroqué ses partisans". Des termes lourds comme "évasion fiscale", "fraude postale" et "blanchiment d'argent" ont résonné sur les ondes, rappelant les erreurs d'orientation et les mensonges des médias dans l'affaire Traficant.

Malgré le battage médiatique, il n'a jamais été noté que Duke - comme Traficant - était victime d'une vendetta sioniste. Un examen attentif de l'affaire Duke montre qu'il ne fait aucun doute que les poursuites engagées contre lui étaient injustifiées. Comme Traficant, Duke a été confronté à un scénario cauchemardesque de la "Twilight Zone" concocté par des procureurs soutenus par les sionistes qui voulaient faire taire - et emprisonner - une personnalité au franc-parler qui jouissait d'une audience nationale et qui servait d'avertissement aux autres dissidents : "Cela pourrait vous arriver".

Et malgré ce que certains partisans de Duke auraient pu croire, l'opposition de Duke à la discrimination positive n'était pas un problème pour les sionistes, comme le prouve le fait que les deux principales forces sionistes - l'ADL et le Congrès juif américain - s'opposent toutes deux à la discrimination positive. La seule raison de la volonté de crucifier Duke était que Duke - comme Traficant - remettait en cause le pouvoir du lobby israélien en Amérique.

Bien que la campagne du département de la justice contre Duke ait commencé sous l'ère Clinton, l'enquête traînait en longueur car, après tout, Duke n'avait commis aucun crime et aucune preuve n'avait pu être trouvée.

L'une des raisons de cette première enquête semble avoir été les rumeurs qui circulaient à propos de Duke par un ancien partisan de Duke qui nourrissait depuis longtemps une rancune personnelle assez bizarre (peut-être même pathologique) à l'égard de Duke. Jaloux de la bonne mine et de l'attrait populaire de Duke, sans parler du fait qu'il rêvait de convertir les soutiens financiers de Duke en ses propres soutiens, l'agitateur disait à qui voulait bien l'entendre que "Duke est corrompu". Il était inévitable que ces rumeurs parviennent aux autorités fédérales.

Toutefois, compte tenu du fait que ce lanceur de rumeurs était proche du désormais célèbre faux "avocat nationaliste" Kirk Lyons - clairement une sorte d'agent du gouvernement - il se peut que ces rumeurs fassent partie d'une opération de type COINTELPRO, conçue pour servir de prétexte à une enquête criminelle sur les finances personnelles et les activités politiques de Duke.

Lorsque Chertoff, le pilier pro-israélien de l'administration Bush, a pris les rênes du ministère de la Justice en 2001, la campagne visant à coincer Duke s'est accélérée. Après la tragédie du 11 septembre, lorsque Duke a publiquement exposé les preuves de l'implication d'Israël dans les attentats et décrit comment Chertoff a permis à des Israéliens placés en garde à vue par le FBI (soupçonnés d'être impliqués dans les attentats du 11 septembre) de rentrer chez eux en Israël, Chertoff a intensifié la campagne visant à "coincer Duke".

Ainsi, il n'y a jamais eu de doute sur le fait que Duke serait inculpé d'*un quelconque* chef d'accusation, même s'il s'agit d'un chef d'accusation de pacotille ou d'un chef d'accusation banal. Duke connaissait bien le vieil adage selon lequel : "Un procureur américain peut inculper un sandwich au jambon s'il le souhaite".

Dans l'affaire Traficant, Chertoff s'est donné beaucoup de mal pour "piéger" Traficant en utilisant de faux témoignages. Dans l'affaire Duke, la technique était plus subtile : Chertoff a pris le fait que Duke jouait et en a fait une affaire fédérale. *Ce n'était un secret pour personne que Duke jouait, un* moyen de diversion juridique très prisé. Des années auparavant, lors des campagnes largement médiatisées de Duke pour les postes de gouverneur et de sénateur des États-Unis, la presse avait rapporté que Duke jouait.

Cependant, les Nesherites de la Justice sous Chertoff ont eu l'idée de construire un scénario *criminel* autour des jeux d'argent de Duke en disant qu'en jouant, Duke "fraudait" les personnes qui lui avaient envoyé des contributions pour soutenir ses efforts politiques. Le FBI a saisi les documents financiers de Duke et a ensuite contacté les contributeurs de Duke pour les informer - si tristement - qu'il était de leur sinistre devoir de révéler qu'il avait été "découvert" que "Duke joue avec l'argent que vous lui envoyez".

Il y avait probablement des collaborateurs de Duke qui n'aimaient pas que Duke (ou qui que ce soit d'autre) joue. Mais Duke n'a jamais essayé de prétendre qu'il travaillait de 9 à 5 sur une chaîne de montage. Les sympathisants de Duke savaient que pour continuer à écrire, à parler et à voyager au nom de son travail, Duke avait besoin de leur aide financière, et ils la lui accordaient volontiers.

Selon la même théorie, si Duke avait été un buveur (ce qui n'est pas le cas), les procureurs corrompus auraient pu s'adresser aux partisans de Duke et leur dire : "Duke va boire avec l'argent que vous lui envoyez".

En fin de compte, Chertof et le gang Nesher du ministère de la Justice ont monté un dossier criminel tout à fait frauduleux contre Duke, un dossier qui découle du fait que la vie personnelle et les revenus de Duke sont indissociables de son implication dans les affaires publiques - une avocation à plein temps pour Duke.

Un tel scénario de poursuites pourrait certainement être concocté contre pratiquement n'importe quel dissident qui s'exprime ouvertement en Amérique aujourd'hui et dont une partie des revenus provient de son activité politique - même le soi-disant "nationaliste" qui a lancé les premières rumeurs sur la "corruption" présumée de Duke.

Voilà donc la "substance" du mensonge de Chertoff selon lequel Duke aurait "escroqué" les gens.

Afin de rendre les allégations encore plus inquiétantes pour les partisans de Duke et pour le public, Chertoff a préparé un acte d'accusation qui comportait un large éventail d'accusations multiples (et répétitives) découlant du même ensemble d'allégations (fausses, inventées de toutes pièces). S'il avait été reconnu coupable de tous les chefs d'accusation, Duke aurait pu être condamné à 30 ans de prison.

Étant donné que Duke serait poursuivi devant ce qui serait presque certainement un jury majoritairement noir - auquel les médias rappelleraient régulièrement que Duke avait été membre du Ku Klux Klan - les avocats de Duke lui ont conseillé d'accepter un accord de plaidoyer. Duke a donc reconnu sa culpabilité pour deux chefs d'accusation précis - évasion fiscale et fraude postale - plutôt que d'aller au procès et de risquer d'être condamné pour tous les chefs d'accusation.

À la suite de cette négociation, Duke a passé treize mois en prison, mais il est finalement rentré chez lui devant une assemblée enthousiaste de ses partisans qui savaient parfaitement que Duke avait été la victime d'un voyou sioniste malfaisant, laid et malhonnête du nom de Michael Chertoff.

La démonstration choquante du pouvoir brut de l'intrigant sioniste Chertoff, qui a corrompu et abusé du système judiciaire américain pour crucifier deux éminents critiques d'Israël, est en effet instructive et montre clairement à quel point l'Amérique s'est égarée.

Jim Traficant et David Duke ne sont pas les seules victimes des méfaits sionistes en Amérique et, malheureusement, ils ne seront probablement pas les derniers. Si l'on considère que l'homme responsable de leurs problèmes a été désigné chef de la "sécurité intérieure", l'avenir des dissidents politiques américains est en effet effrayant...

Et ainsi de suite...

Introduction à la partie VII

Ce qui nous attend...

Après avoir passé en revue les machinations et les intrigues des Boucs de Juda - L'Ennemi intérieur au cours de la seconde moitié du XXe siècle, il semble tout à fait approprié, pour conclure notre étude, de jeter un coup d'œil sur ce qui s'est passé dans les premiers jours du XXIe siècle.

Les boucs de Juda sont à l'œuvre - comme toujours - et font tout ce qui est en leur pouvoir (et en celui de leurs manipulateurs et contrôleurs en coulisses) pour subvertir le nationalisme américain traditionnel.

Dans les chapitres qui suivent, nous examinerons de plus près quelques-uns des Boucs de Juda des temps modernes et nous verrons précisément ce qu'ils semblent réserver aux Américains qui osent remettre en question l'autorité de ceux qui ont déterminé qu'ils étaient les mieux placés pour gouverner l'Amérique et le monde.

Ces ennemis de l'intérieur ont un programme international - une "guerre perpétuelle pour une paix perpétuelle", une guerre non seulement contre les terroristes mondiaux, mais aussi contre les "terroristes nationaux". Et ces "terroristes intérieurs" sont ceux qui s'opposent au Nouvel Ordre Mondial, qui n'est rien d'autre que le rêve sioniste de longue date de conquête du monde.

Et ne vous y trompez pas, la Russie, la Chine et même le Venezuela - sous l'égide de l'homme fort populiste Hugo Chavez - ainsi que les mondes arabe et musulman, de même que toutes les autres nations qui s'opposent à l'agenda sioniste, sont également dans le collimateur des sionistes. D'autres guerres sont en préparation.

La question est de savoir si les Américains vont accepter de mener ces guerres. Plus important encore, les Américains vont-ils s'unir - une fois pour toutes - pour stopper net les fauteurs de guerre internationaux ?

Il ne fait aucun doute que les Américains doivent mener une nouvelle guerre, mais cette fois-ci, il s'agit d'une guerre contre les "Juda Goats", l'ennemi intérieur...

CHAPITRE XL

Le phénomène Fox News : Comment les ploutocrates sionistes ont créé un "média alternatif"

Aux ordures des médias libéraux établis Dans les premières pages de ce volume, nous avons rencontré une poignée de boucs de Juda notoires dont les noms et les visages sont familiers à des millions d'Américains : Rush Limbaugh, Sean Hannity, Laura Ingraham, Anne Coulter et - en dernier lieu, mais non des moindres - Bill O'Reilly.

Tous sont des porteurs d'eau éprouvés (et grassement rémunérés) de la cause sioniste, et apparemment enthousiastes. Néo-conservateurs de premier (et de pire) ordre, cette équipe (à défaut d'un meilleur terme pour les décrire) doit une grande partie de sa renommée et de sa fortune à la promotion constante qu'ils reçoivent, eux et leurs opinions, ou plutôt les opinions de leurs maîtres et manipulateurs, par l'intermédiaire de Fox News.

Si Fox est le véritable sponsor des délires télévisés de Hannity et O'Reilly, les autres Boucs de Juda sont également régulièrement mis en avant par Fox qui, à toutes fins utiles, est devenue la principale voix populaire des médias de masse pour la ligne de propagande sioniste "néo-conservatrice".

C'est pourquoi il vaut la peine d'examiner Fox News et la manière dont cette chaîne est devenue une chèvre de Juda en soi.

Il ne fait aucun doute que Fox s'est imposée, peut-être plus encore que les trois réseaux "libéraux" (ABC, CBS et NBC), comme l'une des forces les plus dangereuses et les plus génératrices de discorde dans le monde actuel.

Fox, bien sûr, est le réseau de radiodiffusion détenu par la lointaine News Corporation, l'empire médiatique de l'Australien Rupert Murdoch. Jetons un coup d'œil rapide sur ce que constitue ce formidable empire médiatique :

- *Le* magazine *Weekly Standard,* dirigé pour Murdoch par le "néo-conservateur" William Kristol, fils du parrain néo-conservateur "ex-trotskiste" Irving Kristol. (Ce magazine est l'une des publications les plus bruyantes - et non les plus discrètes - de l'Amérique d'aujourd'hui, la bible virtuelle de la politique étrangère de l'administration "Dubya" Bush, et la seule publication qui peut véritablement s'attribuer le mérite d'avoir jeté les bases de la propagande pour la débâcle américaine en Irak) ;

- 175 journaux différents, dont *News of the World, The Sun, The Sunday Times* et *The Times*, publiés en Grande-Bretagne, et, peut-être plus particulièrement, *The New York Post*, ce dernier étant l'une des principales voix de la cause sioniste en Amérique ;

- Studios de cinéma Twentieth Century Fox ;

- Les stations de télévision Fox, dans les principaux marchés métropolitains, y compris : Washington, D.C., Chicago, Philadelphie, Boston, Minneapolis, Detroit, Atlanta, Baltimore, Orlando, Cleveland, Phoenix, Denver, St. Louis, Milwaukee, Kansas City, Salt Lake City, Birmingham, Memphis, Greensboro (Caroline du Nord), Austin et Ocala (Floride) ;

- La télévision par satellite à diffusion directe, qui couvre les cinq continents, notamment Foxtel ;

- Fox News (cable) Channel et d'autres chaînes câblées, atteignant 300 millions d'abonnés ;

- De grandes maisons d'édition, telles que HarperCollins Publishers (qui contrôle aujourd'hui des maisons d'édition aussi renommées que William Morrow & Company, Avon Books, Amistad Press et Fourth Estate) ainsi que Regan Books et Zondervan.

Il s'agit manifestement d'un empire médiatique majeur. La manière dont il est parvenu à exercer un tel pouvoir et une telle influence, allant jusqu'à dicter les affaires américaines, est une histoire instructive, qui illustre bien les machinations des Boucs de Juda - l'Ennemi intérieur. Pour examiner le phénomène Fox, il faut remonter au milieu et à la fin des années 1960.

Au cours de cette période, de nombreux Américains ont commencé à percevoir une orientation "libérale" déterminée et délibérée dans la couverture de l'actualité par les trois principaux réseaux de télévision (ABC, CBS et NBC), CBS et son présentateur de longue date, Walter Cronkite, étant souvent considérés comme les plus "libéraux" des trois.

Les Américains ont décelé beaucoup de propagande libérale dans le contenu des programmes télévisés quotidiens, des messages politiques flagrants étant diffusés dans le contenu des dramatiques télévisées, des comédies de situation et des téléfilms.

De plus, le contenu de la programmation a commencé à se concentrer sur ce que l'on peut qualifier de "sordide" - et c'est un euphémisme.

Les valeurs traditionnelles américaines sont devenues la cible de l'humour vulgaire des toilettes et la foi chrétienne a été constamment défendue comme une forme virtuelle du mal, responsable des tragédies du passé. Les pères fondateurs de l'Amérique ont été dépeints comme diaboliques et les figures de la contre-culture ont été présentées comme des modèles pour la jeunesse américaine. La liste des plaintes très valables concernant les trois grands réseaux, leur couverture de l'actualité et leur programmation pourrait s'allonger à l'infini.

Au fur et à mesure que les Américains devenaient de plus en plus conscients de la saleté et de la propagande "libérale", beaucoup de gens - mais pas assez, malheureusement - ont commencé à regarder de plus près le "qui" - plutôt que le "quoi" - des trois grands réseaux. En d'autres termes, les Américains ont commencé à reconnaître que les trois grands réseaux étaient des méga-corporations étroitement contrôlées, détenues par une minuscule clique de familles et de groupes financiers imbriqués les uns dans les autres, qui étaient en grande partie d'origine juive.

En outre, l'influence juive au niveau de la rédaction et de la gestion dans les divisions "actualités" des trois grands réseaux devenait de plus en plus évidente. En bref, les gens ont commencé à reconnaître que les réseaux "libéraux" étaient effectivement les voix médiatiques d'une élite juive dont les valeurs - et les intérêts - ne représentaient en aucun cas ceux de la grande majorité du peuple américain.

En conséquence, un net mécontentement a commencé à se manifester non seulement à l'égard des trois grands réseaux, mais aussi à l'égard d'un discours de plus en plus répandu dans les régions centrales sur la "mainmise juive sur les médias". Bien sûr, de nombreuses personnes n'ont pas discuté ouvertement de l'aspect juif du problème avec les chaînes, mais ce phénomène est resté constant (même s'il n'a été que discrètement exprimé).

À l'occasion, certains grands noms de la vie américaine - de l'ancien vice-président Spiro Agnew au général George Brown, président de l'état-major interarmées, en passant par des géants d'Hollywood tels que Robert Mitchum, Marlon Brando et le célèbre écrivain Truman Capote - ont osé dire publiquement qu'il existait une influence juive démesurée sur les principaux médias américains (ou qu'ils les contrôlaient).

En fin de compte, cette désillusion à l'égard de l'industrie de la radiodiffusion et de ses machinations a préparé le terrain, à bien des égards, pour l'ascension de Ronald Reagan et son élection à la présidence en 1980. Les Américains étaient à la recherche d'un changement et, bien que Reagan ait promis un "nouveau conservatisme", il s'est finalement avéré qu'il s'agissait de quelque chose d'entièrement différent. Mais les Américains étaient avides d'une alternative aux médias "libéraux" et Rupert Murdoch est venu à la "rescousse" - du moins, c'est ce qu'il semblait.

Les Américains qui en avaient assez des médias "libéraux" avaient désormais un sauveur autoproclamé, un magnat des médias haut en couleur né à l'étranger qui semblait partager leur mécontentement et qui semblait vouloir offrir une véritable "alternative". Mais cette "alternative" n'est pas ce que la plupart des Américains recherchaient vraiment, et nombreux sont ceux qui ne semblent pas comprendre qu'ils ont été dupés - en fait, dupés à grande échelle.

Bien que déjà bien établi en Australie en tant que puissance médiatique croissante, Murdoch a discrètement reçu le parrainage international et le soutien financier de certaines des familles juives les plus riches et les plus puissantes du monde : les Rothschild d'Europe, les Bronfman du Canada et les Oppenheimer d'Afrique du Sud. Fort de leur soutien, il a commencé à étendre son empire en Grande-Bretagne et dans le monde entier.

En peu de temps, Rupert Murdoch est devenu l'élément le plus "chaud" des médias mondiaux et s'est rapidement mis en route pour atteindre une richesse dépassant ses rêves les plus fous et un pouvoir politique immense grâce à l'essor de son empire News Corporation et de l'industrie lucrative de la publicité. Il n'est donc pas étonnant que Murdoch lui-même soit considéré, avec les Rothschild, les Bronfman et les Oppenheimer, comme faisant partie d'un groupe décrit à juste titre sur comme "le gang des quatre milliardaires".

Aujourd'hui, bien établies, les voix médiatiques de Murdoch, en particulier Fox News, insistent sur les questions brûlantes - telles que l'avortement, les droits des homosexuels, la prière dans les écoles - qui attisent les animosités entre les organisations dites de "droite chrétienne" et les groupes et institutions auxquels elles s'opposent.

Pendant ce temps, ironiquement, d'autres médias de Murdoch, tels que Fox Television, sont responsables de la promotion de certaines des pires ordures jamais diffusées sur les écrans de télévision américains. Pourtant, pour une raison ou une autre, les gens de la droite chrétienne qui se délectent de l'orientation "conservatrice" de Fox News semblent ne pas comprendre que le conglomérat médiatique de Rupert Murdoch engrange des milliards de dollars de publicité en vendant de la saloperie.

Pendant ce temps, bien sûr, les médias Murdoch sont occupés à promouvoir les intérêts du mouvement sioniste. Et c'est là, avant tout, le point le plus important qu'il convient de reconnaître.

Bien que Murdoch et ses médias jouent le jeu de fournir une "alternative", ils fournissent en fait une "opposition contrôlée", maintenant les rangs américains "conservateurs" et "traditionnels" en ligne, vantant la cause sioniste comme une cause "américaine", une cause qui est pleinement en ligne avec non seulement "rendre à l'Amérique sa grandeur" (dans l'imagerie de la rhétorique Ronald Reaganesque) mais, en réalité, faire de l'Amérique un empire - et un empire qui est dirigé par l'élite sioniste.

En d'autres termes, Fox News promeut haut et fort - et avec fierté - le thème selon lequel l'Amérique est la voix de la raison et de la démocratie dans le monde et qu'il lui appartient, tout simplement, de diriger le monde.

Et c'est précisément - comme nous l'avons documenté dans notre ouvrage précédent, *La nouvelle Jérusalem* - l'agenda sioniste d'aujourd'hui : Les capitaux et les ressources de l'Amérique, ses militaires, ses hommes et ses femmes, son arsenal massif, doivent être utilisés pour l'établissement d'un imperium mondial afin de faire avancer l'agenda des ploutocrates sionistes bien nantis et de leur réseau international d'intérêts corporatifs alliés et d'âmes sœurs idéologiques.

S'il y a beaucoup de bons Américains qui croient à la propagande de Fox News (c'est-à-dire sioniste) selon laquelle l'Amérique doit utiliser son pouvoir "pour le bien", même au prix du sacrifice de milliers de vies d'Américains et d'autres personnes, il y a beaucoup plus d'Américains (et d'autres personnes dans le monde) qui ne partagent pas cette philosophie.

Cependant, Fox News - et d'autres éléments du réseau de propagande sioniste - ont commencé à mettre en avant le thème selon lequel quiconque s'oppose à ce programme mondial est en quelque sorte "anti-américain" et certainement "antisémite" (et aussi, même, "anti-chrétien").

Des lois telles que le "Patriot Act" et d'autres mécanismes de contrôle sont mis en place afin de supprimer toute dissidence à l'encontre de l'agenda sioniste. Fox News est en première ligne pour promouvoir ces projets orwelliens.

Nous n'avons pas besoin d'en dire plus à cet égard, si ce n'est pour avertir les patriotes américains sincères que Fox News n'est pas leur ami. Les Américains sincères doivent se méfier de Fox News et de ses têtes parlantes.

Les Américains doivent abandonner au vent l'idée que "la Fox dit beaucoup de bonnes choses" et renoncer au raisonnement selon lequel les voix de l'écurie Fox (ou devrions-nous dire "du caniveau" ?) comme Bill O'Reilly, Sean Hannity et d'autres ont "souvent raison". Fox et ses adhérents sont des dangers pour l'Amérique et pour le monde.

Fox News figure certainement parmi les plus dangereux des "Juda Goats - The Enemy Within" (les boucs de Juda - l'ennemi intérieur).

CHAPITRE XLI

L'agenda passé, présent et futur de l'ennemi intérieur : Déclarer que les patriotes américains sont le "véritable" ennemi intérieur

Le 29 mai 2005, *le Washington Post* a révélé que l'administration Bush réorientait sa fameuse "guerre contre le terrorisme" vers une nouvelle "stratégie contre l'extrémisme violent". Puis, précisément une semaine plus tard, le 5 juin, le *Post a* publié un commentaire bien en vue d'un ancien agent du FBI, Mike German - spécialisé dans l'infiltration de groupes dissidents de "droite" aux États-Unis - proposant que les autorités fédérales entament des efforts pour mener une guerre totale contre les groupes "extrémistes" nationaux perçus comme tels.

L'ancien agent du FBI soutient que ce qu'il appelle les groupes "extrémistes" américains constituent un terrain propice à la violence et doivent donc être traités essentiellement comme une association de malfaiteurs. "Derrière le terroriste solitaire, une mentalité de meute", titrait le commentaire de M. German. M. German a clairement indiqué que les groupes de "terroristes domestiques" qui, selon lui, nécessitent un traitement spécial, sont très divers. L'ancien agent infiltré du FBI n'a pas mâché ses mots en déclarant que ceux qu'il perçoit comme les terroristes potentiels de l'Amérique ne sont pas seulement ceux qui pourraient "ressembler" à des terroristes. German a écrit :

> Ils ne s'appellent pas toujours le KKK ou la milice ; ils utilisent parfois des noms anodins qui masquent leur véritable nature. Ils peuvent porter des symboles nazis sur leurs manches, mais pas forcément. Il peut s'agir de quelques vieux grincheux qui se rencontrent pour prendre un café dans un café local, de quelques jeunes punks en quête d'ennuis, ou même d'un homme assis dans sa cave qui discute sur des sites web néo-nazis. Mais ils font tous partie d'une communauté extrémiste clandestine.

Toutefois, a déclaré M. German, "de temps en temps, un adepte de ces mouvements fait une irruption violente dans notre monde, avec des conséquences mortelles". Il a cité un certain nombre d'individus ayant commis des crimes violents qui, dans le jargon des médias, avaient été "liés" à divers groupes dits "extrémistes". Bien qu'il existe sans aucun doute de nombreuses organisations qui pourraient être considérées comme "extrémistes", M. German n'établit pas de lignes de démarcation entre ce qui constitue de l'"extrémisme" et des expressions présumées respectables de la liberté d'expression. C'est là que les choses deviennent intéressantes et encore plus inquiétantes. German a affirmé que :

> Le fait que ces individus, après avoir été exposés à une idéologie extrémiste, aient tous commis des actes violents pourrait conduire une personne raisonnable à soupçonner l'existence d'une conspiration plus large. Imaginons un dirigeant très intelligent d'un mouvement extrémiste, qui comprend le premier amendement et les lois sur les associations de malfaiteurs, disant à ses partisans de ne pas dépendre d'instructions spécifiques.
>
> Il peut leur demander de se dissocier du groupe avant de commettre un acte violent, d'agir individuellement ou en petits groupes afin que les autres membres du mouvement puissent échapper à toute responsabilité pénale. Cette méthode crée une situation gagnant-gagnant pour le leader extrémiste - les objectifs violents du groupe sont atteints sans les conséquences juridiques.

En d'autres termes, German suggère qu'à chaque fois qu'un individu "lié" à un groupe "extrémiste" commet un crime, il n'est pas illogique de soupçonner que le groupe ou ses dirigeants en sont les instigateurs ; en fait, les expressions libres d'un individu ou d'un groupe, protégées par la Constitution, qui auraient pu d'une manière ou d'une autre influencer une autre partie à commettre un acte violent, doivent donc être traitées. En bref : il est temps de commencer à sévir contre ceux qui sont jugés coupables non pas d'un crime, mais seulement d'"extrémisme", quelle qu'en soit la définition. Il s'agit d'une conspiration des extrémistes, selon German, et il a ajouté que "fermer les yeux sur cette conspiration, c'est nier la réalité. Il s'agit de relier les points".

Affirmant que "l'idéologie néo-nazie est également l'une des principales causes de l'augmentation de la violence à l'école" - ce qui n'est pas tout à fait exact et ne tient pas compte de l'utilisation croissante de médicaments psychiatriques dans le traitement des écoliers, qui conduit souvent à la dépression et à la violence - German n'a cité que deux cas, les deux seuls (parmi beaucoup d'autres) qui soient même vaguement liés à l'idéologie "néo-nazie".

Le premier exemple cité par German est la tragique fusillade dans une école du Minnesota où un jeune Indien d'Amérique, manifestement admirateur d'Adolf Hitler, a tué plusieurs personnes avant de se suicider.

German fait également grand cas de l'affirmation selon laquelle la fusillade du lycée Columbine a été inspirée par une dévotion à Hitler. Cependant, German omet de noter que l'un des tueurs de Columbine, Dylan Klebold, était le descendant d'une famille importante dans la communauté juive de Columbus, dans l'Ohio, et que l'autre, Eric Harris, était également d'origine juive, du moins en partie. Les deux tueurs juifs de Columbine ne s'intéressaient apparemment pas à Hitler et au nazisme en tant qu'admirateurs du dirigeant allemand et de son idéologie, mais étaient au contraire farouchement antinazis, avaient une dent contre "l'Holocauste" et considéraient leur attaque contre leurs camarades d'école non juifs (y compris des Afro-Américains) comme un moyen de "se venger" des non-Juifs.

Tout cela, bien sûr, a été soigneusement passé sous silence par les médias, qui préfèrent suggérer que les deux meurtriers juifs psychotiques étaient plutôt des extrémistes antijuifs et des admirateurs d'Hitler !

En outre, il convient de noter qu'un éminent psychiatre, le Dr Robert John, croit fermement, sur la base de sa propre étude, à un thème qu'un autre éducateur, le Dr Philip Glidden, a repris dans son propre livre, *Trading on Guilt : Holocaust Education in the Public Schools*, à savoir que les "études sur l'Holocauste" dans les écoles publiques contribuent à la violence chez les jeunes en les désensibilisant à la violence par l'affichage constant d'images de violence. Cette seule raison devrait suffire à interdire l'enseignement des études sur l'Holocauste dans les écoles publiques.

Quoi qu'il en soit, German a carrément affirmé qu'"en fournissant à la fois le motif et la méthode de la violence", ces dirigeants [de groupes "extrémistes"] qui ont soi-disant "conçu une méthode pour masquer leur influence" font donc "partie de la conspiration" visant à commettre des actes de violence. Il a ajouté que "leur recours cynique aux droits du premier amendement, qu'ils n'accorderaient pas à d'autres, n'annule pas leur rôle".

German a conclu : "Les extrémistes solitaires posent un problème aux services de police car ils sont difficiles à prévoir. C'est comme chercher une aiguille dans chaque botte de foin. Peut-être aurions-nous plus de chance si nous accordions plus d'attention aux usines de fabrication d'aiguilles".

Ce qui a rendu le message de M. German si effrayant, c'est qu'il fait étrangement écho aux affirmations de longue date de la Ligue anti-diffamation (ADL) de B'nai B'rith - qui se présente comme un "chien de garde" surveillant les groupes "extrémistes" - selon lesquelles les commentaires auxquels l'ADL s'oppose constituent une "obscénité" et que cette "obscénité" peut conduire à la violence.

Par exemple, en 1988, à l'université Hofstra de New York, l'ADL a organisé un symposium juridique de trois jours intitulé "Diffamation de groupe et liberté d'expression : The Relationship Between Language and Violence" (Diffamation de groupe et liberté d'expression : la relation entre le langage et la violence).

Le forum s'est conclu par un appel vibrant en faveur de l'adoption d'une loi visant à interdire ce qui a été décrit comme de la "littérature de haine" par les soi-disant "extrémistes".

Les opinions exprimées par les intervenants en faveur de l'interdiction de la littérature haineuse s'articulent autour de deux idées :

- Que les mots, écrits ou prononcés, constituent en eux-mêmes une violence. (Par exemple, il suffit de traiter quelqu'un de "méchant" sans le menacer d'une quelconque action physique pour accomplir un acte de violence).

- Les mots, qu'ils soient écrits ou prononcés, ont un certain pouvoir qui crée une réalité pour la cible ou la victime de ces mots (par exemple, en traitant quelqu'un de "sale clochard", il en deviendra un). (Dans son discours d'ouverture, Monroe Freedman, professeur de droit à Hofstra, a déclaré qu'essayer de défendre la liberté d'expression tout en essayant de protéger les minorités contre ceux qui les "diffament" est un "paradoxe de la démocratie constitutionnelle". Selon Freedman :

> La diffamation de groupe peut créer un climat social réceptif à la haine et à l'oppression et les encourager. Si un groupe minoritaire peut être présenté comme moins qu'humain, méritant d'être puni, ou comme une menace pour la communauté en général, l'oppression de cette minorité est une conséquence probable.
>
> Nous savons aussi que le langage lui-même peut blesser, qu'il y a des mots qui, par leur seule prononciation, infligent des blessures... Lorsque le message est violent, le langage peut lui-même être une violence.

Le député John Conyers (D-Mich.) a parlé de la "douleur psychique" infligée par le langage. Un autre orateur, Elie Wiesel, qui se décrit lui-même comme un "survivant de l'Holocauste", a estimé que ceux qui se livrent à la diffamation en groupe devraient être "combattus" et "traités avec sévérité".

La conférence a été l'occasion d'une plaidoirie sur la proposition gagnante d'un concours organisé entre des étudiants en droit de tout le pays pour rédiger un modèle de loi qui pourrait être utilisé pour poursuivre ceux qui se livrent à ce que l'on appelle la "diffamation de groupe". Le premier prix a été décerné à un modèle de loi définissant la diffamation de groupe comme suit :

> Tout discours oral, écrit ou symbolique, publié avec malveillance, qui avilit, dégrade ou remet en question la loyauté, les capacités ou l'intégrité des membres d'un groupe sur la base d'une caractéristique prétendument commune aux membres de ce groupe, ou qui, par son énoncé même, inflige un préjudice aux membres d'un groupe, ou qui encourage l'animosité à l'égard d'un groupe.

Un "groupe" est défini comme "une agrégation de personnes identifiées par une race, une religion, une origine nationale, une ethnie ou un sexe communs, ou sur la base de l'hétérosexualité ou de l'homosexualité".

La loi proposée prévoit la création d'une agence chargée de surveiller les actes de diffamation collective, d'évaluer l'impact de tout discours diffamatoire à l'égard d'un groupe et de contrer les effets négatifs réels et potentiels de ce discours. Cette agence examinerait également tous les films avant leur diffusion et, s'ils sont jugés offensants, interdirait leur visionnage par le public.

Le 2 novembre 1995, le député Charles Schumer (D-N.Y.), aujourd'hui puissant sénateur américain, s'est joint au membre du Congrès susmentionné, Conyers, pour promouvoir une législation du type de celle proposée lors de la conférence de l'ADL. La mesure Schumer, H.R. 2580, a été trompeusement appelée "The Republican Form of Government Guarantee Act" (loi sur la garantie de la forme républicaine du gouvernement).

Porte-parole de longue date de l'ADL au Congrès, Schumer a proposé d'interdire la discussion de ce qu'il appelle les "théories de conspiration sans fondement concernant le gouvernement" qui, selon lui, mettent en danger l'ordre public. Déjà connu comme le principal ennemi au Congrès du deuxième amendement et des droits des propriétaires d'armes à feu, la nouvelle cible de Schumer, le premier amendement, aurait été supprimée si le projet de loi avait été adopté. Le journal *Spotlight*, basé à Washington, a conclu que la proposition de Schumer était peut-être la législation d'État policier la plus dangereuse jamais introduite dans un Congrès américain à cette époque et a rapidement lancé un effort pour rejeter le projet de loi. Bien que l'ADL ait exercé une forte pression en faveur de la mesure, la pression publique stimulée par *The Spotlight* a abouti au rejet du projet de l'ADL, ce qui a tellement irrité Schumer qu'il a envoyé un courrier de masse à ses partisans, s'écriant avec colère que *The Spotlight* l'avait "ciblé" en vue de sa destruction.

Cette première conspiration contre la liberté d'expression, parrainée par l'ADL, a bien sûr été surpassée par le désormais célèbre Patriot Act, que l'administration Bush - avec le soutien de l'ADL - tente d'étendre à l'heure où nous écrivons ces lignes.

Et ce, précisément au moment où l'administration Bush déclare sa nouvelle guerre contre "l'extrémisme violent" et où un ancien agent du FBI affirme la nécessité de lutter contre ce qu'il considère comme une "conspiration" parmi les dissidents politiques pour attiser la violence.

Ne soyez pas surpris de constater que les médias s'intéressent de plus en plus à la "violence des extrémistes en Amérique" et demandent aux forces de l'ordre américaines de faire preuve d'une plus grande vigilance à l'égard de ceux qui sont considérés comme "hors norme" et donc potentiellement violents.

À la lumière de tout cela, ce n'est pas une coïncidence, par exemple, que l'ADL maintienne ce qu'elle appelle un "réseau de ressources pour les agences d'application de la loi" et que, par l'intermédiaire de ce réseau, l'ADL ait cité la conférence du 20 au 22 mai 2005 à la Nouvelle-Orléans organisée par l'ancien représentant de l'État de Louisiane, David Duke, comme le type d'activité "extrémiste" devant être surveillée, et ce malgré le fait que Duke renonce fermement à la violence et à la rhétorique de colère et, en fait, l'a toujours fait.

Mais pour Mike German, ancien membre du FBI, Duke et d'autres leaders ne font qu'envoyer des messages malveillants destinés à s'isoler et, en même temps, à encourager la violence.

Il est évident qu'en tant qu'ancien agent du FBI chargé d'infiltrer des groupes "extrémistes" sur le site , Mike German a certainement travaillé en étroite collaboration avec l'ADL au cours de ses nombreuses années de travail sur le terrain, et il se fait donc l'écho de cette propagande extraterrestre.

Maintenant que l'administration Bush s'est engagée dans une lutte contre "l'extrémisme violent", alors que l'ADL et d'autres groupes de pression pro-israéliens affirment que les critiques américains d'Israël apportent une aide morale et un soutien aux extrémistes islamiques en faisant des déclarations critiques à l'égard d'Israël, il semble que le commentaire de German dans *le Washington Post* n'était rien de moins qu'un ballon d'essai proverbial.

Le décor est planté pour les futures tentatives de destruction des dissidents politiques américains qui osent critiquer l'extrémisme guerrier et pro-israélien des "grands prêtres de la guerre" qui dominent la politique de l'administration Bush et qui ont bien l'intention de dominer la politique des futures administrations, républicaines et démocrates confondues.

CHAPITRE XLII

La "police de la pensée" des temps modernes a conspiré pour censurer la critique d'Israël et du sionisme sur les campus : Deux "conservateurs" au service de la cause sioniste

Au printemps 2003, le troisième membre républicain du Sénat américain, le conservateur Rick Santorum (Pa.), a annoncé qu'il avait l'intention d'introduire une législation dite de "diversité idéologique" qui couperait le financement fédéral de milliers de collèges et d'universités américains s'il s'avérait que ces institutions autorisent des professeurs, des étudiants et des organisations d'étudiants à critiquer ouvertement Israël.

Santorum, l'un des plus grands défenseurs d'Israël au Congrès et candidat déclaré à l'élection présidentielle, considérait les critiques à l'égard d'Israël comme un acte d'"antisémitisme". Dans ce contexte, Santorum voulait réécrire la formule de financement fédéral en vertu du titre IX de la loi sur l'enseignement supérieur pour inclure la "diversité idéologique" ainsi que l'égalité des sexes dans l'éducation comme condition préalable au financement fédéral. Santorum était rejoint par un autre pilier conservateur du GOP et idéologue pro-israélien, le sénateur Sam Brownback (Kan.), qui avait son propre plan pour demander qu'une commission fédérale - que les critiques appellent un "tribunal" - soit créée en vertu du Titre IX pour "enquêter" sur les incidents antisémites sur les campus américains.

Bien que l'étudiant américain moyen ou le professeur d'université n'ait pas entendu parler du projet Santorum-Brownback, Wayne Firestone, directeur du Centre des affaires israéliennes de la Fondation Hillel, a déclaré à l'époque : "Partout où je vais, c'est le sujet principal. Cela suscite beaucoup d'intérêt". En fait, c'est l'organisation de Firestone, Hillel, qui possède des unités sur les campus américains, qui a été la première à divulguer le projet de Santorum. D'autres détails sont apparus dans un rapport circonspect publié le 15 avril 2003 dans le *New York Sun*, un journal à faible tirage. Quotidien "néoconservateur" résolument pro-israélien publié à Manhattan, *le Sun* est financé par une série de milliardaires pro-israéliens, dont Michael Steinhardt et Conrad Black (qui a également publié le *Jerusalem Post*).

En outre, les principaux rédacteurs du *Sun* sont Seth Lipsky et Ira Stoll, qui ont précédemment occupé des postes éditoriaux de premier plan au *Forward*, le journal juif le plus influent d'Amérique. Par conséquent, si le *New York Sun* a rendu compte favorablement du projet de Santorum, il est peu probable que le *Sun* ait menti sur Santorum puisqu'il partageait son enthousiasme pour Israël.

Quoi qu'il en soit, dans sa version des faits, Hillel a expliqué à ses partisans que Santorum, ainsi que plusieurs autres membres du Sénat, avaient invité des représentants d'un certain nombre d'organisations juives puissantes à assister à une réunion privée au Capitole afin de discuter des préoccupations des sénateurs concernant les critiques croissantes à l'égard d'Israël sur les campus universitaires américains.

Les sénateurs en question - tous républicains - étaient : Santorum, Robert Bennett (Utah), Sam Brownback (Kansas) et Norm Coleman (Minnesota), nouvellement élu à l'adresse . En outre, le chef de la majorité républicaine au Sénat, Bill Frist (Tenn.), et ses collègues du GOP, Sens. Lindsey Graham (S.C.) et George Voinovich (Ohio), ont envoyé des représentants.

Les organisations juives présentes à la réunion privée étaient l'Anti-Defamation League (ADL) of B'nai B'rith, la Zionist Organization of America, l'American Jewish Committee et Hillel, représenté par Firestone, déjà cité, et son collègue Jay Rubin. Louis Goldstein, secrétaire adjoint au ministère américain de l'éducation, bureau des droits civils, représentait l'administration Bush.

Au cours de la séance privée - dont les contribuables qui ont payé la facture de l'entreprise ne disposent pas de transcription - un représentant de l'ADL aurait affirmé que l'"audit annuel" de l'ADL sur les activités antisémites en Amérique avait détecté une augmentation de 24 % de l'antisémitisme sur les campus américains en 2002. Cette augmentation de 24 % - de l'aveu même de l'ADL - n'a donné lieu qu'à 21 actions. Toutefois, la définition de l'ADL de l'"antisémitisme" est si large qu'elle inclut même la plus légère critique d'Israël qui n'est pas formulée selon les paramètres que l'ADL considère comme acceptables.

Entre-temps, la nouvelle de l'initiative Santorum-Brownback s'est répandue parmi les dirigeants de la communauté éducative, à la suite d'une dénonciation de ce stratagème par cet auteur, Michael Collins Piper.

L'article a d'abord été publié dans le journal *American Free Press* (AFP), basé à Washington, puis largement diffusé sur Internet par Joe Fields, un nationaliste américain basé en Californie, à tel point que le rapport sur le système est finalement tombé sur les courriels d'éducateurs indépendants dans tous les États-Unis et dans le monde entier.

En conséquence de l'inquiétude croissante suscitée par la révélation de l'AFP, le lobby pro-israélien a commencé à essayer de nier que Santorum ait jamais proposé d'introduire la législation qu'il avait déclaré vouloir introduire : la ligne de propagande "officielle" diffusée était que l'histoire de l'AFP n'était pas vraie et que Santorum n'avait jamais envisagé une telle législation. Mais l'affaire ne s'arrête pas là.

Bien que l'AFP ait d'abord publié cette histoire au niveau national, elle a ensuite été reprise par divers médias aux États-Unis et à l'étranger, y compris des publications dans le monde arabe. Selon l'édition du 9 mai 2003 du journal *Jewish Week*, basé à New York, le département d'État a contacté les bureaux du Sénat pour les informer que les journaux de l'Autorité palestinienne publiaient l'article sur la législation relative à la "diversité idéologique" et pour leur demander si l'article était véridique.

Dans son rapport sur la controverse qui a éclaté à la suite de la révélation de l'AFP, l'article de *Jewish Week*, intitulé "Diversity Disinformation", déclarait qu'une "rumeur de législation en cours interdisant la critique d'Israël sur les campus [balayait] les médias arabes et de gauche". L'article ne mentionne jamais que l'AFP (qui est loin d'être une publication "de gauche") a été la première à donner corps à cette histoire, se contentant d'affirmer que "l'histoire a été lancée par plusieurs grands théoriciens du complot et révisionnistes de l'Holocauste".

Cependant, cette affirmation est pour le moins fallacieuse. En fait, comme l'indiquait clairement le rapport original de l'AFP, le rapport de l'AFP était basé sur un article paru dans le *New York Sun*, un journal pro-israélien. La vérité est donc que l'article a été publié dans une publication nettement pro-israélienne. Cependant, l'AFP a repris l'histoire, reconnaissant son importance, et lui a accordé l'attention qu'elle méritait, au grand désarroi de ceux qui ont déclenché toute l'histoire au départ, y compris Santorum et ses collègues du Capitole.

Malgré cela, *Jewish Week* a déclaré que cette histoire "est devenue un article de foi dans le monde arabe et dans certains cercles de gauche américains" et a poursuivi en affirmant que "pour les dirigeants pro-israéliens et les membres éminents du Sénat, il s'agit au mieux d'une dangereuse légende urbaine, au pire d'une désinformation délibérée".

(Certains se souviendront que le ministère de la Justice de John Ashcroft, alors procureur général, avait également menti en affirmant que les faits - rendus publics pour la première fois par l'AFP - entourant la saisie par le FBI d'espions israéliens opérant sur le sol américain avant les attentats du 11 septembre étaient également une "légende urbaine". De toute évidence, le terme "légende urbaine", tout comme le terme "théorie du complot", est désormais un "double langage" sioniste appliqué à toute information solide qui va à l'encontre de la ligne de propagande officielle).

Quoi qu'il en soit, pour mémoire, l'article original du *Sun* pro-israélien déclarait catégoriquement (en discutant de la réunion du Capitole où le projet de "diversité idéologique" a vu le jour) :

> À la fin de la réunion d'hier, M. Santorum parlait d'introduire une législation qui pourrait réduire le financement fédéral des universités où l'antisémitisme et les sentiments anti-israéliens sont répandus - ou, plus généralement, où la "diversité idéologique" fait défaut.

Le problème de l'article de l'AFP - du moins selon la *Semaine juive* - est qu'"aucune législation de ce type n'a été introduite ou même envisagée". Ce qui, bien sûr, contredit ce que le *Sun* a dit en premier lieu (et que l'AFP a ensuite rapporté à ses lecteurs).

Jewish Week a ensuite prétendu décrire la réunion au Capitole où la législation a été - ou n'a pas été - élaborée, selon les personnes que l'on croit. Selon une source sénatoriale anonyme, citée par *Jewish Week*, la réunion a comporté "de nombreuses présentations de différents groupes", sans mentionner que les "différents" groupes étaient, comme l'a noté l'AFP, tous des organisations pro-israéliennes intransigeantes. La source anonyme a déclaré qu'aucune nouvelle loi n'était en préparation et que Santorum "[était] en train d'examiner le problème et de rassembler des informations". Le journal a également déclaré que "plusieurs dirigeants juifs qui ont assisté à la réunion ont confirmé cette affirmation".

Le Jewish Week a rapporté que "plusieurs participants ont suggéré de créer un groupe de travail au Capitole pour examiner la montée de l'antisémitisme. D'autres ont suggéré la création d'un groupe chargé d'examiner la diversité idéologique sur les campus". Le journal n'a jamais mentionné - tout comme le *Sun*, puis l'AFP - que le collègue GOP de Santorum, le sénateur Sam Brownback (Kansas), avait insisté sur la formation d'une commission fédérale spéciale pour "enquêter" sur le soi-disant antisémitisme sur les campus. Si l'histoire était fausse, s'il s'agissait d'une "légende urbaine" ou d'une sorte de "désinformation", pourquoi une publication pro-israélienne telle que *le New York Sun* a-t-elle publié l'histoire en premier lieu ? Et si le *Sun* s'est trompé, pourquoi n'a-t-il pas encore publié de rectificatif ?

L'histoire était donc bel et bien vraie et Santorum envisageait une telle législation. Cependant, grâce à l'AFP qui a dénoncé l'affaire et l'a replacée dans son contexte, révélant la nature totalitaire du projet, Santorum et ses alliés du lobby pro-israélien ont fait marche arrière.

Ensuite, ils ont eu l'audace d'essayer de nier qu'ils avaient concocté le projet en premier lieu.

Cependant, malgré les efforts déployés pour étouffer l'affaire, la vérité n'a pas disparu. Le 29 avril 2003, Hillel, qui, comme nous l'avons vu, est un réseau national de "police universitaire" pro-israélienne, s'est plaint sur son site Internet que les journaux - notamment l'AFP - et des sites Internet tels que Rense.com (qui a obtenu une copie de l'article de l'AFP) et le Palestine Media Center, basé en Palestine, entre autres, essayaient de "déformer" les intentions de ceux qui ont participé à la réunion du Capitole sur la législation relative à la "diversité idéologique".

Le groupe pro-israélien a également été furieux d'apprendre que le Progressive Faculty Network - une alliance d'enseignants indépendants de collèges et d'universités - avait largement diffusé un courriel annonçant le projet. Hillel affirme que l'AFP et les autres médias qui ont repris l'histoire "promeuvent une version bizarre de la réunion" qui s'est tenue entre plusieurs sénateurs américains - menés par Santorum et Brownback - et divers groupes de pression pro-israéliens, dont Hillel.

Plutôt que d'aborder directement les spécificités de l'article de l'AFP, Hillel s'en est pris à l'AFP et a accusé le journal d'être "antisémite" - ce qui, bien sûr, est précisément la diffamation lancée contre toute personne qui ose critiquer Israël, sur n'importe quel campus, où que ce soit.

Toutefois, l'essentiel est que la réunion au Capitole a bien eu lieu et que les conservateurs du GOP avaient prévu d'introduire une législation visant à refuser le financement fédéral aux universités américaines qui autoriseraient, d'une manière ou d'une autre, des discours jugés "antisémites".

Hillel affirme maintenant que "la réunion des dirigeants républicains a été organisée pour discuter de l'antisémitisme sur les campus, et non pour combattre les groupes anti-israéliens". Hillel a déclaré que l'intention n'était pas de supprimer la liberté d'expression mais d'aborder la question de la haine à l'encontre des étudiants juifs.

Cependant, comme peuvent en témoigner tous ceux qui ont participé à des manifestations sur les campus contre la guerre contre l'Irak et/ou contre les mauvais traitements infligés par Israël aux Palestiniens, les participants ont été régulièrement taxés d'"antisémitisme", un terme galvaudé.

Les tentatives de Hillel pour réfuter l'article de l'AFP sont donc tombées à plat. En fin de compte, tout ce que Hillel a pu faire a été d'alléguer que certains groupes exploitaient le "noble objectif" de combattre "la haine contre les étudiants juifs" afin "d'alimenter leurs théories de conspiration internationale".

En fin de compte, à l'heure où nous écrivons ces lignes (mai 2006), de nouvelles versions de cette législation sur la "diversité idéologique" (proposée à l'origine par Santorum et Brownback) sont actuellement examinées par le Congrès. Une version a été adoptée par la Chambre des représentants. Une autre version est actuellement examinée par le Sénat.

En fin de compte, les différences entre les deux mesures pourraient bien être aplanies et la version finale de la législation sera approuvée par le Congrès. Compte tenu du fait que l'influence sioniste sur le Congrès règne en maître, il est très peu probable que la législation s'écarte de manière significative de la proposition corrompue présentée à l'origine par Santorum et Brownback et leurs conspirateurs.

L'essentiel est là : L'ennemi intérieur est capable de mentir et de déformer la vérité de toutes les manières possibles. Les circonstances entourant la soi-disant "légende urbaine" de la législation sur la "diversité idéologique" constituent une étude de cas précieuse sur la manière dont l'Ennemi intérieur opère régulièrement.

Et grâce à la présence dans les hautes sphères d'auxiliaires souples et volontaires, tels que les sénateurs Rick Santorum et Sam Brownback, parmi beaucoup d'autres, l'Ennemi intérieur est bien placé pour imposer des mesures de contrôle de la pensée dignes d'un État policier, conçues pour réduire, supprimer et sanctionner ceux qui osent s'exprimer. Santorum et Brownback sont souvent présentés dans les médias comme de "jeunes conservateurs en devenir" et comme des "présidentiables", mais ils ne sont rien d'autre que des boucs de Juda agissant pour le compte de l'Ennemi intérieur.

CHAPITRE XLIII

La prise de contrôle et la manipulation par les sionistes des forces de l'ordre locales en Amérique :
L'utilisation du pouvoir de la police pour abattre les patriotes américains

Au cours des 25 dernières années, l'infiltration et la manipulation des forces de l'ordre locales ont constitué un élément clé des efforts déployés par les sionistes pour accroître leur pouvoir au niveau local.

Si l'influence sioniste au niveau du FBI et de la CIA existe depuis longtemps, le rôle des sionistes au niveau local des forces de l'ordre n'est pas aussi bien connu, même si ce sont des intrigues (c'est-à-dire la corruption) parrainées par les sionistes au sein du département de la police de San Francisco qui ont déclenché le scandale d'espionnage de l'ADL décrit plus haut dans ces pages.

Et bien que ce scandale d'espionnage ait attiré l'attention sur le rôle de l'ADL dans l'abus des pouvoirs de police en influençant les forces de l'ordre locales, la vérité est que, depuis lors, des groupes tels que l'ADL et le Southern Poverty Law Center (SPLC) de Morris Dees ont été encore plus agressifs en fournissant des "services" aux forces de l'ordre locales au nom de la lutte contre des ennemis tels que le "terrorisme domestique" et les "crimes de haine", en lançant un grand nombre de programmes bien financés pour "former" - c'est-à-dire inculquer - les forces de l'ordre locales dans l'esprit de propagande de l'ADL.

Il serait fastidieux d'entrer ici dans les détails de ces entreprises, qui sont tous parfaitement accessibles sur les sites Internet de l'ADL et du SPLC, mais il suffit de dire que ces opérations de lobbying sionistes (déguisées en organisations de "droits civiques") en sont venues à exercer une grande influence sur les forces de l'ordre locales. Aujourd'hui, toute personne jugée "dangereuse" pour la cause sioniste est victime de violences et d'abus de la part des forces de l'ordre locales agissant au nom des sionistes.

Un premier exemple nous est fourni par l'histoire du raid tout à fait illégal effectué le 22 mars 1995 par une équipe du SWAT dans les bureaux de Liberty Lobby sur la côte ouest, situés dans la maison d'Escondido, en Californie, du fondateur de cette institution nationaliste, Willis A. Carto.

Le groupe comprenait des agents non seulement du FBI, mais aussi de l'IRS, du BATF et (entre autres) de la Drug Enforcement Administration.

Le 22 mars 1995, à 7 heures du matin, quelque 25 membres d'un groupe d'intervention armé ont fait irruption au domicile de M. Carto. Bien que Carto ne soit pas présent à ce moment-là, sa femme Elisabeth et deux jeunes membres de la famille en visite étaient présents. Mme Carto, alertée du danger par les aboiements de Charlie, le chien de la famille, a rencontré les maraudeurs devant la porte d'entrée. Ils convergeaient vers la maison après avoir défoncé le portail d'accès à la propriété.

Alors qu'un hélicoptère tournoyait dans le ciel et qu'au moins un tireur d'élite était positionné à proximité avec son fusil braqué sur Mme Carto, des officiers armés (certains portant des armes d'assaut et des masques de ski) ont violemment saisi Mme Carto, l'ont menottée et ont ensuite aspergé Charlie au visage avec un produit chimique immobilisant, laissant l'infortuné chiot hurler de douleur et incapable de protéger sa maîtresse.

Ils ont ensuite forcé l'entrée de la maison. Alertée par le bruit, la jeune et jolie nièce de Mme Carto s'est présentée à la porte d'entrée en chemise de nuit, où elle a été accostée par les voyous qui ont pointé leurs armes sur son visage en lui criant "Mets tes mains en l'air" et en lui demandant "Tu as une arme ?".

Pendant ce temps, le cousin de la jeune fille était tiré de son sommeil, tiré de son lit avec des menottes et isolé du reste de la famille. Il est resté menotté pendant vingt minutes avant d'être relâché.

Le jeune homme, récemment diplômé de la faculté de droit, était venu en Californie pour se reposer pendant trois semaines avant de commencer son nouveau travail.

Bien que les maraudeurs aient ensuite enlevé les menottes aux prisonniers, Mme Carto et les deux jeunes gens ont été tenus au secret pendant que "la loi" fouillait la maison de fond en comble pendant cinq heures.

À un moment donné, Mme Carto a entendu des agents réfléchir à la possibilité de faire venir des bulldozers pour creuser la propriété, afin de découvrir des "biens volés" qui, selon eux, "pourraient être enterrés".

Les maraudeurs ont emporté quatorze cartons de documents, la collection personnelle d'armes de M. Carto et l'ordinateur de Mme Carto. Malgré les efforts énergiques de l'équipe SWAT, aucune "preuve" n'a été trouvée concernant des "biens volés", le prétexte bidon du raid.

Ce n'est qu'après le raid que les avocats des Cartos ont découvert des preuves qu'*un actif de longue date de la Ligue anti-diffamation (ADL) du B'nai B'rith avait joué un rôle clé dans l'orchestration du raid.*

Il s'est avéré qu'un shérif adjoint du comté de San Diego, Tim Carroll, était le principal instigateur de l'attaque contre la maison des Carto, située dans le comté de San Diego, en dehors de la juridiction du département de police de Costa Mesa (comté d'Orange), qui a officiellement dirigé le raid.

Carroll était non seulement l'agent de liaison du bureau du shérif de San Diego avec l'ADL, mais aussi un collaborateur de longue date avoué de l'agent de l'ADL basé à San Francisco, Roy Bullock. En fait, lorsque le SFPD a lancé son enquête sur les opérations d'espionnage de l'ADL en 1992, il s'est largement appuyé sur les aveux de Carroll pour demander un mandat de perquisition dans les bureaux de l'ADL à San Francisco et à Los Angeles.

En demandant ce mandat de perquisition, l'enquêteur du SFPD, Ron Roth, a détaillé son entretien avec Carroll. La transcription de cet entretien faisait partie des documents officiels relatifs à l'affaire d'espionnage de l'ADL, rendus publics par le SFPD à l'époque où l'enquête était en cours. En bref, les aveux de Carroll - sous l'interrogatoire du SFPD - ont été un élément clé dans les premières étapes de l'enquête sur les opérations d'espionnage illicites de l'ADL.

Carroll a répondu aux questions du SFPD *non pas parce qu'il le voulait, mais parce qu'il le devait*. En tant qu'homme de l'ADL au sein du bureau du shérif du comté de San Diego, Carroll faisait autant partie de l'appareil d'espionnage de l'ADL lié aux forces de l'ordre que son associé Bullock et le contact de Bullock au sein du SFPD, Tom Gerard, l'étaient à San Francisco.

Voici des extraits de l'interrogatoire de Carroll par la police qui illustrent les relations étroites entre Carroll (l'acteur central de l'attaque orchestrée par l'ADL contre Liberty Lobby) et l'ADL et son "enquêteur numéro un", Roy Bullock :

- Lorsque l'enquêteur Roth a demandé au collaborateur de l'ADL de San Diego depuis combien de temps il connaissait Bullock, Carroll a répondu : "Cela fait probablement cinq ou six ans. Je travaille beaucoup avec l'ADL de San Diego et c'est ainsi que j'ai rencontré [Bullock] et, euh, je l'ai rencontré à diverses conférences", dont deux, a-t-il noté, où Bullock était un "conférencier invité".

- Carroll a également admis s'être rendu en Israël en mai 1991 dans le cadre d'un "voyage des forces de l'ordre parrainé par l'ADL", auquel participaient quelque onze membres des forces de l'ordre américaines, dont Gerard, du SFPD.

(Le soi-disant "voyage des forces de l'ordre" de Carroll était en fait des vacances en Méditerranée tous frais payés, avec les compliments de l'ADL

- une "gratification" lucrative en effet. De nombreux policiers, dans d'autres circonstances, ont perdu leur emploi et/ou sont allés en prison pour avoir accepté des cadeaux et des faveurs de bien moindre valeur de la part de personnes soupçonnées d'activités criminelles).

- Carroll a admis que Mira Lansky Boland, du bureau de l'ADL à Washington, accompagnait les informateurs de l'ADL lors de ce voyage et que, selon lui, elle "coordonnait tout avec les membres de l'ADL à Jérusalem". Depuis lors, Carroll a déclaré qu'il lui avait "parlé de temps en temps...". Elle peut vouloir savoir des choses, je peux vouloir savoir".

- Carroll a également admis que Bullock lui avait dit qu'il (Bullock) avait reçu des informations secrètes provenant des dossiers du SFPD.

(Cela suggère que Carroll lui-même aurait pu être pénalement responsable pour avoir omis de signaler un délit, à savoir la réception par Bullock de dossiers volés du SFPD).

- Au sujet de sa relation avec Bullock, Carroll a également avoué que "nous avons fait des projets communs", sans toutefois préciser en quoi consistaient ces "projets communs".

Le fait qu'un collaborateur de longue date de l'ADL (Carroll), qui a joué un rôle clé dans l'attaque contre Liberty Lobby, ait été un témoin important dans l'affaire de l'ADL est significatif. Comme nous l'avons vu précédemment, la révélation par Liberty Lobby de l'affiliation de Bullock à l'ADL dans le numéro du 30 juin 1986 de *The Spotlight* a déclenché le processus qui a conduit à l'enquête sur les activités criminelles de l'ADL.

L'ADL s'est ainsi retrouvée prise au piège d'une crise qui aurait dû conduire les principaux responsables de l'ADL - et ses collaborateurs de la police, dont Tim Carroll - en prison.

Ce n'est cependant pas la fin de l'implication particulière de Carroll dans le monde de l'intrigue impliquant l'ADL et le Mossad. En fait, peu après le raid de l'équipe SWAT sur Liberty Lobby, Carroll a soudainement pris sa "retraite", avant de reprendre mystérieusement du service quelques semaines plus tard en tant qu'"enquêteur spécial" sur le meurtre de Ian Stuart Spiro, un homme du comté de San Diego dont la mort étrange (ainsi que celle de sa famille) le 7 novembre 1992 n'a toujours pas été officiellement élucidée.

Si Carroll voulait vraiment résoudre l'affaire Spiro, il aurait pu se référer à l'ouvrage de Victor Ostrovsky, ancien officier du Mossad, intitulé *The Other Side of Deception (L'autre côté de la tromperie)*. Selon Ostrovsky, Spiro a travaillé avec le Mossad pendant des années. Le Mossad avait donné à Spiro plusieurs millions de dollars à verser à un tiers. Mais Spiro a gardé l'argent. Lorsqu'une équipe du Mossad s'est rendue chez lui pour récupérer l'argent, le Mossad a assassiné sa famille et Spiro a été contraint de renoncer à l'argent, puis a été empoisonné pour faire croire qu'il s'était suicidé après avoir tué sa famille.

En fin de compte, et sans que personne ne s'en étonne, Tim Carroll, un agent de l'ADL, a conclu que l'affaire Spiro était un simple "meurtre-suicide". Aucune implication du Mossad. Pas d'intrigue de la CIA. Un simple crime ordinaire. Le fait que Carroll ait repris du service en tant qu'"enquêteur" sur la mort de Spiro suggère que son véritable travail consistait à blanchir le meurtre de la famille Spiro par le Mossad.

Le shérif du comté de San Diego, qui a nommé Carroll à cette nouvelle fonction, était William Kolender, un sioniste convaincu. En mars 1995 - à l'époque du raid contre Liberty Lobby - le bureau de l'ADL de San Diego a fait don d'un système informatique au bureau de Kolender pour l'aider, ainsi que Carroll, à répertorier les "crimes de haine" commis dans leur juridiction.

En fin de compte, malgré le "grand spectacle" au domicile des Carto et au bureau de Liberty Lobby, aucune accusation n'a jamais été portée contre M. ou Mme Carto. En fait, le comté de San Diego a conclu un accord à l'amiable avec les Carto après que le couple a intenté un procès pour violation des droits civils contre le comté en réponse à l'attaque flagrante mise en scène par l'agent de l'ADL, Carroll, et ses collègues chargés de l'application de la loi.

En fin de compte, l'influence sioniste (sur une agence locale de maintien de l'ordre) a joué un rôle clé dans un plan manifestement illégal et dangereux visant à harceler et à intimider un patriote américain et sa famille. Sous le prétexte d'allégations bidon, les forces de l'ordre dominées par les sionistes ont mené un raid du SWAT qui aurait pu se terminer de manière tragique.

La triste vérité est que dans les années à venir, il est probable que de plus en plus d'Américains subiront ce que Willis et Elisabeth Carto ont subi.

Ce n'est que lorsque les Américains se lèveront enfin, se rebelleront, diront "stop" et réclameront leurs libertés que ce type de tyrannie totalitaire prendra fin. Prions pour que la deuxième révolution américaine arrive bientôt.

CHAPITRE XLIV

"Si ça ressemble à un canard et que ça jacasse comme un canard..." Jared Taylor et le nouveau "nationalisme favorable aux sionistes"

Comme l'Internationale sioniste - qui utilise l'armée américaine comme mécanisme impérial - est confrontée à une opposition croissante de la part du peuple américain, qui hésite à engager davantage de jeunes dans des guerres étrangères au nom d'Israël, il est essentiel pour la cause sioniste de susciter davantage de colère parmi les Américains à l'égard du monde musulman. Dans la foulée, le mouvement sioniste a redoublé d'efforts pour infiltrer et manipuler davantage le mouvement nationaliste américain.

Ainsi, ces dernières années, un dirigeant de ce qui a été décrit comme le "mouvement nationaliste blanc" (c'est-à-dire l'élément du mouvement nationaliste qui se concentre sur la question de la race) a fait l'objet d'un examen de plus en plus minutieux en raison de sa position inhabituelle à l'égard de l'influence sioniste en Amérique. Il s'agit de Jared Taylor, une personnalité éduquée à Yale qui dirige sa propre organisation American Renaissance. Taylor s'est imposé comme un critique majeur du monde musulman et des immigrés musulmans en Amérique, ressemblant beaucoup aux néo-conservateurs trotskistes.

Taylor est surtout connu pour son livre, *Paved With Good Intentions*, qui affirme que les Noirs sont inférieurs aux Blancs. Fait remarquable, ce livre a été publié par une société new-yorkaise "grand public" responsable de la série de livres étranges de Harrison Livingstone - best-sellers du *New York Times* - qui insistent sur le fait que la CIA n'a joué aucun rôle dans l'assassinat de JFK.

Ainsi, bien que le travail de Taylor puisse être "controversé" en raison de son orientation raciale, *le livre a été promu par une maison d'édition "grand public"*.

Mais ce qui est encore plus intrigant, c'est que le livre de Taylor a également été mentionné favorablement dans le numéro de février 1993 de *Commentary*, le journal de l'American Jewish Committee, édité pendant de nombreuses années par le trotskiste "néo-conservateur" Norman Podhoretz, qui *est* lié à la CIA. Mais que Taylor reçoive un coup de pouce amical de la part de ces trotskystes sionistes n'est pas vraiment extraordinaire si l'on considère le parcours de Taylor dans son contexte.

Bien que l'Anti-Defamation League ait critiqué Taylor pour certaines de ses opinions, et que Taylor, en retour, ait envoyé de gentilles piques à l'ADL pour l'avoir réprimandé sur la question raciale, l'ensemble du dossier que nous allons examiner ici suggère que Taylor apporte effectivement son soutien au mouvement sioniste. Et c'est précisément ce qui rend le nouveau "nationalisme favorable au sionisme" de Taylor si précieux pour le lobby sioniste.

Largement présenté comme l'un des "intellectuels" du mouvement "racialiste" américain, Taylor s'est insinué dans une position de leadership au sein du Conseil des citoyens conservateurs (CofCC) et, depuis ce poste , il est devenu un critique de ceux qui s'opposent au sionisme. À certains égards, cela rappelle les vieux jours de COINTELPRO lorsque - comme l'a rapporté le Dr Edward Fields - le FBI a dit à ses infiltrés du Ku Klux Klan qu'ils étaient libres de faire des remarques anti-noires dans leurs discours publics et dans leurs publications, mais qu'ils devaient à tout prix éviter de critiquer les juifs ou Israël.

Nombreux sont ceux qui ont noté que Taylor semble se délecter de s'entourer d'une variété d'"intellectuels" juifs qui ont été surnommés avec malice (voire insensiblement) les "Juifs de Jared". Taylor entretient des liens particulièrement étroits avec le rabbin Meyer Schiller, un sioniste basé à New York qui s'est vanté publiquement que son amitié avec Taylor avait contribué à diminuer l'antisionisme dans les rangs des disciples de Taylor (un point intéressant en effet). (Ce même rabbin Schiller, leader d'une communauté juive connue sous le nom de New Square, a également soutenu Hillary Rodham Clinton lors de sa campagne pour le Sénat américain de New York en 1992, ce qui est loin d'être une chose à laquelle on pourrait s'attendre de la part d'un allié de Jared Taylor, de toutes les personnes.

La vérité est que Taylor joue un rôle précieux au nom des intérêts sionistes en attisant l'opposition à l'immigration arabe et musulmane en Amérique, jetant de l'huile sur le feu qui ne cesse de se développer en Amérique contre les Arabes et les Musulmans. Et tout cela se produit à un moment où - comme le montre le dossier - Taylor s'est efforcé d'éliminer les attitudes antisionistes des cercles nationalistes dans lesquels il opère. En fait, le 3 mars 2006, l'influent journal juif *Forward* a rapporté que Taylor avait déclaré, selon les termes de *Forward*, qu'il voulait "dé-nazifier [le] mouvement nationaliste blanc".

Forward a écrit que Taylor a déclaré que "en fin de compte, pour que toutes les choses qui me tiennent à cœur se produisent, les Juifs doivent faire partie du mouvement", parce que, a-t-il noté, les Juifs sont largement perçus comme étant "la conscience de notre société". Mais si Taylor s'est montré très amical avec des personnes comme le rabbin Schiller, il a adopté une position très différente de ceux qui se sont attaqués à Israël.

Par exemple, lorsque l'éminent franc-tireur de Louisiane David Duke et le Dr Edward Fields - tous deux connus pour leur opposition au sionisme - ont pris la parole lors d'un forum auquel participaient des sympathisants du CofCC dans la région de Washington, D.C., Taylor a boycotté la réunion (en le faisant très bruyamment) et a demandé à d'autres personnes de ne pas y assister.

De même, avant cela, le 12 décembre 1998, Taylor a boycotté une autre réunion de la branche du CofCC de la région de la capitale nationale, précisément parce que l'orateur principal était votre serviteur, Michael Collins Piper, qui discutait de l'étude sur l'assassinat de JFK, *Final Judgment*, qui se concentre sur le rôle du Mossad d'Israël dans l'assassinat du président Kennedy. Taylor a demandé à ses disciples de ne pas assister à cette réunion.

Notant la conduite de Taylor, les critiques ont souligné que la femme qui est devenue l'épouse de Taylor, Evelyn Rich, a activement travaillé pour saboter la campagne de David Duke pour le Sénat américain en 1990. Mlle Rich a communiqué aux médias nationaux une cassette audio qu'elle avait secrètement enregistrée d'une conversation privée de Duke avec un partisan. Cette bande (entièrement sortie de son contexte) a été utilisée pour "prouver" que David Duke était un "nazi".

En fait, les faits démontrent que Taylor semble avoir une sorte d'*entente cordiale* en coulisses avec l'ADL.

Selon un révisionniste américain, dont le nom est bien connu des révisionnistes du monde entier, la future épouse de Taylor, Miss Rich, a reçu un appel téléphonique au domicile qu'elle partageait avec Taylor de la part de rien de moins qu'Irwin Suall, le chef de longue date, aujourd'hui décédé, de la "division de recherche des faits" de l'ADL.

Selon la source (qui visitait le domicile de Taylor à ce moment-là), Taylor a répondu au téléphone, puis l'a tendu à Mlle Rich en disant : "C'est Irwin Suall", après quoi Mlle Rich a conversé avec le maître-espion de l'ADL.

[Note : en raison d'une ordonnance du tribunal imposant le silence à l'éditeur de ce livre, le nom de la personne qui a été témoin de l'appel de Taylor à l'ADL ne peut être mentionné. Toutefois, le nom de cette personne a été publié il y a quelques années dans le journal *Spotlight*, aujourd'hui disparu].

Il y a là une grande ironie. Bien que l'ADL prétende s'opposer au "racisme", le fait est que les opinions de Taylor sur la discrimination positive et les quotas raciaux sont tout à fait similaires à celles de l'ADL et de l'American Jewish Committee dont le magazine, comme nous l'avons vu, a favorablement évalué le livre de Taylor. Le lien entre l'ADL et Taylor n'est donc peut-être pas si surprenant.

L'inimitable Dr Robert L. Brock, un nationaliste noir de longue date qui a critiqué sans retenue le lobby israélien, a résumé la position de Taylor : "M. Taylor parle de la façon dont les Noirs commettent des crimes et du fait que nous ne sommes pas aussi intelligents que les Blancs, mais M. Taylor ne mentionne jamais le pouvoir sioniste en Amérique : "M. Taylor dit que les Noirs commettent des crimes et que nous ne sommes pas aussi intelligents que les Blancs, mais il ne mentionne jamais le pouvoir sioniste en Amérique.

En mai 2006, dans son magazine *American Renaissance*, Taylor s'est emporté contre ses détracteurs qui, selon lui, défendent la théorie de ce qu'il appelle "une conspiration juive", sans jamais aborder le rôle du pouvoir sioniste en Amérique. Avec un tel ton, il rejette implicitement les critiques sur les intrigues sionistes et montre clairement qu'il n'est pas prêt à être réorienté malgré les critiques croissantes de sa position sur cette question.

Compte tenu de tout cela, et en particulier de l'opposition de Taylor à toute discussion sur le sionisme et son rôle dans les affaires américaines, il est probablement utile de souligner que Taylor - diplômé de Yale, un terrain de recrutement de longue date pour la CIA - se trouvait par hasard au Ghana au début des années 1970, lorsque ce pays d'Afrique de l'Ouest était un centre d'intérêt majeur pour la CIA et ses alliés du Mossad d'Israël.

L'historien israélien Benjamin Beit-Hallahmi a écrit que "si la Birmanie a été la grande réussite [géopolitique] israélienne en Asie, le Ghana en a été l'équivalent en Afrique". Beit-Hallahmi écrit que l'avant-poste israélien au Ghana "s'est avéré être un tremplin pour le reste de l'Afrique noire" mais que les choses ont tourné au vinaigre, à la grande consternation d'Israël. Beit Hallahmi souligne que le Mossad a été très actif au Ghana pendant des années :

> Le premier ambassadeur israélien en Afrique a été Ehud Avriel, en poste au Ghana en 1957, dont on pense généralement qu'il était un agent du Mossad. Avriel était actif dans le recrutement d'individus pour des "missions spéciales" dans toute l'Afrique. La coopération avec le Ghana a pris de nombreuses formes, marquées par un enthousiasme mutuel...
>
> Des centaines de stagiaires ghanéens se sont rendus en Israël et des centaines d'experts israéliens sont venus au Ghana. Une coopération

militaire et en matière de renseignement a également été mise en place : L'armée de l'air ghanéenne a reçu des avions militaires reconditionnés et des formations, et le Mossad a dispensé des formations en matière de renseignement.

Israël a été décrit comme "l'ami le plus proche du Ghana dans les premières années". Néanmoins, [le dirigeant ghanéen] Kwame Nkrumah a toujours manifesté certaines réserves à l'égard d'Israël... Bien qu'Israël ait établi des liens étroits avec... les dirigeants ghanéens avant même l'indépendance formelle de 1956, les relations spéciales... ont pris fin en 1967. Les relations officielles ont pris fin le 28 octobre 1973.

De manière tout à fait significative, l'aventure ghanéenne de Taylor a eu lieu au cours de la période très critique où les liens d'Israël avec le Ghana étaient en train de se dissoudre. Beit-Hallahmi (écrivant en 1987) a ajouté :

> Des éléments des services secrets ghanéens auraient entretenu des contacts avec le Mossad alors même que les deux pays n'avaient pas de relations diplomatiques, mais les relations avec le Ghana se sont détériorées depuis le coup d'État mené par le lieutenant Jerry Rawlings. Le gouvernement ghanéen a accusé Israël d'être impliqué dans une tentative de coup d'État planifiée [avec la CIA et le Liberia]. Les relations avec les États-Unis se sont détériorées depuis lors, avec des accusations mutuelles d'espionnage... .

Bien que nous ne puissions que spéculer sur ce que le jeune homme de Yale, Taylor, faisait au Ghana au milieu des intrigues intenses de la CIA et du Mossad dans ce petit pays, l'essentiel est que les actions de Taylor en Amérique aujourd'hui - plus de 30 ans plus tard - suggèrent que Taylor (pour une raison quelconque) est devenu un atout (d'une manière tout à fait inhabituelle) pour faire avancer un aspect de la cause sioniste au sein du mouvement nationaliste américain.

C'est sur ce point que se termine notre étude des Boucs de Juda...

CONCLUSION

L'israélisation de l'Amérique

Chèvre de Juda numéro un : George W. Bush - un pilier pour le théoricien sioniste Natan Sharansky : La planification d'une guerre mondiale au nom de la "démocratie" Russie, Chine, Venezuela, "islamofascistes" Qui sera la prochaine cible des grands prêtres de la guerre ?

Le président George W. Bush est peut-être, en vertu de ses hautes fonctions, le bouc de Juda le plus insidieux et le plus dangereux de l'Amérique. Le rôle qu'il a joué en guidant l'Amérique dans la guerre en Irak - sans parler de son rôle de premier plan dans la dissimulation de la vérité sur les forces à l'origine de l'attaque du 11 septembre contre l'Amérique - a fait de lui un véritable Ennemi intérieur en chef, pour ainsi dire. Aujourd'hui, il exhorte l'Amérique à mener une nouvelle guerre contre l'Iran.

Cependant, la vérité est que l'appel messianique de Bush à une "révolution démocratique" mondiale (énoncé dans son deuxième discours d'investiture et ressemblant beaucoup à la rhétorique du mouvement bolchevique trotskiste mondial) n'est pas vraiment de son fait. Ses mots ont été écrits par d'autres personnes bien plus intelligentes que le jeune Bush. Et les origines de la nouvelle philosophie de Bush sont en effet très révélatrices. Ce qui est peut-être le plus effrayant, c'est que la rhétorique du président américain - poussé par ses "conseillers" en coulisses - laisse présager de plus en plus d'actions militaires à travers le monde dans les années à venir.

Bien qu'un documentaire, *Bush's Brain*, ait suggéré que Karl Rove, prétendument le principal tacticien politique du président, est le cerveau qui dit au président ce qu'il doit penser, il est désormais clair, sur la base de preuves solides, que le ministre israélien d'origine soviétique Anatoly "Natan" Sharansky est celui qui peut se vanter d'avoir ce titre.

Bien qu'il ait attiré l'attention du monde entier dans les années 1970 en tant que dissident soviétique, il ne faut pas croire que Sharansky ait jamais été un conservateur du marché libre ou un anticommuniste à l'occidentale. Au contraire, Sharansky était un vieux communiste traditionnel qui, comme beaucoup d'autres en Union soviétique, s'est simplement heurté au régime en place.

Mais grâce aux médias internationaux qui l'adorent, Sharansky a capitalisé sur son emprisonnement par les Soviétiques - qui l'ont accusé d'être un espion de la CIA - et est devenu un "militant des droits de l'homme" très en vue.

Plus tard, après sa libération de prison, Sharansky a émigré en Israël et s'est rapidement imposé comme l'un des dirigeants extrémistes les plus virulents du pays, accusant même le Premier ministre israélien Ariel Sharon - surnommé "le César israélien" - d'être "trop tendre" avec les chrétiens et les musulmans palestiniens.

Le rôle de Sharansky dans l'orientation de la pensée de Bush n'est pas une "théorie du complot". Au contraire, les révélations de la Maison Blanche elle-même - publiées, bien que de manière peu visible, dans les médias grand public - ont démontré que non seulement Sharansky a personnellement consulté le président lors de la rédaction du discours inaugural désormais controversé, mais aussi qu'au moins deux des principaux publicistes américains de Sharansky figuraient parmi les personnes chargées de rédiger la proclamation révolutionnaire de Bush.

Bush lui-même a déclaré au *Washington Times* dans une interview publiée le 12 janvier 2005, avant même son investiture : "Si vous voulez avoir un aperçu de ma façon de penser en matière de politique étrangère, lisez le livre de Natan Sharansky, *The Case for Democracy*. C'est un excellent livre."

Enterré dans le tout dernier paragraphe d'un très long article publié le 22 janvier 2005, *le New York Times* a rapporté que "le président a reçu le livre [de Sharansky] et a demandé à M. Sharansky de le rencontrer dans le bureau ovale...". M. Bush a également donné le livre à plusieurs collaborateurs, en leur demandant de le lire également. M. Sharansky a visité la Maison Blanche en novembre dernier". Le *Times* ne dit pas qui a donné le livre au président en premier lieu, mais découvrir qui a réellement pressé le président de lire le livre pourrait être très révélateur.

Confirmant la révélation du *Times*, *le Washington Post* a également révélé le 22 janvier 2005 (bien que, là encore, dans les derniers paragraphes d'une longue analyse) qu'un fonctionnaire de l'administration avait déclaré que la préparation du discours de Bush avait commencé immédiatement après les élections de novembre, que Bush lui-même avait invité Sharansky à la Maison Blanche pour le consulter et que, selon les termes du *Post*, "Sharansky avait également contribué à façonner le discours avec son livre".

C'est le *Post* qui a révélé que deux célèbres "néoconservateurs" partisans d'Israël - William Kristol, éditeur du magazine *Weekly Standard* du milliardaire Rupert Murdoch, et le psychiatre devenu journaliste Charles

Krauthammer, fervent défenseur d'une guerre militaire et économique sévère des États-Unis contre le monde arabe et musulman - figuraient également parmi les personnes invitées à participer à la rédaction du discours du président.

Kristol - en particulier - et Krauthammer sont généralement reconnus, même dans les grands médias américains, comme faisant partie de ceux que nous avons surnommés "les grands prêtres de la guerre", qui ont joué un rôle déterminant dans l'orchestration de la guerre américaine contre l'Irak, et qui figuraient en bonne place sur la "liste des souhaits" d'Israël pour l'administration Bush.

Ce n'est pas une coïncidence si la personne du personnel de la Maison Blanche qui, selon le *Post*, a aidé à organiser les conférences de planification pour orienter la réflexion de Bush est un certain Peter Wehner, directeur du Bureau des initiatives stratégiques de la Maison Blanche. Il se trouve que Wehner est un protégé de Kristol, puisqu'il a été son adjoint lorsque Kristol était chef de cabinet de l'ancien ministre de l'éducation de l'administration Reagan, William Bennett, lui-même protégé du père très influent de Kristol, le célèbre "ex-trotskiste" communiste devenu néo-conservateur, Irving Kristol.

Ainsi, compte tenu de l'apport considérable de Kristol, qui a façonné l'état d'esprit de Bush, il n'est vraiment pas surprenant que, comme le dit le *Post*, "les grandes ambitions de Bush aient enthousiasmé ses partisans néoconservateurs, qui considèrent comme noble et nécessaire son appel à placer les États-Unis en première ligne de la bataille pour la diffusion de la démocratie".

De son côté, William Kristol a réagi dans un éditorial du *Weekly Standard* du 24 janvier 2005 en déclarant que "c'est une bonne nouvelle que le président soit si enthousiaste à l'égard du travail de Sharansky. Cela suggère que, malgré toutes les critiques et les difficultés, le président reste déterminé à continuer à diriger la nation selon les lignes fondamentales de la politique étrangère qu'il a définies au cours de son premier mandat".

Le 22 janvier 2005, la BBC News a noté que Sharansky "évolue en fait dans les cercles conservateurs américains depuis un certain temps".

Dès juillet 2002 - juste avant que Bush ne prononce un discours très controversé appelant à la "démocratisation" du monde arabe -, le vice-ministre de la défense, le conservateur Paul Wolfowitz, a assisté à une conférence de Sharansky au cours de laquelle le dirigeant israélien a formulé la même demande.

Peu de temps après, lorsque Bush a prononcé son propre discours, faisant écho à Sharansky, la ligne dure israélienne "a fourni un élément important d'affirmation de dernière minute", selon le néo-conservateur américain Richard Perle, qui - entre deux passages au gouvernement, au cours desquels il a été soupçonné d'espionnage pour le compte d'Israël - a fourni des armes à un fabricant d'armes israélien.

Bien que la nouvelle de l'influence profonde de Sharansky n'ait pas été largement connue des Américains de base, elle a fait grand bruit en Israël où *le Jerusalem Post* a titré un article déclarant que "la Maison Blanche s'inspire du livre de Sharansky sur la démocratie". En fait, le journal israélien est allé jusqu'à dire que Bush "fait gratuitement la promotion [du livre de Sharansky]", soulignant que le président a fait l'apologie du livre de Sharansky lors d'une interview sur CNN.

Mais Bush n'est pas le seul à s'appuyer sur Sharansky. Le 20 janvier 2005, le journal écossais indépendant *The Scotsman* a noté que "l'influence de M. Sharansky sur la façon dont Washington voit aujourd'hui le monde est apparue clairement cette semaine lorsque Condoleeza Rice l'a cité lors de son audition de confirmation au Sénat", confirmant ainsi que la ligne dure israélienne est bel et bien le cerveau de la politique de Bush.

Le fait que Sharansky ait été chargé des "affaires de la diaspora" au sein du cabinet israélien est en effet significatif. Le terme "diaspora" désigne tous les Juifs vivant en dehors des frontières d'Israël et la "déclaration de mission" du cabinet de Sharansky indique qu'il "met l'accent sur Israël, le sionisme, Jérusalem et l'interdépendance des Juifs dans le monde entier".

En substance, cela se traduit par un objectif unique et général : assurer l'existence et l'avenir du peuple juif où qu'il se trouve". En bref, Sharansky n'est rien de moins que le puissant porte-parole du mouvement sioniste mondial. Et aujourd'hui, sans aucun doute, ses opinions orientent la vision du monde de George Bush.

Compte tenu de tout cela, il n'est pas étonnant que le 22 janvier, le média sud-coréen de langue anglaise, *Chosun Ilbo*, soit allé jusqu'à décrire la philosophie de Sharansky, telle qu'elle est exposée dans son livre *The Case for Democracy (Le cas de la démocratie) - aujourd'hui* vanté par Bush - comme "un schéma directeur pour la politique étrangère des États-Unis".

La ligne de propagande de l'extrémiste israélien Natan Sharansky sur laquelle s'est appuyé le discours d'investiture du président était pratiquement un revirement complet par rapport à la rhétorique de Bush lors de la campagne présidentielle de 2000. Cette contradiction est un point qui, en théorie, aurait dû faire réfléchir de nombreux républicains qui ont voté pour Bush la première fois qu'il s'est présenté à la présidence.

Proclamant avec enthousiasme dans une analyse de première page du 21 janvier 2005 que le discours de Bush posait "les bases d'une mission mondiale pour la liberté", *le Washington Times - une* voix "néo-conservatrice" de premier plan qui prône une politique étrangère mondialiste et dure en phase avec les exigences de sécurité d'Israël - a déclaré sans ambages que.. :

> Dans son discours d'investiture, le président Bush lance les États-Unis dans une nouvelle mission mondiale, expansionniste et beaucoup plus agressive, visant à libérer les pays opprimés des dictateurs - un changement radical par rapport à sa campagne de 2000 qui l'avait mis en garde contre le risque de devenir le gendarme du monde... une doctrine internationaliste ambitieuse, peut-être sans précédent, qui pourrait déployer la puissance militaire américaine bien au-delà des engagements actuels de l'Amérique...

Pour sa part, *le* quotidien "libéral" du *Times*, le *Washington Post*, a déclaré le 21 janvier 2005 que le discours de Bush était "plus wilsonien que conservateur", c'est-à-dire qu'il rappelait l'internationalisme messianique de l'ancien président américain Woodrow Wilson, qui n'est guère un héros pour les nationalistes américains ou les conservateurs traditionnels.

Le Post a reconnu que la déclaration de Bush "promettait un internationalisme agressif qui, s'il était sérieusement poursuivi, transformerait les relations avec de nombreuses nations à travers le monde", affirmant que si Bush est sérieux, la politique américaine "est sur le point de connaître un changement historique".

James Steinberg, ancien conseiller adjoint à la sécurité nationale dans l'administration Clinton, a trouvé l'émergence de Bush en tant que voix du mondialisme assez intrigante, dans la mesure où il s'agit d'une trahison déterminée de ce qui avait été l'opposition républicaine traditionnelle à l'ingérence internationale.

Le 21 janvier 2005, M. Steinberg a déclaré au *New York Times* qu'il était "tout à fait remarquable que l'une des notions auxquelles les républicains ont tant résisté soit l'idée d'une profonde interdépendance dans le monde, et que maintenant [M. Bush ait] essentiellement adopté la notion selon laquelle la tyrannie, où qu'elle soit, menace la liberté, où qu'elle soit".

Dans la même veine, le sioniste américain Robert Kagan, l'une des voix médiatiques néo-conservatrices les plus agressives, s'est fait l'écho de l'*American Free Press* (AFP) en écrivant dans le *Post du* 23 janvier 2005 que les "objectifs de Bush sont désormais l'antithèse du conservatisme". Selon Kagan, "ils sont révolutionnaires".

Dans son éditorial du 31 janvier 2005, l'AFP qualifiait Bush de "révolutionnaire", au grand dam de nombreux conservateurs traditionnels qui, inexplicablement, considéraient encore le président comme la voix du patriotisme américain.

Ces personnes ignorent manifestement que ce que l'on appelle le "néo-conservatisme" est tout sauf ce que les Américains ont longtemps considéré comme "conservateur" au sens nationaliste américain traditionnel du terme.

Cependant, le sioniste Robert Kagan comprend cette distinction et c'est précisément la raison pour laquelle il a déclaré que "Bush pourrait perdre le soutien de la plupart des conservateurs à l'ancienne" une fois qu'ils auront pris conscience de la nature de sa nouvelle politique internationaliste. Bref, les conservateurs se sont fait "avoir". C'est pourquoi l'AFP rappelle à ses lecteurs de ne pas oublier ce que Jésus a dit : "Méfiez-vous des loups déguisés en brebis" ou plutôt "Méfiez-vous des boucs de Juda".

En attendant, l'influence de Sharansky sur le républicanisme américain - sous George Bush et dans les années à venir - reste substantielle. En fait, il existe une nouvelle marque de républicanisme, du moins selon Ken Mehlman, que le président George W. Bush a personnellement choisi, après l'élection de 2004, pour occuper le poste de président du Comité national républicain.

Dans un discours prononcé le 14 mars 2005 à Washington devant l'American Israel Public Affairs Committee (AIPAC), le lobby d'Israël, le président national du GOP s'est décrit avec franchise et enthousiasme comme un "républicain Sharansky".

Ce qui est frappant, c'est qu'il semble que ce soit la première fois dans l'histoire américaine que le président d'un des partis nationaux utilise le nom et l'idéologie d'un dirigeant politique d'un pays étranger - connu comme "extrémiste" de surcroît - pour décrire sa propre idéologie.

Dans le passé, il y avait des "républicains Taft" qui se définissaient eux-mêmes comme des partisans des ambitions présidentielles du sénateur nationaliste et traditionnellement conservateur Robert Taft de l'Ohio - populairement connu sous le nom de "Monsieur le Républicain" - qui a été le leader incontesté du bloc "America First" au Congrès de 1936 jusqu'à sa mort prématurée (et, selon certains, "suspecte") en 1953.

Plus tard, il y a eu les "républicains Goldwater" conservateurs qui, sous la direction du sénateur Barry Goldwater (Ariz.), ont préparé le terrain pour l'ascension des "républicains Reagan" qui ont pris le pouvoir en 1980 sous la direction du populaire président Ronald Reagan, qui a effectué deux mandats.

Parallèlement, en opposition aux républicains de Taft et de Goldwater, des républicains plus libéraux et internationalistes se sont ralliés au gouverneur de New York Thomas E. Dewey et à l'avocat de Wall Street Wendell Willkie, se surnommant eux-mêmes - naturellement - "républicains Dewey" et "républicains Willkie".

Plus tard, bien sûr, nombre de ces mêmes dirigeants de partis se sont transformés en "républicains Rockefeller", à la suite du gouverneur de l'État de New York, Nelson Rockefeller. Et il y a même eu quelques personnes, pendant un certain temps, qui se sont appelées "Républicains Eisenhower", soulignant leur soi-disant point de vue "courant, modéré" (quelle qu'en soit la définition) dans l'esprit du 35e président des États-Unis, Dwight D. Eisenhower.

Aujourd'hui, cependant, le nouveau président national du GOP ne se définit pas comme un "républicain Reagan" ni même comme un "républicain Bush" (du nom du président en exercice du GOP, qui jouit d'une grande popularité auprès des membres de base de son parti), mais salue un dirigeant étranger - un extrémiste notoire - comme le modèle de ce qu'est le républicanisme du XXIe siècle.

Il s'agit là d'un héritage direct de George W. Bush qui a si fièrement installé Sharansky comme l'un des dictateurs idéologiques du GOP, trahissant ainsi l'héritage historique du GOP. La politique de Sharansky visant à promouvoir la "démocratie mondiale" ne s'inscrit guère dans la tradition américaine, mais elle fait désormais partie intégrante de ce qu'est le parti républicain "moderne".

Tous ces éléments, pris ensemble, soulèvent des questions quant à la conduite future de la politique étrangère américaine. Il apparaît d'ores et déjà que les éléments sionistes purs et durs qui entourent George W. Bush ont à l'esprit les guerres et les provocations à venir.

Bien que la soi-disant "guerre mondiale contre le terrorisme" vise ceux que les néo-conservateurs pro-israéliens appellent désormais les "islamo-fascistes" (rappelant commodément le méchant préféré de la juiverie mondiale au XXe siècle : le fascisme), il y a manifestement beaucoup plus à venir, si la rhétorique des "grands prêtres de la guerre" doit être examinée et prise au sérieux.

Outre l'Iran et la Syrie - qui sont depuis longtemps dans le collimateur des faucons de guerre sionistes - trois autres pays (la Russie, la Chine et le Venezuela) semblent désormais être des cibles privilégiées de Bush et de ses manipulateurs néoconservateurs. Ces pays ne semblent pas entrer dans la catégorie de la "démocratie" que Sharansky et Bush sont si déterminés à promouvoir à l'échelle mondiale, et même un examen superficiel de la couverture médiatique et de la rhétorique des néo-conservateurs concernant ces nations indique clairement que la guerre - qu'elle soit "froide" ou "chaude" - pourrait bien se profiler à l'horizon. Et les

Américains paieront pour ces guerres et les mèneront.

Les boucs de Juda néo-conservateurs américains et leurs collaborateurs du lobby pro-israélien à Washington ont déjà tiré les premiers coups de canon d'une nouvelle guerre froide contre le dirigeant russe Vladimir Poutine, qui fait de plus en plus l'objet de critiques acerbes et de questions hostiles sur son "engagement en faveur de la démocratie".

Il reste à savoir si Poutine sera considéré comme le "nouvel Hitler" ou le "nouveau Staline", mais des indications récentes suggèrent que la guerre sioniste contre le nationalisme russe a maintenant été lancée sur le sol américain. La grande question est de savoir si les Américains seront trompés et entraînés dans une nouvelle guerre qui n'a pas lieu d'être et qui ne devrait pas être menée.

La vérité est que l'hostilité des néo-conservateurs à l'égard de Poutine découle précisément du fait qu'il n'a pas été perçu comme attentif aux besoins de l'Israël sioniste.

C'est pourquoi Poutine et les nationalistes russes sont désormais la cible de l'élite sioniste internationale.

Bien que l'hostilité naissante des néo-conservateurs à l'égard de Poutine ait été largement débattue dans les publications pro-israéliennes à petit tirage et dans les journaux de la communauté juive américaine, ce n'est que plus tard que les publications grand public telles que *The Weekly Standard* et *The New York Times*, pour ne citer que les plus importantes, ont commencé à se faire l'écho de ces préoccupations concernant Poutine, un peu comme si les grands quotidiens prenaient l'initiative des autres journaux. De plus en plus, cependant, l'idée que "Poutine est un ennemi possible" est désormais présentée à l'Américain moyen, par l'intermédiaire des médias.

Une autre préoccupation majeure à l'égard de M. Poutine tient au fait qu'il s'est opposé à la poignée de milliardaires ploutocrates de Russie (dont beaucoup ont également la nationalité israélienne) qui ont pris le contrôle de l'économie russe avec la connivence du dirigeant russe de l'époque, Boris Eltsine, à la suite de l'effondrement de l'ex-Union soviétique.

Une publication américaine pro-israélienne pure et dure, *The New Republic*, a soulevé la question le 24 septembre 2004 : "La Russie devient-elle fasciste ?"

affirmant que, que Poutine reste personnellement au pouvoir ou non, il existe un mouvement grandissant - de nature "nationaliste" - qui exerce une grande influence sur la population russe. *Le New Republic* s'est inquiété de la possibilité d'une "révolution fasciste", c'est-à-dire d'un mouvement hostile aux oligarques israéliens (ayant des liens avec la criminalité internationale) qui ont pillé l'économie russe. De même, plus tôt, dans son livre de 1995, *Russia : A Return to Imperialism*, l'universitaire israélien Uri Ra'anan, basé à l'université de Boston, s'inquiétait du fait que la Russie post-soviétique pourrait constituer une menace pour l'Occident (c'est-à-dire pour Israël et les intérêts sionistes en Occident).

Ces travaux font écho à des auteurs tels que Jonathan Brent et Vladimir Naumov qui, dans leur livre de 2003 intitulé *Stalin's Last Crime*, concluent en disant que "Staline est une possibilité perpétuelle", laissant ouverte la proposition théorique selon laquelle Poutine, ou d'autres dirigeants russes en puissance, pourraient finalement émerger en tant qu'héritiers de l'héritage antisioniste de Staline.

Essentiellement, avec les néo-conservateurs américains qui s'opposent maintenant à Poutine, c'est comme si nous assistions à un rajeunissement de la guerre contre le nationalisme russe menée par les trotskistes, réaménagée en fonction des considérations géopolitiques du XXIe siècle.

Aujourd'hui, contrairement à la première moitié du XXe siècle, avant la création de l'État d'Israël, le rôle central de cet État du Moyen-Orient dans la vision néoconservatrice du monde ne peut être sous-estimé, car l'inquiétude au sujet d'Israël est une considération de premier plan dans la campagne néoconservatrice contre Poutine.

Et bien que pendant des années, notre soi-disant "allié" Israël ait vendu des quantités massives d'armes conventionnelles et fourni (à la fois directement et indirectement) la technologie de défense américaine (y compris l'expertise nucléaire) à la Chine rouge, cela a clairement et définitivement reçu l'imprimatur du lobby israélien à Washington.

Aujourd'hui, cependant, grâce à la rhétorique de ces mêmes néo-conservateurs, le tambour de la guerre contre la Chine est dans l'air. Les mêmes forces qui ont aidé la Chine à construire sa machine militaire au cours des 25 dernières années brandissent aujourd'hui le spectre de la Chine comme un danger pour l'Amérique. Depuis plusieurs années, la Chine est de plus en plus considérée comme un nouvel "ennemi" potentiel, un ennemi qui, selon les partisans de la guerre contre la Chine, pourrait devoir faire l'objet d'une action militaire américaine.

Toutefois, ceux qui osent y regarder de plus près trouveront d'autres forces à l'œuvre dans cette rhétorique anti-chinoise.

Le 23 avril 2001, le journal *New Republic* - *publié* par le "libéral" Martin Peretz, mentor de l'ancien vice-président Al Gore - a pris une position sans équivoque contre la Chine. Pas moins de quatre articles majeurs ont été publiés dans ce seul numéro sous le thème "Un ennemi pour notre temps" : "Un ennemi pour notre temps". Sur la couverture, une photo menaçante de soldats chinois au visage sombre, armés de mitrailleuses, s'avance vers le lecteur.

Puis, le 30 avril 2001, *le Weekly Standard - propriété* du milliardaire Rupert Murdoch et édité par le propagandiste néo-conservateur William Kristol - a adopté une ligne dure à l'égard de la Chine dans une série d'articles dont le ton et la rhétorique ne diffèrent guère de ceux de l'homologue "libéral" du *Standard*, *The New Republic*.

Ce qui est remarquable, c'est que ni *The New Republic* ni *The Weekly Standard* n'ont cité une seule fois l'élément principal qui a permis à l'énorme machine de guerre chinoise (qui ne cesse de croître) d'atteindre le niveau qu'elle a atteint aujourd'hui : Le rôle peu connu (mais absolument prééminent) d'Israël dans les transferts massifs d'armes vers la Chine - y compris la technologie nucléaire critique - au cours des 50 dernières années. Cela n'a surpris personne qui savait que *The New Republic* et *The Weekly Standard - malgré* leurs différences cosmétiques entre "libéraux" et "conservateurs" - ont tous deux été des relais médiatiques bruyants et enthousiastes de la propagande du lobby pro-israélien : Israël ne peut pas faire de mal - et cela inclut l'armement de la Chine.

Il ne faut pas s'y tromper. Tout au long de son histoire, qui précède celle des États-Unis de plusieurs dizaines de siècles, la Chine (bien avant qu'elle ne tombe aux mains des communistes) a toujours eu et aura toujours son propre agenda géopolitique. Toutefois, il convient de se demander si la Chine doit être considérée comme un "ennemi" de l'Amérique.

Pourquoi, soudainement, des voix influentes "conservatrices" et "libérales" représentant les intérêts sionistes ont-elles uni leurs forces pour battre le tambour de la guerre contre la Chine ?

Ne concluez pas trop vite que "les libéraux ont enfin compris". Au contraire, il est temps pour les patriotes américains de se réveiller.

La Chine est aujourd'hui désignée, selon les termes de *The New Republic*, comme "l'ennemi de notre temps". Dans le passé, c'était le Kaiser. Puis Adolf Hitler. Puis l'Union soviétique. Et maintenant, avec le monde musulman, la Chine est soudain dans le collimateur des "grands prêtres de la guerre". Un programme plus vaste est à l'œuvre. Une "longue lutte avec la Chine s'annonce", affirme *The New Republic*, et, sans surprise, *The Weekly Standard* est du même avis.

Ces derniers jours, des "préoccupations" similaires concernant la Chine ont été soulevées dans un large éventail de revues influentes - en particulier dans le royaume néoconservateur de Sharansky-Bush - et de nombreux commentaires dans les médias reviennent sans cesse sur le thème selon lequel la Chine est un "ennemi" ou un "ennemi potentiel". La liste de ces prises de position anti-chinoises est sans fin, mais en voici un exemple notable et prééminent :

Le 15 novembre 2005, Frank Gaffney Jr. écrivait dans le *quotidien* néo-conservateur *Washington Times* que George W. Bush devait faire comprendre aux dirigeants chinois que la puissance des États-Unis pourrait bien être utilisée pour "aider le peuple chinois à se libérer d'un régime qui l'opprime et qui nous menace de plus en plus".

Le susmentionné Gaffney est un acteur de longue date du réseau néo-conservateur pro-israélien à Washington, depuis l'époque où il était assistant (aux côtés de l'omniprésent cerveau géopolitique sioniste, Richard Perle) du sénateur Henry M. Jackson (D-Wash.), l'un des plus fervents défenseurs d'Israël au Capitole.

La vérité, c'est que le bellicisme de Gaffney n'est pas simplement la diatribe d'un agitateur peu remarqué. Pour reprendre un slogan publicitaire éculé : "Quand Gaffney parle, les gens écoutent".

Le fait que ces voix pro-israéliennes soient si déterminées à lever les armes américaines contre la Chine - alors que, depuis le début, c'est leur nation préférée, Israël, qui arme la Chine - est un phénomène intriguant. Il ne s'agit pas seulement de "chutzpah". La guerre froide contre l'URSS - menée à l'époque où des banques américaines comme la Chase Manhattan et d'autres intérêts occidentaux étaient engagés dans des affaires lucratives avec le Kremlin - a enrichi l'élite ploutocratique au-delà de ses rêves les plus fous.

Et comme nous l'avons noté dans *Les grands prêtres de la guerre*, ce sont les partisans "néoconservateurs" purs et durs d'Israël qui ont joué un rôle majeur en attisant les sentiments antisoviétiques aux États-Unis, en agitant le spectre de ce qui était en réalité un "accroissement des armements soviétiques" fortement surestimé alors qu'en fait, l'URSS était sur le point de s'effondrer.

En outre, les guerres "sans issue" menées en Corée et au Việt Nam s'inscrivaient dans le cadre d'un plan plus vaste. En cours de route, Saddam Hussein en Irak, les ayatollahs d'Iran, entre autres, se sont vus accorder une place de choix dans le panthéon de la méchanceté orchestré par les médias.

Le peuple américain, contrairement à ce que l'on croit, aime la guerre. Et les ploutocrates et leur presse fantoche sont toujours prêts à en inventer une nouvelle.

Aujourd'hui, les faiseurs d'opinion "conservateurs" et "libéraux", qui font office de propagande pour l'élite ploutocratique qui contrôle les principaux médias, disent au peuple américain de se préparer à la guerre.

Et si nous ne sommes pas sur le point de nous attaquer à la Chine, nous avons un nouvel "ennemi" à quelques heures de route au sud, qui se prête parfaitement à la "diplomatie de la canonnière" américaine à l'ancienne.

Hugo Chavez, l'homme fort nationaliste vénézuélien haut en couleur, est désormais officiellement la cible du réseau impérialiste néo-conservateur pro-israélien qui dirige la politique de l'administration Bush.

Bien que les grands médias aient présenté l'appel de l'évangéliste Pat Robertson à l'assassinat de Chavez par les États-Unis comme une sorte d'accès d'inconscience - que l'administration Bush a officiellement dénoncé, sans être convaincante, et pour lequel Robertson a présenté des "excuses" peu sincères - les faits montrent que les "néo-cons" pro-israéliens ont l'image de Chavez sur leur fléchette depuis un certain temps déjà.

Le fait est que depuis l'arrivée au pouvoir de Chavez en 1999, les "grands prêtres de la guerre" néoconservateurs - ainsi que leurs alliés dans les revues et les organes de propagande pro-israéliens aux États-Unis et dans le monde entier - n'ont cessé de marmonner que Chavez et son gouvernement étaient hostiles aux intérêts d'Israël et, par conséquent, "antisémites".

Chavez et ses partisans ont considéré (à juste titre) les remarques de Robertson comme un "ballon d'essai" efficace lancé par Robertson en collaboration avec l'administration Bush - un stratagème pour attirer l'attention sur Chavez, perçu comme un ennemi d'Israël et de l'impérialisme - ce qui n'est probablement pas une coïncidence, L'appel de Robertson au meurtre de Chavez a été lancé le 22 août 2005, peu de temps après que le journal néo-conservateur *The Weekly Standard* ait publié une tribune visant Chavez dans son numéro du 8 août, affirmant que Chavez était "une menace pour bien plus que son propre peuple"." L'article était consacré à la thèse selon laquelle Chavez est une menace pour la minuscule mais riche population juive du Venezuela - environ 22 000 personnes dans une nation de 22 millions d'habitants.

Le Standard a déploré le fait que la télévision d'État vénézuélienne ait diffusé un reportage spéculant que le service de renseignement israélien, le Mossad, pourrait être lié à l'assassinat d'un fonctionnaire local au Venezuela. Des fonctionnaires de police ont effectué une descente dans une école juive qui, selon le gouvernement, abritait des armes susceptibles d'être impliquées dans le crime.

Cet acte de défense nationale, contre une menace perçue comme émanant de l'agence d'espionnage d'une puissance étrangère - Israël - a été présenté par le *Standard* comme une sorte d'action de la Gestapo à la manière d'Adolf Hitler. Affirmant que "l'hostilité envers les Juifs est devenue l'une des caractéristiques du gouvernement vénézuélien", le *Standard* a cité un

"Rapport sur l'antisémitisme mondial" du Département d'État américain qui prétendait documenter, selon les termes du *Standard*, "à quel point le gouvernement vénézuélien est désormais ouvertement antisémite".

Le journal pro-israélien est particulièrement préoccupé par le fait que l'un des plus proches conseillers de Chavez était feu Norberto Ceresole, décrit comme "un écrivain argentin tristement célèbre pour ses livres niant l'Holocauste et ses théories conspirationnistes sur les plans juifs visant à contrôler la planète" et dont le livre saluant Chavez, dans son premier chapitre, soulevait avec force des questions sur l'influence sioniste dans le monde.

Chavez a refusé de reculer face aux critiques sionistes.

En 2000, lorsqu'il a annoncé un voyage en Irak pour rendre visite à Saddam Hussein, Chavez a raillé les critiques des médias néo-conservateurs en déclarant : "Imaginez ce que diront les pharisiens lorsqu'ils me verront avec Saddam Hussein".

En fait, les plaintes des partisans d'Israël contre Chavez remontent aux premières années de son mandat. En 2000, l'Institut Stephen Roth sur l'antisémitisme et le racisme de l'Université de Tel Aviv en Israël a publié un rapport sur l'*antisémitisme dans le monde en 1999/2000* qui visait Chavez en déclarant :

> Depuis les élections générales de 1998, le Venezuela a connu une transformation politique spectaculaire qui a eu un impact négatif sur la communauté juive. La froideur de la nouvelle administration à l'égard de la communauté et d'Israël a encouragé l'antisémitisme, notamment dans la grande presse... Certains observateurs [soulignent] les relations étroites du président avec la Libye, l'Irak et l'Iran, ce qui expliquerait également son hostilité à l'égard d'Israël.

Le rapport israélien a également soulevé le spectre de l'amitié de Chavez avec le Ceresole susmentionné, "l'antisémite argentin bien connu", soulignant ainsi que Chavez est considéré comme un ennemi d'Israël.

Pendant ce temps, bien que les Américains qui ont entendu parler de la violente provocation de Robertson contre Chavez aient été informés par les médias que Chavez était un "gauchiste" et un "ami de Fidel Castro" - des accusations qui ne manqueront pas d'enflammer de nombreux Américains - le fait que le réseau pro-israélien avait un compte à régler avec Chavez a été soigneusement gardé secret. Les critiques du lobby israélien à l'égard de Chavez ont été confinées à des revues à faible tirage, mais néanmoins influentes (telles que *The Weekly Standard*), lues presque exclusivement par des partisans fanatiques d'Israël, tels que Robertson.

Cependant, afin de manipuler le public américain, les grands médias ont aidé l'administration Bush en attisant les craintes à l'égard de Chavez, considéré comme une sorte de nouvelle "menace communiste", alors que rien ne pourrait être plus éloigné de la vérité.

En fait, Chavez s'est inspiré (ainsi que sa révolution intérieure) de la tradition de Simon Bolivar, qui a libéré les provinces coloniales andines de la couronne impériale espagnole et qui (dans les textes traditionnels d'histoire américaine) a été appelé "le George Washington de l'Amérique du Sud".

Bien que Chavez soit un critique du super-capitalisme mondial rampant, qu'il qualifie de "démon", Alma Guillermoprieto a souligné dans l'édition du 6 octobre 2005 de la *New York Review of Books* qu'"un grand nombre d'hommes d'affaires ont prospéré sous son règne, et il a clairement indiqué qu'il voyait un rôle important pour le secteur privé et, plus particulièrement, pour l'investissement étranger". Chavez est donc loin d'être un "communiste", malgré la désinformation des médias.

En ce qui concerne le vieillissant Fidel Castro, il est clairement au crépuscule de sa vie et sera probablement remplacé, selon la plupart des observateurs, par un régime militaire ( ). Le fait que Chavez ait été amical envers Castro - comme l'ont été pratiquement tous les dirigeants sud-américains, sans parler des dirigeants du monde entier - n'est donc pas une "preuve" que Chavez est un "communiste".

Cependant, lorsque Robertson s'est rendu à son 700 Club - une émission incontournable pour de nombreux républicains de base - et a appelé au meurtre de Chavez, il a envoyé un message fort et clair : "Nous n'aimons pas Chavez". Le "nous", dans ce cas, était celui des néo-conservateurs et de leurs alliés en Israël, qui ont collaboré étroitement avec Robertson et d'autres évangélistes télévisés de la "droite chrétienne" qui ont fourni au lobby israélien une base de soutien fervente (et puissante).

En fin de compte, tous ces coups de sabre mondialistes au nom d'une forme mal définie de "démocratie" telle que la conçoit le mentor philosophique de George W. Bush, Natan Sharansky, ne permettent guère à l'Amérique de se faire de nouveaux amis à l'étranger. Au contraire, elle se fait de plus en plus d'ennemis.

Mahathir Mohamad, souvent décrit comme le "père de la Malaisie moderne" et respecté depuis longtemps comme le porte-parole des pays en développement, ne recule pas devant ces provocations belliqueuses. Dans une interview accordée en 2005 au journal britannique *Guardian*, le Premier ministre malaisien de longue date (qui a pris sa retraite en 2003) a déclaré que l'administration Bush était un "régime voyou" et a dénoncé son allié, le Premier ministre britannique Tony Blair, comme un "menteur avéré" pour avoir propagé les informations erronées et la désinformation mises en avant par Bush et ses conseillers politiques pro-israéliens.

Ce Malaisien au franc-parler, qui jouit d'une grande estime dans le monde en développement, a suscité une vive émotion en 2003 lorsqu'il a déclaré, au cours d'une longue conférence devant un rassemblement international de dirigeants de pays musulmans, que "les Juifs dirigent le monde par procuration", ce qui n'était qu'un bref commentaire dans un long discours, mais qui a suffi à déclencher une frénésie médiatique mondiale.

Mahathir a toutefois déclaré au *Guardian* qu'il n'était pas prêt à retirer ses remarques. Il a déclaré :

> Les politiciens [américains] ont une peur bleue des Juifs, car quiconque vote contre les Juifs perdrait les élections. Les Juifs d'Amérique soutiennent les Juifs d'Israël. Israël et d'autres Juifs contrôlent la nation la plus puissante du monde. C'est ce que je veux dire [que les Juifs contrôlent le monde]. Je maintiens ce point de vue.

Les commentaires acerbes de M. Mahathir sur le comportement des États-Unis, notamment en ce qui concerne leur engagement au Moyen-Orient, reflètent non seulement l'opinion musulmane, mais aussi l'opinion grandissante en Europe et ailleurs. Mahathir a déclaré au *Guardian* :

> Les États-Unis sont la nation la plus puissante. Ils peuvent ignorer le monde entier s'ils veulent faire quoi que ce soit. Ils enfreignent le droit international. Ils arrêtent des personnes en dehors de leur pays et les inculpent en vertu de la loi américaine. Ils les tuent...
>
> C'est de la terreur [et] les États-Unis sont aussi coupables de terrorisme que les gens qui ont écrasé leurs avions sur les bâtiments ... Bush ne comprend pas le reste du monde. Il pense que tout le monde devrait être un néocon comme lui.

Venant de l'un des principaux dirigeants musulmans du monde - qui a exhorté ses concitoyens musulmans à rejeter le terrorisme et l'extrémisme - l'évaluation par le Dr Mahathir de la guerre déclarée par les États-Unis contre le terrorisme est particulièrement pertinente et constitue un avertissement très réel pour les décideurs politiques américains qui sont attachés aux intérêts d'Israël :

> Même si vous attrapez Ben Laden, vous ne pouvez pas être sûr qu'il n'y aura pas d'autre Ben Laden. Il est impossible de faire signer un traité de paix à des terroristes. La seule façon de vaincre la terreur est de s'attaquer aux causes fondamentales. Les terroristes ne se font pas exploser sans raison, ils sont en colère, ils sont frustrés.

Et pourquoi sont-ils en colère ? Regardez la situation palestinienne. Cinquante ans après la création de l'État d'Israël, les choses vont de mal en pis. Si vous ne réglez pas ce problème, la guerre contre le terrorisme n'aura pas de fin. Combien de temps allez-vous continuer à examiner les chaussures des gens ?

Mahathir comme une "théorie du complot du monde musulman", notez que le 11 mai 2005, le *Forward*, journal de la communauté juive basé à New York, a rapporté que Barry Jacobs, du bureau de Washington de l'American Jewish Committee, a déclaré qu'il pensait qu'*il y avait des hauts fonctionnaires au sein de la communauté du renseignement américain qui étaient hostiles à Israël et qui menaient donc une guerre contre les lobbyistes pro-israéliens et leurs alliés néo-conservateurs pro-israéliens dans les cercles internes de l'administration Bush.*

Citant l'enquête en cours du FBI sur un éventuel espionnage par des responsables de l'AIPAC, le principal groupe de pression pro-israélien, *Forward* rapporte que M. Jacobs estime, selon le résumé de *Forward*, que "l'idée que les juifs américains et les néo-conservateurs du Pentagone ont conspiré pour pousser les États-Unis à entrer en guerre contre l'Irak, et peut-être aussi contre l'Iran, est omniprésente dans la communauté des services de renseignement de Washington".

Le fait est que la politique de George W. Bush ne préoccupe pas seulement les pays arabes et musulmans, la Russie, la Chine ou même le Venezuela. Beaucoup de bons Américains (y compris des personnes haut placées) voient un réel danger dans ces politiques. Dans un effort pour faire barrage à l'impérialisme et aux guerres visant à faire progresser l'impérialisme, le Dr Mahathir de Malaisie a créé la Perdana Global Peace Organization (voir per-dana4peace.org sur Internet). Le 17 décembre 2005, le Dr Mahathir et les participants à un forum spécial de l'organisation ont annoncé l'initiative de Kuala Lumpur visant à criminaliser la guerre. Comme son nom l'indique, cette initiative et les efforts déployés pour promouvoir son message constituent un appel sérieux à une action mondiale visant à criminaliser la conduite de la guerre. L'initiative se lit comme suit :

L'INITIATIVE DE KUALA LUMPUR POUR CRIMINALISER LA GUERRE

Le Forum mondial pour la paix de Kuala Lumpur, qui réunit des peuples concernés des cinq continents

UNIS dans la conviction que la paix est la condition essentielle à la survie et au bien-être de la race humaine,

DÉTERMINÉS à promouvoir la paix et à préserver les générations futures du fléau de la guerre,

OUTRAGÉ par le recours fréquent à la guerre pour régler les différends entre les nations,

PRÉOCCUPÉS par le fait que les militaristes se préparent à de nouvelles guerres,

TROUBLE que le recours à la force armée augmente l'insécurité pour tous,

TERRIFIÉS à l'idée que la possession d'armes nucléaires et le risque imminent de guerre nucléaire conduiront à l'anéantissement de la vie sur terre.

Pour parvenir à la paix, nous déclarons maintenant que :

- Les guerres impliquent de plus en plus souvent le meurtre d'innocents et sont donc odieuses et criminelles.

- Les meurtres en temps de guerre sont aussi criminels que les meurtres au sein des sociétés en temps de paix.

- Puisque les meurtres en temps de paix sont soumis au droit pénal interne, les meurtres en temps de guerre doivent également être soumis au droit pénal international. Il devrait en être ainsi indépendamment du fait que ces meurtres en temps de guerre soient autorisés ou permis par le droit interne.

- Toutes les activités commerciales, financières, industrielles et scientifiques qui aident et encouragent la guerre doivent être criminalisées.

- Tous les dirigeants nationaux qui prennent l'initiative d'une agression doivent être soumis à la juridiction de la Cour pénale internationale.

- Toutes les nations doivent renforcer leur détermination à accepter les objectifs et les principes de la Charte des Nations unies et à mettre en place des méthodes pour régler les différends internationaux par des moyens pacifiques et renoncer à la guerre.

- Il ne sera pas fait usage de la force armée, sauf si cela est autorisé par une résolution adoptée à la majorité des deux tiers de l'ensemble des membres de l'Assemblée générale des Nations unies.

- Tous les législateurs et tous les membres du gouvernement doivent affirmer leur foi en la paix et s'engager à œuvrer pour la paix.

- Les partis politiques du monde entier doivent faire de la paix l'un de leurs principaux objectifs.

- Des organisations non gouvernementales engagées dans la promotion de la paix devraient être créées dans tous les pays.

- Les fonctionnaires et les professionnels, en particulier dans les domaines médical, juridique, éducatif et scientifique, doivent promouvoir la paix et lutter activement contre la guerre.

- Les médias doivent s'opposer activement à la guerre et à l'incitation à la guerre et promouvoir consciemment le règlement pacifique des différends internationaux.

- Les médias de divertissement doivent cesser de glorifier la guerre et la violence et cultiver au contraire l'éthique de la paix.

- Tous les chefs religieux doivent condamner la guerre et promouvoir la paix.

À cette fin, le Forum décide d'établir un secrétariat permanent à Kuala Lumpur pour :

Mettre en œuvre cette initiative.

S'OPPOSER aux politiques et aux programmes qui incitent à la guerre.

Solliciter la coopération des [organisations non gouvernementales] du monde entier pour atteindre les objectifs de cette initiative.

Les nationalistes américains - les *vrais* patriotes de l'Amérique - partagent l'esprit de l'initiative de Kuala Lumpur. Les Américains doivent se rassembler - et se joindre à d'autres dans le monde entier - pour barrer la route aux fauteurs de guerre impériaux. Nous devons faire preuve d'une grande prudence avant de nous "rallier au drapeau" et de sauter dans le ou les bandwagons pro-guerre qui s'assemblent sous nos yeux.

George Bush devrait quitter ses fonctions en janvier 2009. La question qui se pose est de savoir quels dégâts ce bouc de Juda a causés à l'Amérique (et au monde) et ce qui nous attend tous.

D'autres boucs de Juda - inspirés par l'Israélien Natan Sharansky - tenteront de poursuivre ces dangereuses politiques impériales nées des mensonges et de la mauvaise gestion de l'ère Bush. Il incombe à tous les bons Américains - et à leurs nombreux amis dans le monde - de travailler ensemble pour mettre ces intrigants à genoux.

Un dernier mot...

"Le nationalisme est la vague de l'avenir et il n'y a aucun moyen de l'arrêter"

En vertu de ce qui a été rassemblé dans ces pages, *The Juda Goats - The Enemy Within* est une œuvre de plus de 50 ans, fondée sur une accumulation de plus d'un demi-siècle de preuves solides (et souvent dérangeantes) qui confirment l'histoire détestable décrite dans cette chronique - une histoire qui n'est en aucun cas complète.

Il s'agit d'une histoire peu glorieuse et souvent sordide, mais très instructive, même si elle est désagréable. Les récits de trahison et de tromperie ne nous donnent pas seulement un aperçu des machinations de notre ennemi - et soyez assurés que c'est précisément ce que sont ces Boucs de Juda - mais ils nous fournissent également une vue d'ensemble de notre histoire au cours du 20e siècle et un télescope à travers lequel nous pouvons observer les dangers qui se profilent à l'horizon devant nous.

L'Amérique a été subvertie.

Le nationalisme américain traditionnel a été déformé et dénaturé.

À de multiples niveaux et par le biais d'un large éventail de tromperies, notre nation a été mise sur une voie qui a déformé notre forme de gouvernement et, à sa place, une tyrannie du Nouvel Ordre Mondial est destinée (peut-être certaine) à se développer. Nous disons "peut-être certain", ne serait-ce que parce qu'il est peut-être encore temps pour les vrais nationalistes américains de s'unir, de nettoyer les écuries et de chasser ces traîtres et ces criminels de nos rangs.

Il est temps d'identifier et de fuir les boucs de Juda - l'ennemi intérieur, car, à bien des égards, ils sont nos pires ennemis, précisément parce qu'ils prétendent être nos amis.

C'est d'ailleurs pour cette raison qu'ils sont si dangereux.

Nous ne pouvons plus nous permettre d'être dupés, manipulés et finalement lésés par ces forces.

Bien que la conception de ce livre ait commencé à évoluer bien avant la publication de mes ouvrages précédents, ce volume, *The Juda Goats - The*

Enemy Within, semble presque être une suite à mes livres précédents. En fait, ces premiers ouvrages ont jeté les bases qui m'ont permis de produire ce volume tel qu'il se présente aujourd'hui.

Avec toute la modestie qui s'impose, je dois cependant insister sans hésitation sur le fait que ces autres ouvrages, pris individuellement et ensemble, ont déjà fourni aux Américains (et au monde) un cadre qui nous permet de comprendre pleinement les forces du mal qui nous ont amenés là où nous sommes aujourd'hui, et donc de les combattre :

- *Le jugement dernier* explique comment le président John F. Kennedy a été assassiné pour avoir eu le courage de s'opposer au gouvernement d'Israël et à son puissant lobby en Amérique, travaillant sans relâche pour empêcher Israël d'assembler des armes nucléaires de destruction massive.

Si JFK n'avait pas été démis de ses fonctions, il aurait pu atteindre son objectif et, par conséquent, empêcher Israël de devenir la superpuissance mondiale qui exerce un chantage et que cette minuscule entité est aujourd'hui.

Dans le même temps, le lobby américain d'Israël aurait été efficacement mis en échec, un président déterminé s'opposant à la volonté du sionisme, aujourd'hui pratiquement incontestée, d'obtenir un pouvoir absolu sur notre système politique.

Le fait qu'Israël ait joué un rôle aussi important - voire primordial - dans l'assassinat de John F. Kennedy n'est pas aussi connu aujourd'hui qu'il devrait l'être. Il ne fait aucun doute que si de plus en plus d'Américains apprenaient comment et pourquoi JFK est mort, il y aurait une réévaluation majeure (au moins par le peuple américain) de leur attitude à l'égard du soutien indéfectible des États-Unis à la cause sioniste internationale. *Le jugement dernier* est donc là, avec les faits qui doivent être relatés.

- *The High Priests of War (Les grands prêtres de la guerre)* était la première évaluation complète (et, j'ajouterais, la seule totalement franche) de l'histoire du réseau dit "néoconservateur" et de la manière dont il a accumulé tant d'influence qu'il a pu - avec le soutien fanatique d'un président américain, qui est presque certainement mentalement déséquilibré - entraîner les États-Unis dans une guerre qui n'était pas nécessaire et qui n'aurait pas dû être menée. Cette guerre ne semble pas avoir de fin en vue et les Américains sont (à juste titre) de plus en plus inquiets de la calamité en Irak, malgré leurs efforts les plus déterminés pour "être patriotes et soutenir le président".

De nombreux Américains réalisent aujourd'hui que la guerre n'est pas dans l'intérêt de l'Amérique et ne l'a jamais été, qu'elle est basée sur d'horribles mensonges et qu'il y a, en fait, un autre agenda derrière la guerre : à savoir les exigences d'Israël (et du sionisme en général) sur le système américain.

La reconnaissance croissante de cette réalité, en fin de compte, jouera un rôle majeur dans la création d'un état d'esprit au sein du peuple américain qui sera enfin en mesure de réfléchir à la signification réelle de la guerre et à ses auteurs, ainsi qu'aux raisons qui les ont poussés à la faire. *Les grands prêtres de la guerre* présentent *donc* les faits qui doivent être révélés.

- *La nouvelle Jérusalem : Le pouvoir sioniste en Amérique* est précisément ce que son nom suggère : un résumé actualisé et sans concession des données - des faits et des chiffres solides, comme il n'en a jamais été compilé entre deux couvertures au cours de notre ère moderne - concernant l'incroyable assemblage de richesses (et le pouvoir politique qui en découle) que l'élite sioniste en Amérique a accumulé. C'est précisément cette richesse et ce pouvoir qui ont permis à la politique américaine d'être orientée - ou plutôt mal orientée - vers des objectifs qui n'ont rien à voir avec l'"américanisme", mais qui ont tout à voir avec la sécurisation des États-Unis en tant que force militaire, financière et géopolitique incontestée du sionisme international ( ).

Tant que le sionisme aura la mainmise sur les médias américains (et le pouvoir politique qui en découle), le peuple des États-Unis peut s'attendre à voir de plus en plus de garçons et de filles américains être envoyés aux quatre coins du monde pour faire la guerre et être tués ou horriblement blessés en combattant au nom des intérêts sionistes qui se cachent sans vergogne et de manière trompeuse derrière le drapeau américain.

Nous pouvons nous attendre à une augmentation des impôts pour payer ces guerres, et à une répression politique de plus en plus forte à l'intérieur du pays, destinée à faire taire les dissidents qui osent dire "non" aux exigences du sionisme à l'égard du peuple américain. La liste des conséquences probables de tout cela est en effet effrayante. Cependant, comme de plus en plus d'Américains découvrent l'immense influence du sionisme, il y aura une augmentation correspondante de la discussion publique (et pas seulement privée) de ce dangereux phénomène. *La Nouvelle Jérusalem* est donc là pour présenter les faits qui doivent être racontés.

The Juda Goats-The Enemy Within est donc un complément à ce que j'ai déjà écrit, une variation sur un thème qui sous-tend très certainement ces trois volumes précédents.

Ces livres, ainsi que d'autres - sans parler des innombrables cassettes vidéo, des sites Internet, des journaux indépendants comme *American Free Press* et des revues historiques comme *The Barnes Review* - fournissent, pour reprendre les termes de mon ami, le titan populiste Eustace Mullins, "des munitions pour la guerre de libération de l'Amérique qui s'annonce".

Et ce sera une guerre.

Dans les pages de *The Juda Goats - The Enemy Within*, nous avons vu, à maintes reprises, que notre ennemi n'hésitera pas à utiliser les méthodes les plus corrompues, les plus vicieuses, les plus trompeuses - et même les plus violentes - pour poursuivre son programme. Et leur programme est la destruction absolue et totale du mouvement nationaliste américain et, si nécessaire (et s'ils le souhaitent), la destruction de chaque Américain qui s'oppose à leur programme insidieux.

Et ce n'est pas exagéré.

Rappelez-vous : "ils" ont tué John F. Kennedy et s'en sont tirés jusqu'à présent. "Ils ont détruit le bâtiment Murrah à Oklahoma City et s'en sont tirés jusqu'à présent. "Ils ont mis en scène les attentats terroristes du 11 septembre et s'en sont tirés jusqu'à présent. "Ils ont orchestré la guerre en Irak et s'en sont tirés jusqu'à présent.

Et ce n'est que la partie émergée de l'iceberg...

La grande question est de savoir combien de temps encore nous allons rester les bras croisés et continuer à laisser à ces criminels la liberté d'exercer leur volonté aux dépens du peuple américain et de tous les peuples du monde.

Nous avons identifié l'ennemi.

Nous disposons de toutes les connaissances nécessaires sur notre ennemi.

Nous devons maintenant communiquer ces connaissances aux autres.

Naturellement, nous devons travailler en dehors du domaine des médias d'élite contrôlés par les sionistes en Amérique pour y parvenir.

Grâce au bouche à oreille, à la radio indépendante, à l'Internet, à la distribution de livres, de journaux et de vidéos et à tout autre moyen disponible pour "faire passer le mot", nous pouvons faire savoir aux gens qu'une nouvelle révolution américaine est en cours, qu'il y a beaucoup d'autres personnes qui ressentent la même chose qu'eux et qui s'expriment enfin.

C'est possible. Cela dépend de nous.

En nous unissant, nous pouvons créer un raz-de-marée d'Américains en colère et d'autres bonnes volontés du monde entier - la vague du futur - qui submergera les ennemis du nationalisme, de la liberté et de l'indépendance.

Allons résolument de l'avant avec l'objectif de gagner suffisamment de bonnes personnes dans suffisamment d'endroits pour que nous puissions enfin obtenir le pouvoir nécessaire pour briser les reins, une fois pour toutes, des Boucs de Juda - l'Ennemi intérieur.

Le mécanisme de contrôle et de subversion ne peut être vaincu que lorsque - et seulement lorsque - nos ennemis sont totalement et complètement démasqués pour ce qu'ils sont réellement.

Nous ne pouvons plus nous contenter d'être politiquement corrects ou d'utiliser des euphémismes. Nous devons dire ce que nous pensons vraiment. Nous ne pouvons pas être comme ce jeune homme qui m'a dit, après avoir lu mon livre, *Le jugement dernier* :

> Je pense que vous avez raison de dire que le Mossad a été impliqué dans l'assassinat de JFK, mais lorsque je parle de l'assassinat de JFK, je me réfère simplement à la "CIA" car la plupart des gens savent que la CIA est contrôlée par les sionistes de toute façon et ils sauront *que* je veux *vraiment* dire que le Mossad était derrière tout ça.

C'est ce que m'a dit quelqu'un.

Il était tout à fait sérieux.

C'était aussi un lâche absolu et un imbécile absolu.

Bien que les sionistes aient certainement beaucoup de pouvoir au sein de la CIA (et sur elle), suggérer que les sionistes contrôlent la CIA et supposer ensuite que "la plupart des gens le savent" est en effet une très grosse supposition.

Nous ne pouvons plus supposer que l'Américain moyen sait ce que savent les Américains mieux informés. Car ils *ne* savent pas ce que nous savons.

Il nous appartient de faire en sorte que les Américains moyens sachent ce que nous savons en leur disant simplement la vérité, sans ambiguïté, en termes vagues ou "codés".

C'est exactement ce que j'ai essayé de faire dans les nombreux livres et les milliers d'articles que j'ai publiés.

Nous ne pouvons plus continuer à craindre d'offenser "le gentil voisin juif dont la sœur vit en Israël".

Si ce gentil juif n'apprécie pas que les Américains de base ne voient pas d'un bon œil la façon dont le lobby israélien dicte la politique étrangère des États-Unis au détriment des intérêts de l'Amérique, c'est son problème.

NOUS NE SERONS PAS RÉDUITS AU SILENCE.

Comme je l'ai déjà dit, nous devons nous considérer comme des incarnations modernes du personnage fictif "Howard Beale", le présentateur du journal télévisé du soir devenu démagogue dans le film hollywoodien populaire (et révélateur) *Network*.

Bien que le film (écrit par Paddy Chayefsky, idéologue sioniste déclaré) ait mis Howard Beale "hors de lui" parce que de "riches Arabes" achetaient la société de radiodiffusion pour laquelle il travaillait (un scénario qui, dans la réalité, ne se produirait probablement pas), l'idée qu'un honnête homme devrait être affligé par des intérêts étrangers contrôlant les médias est une idée que nous ne devrions pas écarter. C'est exactement ce qui se passe en Amérique aujourd'hui. Mais ces intérêts étrangers *ne* sont *pas* des intérêts arabes ou musulmans.

Nos principaux réseaux, sans parler du monde universitaire, de l'édition, de l'éducation, de la culture populaire, et même de nombreuses organisations religieuses "chrétiennes" - pour n'en citer que quelques-unes - ont été infiltrés et subvertis.

Aujourd'hui, la vérité est que les vrais patriotes américains - et tous les autres nationalistes épris de liberté dans le monde - sont fous de rage et n'*en peuvent plus*.

C'est pourquoi, à la fin, nous l'emporterons.

Bien que George W. Bush et ses amis sionistes prétendent que Dieu est de leur côté, nous le savons mieux.

Dieu est de *notre* côté.

Le nationalisme est la vague de l'avenir. Il n'y a aucun moyen de l'arrêter.

-MICHAEL COLLINS PIPER

À propos des sources...

Une bibliographie pas tout à fait comme les autres

Mes écrits, tant pour le journal *Spotlight* que pour *American Free Press*, sans oublier *The Barnes Review* et plusieurs autres publications, ont toujours été basés sur le concept selon lequel la meilleure chose à faire est de "citer les sources". Et c'est ce que j'ai toujours fait. Mon dossier est assez complet, et ceux qui connaissent mes écrits - même mes détracteurs - le savent. Sur les milliers d'articles que j'ai écrits au cours des 25 dernières années, il n'y en a pas un seul qui ne contienne pas d'informations documentaires solides étayant la thèse de mon travail. Bien entendu, mes écrits ont toujours été guidés par mon point de vue nationaliste progressiste et je n'ai jamais nié mon agenda. Il serait malhonnête d'agir autrement, comme le font les rédacteurs des médias "grand public".

Dans mon expérience précédente, avec un certain nombre de livres complets publiés, j'ai découvert - après coup - que mes détracteurs, très franchement, se moquaient éperdument de savoir si je citais ou non une source avec précision ou si je la citais correctement. L'intention de mes détracteurs - et ils proviennent tous d'une seule et même source, pourrais-je ajouter - a toujours été de me diffamer, de mettre en doute ma crédibilité, de m'affubler de noms particulièrement vulgaires de type scatologique et, de manière générale, de me traiter de menteur.

En général, ils affirment avec beaucoup d'autorité que je n'ai "aucune crédibilité" et que "personne ne prend Michael Collins Piper au sérieux", mais ils démentent ensuite leurs propres affirmations en se donnant beaucoup de mal pour essayer de me discréditer. Ils dépensent beaucoup d'énergie à me dénoncer, à dire qu'il faut m'ignorer, suggérant implicitement que certaines personnes me prêtent attention.

Quoi qu'il en soit, en mettant la dernière main à *The Juda Goats-The Enemy Within*, j'ai pris la décision délibérée de ne PAS inclure de bibliographie traditionnelle, précisément parce que, tout au long de cet ouvrage, lorsque j'ai fait référence à un article de journal, à un article de magazine ou à un livre complet, j'ai très clairement cité le nom de la publication en question à l'intérieur du texte.

Il n'y a pratiquement pas un seul fait pertinent dans ce livre - et je ne parle pas des "opinions" - qui ne puisse être trouvé dans des sources facilement accessibles. Et si mes opinions - et celles d'autres personnes - se retrouvent assez souvent dans ce livre, ces opinions (du moins les miennes) sont basées sur des faits bien réels qui constituent le fondement de ces affirmations.

De nombreuses personnes naïves - qui ne comprennent pas la différence très nette entre les faits et les opinions - sont promptes à dire "C'est votre opinion" lorsqu'elles sont confrontées à des faits désagréables, mais dans les pages de ce livre, les "opinions" que j'exprime sont étayées par de nombreuses recherches (dans un large éventail de domaines).

La vérité est là pour ceux qui osent la chercher...

-PCM

Beaucoup de remerciements - si vous voulez bien me suivre...

À Willis et Elisabeth Carto, sans qui ce livre - ni aucun autre que j'ai publié - n'aurait été possible. Ils ont ouvert la voie à d'autres personnes. Aussi, en mémoire de leur chien fidèle, Charlie, un gentil compagnon brutalement écrasé par un voyou travaillant pour l'ADL.

À deux amis, aujourd'hui disparus, DeWest Hooker, qui a été le premier à m'indiquer la vérité sur la guerre froide, et Fred Blahut, qui m'a enseigné quelques rudiments de l'écriture et de l'édition - même si l'on ne s'en rend pas compte. (À mon ami énergique, le seul et unique Matthias Chang, pour m'avoir fait découvrir le monde merveilleux et les habitants de la Malaisie.

Mahathir Mohamad et à son épouse, Dr. Siti Hasmah, dont l'intérêt pour mon travail est un grand honneur et est très apprécié.

À Ryu Ohta, Grace Oyama, Yoshie Nakajima et Marie pour avoir été des hôtes formidables lors de ma visite au pays du soleil levant. À ces personnes merveilleuses à Abu Dhabi - des chauffeurs de taxi aux membres de la famille royale - qui m'ont fait sentir si bien accueillie.

À Mikhail Kuznetsov et Boris Mironov et à tous les nationalistes qui se sont joints à moi à Moscou pour célébrer un nouveau départ pour tous les peuples du monde qui travaillent ensemble pour combattre notre ennemi traditionnel.

À Paul Fromm, dont la bonne humeur, la passion et la formidable capacité à exprimer la nécessité de lutter pour la liberté d'expression sont autant de leçons pour les Américains qui feraient bien de se réveiller très vite.

À Mordechai Vanunu, pour sa gentillesse et son soutien à mes efforts.

Le monde doit à cet homme courageux sa plus grande gratitude.

À MK, qui me permet de rester sain d'esprit.

À Mark Glenn, Ted Pike, Stan Hess, Mark Farrell, Hesham Tallawi, Rick Adams, Victor Thorn et Lisa Guliani, John Anderson, Tom Valentine, Barbara Jean Whiteley, Dale Williams, Leuren Moret, Benjamin & Ursula Seiler, Roy Godenau, Bill Grimstad - parmi une foule d'autres personnes qui ont soutenu mes efforts et qui ont accompli un travail merveilleux de leur côté.

À John Tiffany - comme toujours - pour son vol de cerveau malicieux qui s'avère être un déguisement assez remarquable pour une révision talentueuse.

À Paul Angel pour avoir toléré mes efforts en matière de conception graphique, à Chris Petherick pour ne pas avoir trop édité, et à Jim Tucker pour avoir publié le premier article que j'ai écrit et pour son bon sens de l'humour.

À Anne Cronin, Steve Lombardo, Julia Foster, Evangeline et les Andersons pour avoir fait le travail difficile de mise en circulation de mes livres.

À John Stadtmiller, du Republic Broadcasting Network, qui m'a donné l'occasion d'animer un forum de discussion radiophonique nocturne, et à toutes les personnes formidables de RBN qui contribuent à la prospérité de ce réseau dynamique.

À Steve, James the Poet, Van Loman, Curt Maynard, Jerry Myers, Joe et Dee Fields, Tony Blizzard et Paul Topete qui me tiennent au courant des choses que je dois savoir. Et à George Kadar, Scott Winchester et Paul Christian Wolff, qui sont des gars sans état d'âme.

À A. G. Hassinger et Michael Williams - leaders émergents.

À Vince et Elaine Ryan - un duo dynamique.

À Dale et Mary Crowley - Soldats chrétiens et mes amis.

À Jim et Sylvia Floyd - le meilleur.

À E et B qui sont tout simplement des personnes formidables.

À J et G pour leur enthousiasme.

À mon amie "Mère Terre", qui porte le même regard que moi sur le monde.

À KV, dont j'apprécie profondément la spiritualité et l'amitié.

À J et E, qui n'oublient jamais mon anniversaire.

À cette fille de Little Chicago-et aussi à son fils- dont l'intérêt conjoint pour mon travail a été particulièrement gratifiant.

À W & E qui comprennent les vérités amères que tant de gens ne reconnaissent pas. Vos encouragements ont été très appréciés.

À "The Home Owner", dont la perspicacité ne cesse de m'étonner.

À "l'acheteur de maison", qui connaît la situation comme peu de gens la connaissent.

À feu Ken et Lucy Lehman, qui m'ont dit de ne jamais me taire, malgré l'opposition. Je garde en fiducie pour les générations futures le précieux héritage que Lucy m'a légué.

À "Sis" qui m'a appris à utiliser le catalogue de cartes.

À Ginny, dont l'*opposition à* mon travail m'a *inspiré*.

À Kirk Lyons qui, avec son ami Andreas Strassmeir, a aidé de nombreuses personnes à comprendre ce qui s'est réellement passé à Oklahoma City le 19 avril 1995. La prestation de Lyons dans la salle d'audience de Pittsburgh m'a confirmé que j'étais sur la bonne voie depuis le début. Je remercie également Don Wassall d'avoir commis l'erreur de l'emmener là-bas.

À un assortiment d'intrigants liés au Mossad dont les machinations ont fourni la matière de ce livre et qui, à leur insu et à leur grand désarroi, ont permis la naissance de deux puissantes publications, *American Free Press* et *The Barnes Review,* qui joueront un rôle majeur dans la défaite des forces qui s'opposent au nationalisme américain.

Et enfin, mais très, très loin d'être le moins important...

À Roy Bullock, le charmant, habile et intelligent informateur sous couverture n°1 de l'ADL, qui m'a donné ma toute première formation de première main sur la manière de repérer les boucs de Juda - l'ennemi intérieur.

-MICHAEL COLLINS PIPER

SECTION PHOTO

Natan Sharansky (ci-dessus), né en Union soviétique, courtier en puissance en Israël et principal porte-parole du sionisme mondial, est l'un des principaux conseillers des influents "néo-conservateurs" trotskistes américains. Plus important encore, Sharansky est également le mentor intellectuel de la chèvre de Juda la plus puissante et la plus dangereuse du monde, George W. Bush (à droite), qui (de son propre aveu) écoute attentivement ce que Sharansky lui dit de faire. Scion d'une dynastie corrompue impliquée depuis plus d'un siècle dans des affaires d'armement, de chicanes d'entreprises et d'intrigues de renseignement, Bush est particulièrement malléable entre les mains de ses maîtres, précisément parce qu'il est un fanatique religieux qui vénère le sionisme et croit apparemment qu'il est dirigé par Dieu.

La tradition du nationalisme "America First" et de l'opposition à l'ingérence des États-Unis à l'étranger a été maintenue jusqu'au milieu du XXe siècle par des personnalités telles que deux éminents sénateurs américains, Robert LaFollette (R-Wis.) et Burton Wheeler (D-Mont.) - en haut à gauche et au centre - qui se sont associés en 1924 en tant que candidats à la présidence et à la vice-présidence du Parti progressiste. Avant la Seconde Guerre mondiale, le célèbre aviateur Charles A. Lindbergh (en haut à droite) s'est imposé comme l'un des principaux porte-parole nationalistes, luttant contre les efforts du lobby juif, allié aux forces pro-britanniques, pour entraîner l'Amérique dans la Seconde Guerre mondiale. L'un des principaux théoriciens nationalistes américains de l'époque, Lawrence Dennis (en bas à gauche), a été accusé de "sédition" pour avoir combattu l'administration belliciste de Franklin Roosevelt. Inspiré par d'anciens nationalistes américains, Willis A. Carto (ci-dessous au centre) - un ami de Dennis - a maintenu le mouvement nationaliste en vie malgré les efforts acharnés déployés pour détruire Carto et son œuvre. Suivant la voie tracée par Carto à travers le Liberty Lobby, l'institution populiste de Washington, Pat Buchanan (ci-dessous à droite), pilier de longue date du Parti républicain, a quitté le GOP et s'est imposé, au moins pour un temps, comme une voix nationaliste franche dans l'arène électorale.

La rupture entre Josef Staline (ci-dessus à gauche) et son ancien allié bolchevique, Léon Trotski (ci-dessus au centre), a jeté les bases de la montée d'un élément communiste trotskiste aux États-Unis (en grande partie juif) qui a évolué vers le mouvement "néo-conservateur" moderne. Aujourd'hui, ces néo-conservateurs trotskistes constituent l'avant-garde du mouvement sioniste en Amérique. À l'époque de la guerre froide, le clivage entre les nationalistes russes purs et durs entourant Staline et leurs ennemis sionistes-trotskistes a commencé à déborder dans l'arène politique américaine, mais la plupart des nationalistes et anticommunistes américains n'ont pas compris cette division, précisément parce qu'ils étaient manipulés par les boucs de Juda sionistes. Parmi les nationalistes américains qui ont appris la vérité sur la division entre les staliniens et les sionistes, on trouve feu DeWest Hooker (en haut à droite), dont les propres révélations figurent dans *The Juda Goats-The Enemy Within (Les boucs de Juda - l'ennemi intérieur)*. Irving Kristol (en bas à gauche) et Norman Podhoretz (en bas au centre) ont fait partie des premiers trotskistes juifs des États-Unis qui ont orchestré le passage à ce que l'on appelle le néo-conservatisme. Avec le fils de Kristol, William Kristol (en bas à droite), ils comptent parmi les propagandistes sionistes les plus influents d'aujourd'hui.

L'homme d'État juif Bernard Baruch (ci-dessus, à l'extrême gauche), un profiteur de guerre, n'a jamais cessé de rechercher le pouvoir. Pendant la guerre froide, alors que les ennemis trotskistes de Joseph Staline s'imposaient comme des acteurs du pouvoir aux États-Unis, Baruch et Louis Rosenstiel, roi de l'alcool lié à la mafia juive - ci-dessus (à gauche) avec un ami proche, le directeur du FBI J. Edgar Hoover (à droite) - ont créé la Ligue juive américaine contre le communisme (AJLAC), afin d'entraîner les États-Unis dans une guerre à mort contre l'URSS ou la Chine, ou les deux à la fois. L'AJLAC était une association trotskiste-sioniste. Des preuves choquantes indiquent que le sénateur Joseph McCarthy a été instigué et manipulé par l'agent de l'AJLAC, Roy Cohn, qui a été installé en tant que "gestionnaire" de McCarthy. (Les deux sont représentés ci-dessous à gauche). Ces faits jettent une lumière nouvelle sur la période où les sionistes et les trotskistes attisaient l'hystérie de la guerre froide en Amérique, au moment où les nationalistes russes antisionistes montaient en puissance dans le système de renseignement militaire soviétique. Pendant ce temps, l'ami intime de Cohn, le chef du FBI Hoover (qui recevait des avantages financiers de Rosenstiel de l'AJLAC) contrôlait effectivement le Parti communiste américain par l'intermédiaire d'un informateur, Morris Childs (en bas à droite), un juif antistalinien, haut responsable du parti.

Marvin Liebman, un juif communiste devenu un des canonniers de la résistance sioniste en Palestine, a travaillé assidûment à l'époque de la guerre froide pour éteindre le nationalisme américain traditionnel au nom d'un "nouveau" conservatisme. Liebman est représenté (en haut à gauche) avec son protégé le plus connu, William F. Buckley, Jr. Après avoir créé le magazine *National Review*, largement perçu aujourd'hui comme une "façade" pour des éléments de la CIA, Buckley a enrôlé une foule d'"anciens" trotskistes, au premier rang desquels James Burnham (en haut à droite), comme arbitres de ce qui était une pensée "responsable" pour les conservateurs. Cela a préparé le terrain pour l'infiltration de la cause "conservatrice" par les trotskistes et leurs alliés sionistes. Parmi les autres personnages de la sphère d'influence Liebman-Buckley, citons Richard Viguerie (en bas à gauche), qui a fait fortune en faisant les poches des patriotes grâce à des campagnes de publipostage, l'aventurier Robert K. Brown (en bas au centre), fondateur du magazine *Soldier of Fortune*, fervent défenseur de la cause sioniste, et l'omniprésent Lee Edwards (en bas à droite), qui vante aujourd'hui les mérites d'un musée destiné à honorer les "victimes juives du communisme", ignorant apparemment le fait que la plupart des bouchers de l'État policier communiste étaient juifs.

Le célèbre espion britannique du KGB, Kim Philby (ci-dessus à gauche), a doublé un espion au sein même du KGB pour le compte du service de renseignement israélien, le Mossad. Cela se passait à une époque où le clivage entre les nationalistes russes et les éléments sionistes s'intensifiait à l'intérieur de la Russie, au début de la guerre froide entre les États-Unis et l'URSS. Ce n'est pas une coïncidence si Philby était un ami proche du haut fonctionnaire américain de la CIA James Jesus Angleton (ci-dessus au centre), un allié dévoué du Mossad au sein de la CIA. Entre autres fantaisies, Angleton défendait la théorie selon laquelle un assassin communiste avait tué le président John F. Kennedy, un thème repris par Robert Welch (en haut à droite), fondateur de la John Birch Society (JBS). Suivant la ligne d'Angleton, la JBS vante les mérites d'Israël en tant que rempart contre l'expansionnisme soviétique. La JBS a bénéficié d'une publicité inhabituelle dans les médias américains contrôlés. Les soi-disant "néo-conservateurs", tels que les sionistes purs et durs Richard Perle, Paul Wolfowitz et I. Lewis Libby (ci-dessous de gauche à droite), se sont fait l'écho de la ligne Angleton-Birch, qui est devenue le fondement de leur promotion au sein de l'appareil conservateur (et républicain) de l'establishment de la sécurité nationale, des groupes de réflexion, des fondations et autres groupes de pression chargés de l'élaboration des politiques.

Les frères milliardaires Rockefeller, David et Nelson (ci-dessus à gauche et au centre), étaient les ennemis des nationalistes traditionnels dans les rangs du Parti républicain et, en alliance avec la famille Rothschild, ils ont encouragé les politiques internationalistes par l'intermédiaire de groupes tels que Bilderberg et le Council on Foreign Relations (une branche "junior" du Royal Institute of International Affairs de Londres, financé par les Rothschild). Dans une brillante manœuvre tactique visant à saper le nationalisme traditionnel, les Rockefeller ont financé les entreprises politiques américaines de Sun Myung Moon (ci-dessus à droite), le chef du culte coréen.

Moon a créé le journal "conservateur" *Washington Times* et un réseau de trafic d'influence qui l'entoure, distribuant de l'argent aux dirigeants conservateurs et les incitant à se tourner vers l'internationalisme. Bien qu'il se présente comme un conservateur, le représentant Newt Gingrich (R-Ga.) - en bas à gauche - était un "républicain Rockefeller" qui s'est hissé au pouvoir grâce à un accord secret avec le journal libéral *Washington Post*. Le sénateur Jesse Helms (R-N.C.) - en bas au centre - a fait volte-face, devenant internationaliste et soutenant fébrilement Israël après que le baron milliardaire des médias S. I. Newhouse (en bas à droite) soit venu à la rescousse de Helms, en intervenant et en réduisant le flux d'argent sioniste destiné à l'adversaire de Helms lors de sa réélection.

Bien que Rupert Murdoch (en haut à gauche), né en Australie, ait gagné des milliards à la tête du géant mondial des médias News Corporation, société mère de Fox News, le réseau de propagande pro-sioniste à l'impérialisme éhonté, on sait depuis longtemps que Murdoch et son empire médiatique ont été essentiellement "créés" par un effort conjoint de mécènes sionistes milliardaires encore plus riches, dont Lord Jacob Rothschild de Londres (en haut au centre) et le roi de l'alcool Edgar Bronfman de Montréal (en haut à droite). Comme Murdoch, aujourd'hui citoyen américain, Bronfman - qui a longtemps dirigé le Congrès juif mondial - détient une participation majoritaire dans l'empire médiatique Time-Warner et a utilisé son rayonnement pour promouvoir avec enthousiasme les multiples entreprises de propagande pro-israélienne de l'évangéliste télévisuel Tim LaHaye (en bas à droite). Des faux prophètes pro-sionistes comme Pat Robertson et Jerry Falwell (en bas à gauche et au centre) bénéficient d'une publicité précieuse dans les médias contrôlés par les sionistes, précisément parce qu'ils sont des boucs de Juda qui amènent les chrétiens à soutenir la cause sioniste, jusqu'à prendre le parti d'Israël au détriment de leurs coreligionnaires arabes. (Pour plus de détails sur la manière dont ces boucs de Juda "chrétiens" agissent au nom du sionisme, voir *The High Priests of War* (*Les grands prêtres de la guerre*) de Michael Collins Piper).

Delmar Dennis (en haut à gauche) était un informateur du FBI au sein du Ku Klux Klan dans le Mississippi et a été plus tard félicité par la John Birch Society pour ses efforts au nom du FBI. Dans un autre groupe du Klan, le chef, Bill Wilkinson (en haut au centre), était un informateur précieux du FBI dont les responsables lui disaient qu'il était "acceptable" de condamner les Noirs, mais jamais les Juifs. Un autre informateur du FBI dans une unité du KKK, Gary Rowe (ci-dessus à droite, caché derrière un masque lors de sa déposition devant le Congrès), a été à plusieurs reprises l'instigateur de violences commises par le Klan, notamment le meurtre de Viola Liuzzo, une militante des droits civiques. Sous le pseudonyme de "Jimmy Anderson", James Rosenberg (en bas à gauche), employé de l'Anti-Defamation League (ADL), est devenu un important agitateur du KKK et des "néo-nazis", organisant des rassemblements "haineux" dont la presse s'est largement fait l'écho. Ce n'est que plus tard que ce jeune juif a été démasqué en tant que fauteur de troubles de l'ADL. Alton Roberts (ci-dessous au centre), membre du KKK, et son frère ont été payés 36 500 dollars par A. I. Botnick, chef de l'ADL à la Nouvelle-Orléans, pour piéger un autre membre du KKK dans un "coup monté" qui a conduit à l'assassinat de Kathy Ainsworth (ci-dessous à droite), une enseignante âgée de 26 ans. Les liens étroits entre Botnick et Guy Banister, ancien membre du FBI (et agent de la CIA), qui a déployé Lee Oswald, l'accusé de l'assassinat de JFK, en tant qu'"enquêteur" de l'ADL, n'ont jamais été suffisamment étudiés.

Le regretté nationaliste Sam Francis (ci-dessus à gauche) a été l'un des premiers à suggérer que l'immigrant allemand parlant l'hébreu Andreas Strassmeir (ci-dessus au centre) - qui se présentait comme un "néo-nazi" - était une sorte d'informateur infiltré dans le complot de l'attentat à la bombe d'Oklahoma City. Lorsque *The Spotlight* a affirmé avec force que Strassmeir était précisément cela, de nombreux nationalistes ont refusé de croire qu'"Andy l'Allemand" était un bouc de Juda, puisque Strassmeir était chaleureusement soutenu par son ami proche, le soi-disant "avocat nationaliste" Kirk Lyons (ci-dessus à droite). Les enquêteurs ont depuis trouvé des preuves que Strassmeir était bien un informateur du Southern Poverty Law Center de Morris Dees (en bas à gauche). On sait également que la Ligue anti-diffamation, dirigée par Abe Foxman (ci-dessous au centre), surveillait l'ami de Strassmeir, Tim McVeigh, qui a avoué avoir commis un attentat à la bombe, pendant plus d'un an avant l'attentat. L'apparent "gestionnaire" de Strassmeir, Kirk Lyons, était également un ami proche de l'énigmatique Don Wassall (ci-dessous à droite), qui a fait disparaître le parti populiste, et l'avocat de ce dernier. Michael Collins Piper a un jour confronté publiquement Lyons devant un tribunal fédéral, l'accusant d'être un atout du FBI. (Voir page 288 pour une description de la réponse hystérique, bizarre et assez révélatrice de Lyons).

Deux OSWALDS - Deux McVEIGHS ? Dix jours après l'attentat d'Oklahoma, une terroriste israélienne de "droite", Sharon Toval, 28 ans, a été arrêtée à New York et expulsée vers Israël. La seule photographie connue de Toval (en haut au centre) montre une personne qui, sans sa barbe et sa moustache, pourrait être confondue par un étranger avec l'auteur présumé de l'attentat, Tim McVeigh (en haut à droite). Elle ressemble également à la célèbre image de "John Doe No. 1" (en haut à gauche) que les autorités ont initialement diffusée après l'attentat et qui a été utilisée pour impliquer McVeigh. En fait, les avocats de McVeigh auraient envisagé la possibilité que des "terroristes de droite" d'Israël aient joué un rôle dans l'attentat. Cette carte postale (ci-dessous) représentant une célèbre photographie de l'époque de la Grande Dépression, intitulée "Black Sunday" (qui était le nom d'un film hollywoodien bien connu de 1977 sur le terrorisme), a été postée - à l'intérieur d'une enveloppe adressée à la main - au bureau de Washington du journal *The Spotlight* d'Oklahoma City le 17 avril 1995 (voir le cachet de la poste en médaillon), deux jours avant l'attentat. La légende originale de la photo indiquait : "Tempête de poussière en approche... April 14, [19]35." La carte postale est arrivée au *Spotlight* le lendemain de l'attentat et a été immédiatement remise au FBI, qui était plus intéressé à essayer d'impliquer *le Spotlight* dans l'attentat qu'à enquêter sur l'expéditeur de la carte, ce qui indiquait clairement qu'il connaissait l'attentat. L'écriture sur l'enveloppe n'était pas celle de McVeigh ou de son co-conspirateur présumé, Terry Nichols. L'existence de la carte est la preuve irréfutable d'un très grand complot des Boucs de Juda dirigées par les sionistes, visant à impliquer les forces antisionistes dans cette horrible tragédie.

Pendant des décennies, Roy Bullock (ci-dessus à gauche) a été le principal agent secret de la Ligue anti-diffamation (ADL) du B'nai B'rith, la branche américaine de propagande, de lobbying et de renseignement de l'agence de services clandestins d'Israël, le Mossad. Le supérieur de Bullock était Irwin Suall (ci-dessus au centre), longtemps chef de la division "recherche des faits" de l'ADL. Bullock a été publiquement démasqué pour la première fois en tant qu'espion de l'ADL dans un article de Michael Collins Piper publié dans l'hebdomadaire de Liberty Lobby, *The Spotlight*, mais il a fallu attendre des années avant que le travail de Bullock pour l'ADL ne soit confirmé par les autorités enquêtant sur les activités criminelles de l'ADL. Sanford Griffith (ci-dessus à droite), un autre agent de longue date de l'ADL, a également servi avant et pendant la Seconde Guerre mondiale en tant qu'espion de haut niveau pour les services secrets britanniques. Trois victimes éminentes de l'espionnage de l'ADL (ci-dessous, de gauche à droite) : Martin Luther King Jr, que l'ADL considérait comme un "électron libre", selon un ancien responsable de l'ADL ; l'ami de Martin Luther King, le populaire comique, critique social et enquêteur sur les assassinats Dick Gregory ; et le leader nationaliste noir Malcolm X, qui s'est plaint de l'espionnage de l'ADL auprès de son mentor, le fondateur de la Nation de l'Islam Elijah Muhammed (non représenté sur la photo). L'ADL a espionné des milliers de personnes et a transmis les données au FBI.

Le rabbin Meyer Schiller (en haut à gauche) se vante que son association étroite avec le "nationaliste" Jared Taylor (en médaillon) a contribué à atténuer l'opposition au sionisme parmi les nationalistes américains. Taylor, un homme de Yale - dont la femme avait une relation de travail amicale avec le chef des espions de l'ADL, Irwin Suall - se promenait au Ghana lorsque ce pays intéressait particulièrement la CIA et le Mossad. Aujourd'hui, Taylor cherche à "dénazifier" le mouvement nationaliste. Michael Chertoff (en haut au centre), dont la mère a travaillé pour les services secrets israéliens, est aujourd'hui chargé de la "sécurité intérieure" des États-Unis. Auparavant, alors qu'il occupait un poste de premier plan au ministère de la justice, M. Chertoff a orchestré de fausses accusations criminelles à l'encontre de deux personnes qui critiquaient ouvertement le soutien des États-Unis à Israël : l'ancien représentant de l'État de Louisiane David Duke (en haut à droite) et l'ancien représentant des États-Unis Jim Traficant (D-Ohio) (à droite). On sait aujourd'hui que feu Malachi Martin (en bas à gauche) a été un espion au Vatican (au début des années 1960) pour le compte de la Ligue anti-diffamation et de l'American Jewish Committee (AJC). Ami proche et collaborateur de William F. Buckley Jr, un actif de la CIA, Martin écrivait régulièrement pour la revue *Commentary* de l'AJC (qui faisait également la promotion des travaux de Jared Taylor). Ce magnifique berger allemand, Charlie (ci-dessous), a été brutalement écrasé par des policiers qui faisaient une descente au domicile du fondateur du Liberty Lobby, Willis Carto. Les agresseurs de Charlie agissaient illégalement sous la direction d'un policier "ripou" qui était un actif connu de l'ADL. Charlie, aujourd'hui décédé, était une meilleure créature que n'importe quelle chèvre de Juda à deux pattes.

Un ensemble de preuves suggère que non seulement Bill et Hillary Clinton, mais aussi le sénateur John Kerry (D-Mass.) (voir ci-dessus) étaient depuis longtemps des agents secrets de la CIA. Bill Clinton était (et Kerry était presque certainement) un informateur de la CIA dans le mouvement contre la guerre du Vietnam. Comme son mari, Hillary a participé au trafic d'armes et de stupéfiants de la CIA à partir de Mena, en Arkansas, un point névralgique de l'affaire Iran-Contra initiée par Israël. Hillary a également participé à l'armement secret de l'Irak à l'époque où les États-Unis et Israël "penchaient" en faveur de l'Irak pendant la guerre Iran-Irak. Allard Lowenstein (en bas à gauche) était un héros du mouvement anti-guerre dans les années 1960, mais il s'est avéré qu'il était à la fois un informateur de la CIA et un atout du Mossad israélien. Lors de l'élection présidentielle de 1940, des agents britanniques et sionistes ont imposé Wendell Willkie (en bas au centre) au GOP, de la même manière que des éléments sionistes pro-guerre d'Irak ont propulsé John Kerry à l'investiture démocrate en 2004. Cela répondait au besoin des sionistes de voir les deux grands partis présenter des candidats favorables à la guerre lors de ces deux élections cruciales. Aujourd'hui, le milliardaire sioniste prédateur George Soros (en bas à droite) finance des groupes "progressistes" dissidents pour s'assurer qu'ils ne s'écartent pas du droit chemin : Achetés et payés, ils constituent l'opposition contrôlée classique.

Une galerie de boucs de Juda dans les médias "conservateurs". Il ne s'agit là que de quelques-unes des voix les plus flagrantes de l'internationalisme sioniste, mais il y en a beaucoup d'autres.

Suzanne Fields   David Horowitz   Joseph Farah

Clifford May   Michelle Malkin   Oliver North

Linda Chavez   Arnold Beichman   Mona Charen

Le puissant président russe Vladimir Poutine, le président vénézuélien Hugo Chavez, qui ne mâche pas ses mots, et le président syrien Bashar al-Assad, discret mais persévérant (ci-dessus, de gauche à droite), sont tous des cibles de choix pour les trotskistes néoconservateurs sionistes qui gouvernent aujourd'hui l'Amérique sous le régime de George W. Bush. Ces trois dirigeants nationalistes, qui représentent l'opposition au rêve sioniste d'un "nouvel ordre mondial", ont été accusés d'"antisémitisme", une accusation qui a été portée contre certains des meilleurs et des plus brillants savants, hommes d'État, philosophes et chefs religieux de l'histoire, toutes races et croyances confondues. Parmi d'autres personnalités de premier plan sur la scène internationale, le président iranien Mahmoud Ahmadinejad et le président biélorusse Alexandre Loukachenko (ci-dessous à gauche et au centre) sont également dans le collimateur de l'élite ploutocratique assoiffée de pouvoir. Mahathir Mohamad (en bas à droite), ancien Premier ministre malaisien de longue date, est un porte-parole majeur - et très respecté - de l'opposition mondiale à l'impérialisme sioniste, qui fait aujourd'hui sentir sa puissance par l'exploitation abusive de la puissance militaire et économique américaine. La vague nationaliste de l'avenir qui déferle sur la planète finira par submerger le sionisme et tous ses boucs émissaires.

UNE LETTRE DE L'AUTEUR...

Chère amie, cher ami :

Bien que mes livres précédents aient été considérés comme "controversés" parce que je remettais en question le pouvoir du sionisme en Amérique, ce dernier ouvrage, THE JUDA GOATS, semble être celui qui dérangera certains patriotes...

Certains lecteurs de ce livre ont été troublés par le fait que j'ai suggéré que certaines personnes, généralement considérées comme des "patriotes", sont plutôt des boucs de Juda qui mènent les vrais patriotes à l'abattoir. *Je ne m'excuse pas.*

Je dis les choses telles que je les vois, en me basant sur les preuves...

À ceux qui me taxent de "paranoïa" ou de "conspirationnisme", je m'empresse d'ajouter que j'ai été la première personne à mettre par écrit l'accusation selon laquelle Roy Bullock était un agent infiltré de l'ADL. Il a fallu près de huit longues années pour que la vérité éclate enfin. *J'avais raison.*

Et lorsque j'ai accusé Andreas Strassmeir - assisté de son ami et gestionnaire Kirk Lyons - d'être un informateur sous couverture, j'ai été attaqué de façon hystérique par beaucoup de gens qui refusaient de croire que ces deux-là étaient autre chose que les "nationalistes" qu'ils se proclamaient être. *Aujourd'hui, la* vérité a éclaté - trop tard pour les bons Américains qui se sont fait avoir par ces boucs de Juda.

Combien de fois faudra-t-il me donner raison ? Je ne prétends pas avoir une prescience particulière en la matière, mais *mes antécédents sont plutôt bons.*

Merci à ceux d'entre vous qui m'ont soutenu dans des moments difficiles. Vos vœux et vos prières ont été très appréciés. Je sais que j'ai de vrais amis !

Et pour ceux d'entre vous qui ont fait des dons financiers qui m'ont permis de survivre en tant qu'écrivain indépendant, ils sont également très appréciés.

Meilleurs vœux et que Dieu vous bénisse !

MICHAEL COLLINS PIPER

À une époque de bouleversements idéologiques tsunamiques, où des propagandistes audacieux se livrent sans relâche à des efforts frénétiques pour réécrire les faits de l'histoire, Michael Collins Piper arrive pour défier ces tordeurs de vérité : le Voltaire américain, un penseur éclairé et un polémiste qui ne craint pas de se confronter aux dures réalités, le faisant de l'infiltration avec élégance et verve.

Ces dernières années, Piper s'est imposé comme l'ambassadeur incontesté du mouvement nationaliste américain et de sa subversion auprès des peuples de toute la planète : de Moscou à Abu Dhabi, en passant par Kuala Lumpur, Tokyo et Toronto. En termes clairs, il a lancé un appel - un cri de ralliement - à tous les Américains pour qu'ils s'unissent, se réapproprient leur héritage et balayent la corruption du capital international et la force malveillante qui en découle, conduisant notre monde au bord de l'anéantissement nucléaire.

Le message de Piper est clair et net : les vrais Américains ne soutiennent pas le plan sioniste visant à exploiter la puissance militaire de l'Amérique pour conquérir le monde ; les bonnes gens qui s'opposent à l'imperium sioniste doivent mettre de côté leurs différences et serrer les rangs, unis pour la bataille finale. Passionné, ne prétendant pas à l'impartialité, Piper identifie et fustige ceux qui manifestent des attitudes de haine ouverte à l'égard du nationalisme et de la liberté. Ayant fait de l'écriture historique une forme d'art, Piper a peu de pairs. Il n'y a pas non plus beaucoup de gens qui disent la vérité au pouvoir comme Piper le fait si bien.

Le rabbin Abraham Cooper du Centre Simon Wiesenthal a déclaré que, parce que Piper critique Israël, il est "anti-américain". En fait, le travail de Piper prouve précisément à quel point il est pro-américain.

-Ryu Ohta, président de la Société pour la critique de la civilisation contemporaine, basée à Tokyo, Japon

Autres titres

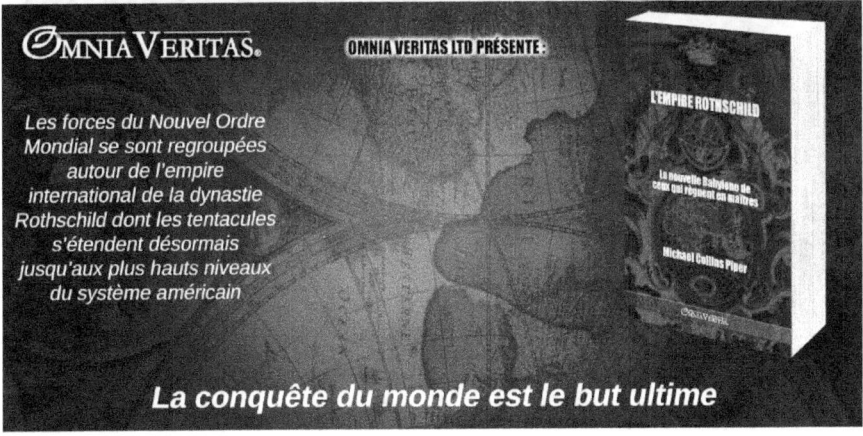

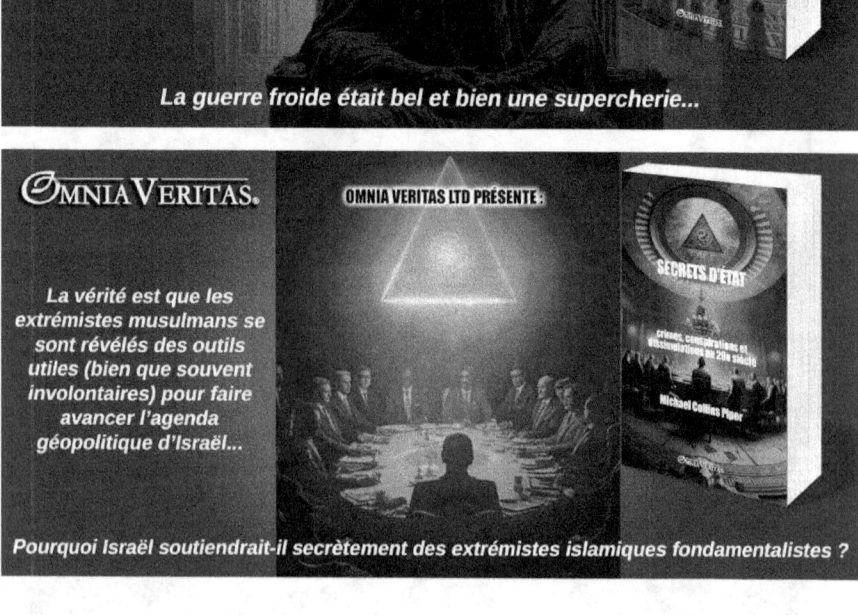

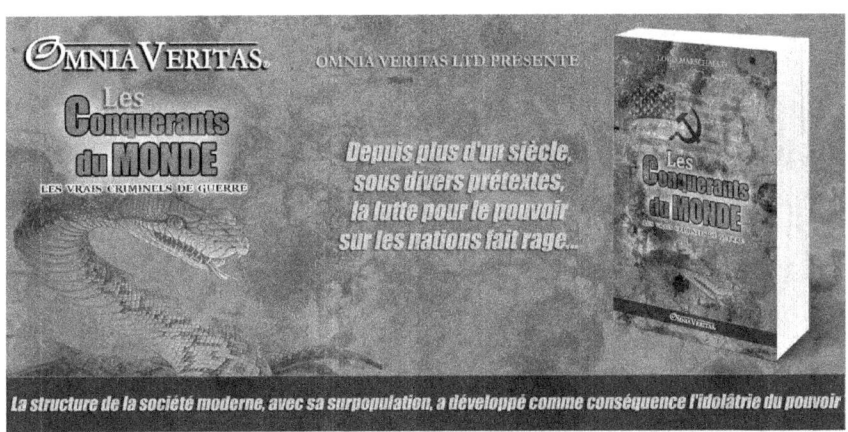

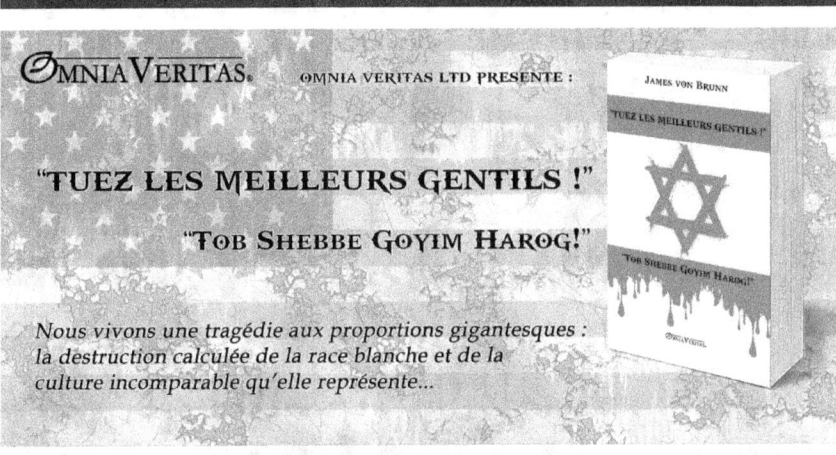

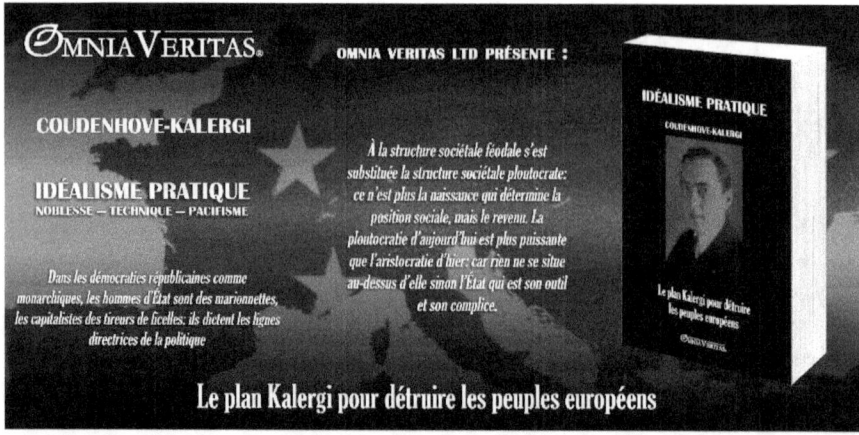

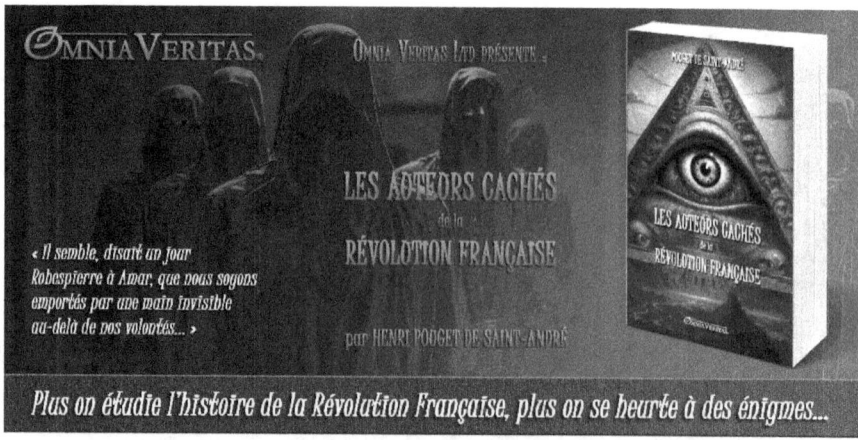

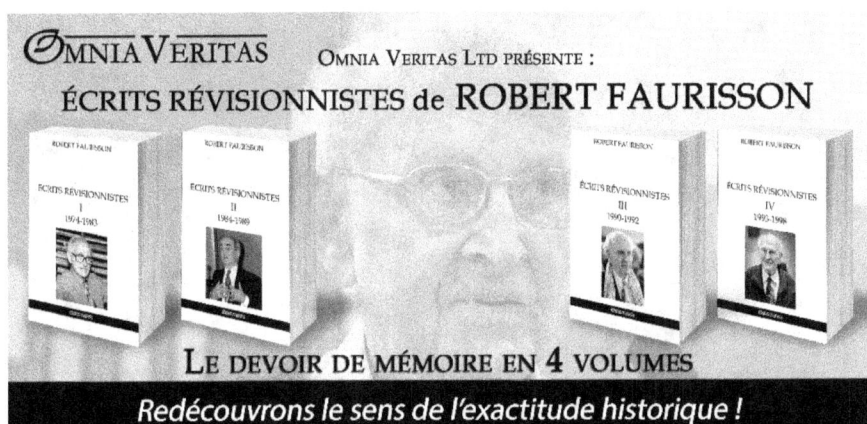

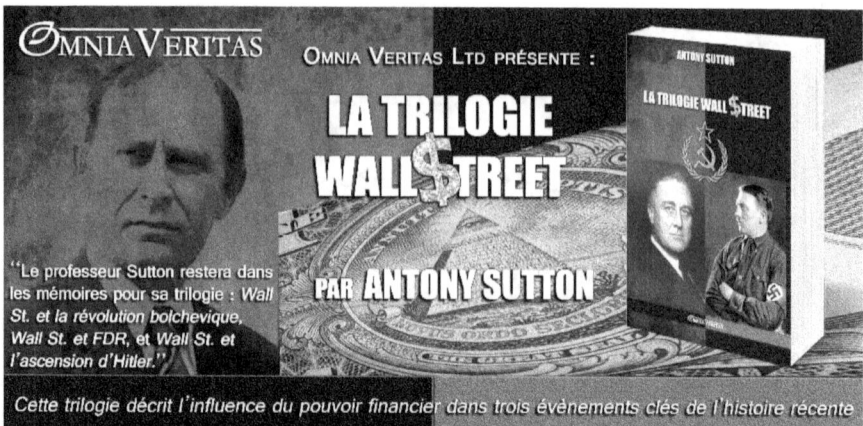

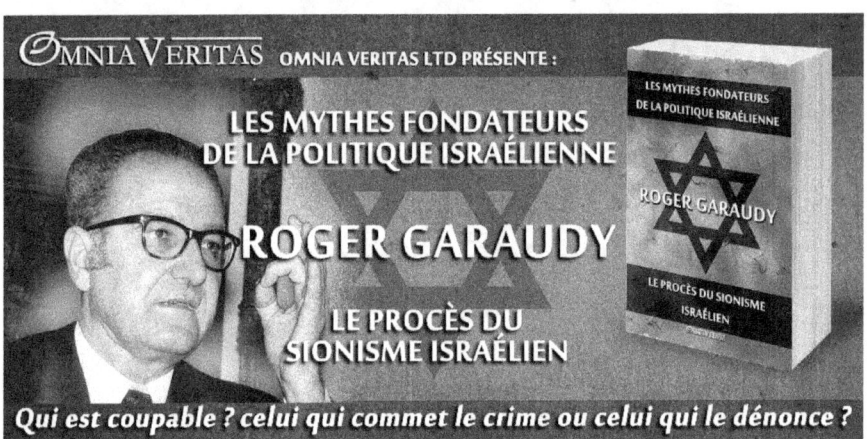

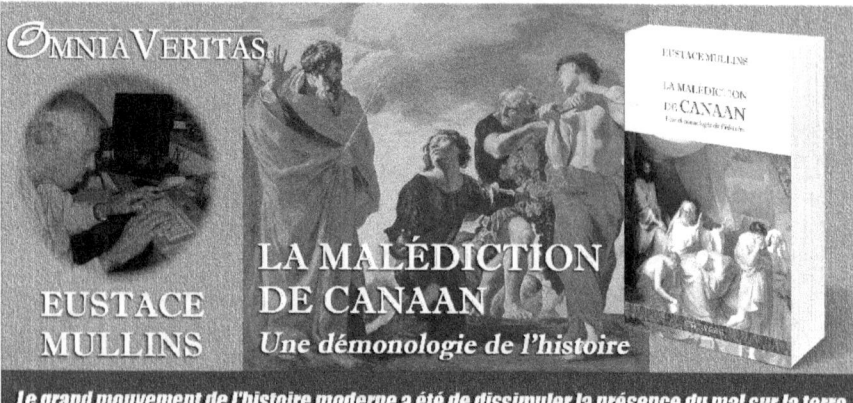
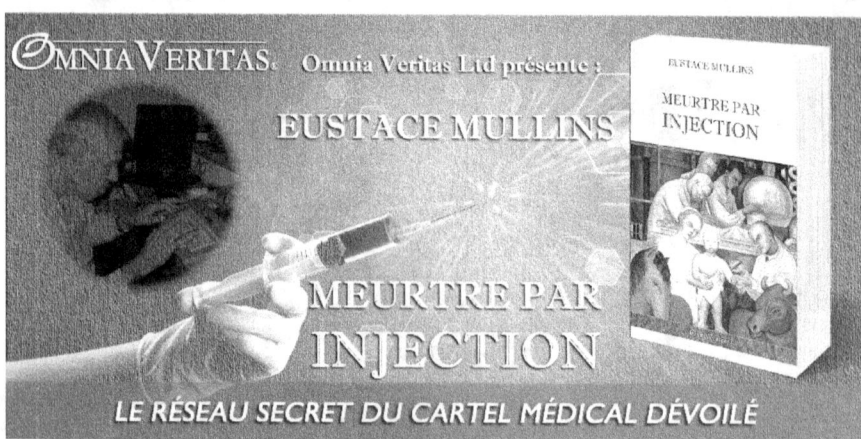

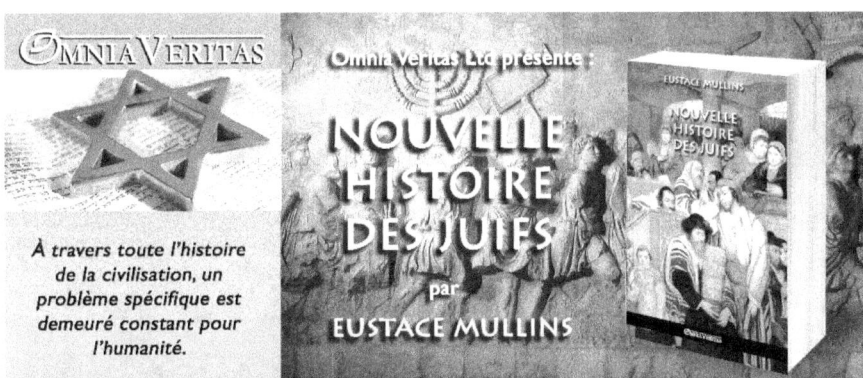

www.ingramcontent.com/pod-product-compliance
Lightning Source LLC
Chambersburg PA
CBHW070617230426
43670CB00010B/1564